普通高等学校硕士研究生马克思主义理论课教材

中国特色社会主义理论与实践研究

（第四版）

田克勤 著

中国人民大学出版社
· 北京 ·

内容提要

本书是作者在对中国特色社会主义进行长期研究、发表诸多学术论文、出版个人相关学术著作和由作者主编的各层次教学用书的基础上，历经数年逐步完成的。本书充分体现了党的二十大和《中共中央关于党的百年奋斗重大成就和历史经验的决议》的基本精神，以习近平新时代中国特色社会主义思想为指引，以马克思主义理论研究和建设工程硕士研究生思想政治理论课教学大纲《新时代中国特色社会主义理论与实践研究》为重要参考，从理论和实践相结合的角度对中国特色社会主义形成发展的基本条件、逻辑前提与客观基础，以及中国特色社会主义的基本路线和战略布局，中国特色社会主义经济、政治、文化、社会、生态文明建设，中国特色社会主义国防、国家统一和国际发展战略，中国特色社会主义的实践主体等重大基本问题进行了比较深入、系统的阐述。作为一本研究生教材，本书力求体现研究生学习的自主性、创新性、规范性等特点，注重学术性与政治性的统一，希望能够对硕士研究生及博士研究生学习和研究中国特色社会主义有所助益。

作者简介

田克勤，东北师范大学荣誉教授，博士生导师，中国社会科学院兼职博士生导师，兼任吉林省社会科学界联合会副主席，省中共党史与理论研究会荣誉会长。长期从事中共党史、马克思主义中国化及思想政治教育学科教育教学及研究工作。曾任马克思主义理论研究和建设工程重点教材编写组首席专家，1993 年开始享受国务院政府特殊津贴，2003 年获首届“国家级教学名师奖”。出版学术著作 20 余部，主编“面向 21 世纪课程教材”多部，发表学术论文 300 余篇，有 20 余项成果获国家或省部级以上高水平奖励。

目 录

一、当代中国的历史任务与中国特色社会主义

中国特色社会主义，是对近代以来中国人民争取民族独立、实现国家富强伟大事业的继承和发展。在当代中国，只有高举中国特色社会主义伟大旗帜，坚定不移地走中国特色社会主义道路，才能完成我们肩负的历史任务，实现中华民族的伟大复兴。

（一）当代中国的历史任务

认识当代中国的历史任务，必须回顾过去中国所走过的道路。近代以来，中华民族始终面临着两大历史任务：一是求得民族独立和人民解放，二是实现国家富强和人民富裕。这两大历史任务，直接关系到中华民族的伟大复兴。

中国共产党担负起了完成两大历史任务的责任，这集中表现在党领导人民完成了三件大事：一是完成了新民主主义革命，建立了新中国，实现了民族独立和人民解放；二是完成了社会主义革命，确立了社会主义基本制度；三是进行了改革开放新的伟大革命，开创、坚持、发展了中国特色社会主义，并使之进入了新时代，开启了全面建设社会主义现代化国家的新征程。这三件大事，从根本上改变了中国人民和中华民族的前途命运，不可逆转地结束了近代以后中国内忧外患、积贫积弱的悲惨命运，不可逆转地开启了中华民族不断发展壮大、走向伟大复兴的历史进程，使具有5000多年文明历史的中国面貌焕然一新，中华民族伟大复兴展现出前所未有的光明前景。这三件大事把两大历史任务联结了起来，把历史中国与当代中国联结了起来。它告诉我们，完成当代中国的历史任务，就必须在此基础上继续推进两大历史任务的完成，继续书写中华民族伟大复兴的壮丽篇章。

认识当代中国的历史任务，必须展望和把握未来中国发展的光明前景。进入新世纪，党明确提出：全面建设惠及十几亿人口的更高水平的小康社会，使经济更加发展、民主更加健全、科教更加进步、文化更加繁荣、社会更加和谐、人民生活更加殷实；到21世纪中叶基本实现现代化，把我国建成富强民主文明的社会主义国家。党的十八大以来，以习近平同志为核心的党中央明确提出的“两个一百年”奋斗目标，正是近代以来中华

民族两大历史任务的继续和发展，是当代中国历史任务的具体体现。党的十九大进一步指出，我们今天比历史上任何时期都更接近、更有信心和能力实现中华民族伟大复兴的目标，但中华民族的伟大复兴，绝不是轻轻松松就能实现的。实现伟大梦想，必须进行伟大斗争，必须建设伟大工程，必须推进伟大事业。全党要更加自觉地增强道路自信、理论自信、制度自信、文化自信，既不走封闭僵化的老路，也不走改旗易帜的邪路，保持政治定力，坚持实干兴邦，始终坚持和发展中国特色社会主义。十九届六中全会通过的《中共中央关于党的百年奋斗重大成就和历史经验的决议》指出，中国特色社会主义进入新时代，党面临的主要任务是，实现第一个百年奋斗目标，开启实现第二个百年奋斗目标新征程，朝着实现中华民族伟大复兴的宏伟目标继续前进。该决议强调，新时代是承前启后、继往开来、在新的历史条件下继续夺取中国特色社会主义伟大胜利的时代，是决胜全面建成小康社会、进而全面建设社会主义现代化强国的时代，是全国各族人民团结奋斗、不断创造美好生活、逐步实现全体人民共同富裕的时代，是全体中华儿女勠力同心、奋力实现中华民族伟大复兴中国梦的时代，是我国不断为人类做出更大贡献的时代，并明确地将新时代作为我国发展新的历史方位。

二十大进一步指出，改革开放和社会主义现代化建设深入推进，书写了经济快速发展和社会长期稳定两大奇迹新篇章，我国发展具备了更为坚实的物质基础、更为完善的制度保证，实现中华民族伟大复兴进入了不可逆转的历史进程。科学社会主义在21世纪的中国焕发出新的蓬勃生机，中国式现代化为人类实现现代化提供了新的选择。明确提出从现在起，“中国共产党的中心任务就是团结带领全国各族人民全面建成社会主义现代化强国、实现第二个百年奋斗目标，以中国式现代化全面推进中华民族伟大复兴”①。

认识当代中国的历史任务，必须把握两大历史任务之间的正确关系。民族独立、人民解放，是实现国家富强、人民富裕的历史前提，只有实现这一历史任务，才能为当代中国的发展进步扫清障碍、创造条件；实现国家富强、人民富裕，是实现民族独立、人民解放的根本目的，也是保证国家强大、维护民族尊严的重要物质基础。如果不能实现国家富强和人民富裕，国家和民族的发展就会受到制约，甚至已经取得的历史成果也可能会丧失。牢牢把握当代中国的历史任务，必须清醒地认识我们肩负的历史使命，坚定不移地沿着中国特色社会主义道路奋勇前进，迎接中华民族伟大复兴的美好未来。

（二）中国特色社会主义是当代中国发展进步的旗帜

中国特色社会主义，把社会主义的发展与中华民族伟大复兴的历史任务紧密地联系在一起，把实现社会主义现代化与人民共同富裕紧密地联系在一起，把国家的安危荣辱与个人的幸福紧密地联系在一起，代表了中国最广大人民的意愿和利益，是凝聚全党全国各族人民团结奋斗的旗帜。只有在中国特色社会主义伟大旗帜下，才能最大限度地团结和凝聚不同社会阶层、不同利益群体的人，为实现中华民族伟大复兴而共同奋斗。

道路关乎党的命脉，关乎国家前途、民族命运、人民幸福。在中国这样一个经济文

① 习近平．高举中国特色社会主义伟大旗帜 为全面建设社会主义现代化国家而团结奋斗：在中国共产党第二十次全国代表大会上的报告．北京：人民出版社，2022：21.

化十分落后的国家探索民族复兴道路，任务极为艰巨。100 多年来，中国共产党紧紧依靠人民，把马克思主义基本原理同中国实际和时代特征结合起来，独立自主走自己的路，历经千辛万苦，付出各种代价，取得革命、建设和改革的伟大胜利，开创和发展了中国特色社会主义，从根本上改变了中国人民和中华民族的前途命运。以毛泽东同志为主要代表的中国共产党人在社会主义建设中取得的独创性理论成果和巨大成就，为新的历史时期开创中国特色社会主义提供了宝贵经验、理论准备、物质基础；以邓小平同志为主要代表的中国共产党人在改革开放中科学回答了建设中国特色社会主义的一系列基本问题，成功开创了中国特色社会主义；以江泽民同志为主要代表的中国共产党人在国内外形势十分复杂、世界社会主义出现严重曲折的严峻考验面前捍卫了中国特色社会主义，并将其成功推向 21 世纪；以胡锦涛同志为主要代表的中国共产党人在全面建设小康社会进程中推进实践创新、理论创新、制度创新，成功在新的历史起点上坚持和发展了中国特色社会主义。党的十八大以来，习近平总书记提出并深刻阐述了实现中华民族伟大复兴的中国梦的重要战略思想。中国梦生动形象地表达了全体中国人民的共同理想追求，昭示着国家富强、民族振兴、人民幸福的美好前景，为坚持和发展中国特色社会主义注入了新的内涵，已经成为凝聚党心民心、激励中华儿女为实现中华民族伟大复兴而奋斗的强大精神力量。

改革开放 40 多年来，在中国特色社会主义旗帜的指引下，中国获得了自近代以来从未有过的长期快速稳定发展，取得了举世瞩目的伟大成就。中国的经济实力、综合国力不断增强，经济建设、政治建设、文化建设、社会建设和生态文明建设取得显著成就，全面建成了小康社会，人民生活水平持续提升。中国共产党的面貌、社会主义中国的面貌、中国人民的面貌都发生了历史性变化。历史已经证明并将继续证明，只要高举中国特色社会主义伟大旗帜，中国就一定会迎来更加光明灿烂的发展前景。

（三）中国特色社会主义的科学内涵

中国特色社会主义，涵盖了改革开放以来党取得的一系列实践创新、理论创新和制度创新成果，内涵十分丰富。党的十九大指出，中国特色社会主义道路是实现社会主义现代化、创造人民美好生活的必由之路，中国特色社会主义理论体系是指导党和人民实现中华民族伟大复兴的正确理论，中国特色社会主义制度是当代中国发展进步的根本制度保障，中国特色社会主义文化是激励全党全国各族人民奋勇前进的强大精神力量。

坚持和发展中国特色社会主义，必须从理论与实践上清醒认识和科学回答什么是马克思主义、怎样对待马克思主义，什么是社会主义、怎样建设社会主义，建设什么样的党、怎样建设党，实现什么样的发展、怎样发展，坚持和发展什么样的中国特色社会主义、怎样坚持和发展中国特色社会主义等重大问题，深刻领会中国特色社会主义的科学内涵。

第一，中国特色社会主义道路。在社会主义道路上实现现代化、实现中华民族伟大复兴的中国梦，是 100 多年来特别是新中国成立以来历史实践证明的真理。习近平总书记在第十二届全国人民代表大会第一次会议上发表重要讲话指出："实现中国梦必须走中国道路。这就是中国特色社会主义道路。这条道路来之不易，它是在改革开放 30 多年的伟大实践中走出来的，是在中华人民共和国成立 60 多年的持续探索中走出来的，是在对近代以来 170 多年中华民族发展历程的深刻总结中走出来的，是在对中华民族 5000 多年悠久文明的传承中走出来的，具有深厚的历史渊源和广泛的现实基础。”[①] 中国特色社会主义道路，既明确了以经济建设为中心，又注重了经济建设与政治建设、文化建设、社会建设、生态文明建设的协调发展；既明确了“四项基本原则”这一立国之本和政治基石，又揭示了改革开放这一发展中国特色社会主义的强国之路和不竭动力；既明确了解放和发展社会生产力这一社会主义的根本任务，又指明了富强民主文明和谐美丽的社会主义现代化强国建设的基本目标；既坚持人民主体地位，注重全体人民共同富裕，又突出以人为本，促进人的全面发展。这就充分展示了中国特色社会主义的实践形态，为高举中国特色社会主义伟大旗帜提供了坚实的实践基础。

第二，中国特色社会主义理论。作为马克思主义中国化新的理论成果，中国特色社会主义理论是被实践证明了的关于在中国建设、巩固和发展社会主义的正确的理论原则与经验总结，同马克思列宁主义、毛泽东思想既一脉相承又与时俱进。把十一届三中全会以来党在系统回答中国这样人口多底子薄的东方大国建设什么样的社会主义、怎样建设社会主义这个根本问题所提出的一系列紧密相连、相互贯通的新思想、新观点、新论断，概括为中国特色社会主义理论，把党对初级阶段基本国情的科学概括作为建设中国特色社会主义的总依据，把党在初级阶段经济、政治、文化、社会、生态文明各个领域的建设作为中国特色社会主义的总布局，把实现社会主义现代化和中华民族伟大复兴作为建设中国特色社会主义的总任务，不仅进一步明确了中国特色社会主义理论的历史定位，而且充分展示了其基本理论形态，为高举中国特色社会主义伟大旗帜提供了坚实的理论基础。

第三，中国特色社会主义制度。作为中国特色社会主义事业兴旺发达的制度基础，中国特色社会主义制度，是改革开放以来党在坚持社会主义根本政治制度、社会主义基本政治制度和社会主义基本经济制度的基础上，通过不断推进政治体制、经济体制、文化体制和社会体制改革，推动社会主义制度的自我完善和发展而确立起来的。中国特色社会主义制度，坚持把根本政治制度、基本政治制度同基本经济制度以及各方面体制机制等具体制度有机结合起来，坚持把国家层面民主制度同基层民主制度有机结合起来，坚持把党的领导、人民当家作主、依法治国有机结合起来，符合我国国情，集中体现了中国特色社会主义的特点和优势。中国特色社会主义制度既体现了社会主义发展的一般规律，又彰显了中国特色社会主义发展的特殊规律，进而充分展示了中国特色社会主义制度形态，为高举中国特色社会主义伟大旗帜提供了坚实的制度基础。

第四，中国特色社会主义文化。在 5000 多年文明发展中孕育的中华优秀传统文化，积淀着中华民族最深层的精神追求，包含着中华民族最根本的精神基因，代表着中华民族独特的精神标识，为中华民族发展壮大提供了丰厚滋养，也为人类文明进步做出了卓越贡献；在党和人民伟大斗争中孕育的激昂向上的革命文化和生机勃勃的社会主义先进文化，是中华优秀传统文化的凝结和升华，是中国共产党人和中国人民伟大创造精神的

① 习近平．在第十二届全国人民代表大会第一次会议上的讲话．北京：人民出版社，2013：3-4.

生动体现，是激励全党全国各族人民奋勇前进的强大精神力量。中国特色社会主义文化的传承与创造，既有助于中国特色社会主义真正植根于中华文化的丰厚土壤，获得民族最基本的文化基因，也有助于中华文明更好地走向世界，为高举中国特色社会主义伟大旗帜提供了坚实的精神基础。

中国特色社会主义道路是中国特色社会主义现代化的必由之路和实现途径，中国特色社会主义理论是党和人民沿着中国特色社会主义道路实现中华民族伟大复兴的正确理论和行动指南，中国特色社会主义制度是当代中国发展进步的制度基础和根本保障，中国特色社会主义文化则是坚持和发展中国特色社会主义的思想引领和价值遵循。实践形态凸显的是中国特色社会主义基本路线、基本纲领、基本政策贯彻实施的操作性的基本要求，理论形态凸显的是中国特色社会主义理论指导性的基本要求，制度形态凸显的是中国特色社会主义制度保障性的基本要求，价值形态凸显的则是中国特色社会主义话语表达方面的基本要求。四者既相互区别，又密切联系、相互渗透，统一于中国特色社会主义伟大实践，集中体现了中国特色社会主义的特色和优势。全党和全国各族人民对中国特色社会主义道路、理论、制度和文化的深刻认同，是中国共产党不忘初心，中国特色社会主义事业永葆生机活力、不断推向前进的根本保证，是我们之所以具有坚定的道路自信、理论自信、制度自信、文化自信的深厚而又坚实的基础。

（四）中国特色社会主义的发展

中国特色社会主义是马克思主义基本原理同当代中国实际和时代特征相结合的产物，它来源于实践、扎根于实践，也将随着实践的发展而不断丰富和发展。经过新中国成立特别是改革开放以来的持续奋斗，中国特色社会主义事业取得了举世瞩目的巨大成就，谱写了中国发展进步的辉煌篇章。

中国特色社会主义的伟大实践，使中国发生了历史性的重大变化。中国人民的思想得到了前所未有的大解放，激发出空前的积极性、主动性、创造性；中国初步改变了经济社会比较落后的状况，成为一个生机勃勃，走向繁荣、富裕、强大的国家；中国共产党进一步实现了从领导革命的党到领导建设和改革的党的历史转变，党的执政方式更加科学、民主，党的执政能力不断增强、提高，成为走在时代前列的党，成为中国特色社会主义事业的坚强领导核心。

中国特色社会主义的伟大实践，使中国社会主义制度的优势得到了进一步发挥。中国成功实现了从高度集中的计划经济体制到充满活力的社会主义市场经济体制、从封闭半封闭到全方位开放的伟大转折，建立起中国特色社会主义经济、政治、文化、社会、生态等各方面的制度体制，为社会主义的巩固和发展奠定了坚实的制度基础。

中国特色社会主义的伟大实践，也在世界范围内产生了重大影响，引起了各国人民的广泛关注。中国的巨大成功，使世界把目光转向中国，中国的经验和中国的道路受到越来越多的关注。国际社会展开了关于“中国模式”“中国经验”的热烈讨论，这充分说明中国特色社会主义在当今世界上的影响越来越大。

什么是马克思主义、怎样对待马克思主义，是能否坚持和发展中国特色社会主义的思想理论前提问题。在长期革命、建设和改革的实践中，中国共产党人逐步认识到：辩证唯物主义和历史唯物主义的世界观与方法论，是马克思主义的哲学基础，反映了马克思主义最根本的理论特征；实现物质财富极大丰富、人民精神境界极大提高、每个人自由而全面发展的共产主义社会，是马克思主义最崇高的社会理想；无产阶级政党的一切理论和奋斗都应该致力于实现最广大人民群众的根本利益，这是马克思主义最鲜明的政治立场；坚持一切从实际出发，理论联系实际，实事求是，在实践中检验真理和发展真理，是马克思主义最重要的理论品质。坚持马克思主义，必须以科学的态度对待马克思主义。马克思主义基本原理是颠扑不破的科学真理，任何时候都要坚持，否则中国特色社会主义就会因为没有正确的理论基础和思想灵魂而迷失方向，就会归于失败。党的二十大基于党在长期实践中得出的至关重要的规律性认识强调指出："坚持党的全面领导是坚持和发展中国特色社会主义的必由之路，中国特色社会主义是实现中华民族伟大复兴的必由之路，团结奋斗是中国人民创造历史伟业的必由之路，贯彻新发展理念是新时代我国发展壮大的必由之路，全面从严治党是党永葆生机活力、走好新的赶考之路的必由之路。"①

二、中国特色社会主义理论概念的演进

同任何思想理论的形成发展一样，中国特色社会主义理论的形成发展也有一个过程。而人们对这一理论的认识和概括，也经历了一个过程。中国特色社会主义理论紧紧围绕建设什么样的社会主义、怎样建设社会主义这一根本问题而展开，内涵十分丰富，包含了一系列独创性成果，从整体上进一步深化和丰富了对共产党执政规律、社会主义建设规律、人类社会发展规律的认识。党的历次重大会议对中国特色社会主义理论的科学总结和概括，揭示了这一理论体系的基本特点，为我们正确认识和把握这一理论体系的科学内涵与精神实质提供了重要遵循。作为改革开放以来党继续推进马克思主义中国化取得的最新理论成果，中国特色社会主义理论经历了从"中国式的现代化道路"到"建设有中国特色的社会主义"和"邓小平建设有中国特色社会主义理论"，从"邓小平理论和'三个代表'重要思想"到"邓小平理论、'三个代表'重要思想以及科学发展观等重大战略思想"，再到"中国特色社会主义理论体系""习近平新时代中国特色社会主义思想"的演进过程。

（一）中国式的现代化道路

党的十一届三中全会到十一届六中全会，是中国共产党对社会主义现代化建设道路的最初理论概括阶段，标志着中国特色社会主义道路基本思想的初步形成。

1978年12月召开的十一届三中全会毅然抛弃"以阶级斗争为纲"这个不适用于社会主义社会的"左"的错误方针，把党和国家的工作中心转移到经济建设上来。这是政

① 习近平．高举中国特色社会主义伟大旗帜 为全面建设社会主义现代化国家而团结奋斗：在中国共产党第二十次全国代表大会上的报告．北京：人民出版社，2022：70.

治路线的拨乱反正。在确定工作中心转移的同时，做出了实行改革开放的伟大决策，并针对拨乱反正过程中出现的错误思潮，旗帜鲜明地强调必须坚持社会主义道路、坚持人民民主专政、坚持中国共产党的领导、坚持马克思列宁主义毛泽东思想。“一个中心、两个基本点”的思想开始形成，奠定了新时期党的基本理论和路线的基础。

十一届三中全会后不久，1979 年 3 月，邓小平在《坚持四项基本原则》的讲话中，最先提出了中国式的现代化道路的命题。他强调指出：“过去搞民主革命，要适合中国情况，走毛泽东同志开辟的农村包围城市的道路。现在搞建设，也要适合中国情况，走出一条中国式的现代化道路。”① 这一命题的提出，为我们根据中国国情，确定社会主义现代化建设的具体道路，建设具有本国特色的社会主义，指明了正确的方向，提供了科学的思路。

同年 9 月召开的十一届四中全会，通过了叶剑英代表中共中央所做的国庆 30 周年讲话，初步总结了我国社会主义建设的实践经验，提出了全面建设社会主义的思想。讲话指出，我国现在还是发展中的社会主义国家，社会主义制度还不完善，经济和文化还不发达，在我国实现现代化，必然要有一个从初级到高级的过程。讲话标志着党对我国社会主义发展现状的基本估计已发生明显变化，实际上孕育了社会主义初级阶段的思想，并第一次把发展社会主义民主、建设社会主义精神文明作为现代化建设的重要目标，从而丰富了社会主义现代化建设道路的基本内容。

1981 年 6 月，十一届六中全会通过的《关于建国以来党的若干历史问题的决议》，根据邓小平在此前多次讲话中所阐述的指导原则，系统地总结了新中国成立以来我国社会主义建设正反两方面的历史经验，明确指出，我们已经逐步确立了一条适合我国情况的社会主义现代化建设的正确道路，并对其内容做了比较完整的概括，共十条。内容主要有：社会主义改造基本完成以后我国的主要矛盾是人民日益增长的物质文化需要同落后的社会生产之间的矛盾，必须把党和国家工作的重点转移到以经济建设为中心的社会主义现代化建设上来，大力发展社会生产力，逐步改善人民的物质文化生活；经济建设必须从我国国情出发，量力而行，有步骤分阶段地实现现代化的目标，努力按照客观经济规律和自然规律办事；社会主义生产关系的变革和完善必须适应于生产力的状况，有利于生产的发展，国营经济和集体经济是我国基本的经济形式，一定范围的劳动者个体经济是公有制经济的必要补充；在剥削阶级作为阶级消灭以后，阶级斗争已经不是主要矛盾，由于国内的因素和国际的影响，阶级斗争还将在一定范围内长期存在，在某种条件下还有可能激化；逐步建设高度民主的社会主义政治制度；社会主义必须有高度的精神文明，要努力提高教育科学文化在现代化建设中的地位和作用；改善和发展社会主义的民族关系，加强民族团结，对于我们这个多民族国家具有重大意义；在战争危险依然存在的国际条件下，必须加强现代化的国防建设，国防建设要同国家的经济建设相适应；必须继续坚持反对帝国主义、霸权主义、殖民主义和种族主义，维护世界和平；必须把中国共产党建设成为具有健全的民主集中制的党。虽然在这十条中，有些方面的概括理论升华还不够，还带有明显的经验总结的特点，有的要求还偏高，如“高度民主”和

① 邓小平．邓小平文选：第 2 卷．2 版．北京：人民出版社，1994：163.

“高度精神文明”等，还不够符合实际，并且尚未提出“建设有中国特色的社会主义”这一科学概念，但是，从它已经表现出的理论深度看，可以说已经有了中国特色社会主义道路的一些基本思想，只是还未使用这样的语言。

（二）建设有中国特色的社会主义

党的十二大到十四大召开，是建设有中国特色的社会主义科学概念提出、内容进一步扩展和对这一理论逐步进行概括的阶段。

1982 年 9 月召开的党的十二大，对建设有中国特色社会主义理论的形成做出了重大的贡献。其中，最突出的一点就是邓小平在开幕词中第一次提出了“建设有中国特色的社会主义”这一科学概念。邓小平指出：“把马克思主义的普遍真理同我国的具体实际结合起来，走自己的道路，建设有中国特色的社会主义，这就是我们总结长期历史经验得出的基本结论。”① 提出“建设有中国特色的社会主义”这一崭新的命题，使我国新时期改革开放和社会主义现代化建设的指导思想有了自己科学的称谓，其重大意义是显而易见的。十二大以后，邓小平反复强调：“我们搞的现代化，是中国式的现代化。我们建设的社会主义，是有中国特色的社会主义。”② 与此同时，全党通过认真学习邓小平的有关论述，对建设有中国特色社会主义的认识也在不断深化。1984 年 10 月召开的十二届三中全会通过了《中共中央关于经济体制改革的决定》，比较系统地总结了我国经济体制改革的经验，阐述了经济体制改革中一系列重大理论问题和实践问题。其在理论上的最大贡献，就是开始突破把计划经济与商品经济对立起来的传统观念，提出了我国社会主义经济是公有制基础上的有计划的商品经济的观点，为后来社会主义市场经济理论的形成提供了正确的思路。1986 年 9 月召开的十二届六中全会通过了《中共中央关于社会主义精神文明建设指导方针的决议》，总结了精神文明建设的经验，阐明了社会主义精神文明建设的战略地位，突出强调了一手抓改革开放、一手抓打击犯罪，一手抓经济建设、一手抓民主法制建设，一手抓物质文明、一手抓精神文明，实行了一系列的“两手抓”的战略方针，并强调在整个社会主义现代化建设的进程中，都要进行坚持四项基本原则、反对资产阶级自由化的教育和斗争。这就使党对社会主义建设总体布局的认识更加完整化了，对建设中国特色社会主义理论的形成具有重要的作用。

1987 年 10 月召开的十三大系统地提出了社会主义初级阶段的理论，为中国特色社会主义理论体系的形成奠定了重要基础。十三大报告明确阐述了党在社会主义初级阶段“一个中心、两个基本点”的基本路线，确立了建设中国特色社会主义理论的主体内容，并为这一理论向实践的转化提供了可操作的手段。报告提出必须把是否有利于发展生产力作为我们考虑一切问题的出发点和检验一切工作的根本标准，从根本上划清了科学社会主义同各种离开生产力标准抽象谈论社会主义的空想观念的界限；报告指出我国经济体制改革的目标是要建立计划与市场内在统一的体制，强调必须把计划工作建立在商品交换和价值规律的基础上，并首次提出了“国家调节市场，市场引导企业”的新的经济

① 邓小平．邓小平文选：第 3 卷．北京：人民出版社，1993：3.
② 同①29.

运行模式，开始摆脱把计划经济和市场经济对立起来的传统观念，为后来明确提出建立社会主义市场经济体制奠定了基础。十三大还第一次从哲学、政治经济学和科学社会主义等方面，将十一届三中全会以来党在对社会主义再认识过程中所形成的理论成果，系统地概括为12个方面，主要包括：关于解放思想，实事求是，以实践作为检验真理的唯一标准的观点；关于建设社会主义必须根据本国国情，走自己的路的观点；关于在经济文化落后的条件下，建设社会主义必须有一个很长的初级阶段的观点；关于社会主义社会的根本任务是发展生产力，集中力量实现现代化的观点；关于社会主义经济是有计划商品经济的观点；关于改革是社会主义社会发展的重要动力，对外开放是实现社会主义现代化的必要条件的观点；关于社会主义民主政治和社会主义精神文明是社会主义重要特征的观点；关于坚持四项基本原则同坚持改革开放的总方针这两个基本点相互结合、缺一不可的观点；关于用“一个国家，两种制度”来实现国家统一的观点；关于执政党的党风关系到党的生死存亡的观点；关于按照独立自主、完全平等、互相尊重、互不干涉内部事务的原则，发展同外国共产党和其他政党的关系的观点；关于和平与发展是当代世界的主题的观点。这12个方面的理论观点，从不同侧面比较全面地阐述了建设有中国特色社会主义的问题，初步勾画了中国特色社会主义理论体系的总体轮廓。

1989年春夏之交，国内发生了政治风波。随后，国际上又出现了苏联解体、东欧剧变。十一届三中全会以来形成的基本理论、基本路线、基本政策面临着严峻的考验。针对当时来自右的方面十分严重的资产阶级自由化思潮和仍然存在着的“左”的影响，邓小平指出：“我们搞四化，搞改革开放，关键是稳定。”“要放出一个信号：中国不允许乱。”“台湾集中攻我们四个坚持，恰恰证明四个坚持不能丢。没有四个坚持，中国就乱了。”① 又指出：“我们最近十年的发展是很好的。我们最大的失误是在教育方面，思想政治工作薄弱了，教育发展不够。”“最重要的一条是，在经济得到可喜发展、人民生活水平得到改善的情况下，没有告诉人民，包括共产党员在内，应该保持艰苦奋斗的传统。坚持这个传统，才能抗住腐败现象。”② 他又旗帜鲜明地提出：“要继续贯彻执行十一届三中全会以来的路线、方针、政策，连语言都不变。十三大政治报告是经过党的代表大会通过的，一个字都不能动。”③ 政治风波平息后，在接见首都戒严部队军以上干部时他又提出，“党的十一届三中全会制定的路线、方针、政策，包括我们发展战略的‘三部曲’，正确不正确?”，“党的十三大概括的‘一个中心、两个基本点’对不对?”④，这是必须做出明确、肯定回答的大问题。他强调过去十年“我们的一些基本提法，从发展战略到方针政策，包括改革开放，都是对的”⑤，要按照十三大确定的“一个中心、两个基本点”的基本路线和基本方针、政策，坚定不移地干下去。上述这些论述，不仅表明了邓小平在政治风浪中对党已经找到的建设中国特色社会主义道路的坚定信念，而且对中国特色

---

① 邓小平．邓小平文选：第3卷．北京：人民出版社，1993：286.

② 同①290.

③ 同①296.

④ 同①305.

⑤ 同①307.

社会主义理论体系的基本框架给予了清晰、完整的概括，从而有力地推动了这一理论本身的发展和党对它的认识的深化。

1990 年 12 月召开的十三届七中全会，通过了《中共中央关于制定国民经济和社会发展十年规划和“八五”计划的建议》，从全党对建设中国特色社会主义基本理论和基本实践的认识的角度，把全党的共同认识概括为 12 条原则。这 12 条原则，把党的基本路线进一步展开和具体化，从而比较系统地阐述了中国特色社会主义的基本问题。这次概括侧重于阐述实际工作的指导方针和政策，因而具有鲜明的实践性和较强的可操作性。1991 年 7 月 1 日，江泽民在庆祝中国共产党成立 70 周年大会上，从政治、经济、文化三个方面对建设中国特色社会主义理论的基本内容做了新的归纳。第一，有中国特色社会主义的经济，必须坚持以生产资料社会主义公有制为主体，允许和鼓励其他经济成分的适当发展，既不能脱离生产力发展水平搞单一的公有制，又不能动摇公有制经济的主体地位，不能搞私有化；必须实行以按劳分配为主体、其他分配形式为补充的分配制度，既要克服平均主义，又要防止两极分化，逐步实现全体人民的共同富裕；必须建立适应社会主义有计划商品经济发展的、计划经济与市场调节相结合的经济体制和运行机制，在国家法律法规和计划的指导下发挥市场调节的积极作用，既要克服过去那种过分集中、管得过多过死的弊端，又不能过于分散和削弱宏观调控。第二，有中国特色社会主义的政治，必须坚持工人阶级领导的、以工农联盟为基础的人民民主专政，不能削弱和放弃人民民主专政；必须坚持和完善人民代表大会制度，不能搞西方那种议会制度；必须坚持和完善中国共产党领导的多党合作和政治协商制度，不能削弱和否定共产党的领导，不能搞西方那种多党制。第三，有中国特色社会主义的文化，必须以马克思列宁主义、毛泽东思想为指导，不能搞指导思想的多元化；必须坚持为人民服务、为社会主义服务的方向和“百花齐放、百家争鸣”的方针，繁荣和发展社会主义文化，不允许毒害人民、污染社会和反社会主义的东西泛滥；必须继承发扬民族优秀传统文化而又充分体现社会主义时代精神，立足本国而又充分吸收世界文化优秀成果，不允许搞民族虚无主义和全盘西化。这是对中国特色社会主义理论体系进行概括的又一次尝试。

（三）邓小平建设有中国特色社会主义理论

1992 年春邓小平南方谈话到党的十五大召开，是中国特色社会主义理论进一步丰富发展和对这一理论体系进行集中建构的阶段。

1992 年春，邓小平在视察南方时发表了一系列重要谈话。这些谈话发生在我国改革开放和现代化建设的关键时刻，精辟地分析了当时的国际国内形势，科学地总结了十一届三中全会以来党的基本实践和基本经验，明确回答了这些年来经常困扰和束缚我们思想的许多重大问题。谈话提出了一系列新的重要观点：革命是解放生产力，改革也是解放生产力；判断改革开放和各方面是非的标准，应该主要看是否有利于发展社会主义社会的生产力、是否有利于增强社会主义国家的综合国力、是否有利于提高人民的生活水平；计划经济不等于社会主义，资本主义也有计划，市场经济不等于资本主义，社会主义也有市场，计划和市场都是经济手段；要警惕右，但主要是防止“左”；等等。邓小平强调要坚持基本路线一百年不动摇，进一步解放思想，抓住时机，加快改革开放和现代化的步伐。以南方谈话为标志，建设有中国特色社会主义理论有了突破性发展。1992 年 3 月召开的中共中央政治局会议完全赞同邓小平的重要谈话，并高度评价了谈话对开好十四大、推进整个社会主义现代化建设的重大指导作用。

1992 年 10 月召开的十四大，在首次明确提出社会主义市场经济理论、调准我国经济体制改革目标的基础上，从如何建设社会主义、如何巩固和发展社会主义等基本问题的角度，系统总结了十一届三中全会以来社会主义在中国的新经验，阐述了建设中国特色社会主义理论体系的主要内容，共九条：一是在社会主义的发展道路问题上，强调走自己的路，不把书本当教条，不照搬外国模式，以马克思主义为指导，以实践作为检验真理的唯一标准，解放思想，实事求是，尊重群众的首创精神，建设有中国特色的社会主义。二是在社会主义的发展阶段问题上，做出了我国还处在社会主义初级阶段的科学论断，强调这是一个至少上百年的很长的历史阶段，制定一切方针政策都必须以这个基本国情为依据，不能脱离实际，超越阶段。三是在社会主义的根本任务问题上，指出社会主义的本质是解放生产力，发展生产力，消灭剥削，消除两极分化，最终达到共同富裕。强调现阶段我国社会的主要矛盾是人民日益增长的物质文化需要同落后的社会生产之间的矛盾，必须把发展生产力摆在首要位置，以经济建设为中心，推动社会全面进步。判断各方面工作的是非得失，归根到底，要以是否有利于发展社会主义社会的生产力、是否有利于增强社会主义国家的综合国力、是否有利于提高人民的生活水平为标准。科学技术是第一生产力，经济建设必须依靠科技进步和劳动者素质的提高。四是在社会主义的发展动力问题上，强调改革也是一场革命，也是解放生产力，是中国现代化的必由之路，僵化停滞是没有出路的。经济体制改革的目标，是在坚持公有制和按劳分配为主体、其他经济成分和分配方式为补充的基础上，建立和完善社会主义市场经济体制。政治体制改革的目标，是以完善人民代表大会制度、共产党领导的多党合作和政治协商制度为主要内容，发展社会主义民主政治。同经济、政治的改革和发展相适应，以“有理想、有道德、有文化、有纪律”为目标，建设社会主义精神文明。五是在社会主义建设的外部条件问题上，指出和平与发展是当代世界两大主题，必须坚持独立自主的和平外交政策，为我国现代化建设争取有利的国际环境。强调实行对外开放是改革和建设必不可少的，应当吸收和利用世界各国包括资本主义发达国家所创造的一切先进文明成果来发展社会主义，封闭只能导致落后。六是在社会主义建设的政治保证问题上，强调坚持社会主义道路、坚持人民民主专政、坚持中国共产党的领导、坚持马克思列宁主义毛泽东思想。这四项基本原则是立国之本，是改革开放和现代化建设健康发展的保证，又从改革开放和现代化建设获得新的时代内容。七是在社会主义建设的战略步骤问题上，提出基本实现现代化分三步走。在现代化建设的长过程中要抓住时机，争取出现若干个发展速度比较快、效益又比较好的阶段，每隔几年上一个台阶。贫穷不是社会主义，同步富裕又是不可能的，必须允许和鼓励一部分地区一部分人先富起来，以带动越来越多的地区和人们逐步达到共同富裕。八是在社会主义的领导力量和依靠力量问题上，强调作为工人阶级先锋队的共产党是社会主义事业的领导核心，党必须适应改革开放和现代化建设的需要，不断改善和加强对各方面工作的领导，改善和加强自身建设。执政党的党风、党同人民群众的联系，是关系党生死存亡的问题。必须依靠广大工人、农民、知识分子，必须依靠各民族人民的团结，必须依靠全体社会主义劳动者、拥护社会主义的爱国者和拥护祖国统一的爱国者的最广泛的统一战线。党领导的人民军队是社会主义祖国的保卫者和建设社会主义的重要力量。九是在祖国统一的问题上，提出“一个国家，两种制度”的创造性构想。在一个中国的前提下，国家的主体坚持社会主义制度，香港、澳门、台湾保持原有的资本主义制度和生活方式长期不变，按照这个原则来推进祖国和平统一大业的完成。对邓小平建设有中国特色社会主义理论内容的这九条概括，不仅表明中国特色社会主义理论已经发展到一个新的阶段，而且对这一理论体系的基本框架给予了更加清晰、完整的概括。

十四大之后，随着全党对邓小平理论学习、研究的深入，党中央和理论工作者又做了一些新的概括。1993 年 11 月，江泽民在学习《邓小平文选》第三卷报告会上发表讲话指出：解放思想、实事求是，是贯穿于建设有中国特色社会主义理论全部观点的精髓；中国特色社会主义理论的主题是只有社会主义才能救中国，只有社会主义才能发展中国，我们坚持的社会主义是有中国特色的社会主义；建设有中国特色社会主义的理论是社会主义同爱国主义相统一的科学理论，其理论风格是尊重实践、尊重群众，从全局着眼来观察和处理问题。江泽民在全国宣传部长会议上也做了与此大体一致的概括。

1995 年 5 月，中共中央下发了由中共中央宣传部组织编写的《邓小平同志建设有中国特色社会主义理论学习纲要》（简称《纲要》），以十四大的概括为基本依据，以新的理论框架对邓小平建设有中国特色社会主义理论科学体系的主要内容做了概括和阐述。《纲要》对邓小平理论科学体系主要内容的概括，总体上分为三个层次：第一层次，对邓小平理论立论基础、理论基石的概括和阐述；第二层次，对邓小平关于中国特色社会主义的一系列基本理论观点、基本指导方针的概括和阐述；第三层次，对建设中国特色社会主义主体力量或理论向实践转化的基本条件的概括和阐述。《纲要》对邓小平建设有中国特色社会主义理论体系总体框架的概括，最具特色、引人注目的一个变化是把“什么是社会主义、怎样建设社会主义”的问题单独提出来，作为“最重要”的内容，这样就把党和邓小平对社会主义基本问题的深入思考与当代中国国情的研究结合了起来，从而科学地揭示了社会主义本质特征与道路选择之间的内在逻辑。这表明，党较为全面、准确地把握了邓小平建设有中国特色社会主义理论的科学体系及精神实质，对这一理论的认识水平有了进一步的提高。

（四）邓小平理论和“三个代表”重要思想

党的十五大把“邓小平建设有中国特色社会主义理论”正式简称为“邓小平理论”并把它与马克思列宁主义、毛泽东思想放在一起，作为党的指导思想写入党章。作为毛泽东思想的继承和发展的邓小平理论，是指导中国人民在改革开放中胜利实现社会主义现代化的正确理论。在当代中国，只有把马克思主义同当代中国实践和时代特征结合起来的邓小平理论，而没有别的理论能够解决社会主义的前途和命运问题。十五大深刻论述了邓小平理论的历史地位，概括了其十个方面的内涵，并指出，这一理论体系“是贯通哲学、政治经济学、科学社会主义等领域，涵盖经济、政治、科技、教育、文化、民族、军事、外交、统一战线、党的建设等方面比较完备的科学体系，又是需要从各方面进一步丰富发展的科学体系”[①]。十五大还根据邓小平理论和党的基本路线，围绕建设富强民主文明的社会主义现代化国家的目标，进一步明确了什么是社会主义初级阶段有中国特色社会主义的经济、政治和文化，怎样建设这样的经济、政治和文化，制定了党在社会主义初级阶段的基本纲领。十五大对邓小平理论科学概念的简明概括，对邓小平理论历史地位的明确认定，以及从理论与实际结合的角度对邓小平理论体系基本内容的阐述，实际上构成了对邓小平理论体系的又一次概括。

进入 21 世纪，以江泽民同志为主要代表的中国共产党人，坚持以邓小平理论为指导，站在历史发展和时代要求的高度，敏锐把握国际国内形势的发展变化，形成“三个代表”重要思想，深化了对中国特色社会主义的认识。2000 年 2 月，江泽民在广东视察时首次完整地提出了“三个代表”重要思想。他指出：“我们党所以赢得人民的拥护，是因为我们党在革命、建设、改革的各个历史时期，总是代表着中国先进生产力的发展要求，代表着中国先进文化的前进方向，代表着中国最广大人民的根本利益，并通过制定正确的路线方针政策，为实现国家和人民的根本利益而不懈奋斗。”[②] 2001 年 7 月，在庆祝中国共产党成立 80 周年大会上，江泽民以“三个代表”重要思想统领全篇，系统、全面、深入地揭示了其深刻内涵。他强调，“三个代表”重要思想体现了生产力与生产关系、经济基础与上层建筑的统一，体现了经济、政治、文化的统一，体现了物质文明、政治文明和精神文明建设的统一，也体现了尊重社会发展规律与发挥历史主体能动性的统一。“三个代表”重要思想作为统一的整体，相互联系、相互依存、相互促进，构成了 21 世纪指导党的建设的伟大纲领和实现中华民族伟大复兴的根本指针。

“三个代表”重要思想用一系列紧密联系、相互贯通的新思想、新观点、新论断，进一步回答了什么是社会主义、怎样建设社会主义的问题，创造性地回答了在长期执政的历史条件下建设什么样的党、怎样建设党的问题，深化了对推进中国特色社会主义事业和加强党的建设的规律的认识。2002 年 11 月，十六大进一步论述了“三个代表”重要思想的指导意义和具体要求，并把“三个代表”重要思想写入党章，与马克思列宁主义、毛泽东思想和邓小平理论一起，作为党必须长期坚持的指导思想。为了更好地学习和贯彻“三个代表”重要思想，2003 年 6 月，中共中央宣传部组织编写了《“三个代表”重要思想学习纲要》，从 16 个方面比较全面、准确地反映了邓小平理论特别是“三个代表”重要思想的主要内容。2003 年 7 月，胡锦涛在“三个代表”重要思想理论研讨会上发表重要讲话，又从全局和战略的高度，深刻阐述了“三个代表”重要思想的时代背景、实践基础、科学内涵、精神实质和历史地位，对“三个代表”重要思想做了进一步的归纳和概括。

（五）科学发展观与中国特色社会主义理论体系

新世纪新阶段，以胡锦涛同志为主要代表的中国共产党人，坚持以邓小平理论和“三个代表”重要思想为指导，在准确把握世界发展趋势、认真总结我国发展经验的基础

① 江泽民．江泽民文选：第 2 卷．北京：人民出版社，2006：11.
② 江泽民．江泽民文选：第 3 卷．北京：人民出版社，2006：2.

上，形成了科学发展观等重大战略思想，进一步深化了对中国特色社会主义发展规律的认识，为党的十七大正式提出“中国特色社会主义理论体系”的科学概念提供了重要的条件。

2003年4月，胡锦涛在广东考察时，针对“非典”肆虐带来的严重损失，提出了“全面的发展观”。随后，在江西考察时，胡锦涛开始使用“科学发展观”的概念，要求牢固树立协调发展、全面发展、可持续发展的科学发展观。2003年10月，党的十六届三中全会通过《中共中央关于完善社会主义市场经济体制若干问题的决定》，指出“坚持以人为本，树立全面、协调、可持续的发展观，促进经济社会和人的全面发展”。科学发展观作为一个科学概念，作为我国经济社会发展的重大战略思想和指导方针第一次被明确提出来。2004年3月10日，胡锦涛在中央人口资源环境工作座谈会上发表了重要讲话，进一步阐发了科学发展观。他强调，要“牢固树立和认真落实以人为本，全面、协调、可持续的发展观”①。这一表述，使科学发展观的概念更加完整，内涵更加明确。2006年6月，为把学习贯彻科学发展观不断引向深入，中共中央宣传部组织编写了《科学发展观学习读本》。该读本从7个方面对科学发展观进行了阐述，比较全面系统地反映了科学发展观的重大意义、深刻内涵和基本要求。

2007年6月25日，胡锦涛在中央党校省部级干部进修班上的讲话中，对科学发展观做了新的概括和阐述。他强调指出，科学发展观的第一要义是发展，核心是以人为本，基本要求是全面协调可持续，根本方法是统筹兼顾。随后，在党的十七大报告中，又重申了“6·25”讲话中关于科学发展观的一些观点，并且强调要“更加自觉地走科学发展道路”。科学发展观，是对中国共产党人关于发展的重要思想的继承和发展，是马克思主义关于发展的世界观和方法论的集中体现，是同马克思列宁主义、毛泽东思想、邓小平理论和“三个代表”重要思想既一脉相承又与时俱进的科学理论，是我国经济社会发展的重要指导方针，是发展中国特色社会主义必须坚持和贯彻的重大战略思想。

十七大指出，中国特色社会主义理论体系，就是包括邓小平理论、“三个代表”重要思想以及科学发展观等重大战略思想在内的科学理论体系。其中，邓小平理论是中国特色社会主义理论体系的开创之作，是最基础的重要组成部分；“三个代表”重要思想是中国特色社会主义理论体系承上启下的极为重要的组成部分；科学发展观等重大战略思想是中国特色社会主义理论体系的重要创新成果。它们既相互贯通又层层递进，体现了党的理论创新成果的科学性体系、阶段性成果和发展性要求的内在统一。

（六）习近平新时代中国特色社会主义思想

党的十八大以来，国内外形势的变化和我国各项事业的发展都提出了一个重大课题，那就是：必须从理论和实践的结合上系统回答新时代坚持和发展什么样的中国特色社会主义、怎样坚持和发展中国特色社会主义，以利于更好地坚持和发展中国特色社会主义。围绕这个重大时代课题，以习近平同志为主要代表的中国共产党人坚持以马克思列宁主义、毛泽东思想、邓小平理论、“三个代表”重要思想、科学发展观为指导，坚持解放思

① 中共中央文献研究室．十六大以来重要文献选编：上．北京：中央文献出版社，2005：849.

想、实事求是、与时俱进、求真务实，坚持辩证唯物主义和历史唯物主义，紧密结合新的时代条件和实践要求，以全新的视野深化对共产党执政规律、社会主义建设规律、人类社会发展规律的认识，进行了艰辛理论探索，取得了重大理论创新成果，创立了习近平新时代中国特色社会主义思想。

对习近平新时代中国特色社会主义思想的认识和凝练有一个过程。先是，十八大之后不久，以“坚持和发展中国特色社会主义”为聚焦点，鲜明地提出了“两个一百年”和实现中华民族伟大复兴的中国梦的奋斗目标；接着，通过召开十八届三中、四中全会逐渐形成了全面建成小康社会、全面深化改革、全面依法治国、全面从严治党“四个全面”战略布局；随后，又通过十八届五中全会明确提出了以人民为中心的发展思想及创新、协调、绿色、开放、共享的新发展理念，并逐渐形成了一系列治国理政新理念新思想新战略。十九大用了“八个明确”和“十四个坚持”概括了习近平新时代中国特色社会主义思想和基本方略。十九届六中全会通过的《中共中央关于党的百年奋斗重大成就和历史经验的决议》将之概括为“十个明确”和“十三个方面成就”。

“十个明确”，即明确中国特色社会主义最本质的特征是中国共产党领导，中国特色社会主义制度的最大优势是中国共产党领导，中国共产党是最高政治领导力量，全党必须增强“四个意识”、坚定“四个自信”、做到“两个维护”；明确坚持和发展中国特色社会主义，总任务是实现社会主义现代化和中华民族伟大复兴，在全面建成小康社会的基础上，分两步走在21世纪中叶建成富强民主文明和谐美丽的社会主义现代化强国，以中国式现代化推进中华民族伟大复兴；明确新时代我国社会主要矛盾是人民日益增长的美好生活需要和不平衡不充分的发展之间的矛盾，必须坚持以人民为中心的发展思想，发展全过程人民民主，推动人的全面发展、全体人民共同富裕取得更为明显的实质性进展；明确中国特色社会主义事业总体布局是经济建设、政治建设、文化建设、社会建设、生态文明建设五位一体，战略布局是全面建设社会主义现代化国家、全面深化改革、全面依法治国、全面从严治党四个全面；明确全面深化改革总目标是完善和发展中国特色社会主义制度、推进国家治理体系和治理能力现代化；明确全面推进依法治国总目标是建设中国特色社会主义法治体系、建设社会主义法治国家；明确必须坚持和完善社会主义基本经济制度，使市场在资源配置中起决定性作用，更好发挥政府作用，把握新发展阶段，贯彻创新、协调、绿色、开放、共享的新发展理念，加快构建以国内大循环为主体、国内国际双循环相互促进的新发展格局，推动高质量发展，统筹发展和安全；明确党在新时代的强军目标是建设一支听党指挥、能打胜仗、作风优良的人民军队，把人民军队建设成为世界一流军队；明确中国特色大国外交要服务民族复兴、促进人类进步，推动建设新型国际关系，推动构建人类命运共同体；明确全面从严治党的战略方针，提出新时代党的建设总要求，全面推进党的政治建设、思想建设、组织建设、作风建设、纪律建设，把制度建设贯穿其中，深入推进反腐败斗争，落实管党治党政治责任，以伟大自我革命引领伟大社会革命。“十个明确”是在“八个明确”基础上的一个新的概括，从“八个明确”到“十个明确”，紧紧围绕新时代坚持和发展什么样的中国特色社会主义、怎样坚持和发展中国特色社会主义，建设什么样的社会主义现代化强国、怎样建设社会主义现代化强国，建设什么样的长期执政的马克思主义政党、怎样建设长期执政的马克思主义政党等重大时代课题，集中体现了以习近平同志为核心的党中央在新时代坚持马克思主义基本原理同中国具体实际相结合、同中华优秀传统文化相结合，开辟马克思主义中国化时代化新境界，在实践基础上推进理论创新所取得的主要成果，构成了习近平新时代中国特色社会主义思想的核心内容。

“十三个方面成就”，即在坚持党的全面领导上，党中央权威和集中统一领导得到有力保证，党的领导制度体系不断完善，党的领导方式更加科学，全党思想上更加统一、政治上更加团结、行动上更加一致，党的政治领导力、思想引领力、群众组织力、社会号召力显著增强；在全面从严治党上，全面从严治党的政治引领和政治保障作用充分发挥，党的自我净化、自我完善、自我革新、自我提高能力显著增强，管党治党宽松软状况得到根本扭转，反腐败斗争取得压倒性胜利并全面巩固，消除了党、国家、军队内部存在的严重隐患，党在革命性锻造中更加坚强；在经济建设上，我国经济发展平衡性、协调性、可持续性明显增强，国内生产总值突破百万亿元大关，人均国内生产总值超过一万美元，国家经济实力、科技实力、综合国力跃上新台阶，我国经济迈上更高质量、更有效率、更加公平、更可持续、更为安全的发展之路；在全面深化改革开放上，党不断推动全面深化改革向广度和深度进军，中国特色社会主义制度更加成熟更加定型，国家治理体系和治理能力现代化水平不断提高，党和国家事业焕发出新的生机活力；在政治建设上，我国社会主义民主政治制度化、规范化、程序化全面推进，中国特色社会主义政治制度优越性得到更好发挥，生动活泼、安定团结的政治局面得到巩固和发展；在全面依法治国上，中国特色社会主义法治体系不断健全，法治中国建设迈出坚实步伐，法治固根本、稳预期、利长远的保障作用进一步发挥，党运用法治方式领导和治理国家的能力显著增强；在文化建设上，我国意识形态领域形势发生全局性、根本性转变，全党全国各族人民文化自信明显增强，全社会凝聚力和向心力极大提升，为新时代开创党和国家事业新局面提供了坚强思想保证和强大精神力量；在社会建设上，我国社会建设全面加强，人民生活全方位改善，社会治理社会化、法治化、智能化、专业化水平大幅度提升，发展了人民安居乐业、社会安定有序的良好局面，续写了社会长期稳定奇迹；在生态文明建设上，党中央以前所未有的力度抓生态文明建设，全党全国推动绿色发展的自觉性和主动性显著增强，美丽中国建设迈出重大步伐，我国生态环境保护发生历史性、转折性、全局性变化；在国防和军队建设上，在党的坚强领导下，人民军队实现整体性革命性重塑、重整行装再出发，国防实力和经济实力同步提升，一体化国家战略体系和能力加快构建，建立健全退役军人管理保障体制，国防动员更加高效，军政军民团结更加巩固，人民军队坚决履行新时代使命任务，以顽强斗争精神和实际行动捍卫了国家主权、安全、发展利益；在维护国家安全上，国家安全得到全面加强，经受住了来自政治、经济、意识形态、自然界等方面的风险挑战考验，为党和国家兴旺发达、长治久安提供了有力保证；在坚持“一国两制”和推进祖国统一上，有中国共产党的坚强领导，有伟大祖国的坚强支撑，有全国各族人民包括香港特别行政区同胞、澳门特别行政区同胞和台湾同胞的同心协力，香港、澳门长期繁荣稳定一定能够保持，祖国完全统一一定能够实现；在外交工作上，中国特色大国外交全面推进，构建人类命运共同体成为引领时代潮流和人类前进方向的鲜明旗帜，我国外交在世界大变局中开创新局、在世界乱局中化危为机，我国国际影响力、感召力、塑造力显著提升。“十三个方面成就”充分展示了十八大以来党坚持以习近平新时代中国特色社会主义思想为引领在各实践领域取得的历史性成就、发生的历史性变革，彰显了中国特色社会主义的强大生机活力，为实现中华民族伟大复兴提供了更为完善的制度保证、更为坚实的物质基础、更为主动的精神力量。

习近平新时代中国特色社会主义思想是当代中国马克思主义、二十一世纪马克思主义，是中华文化和中国精神的时代精华，实现了马克思主义中国化新的飞跃。习近平同志作为新时代中国特色社会主义思想的主要创立者，提出了一系列原创性的治国理政新理念新思想新战略。党确立习近平同志党中央的核心、全党的核心地位，确立习近平新时代中国特色社会主义思想的指导地位，反映了全党全军全国各族人民共同心愿，对新时代党和国家事业发展、对推进中华民族伟大复兴历史进程具有决定性意义。

三、中国特色社会主义理论的内容结构、基本特征及历史地位

中国特色社会主义理论，是党在改革开放和社会主义现代化建设历史新时期继续推进马克思主义中国化的伟大历史性创造。作为马克思主义中国化新的理论成果，中国特色社会主义理论是被实践证明了的关于在中国建设、巩固和发展社会主义的正确的理论原则与经验总结，同马克思列宁主义、毛泽东思想既一脉相承又与时俱进。

（一）中国特色社会主义理论的内容结构

中国特色社会主义理论，是一个内容丰富的有机整体，应该在明确其主题、主线的前提下，从不同的视角、不同的维度，一以贯之地加以把握，防止对其做孤立、静止、片面、表面的理解。中国特色社会主义理论以当代中国社会主义的发展为主题，以马克思主义中国化为主线，其内容结构包括立论基础和理论基石、基本路线和基本要求、战略布局和基本政策、实践主体和基本力量四个部分。

第一，立论基础和理论基石。中国特色社会主义理论的立论基础和理论基石有三个方面。一是解放思想、实事求是。十一届三中全会以后，党领导人民坚持把马克思主义基本原理与当代中国社会主义现代化建设的实际相结合，走自己的路，不断开创马克思主义中国化的新境界。党反复强调，解放思想、实事求是是中国特色社会主义理论的精髓，与时俱进是马克思主义的理论品质，求真务实是党的思想路线的核心内容，这些论述从党的思想路线和思想方法的实质上，为中国特色社会主义理论的形成发展提供了哲学基础。二是社会主义的本质。建设社会主义，首要的基本问题是搞清楚什么是社会主义。邓小平曾指出：“社会主义是一个很好的名词，但是如果搞不好，不能正确理解，不能采取正确的政策，那就体现不出社会主义的本质。”① 社会主义本质理论正是基于我们长期以来没有完全搞清楚什么是社会主义，因而影响社会主义优越性发挥的事实而提出

① 邓小平．邓小平文选：第2卷．2版．北京：人民出版社，1994：313.

的。这一新的理论概括，把什么是社会主义、怎样建设社会主义、建设什么样的社会主义等问题紧密地衔接起来，揭示了社会主义本质特征与道路选择之间的内在联系，为中国特色社会主义提供了逻辑前提。三是社会主义初级阶段。建设中国特色社会主义，总依据是社会主义初级阶段。十一届三中全会以后，党在总结新中国成立以来历史经验和改革开放以来新的经验的基础上，对我国社会主义所处的历史阶段进行新的探索，做出了我国正处于并将长期处于社会主义初级阶段的科学论断。同时指出，社会主义初级阶段是一个相当长的历史发展阶段，在发展进程中必然还要经历若干具体的发展阶段，不同时期会显现出不同的阶段性特征。这就准确地把握了当代中国的基本国情，从而为中国特色社会主义理论提供了立论的现实依据。上述三个方面的观点相互联系，作为一个整体，共同构成了中国特色社会主义理论的立论基础和理论基石，使这一理论的各个组成部分牢固地建立在马克思主义科学世界观和方法论的基础之上。

第二，基本路线和基本要求。以“一个中心、两个基本点”为基本要素的党在社会主义初级阶段的基本路线，是在中国特色社会主义理论的指导下逐渐形成的，同时又是这一理论在基本理论和总的指导方针路线上的全面展开与精辟概括。党的十八大指出，在新的历史条件下夺取中国特色社会主义新胜利，必须牢牢把握坚持人民主体地位、坚持解放和发展社会生产力、坚持推进改革开放、坚持维护社会公平正义、坚持走共同富裕道路、坚持促进社会和谐、坚持和平发展、坚持党的领导等基本要求。而这些基本要求，正是对中国特色社会主义道路和党在现阶段基本路线科学内涵的高度概括。以经济建设为中心是兴国之要，是党和国家兴旺发达与长治久安的根本要求。它规定了党在现阶段压倒一切的根本任务，是最高层次的基本要求，其他一切内容都要服从于它、围绕着它、服务于它，决不能干扰它和冲击它。围绕着一个中心，有两个基本点：一是必须坚持改革开放。改革开放是强国之路，是党和国家发展进步的活力源泉。只有社会主义才能救中国，只有改革开放才能发展中国、发展社会主义、发展马克思主义。这就肯定了改革开放作为中国特色社会主义发展动力的地位。二是必须坚持四项基本原则。四项基本原则是对社会主义基本制度的高度概括，是我们的立国之本，是党和国家生存发展的政治基石。改革和发展都离不开稳定。保持安定团结的政治局面，就必须坚持社会主义道路，坚持人民民主专政，坚持中国共产党的领导，坚持马克思列宁主义、毛泽东思想。同时，这条基本路线还规定了建设富强民主文明和谐美丽的社会主义现代化强国的奋斗目标等内容。“一个中心、两个基本点”统一于发展中国特色社会主义的伟大实践，这就揭示了党的基本路线与中国特色社会主义道路和理论体系之间的密切关系。中国特色社会主义的实践反复证明，对党的基本路线的认识和把握，是坚持中国特色社会主义道路和理论体系的基础与前提，而坚持中国特色社会主义道路和理论体系又必然会更好地体现党的基本路线。

第三，战略布局和基本政策。中国特色社会主义是经济、政治、文化、社会和生态建设全面协调可持续发展的伟大事业。以中国特色社会主义经济、政治、文化、社会和生态文明建设为基本目标与基本政策，既构成了一个整体的战略布局，又为创造中国特色社会主义的崭新发展模式提供了现实的可能。“五位一体”总体布局，既反映了党的基本路线的内在要求，又是党的基本路线在经济、政治、文化、社会和生态等方面的展开。

主要包括：建立比较完善的社会主义市场经济体制，不断解放和发展生产力，实现国民经济持续健康发展，保证人民共享改革和发展成果；扩大社会主义民主，健全社会主义法治，依法治国，建设社会主义法治国家，实现社会安定、政府廉洁高效、全国各族人民团结和睦、生动活泼的政治局面；以马克思主义为指导，以培育有理想、有道德、有文化、有纪律的公民为目标，发展面向现代化、面向世界、面向未来的，民族的、科学的、大众的社会主义文化，培育社会主义核心价值观，推动社会主义文化大发展大繁荣；以改善民生为重点，解决好人民最关心、最直接、最现实的利益问题，构建社会主义和谐社会，努力形成全体人民各尽其能、各得其所而又和谐相处的局面；树立尊重自然、顺应自然、保护自然的生态文明理念，把生态文明建设放在突出地位，融入经济建设、政治建设、文化建设、社会建设各方面和全过程，努力建设美丽中国，实现中华民族永续发展；按照“一个国家，两种制度”的方式，大力推进祖国和平统一大业；坚持独立自主的和平外交政策，积极推动公正合理的国际政治经济新秩序的建立，争取更好的国际和平环境；等等。所有这些，都体现了从传统社会主义模式向当代社会主义新模式的转变，使中国特色社会主义以崭新的面貌呈现出巨大的生机活力和创造性，并为保证我们国家的长治久安、更好地发挥社会主义制度的优越性奠定了新的基础，为更加有力地推进我国社会主义现代化建设、构建中华现代文明形态提供了新的起点。

第四，实践主体和基本力量。人民群众是力量的源泉，是社会主义事业成功的根本；人民军队是人民民主专政的坚强柱石，是社会主义建设的重要力量；共产党是中国各族人民利益的忠实代表，是中国特色社会主义现代化事业的领导核心。建设中国特色社会主义，是中国共产党所领导的亘古未有的伟大群众性事业，党只有紧紧依靠中国特色社会主义的建设者，依靠由人民子弟组织起来的人民军队，依靠各族人民的大团结，依靠最广泛的爱国统一战线，充分发挥广大人民群众的主动精神，才能完成这一伟大事业。建设中国特色社会主义，关键在于坚持、加强和改善党的领导。把巩固党的执政地位与提高党的执政能力紧密结合起来，不断加强党的自身建设，是党能够始终成为中国特色社会主义事业领导核心的关键。人民群众、人民军队与党的领导三个方面，从整体上构成了建设中国特色社会主义事业的实践主体。理论只有掌握群众，才能发挥其强大的精神力量，并通过群众的实践变为物质的力量。因此，关于中国特色社会主义事业实践主体的理论既是中国特色社会主义的重要组成部分，又为这一理论向实践的转化提供了基本保证。

（二）中国特色社会主义理论的基本特征

中国特色社会主义理论在形成和发展的过程中，借助当代中国改革开放和社会主义现代化伟大实践的推动以及理论本身内在的逻辑力量，凸显了其特有的品质特征。中国特色社会主义理论，在其理论传承关系上充分体现了与马克思列宁主义、毛泽东思想的继承性与创新性的统一，在其形成发展条件上充分体现了实践性与时代性的统一，在其内在逻辑构成上充分体现了严整性与开放性的统一，在其创新形态上充分体现了民族性与世界性的统一，在其功能价值上充分体现了党性与人民性的统一。

1. 中国特色社会主义理论体现了继承性与创新性的统一

中国特色社会主义理论继承和发展了科学社会主义。马克思、恩格斯创立了唯物史观和剩余价值学说，以此为基石创立了科学社会主义理论，对未来社会做了一系列科学推测和设想。毋庸置疑，马克思主义创始人关于未来社会的设想，由于运用了科学的理论方法，正确分析了资本主义社会矛盾，揭示了资本主义发展的规律，并吸收和总结了一代代先进人物对社会发展理想中的合理成分，具有科学性，因而对后来社会主义制度的建立和发展具有原创性的指导意义。但社会主义在由理论变为现实的过程中，并不像马克思、恩格斯所预言的那样，首先发生在发达的资本主义国家，而是发生在经济文化比较落后的国家。这就使得共产党人在坚持科学社会主义基本原则的前提下，不得不从各自国家的具体国情出发，探索社会主义有效的实现形式。正如列宁所指出的："马克思主义者必须考虑生动的实际生活，必须考虑现实的确切事实，而不应当抱住昨天的理论不放，因为这种理论和任何理论一样，至多只能指出基本的、一般的东西，只能大体上概括实际生活中的复杂情况。"① 伟大的实践产生伟大的理论。中国特色社会主义就是在中国这样一个经济、文化比较落后的国家，在改革开放和社会主义现代化建设的背景下应运而生的。它既坚持了科学社会主义的基本原则，又根据我国实际和时代特征赋予了其鲜明的中国特色。

中国特色社会主义理论继承和发展了毛泽东思想。毛泽东思想作为马克思主义中国化的第一大理论成果，回答了在中国无产阶级政党要不要领导和怎样领导资产阶级民主革命，并把这个革命引向社会主义等一系列问题，为党在新的历史时期开创中国特色社会主义提供了宝贵经验、理论准备、物质基础。中国特色社会主义正是在毛泽东所开创的马克思主义基本原理与中国革命和建设具体实际相结合伟大事业的基础上，遵循马克思主义中国化的根本原则、基本立场观点和方法进行的理论创新。但是，由于毛泽东晚年在探索适合中国情况的社会主义建设道路中发生失误，一些正确的方针政策没有得到贯彻落实，使我国社会主义事业遭受了巨大的挫折。十一届三中全会后，以邓小平同志为主要代表的中国共产党人，坚持解放思想、实事求是，科学评价毛泽东和毛泽东思想，彻底否定"以阶级斗争为纲"的错误理论和实践，开启了改革开放的伟大历程。因此，作为改革开放以来党的创新理论成果的中国特色社会主义，是在克服和超越毛泽东晚年错误之后形成的。它所要解决的是当代中国社会主义的改革和发展问题，这与以毛泽东同志为主要代表的中国共产党人在创立毛泽东思想时所面临的历史条件和解决问题的具体思路又有着明显的区别。正如邓小平所说："从许多方面来说，现在我们还是把毛泽东同志已经提出、但是没有做的事情做起来，把他反对错了的改正过来，把他没有做好的事情做好。今后相当长的时期，还是做这件事。当然，我们也有发展，而且还要继续发展。"②

中国特色社会主义内部各组成部分的关系也体现了继承与发展的关系。作为中国特色社会主义理论重要组成部分的邓小平理论、"三个代表"重要思想、科学发展观以及

① 列宁．列宁选集：第3卷．3版．北京：人民出版社，1995：26-27.

② 邓小平．邓小平文选：第2卷．2版．北京：人民出版社，1994：300.

习近平新时代中国特色社会主义思想等重大战略思想，在理论渊源、理论主题、理论品质、理论基点、理论目标等方面一脉相承，同时这些新成果又从改革开放的阶段性实际出发，注重探索和回答某一时期、某一阶段遇到的新矛盾、新问题，从而做出了各自独特的理论贡献。邓小平理论是中国特色社会主义理论的开创之作，是最基础的重要组成部分；“三个代表”重要思想、科学发展观是中国特色社会主义理论承上启下的极为重要的组成部分；习近平新时代中国特色社会主义思想是中国特色社会主义理论的最新成果。它们既相互贯通又层层递进，体现了党的理论创新成果的科学性体系、阶段性成果和发展性要求的内在统一。

科学社会主义基本原理、毛泽东思想和中国特色社会主义理论虽然形成于不同的历史时期，面对不同的历史任务，具有不同的相对独立的理论体系，但是又都贯穿了辩证唯物主义和历史唯物主义的世界观与方法论，体现了解放思想、实事求是的基本精神，彰显了马克思主义与时俱进的理论品质。

2. 中国特色社会主义理论体现了实践性与时代性的统一

中国特色社会主义理论深刻把握我国基本国情，反映社会进步的新要求和人民群众的新期待，有着鲜活的实践特色；与此同时，它又顺应世界大势，反映时代要求，有着鲜明的时代特征。

马克思认为：“人的思维是否具有客观的真理性，这不是一个理论的问题，而是一个实践的问题。人应该在实践中证明自己思维的真理性，即自己思维的现实性和力量，自己思维的此岸性。关于思维——离开实践的思维——的现实性或非现实性的争论，是一个纯粹经院哲学的问题。”① 毛泽东也强调指出，“实践的观点是辩证唯物论的认识论之第一的和基本的观点”②。人们通过实践发现真理，又通过实践证明真理和发展真理。客观现实世界的变化运动永远没有完结，人们在实践中对于真理的认识也就永远没有完结。革命如此，改革和建设亦如此。中国特色社会主义理论是改革开放和社会主义现代化建设伟大实践的结晶。改革开放以来，从开展实践是检验真理标准的大讨论到恢复党的实事求是的思想路线、开启改革开放的伟大历程，从做出我国社会仍处于并将长期处于社会主义初级阶段的论断到明确回答社会主义的本质是解放和发展生产力，消灭剥削，消除两极分化，最终达到共同富裕，从确立“一个中心、两个基本点”的基本路线到形成经济建设、政治建设、文化建设、社会建设、生态文明建设“五位一体”总体布局，从邓小平理论、“三个代表”重要思想和科学发展观的提出到习近平新时代中国特色社会主义思想的形成，党的理论创新所取得的每一成果无不打上实践的烙印，而且已经和正在接受着实践的检验，在实践中不断丰富和发展。实践性是马克思列宁主义、毛泽东思想的显著特征，也是中国特色社会主义的显著特征。

中国特色社会主义理论是当今时代的产物。列宁曾指出：“只有了解了某一时代的基本特征，才能在这一基础上去考虑这个国家或那个国家的更具体的特点。”③ 改革开放以

① 马克思，恩格斯．马克思恩格斯选集：第1卷．3版．北京：人民出版社，2012：134.

② 毛泽东．毛泽东选集：第1卷．2版．北京：人民出版社，1991：284.

③ 列宁．列宁全集：第26卷．2版．北京：人民出版社，1988：143.

来，世界处于大变革大调整之中，如果对时代背景及其特征认识不清，我们制定的路线方针政策就会偏离世界潮流。在“资本主义向社会主义过渡阶段”这个大的时代背景下，中国共产党人以马克思主义的宽广眼界观察世界，对当今时代特征和总体国际形势进行了正确的分析，做出了“和平和发展是当代世界的两大问题”“和平与发展仍然是时代主题，求和平、谋发展、促合作已经成为不可阻挡的时代潮流”“和平发展大势不可逆转”等新的科学判断。中国特色社会主义围绕着和平与发展这一主题，统筹国内和国际两个大局，形成了“走和平发展道路”“构建人类命运共同体”等一系列理论观点，充分体现了时代特征。

马克思、恩格斯曾指出，一切划时代的体系的真正内容都是由于产生这些体系的那个时期的需要而形成起来的。也就是说，一个新的理论体系的出现，往往是和国内外形势的变化以及对这种变化做出科学的回答分不开的。实践性是中国特色社会主义理论不断发展的根本动力，时代性是中国特色社会主义理论经久不衰的根本原因，二者实际上又总是密切联系着的。

3. 中国特色社会主义理论体现了严整性与开放性的统一

中国特色社会主义理论内容贯通哲学、政治经济学、科学社会主义等学科，涵盖社会主义经济建设、政治建设、文化建设、社会建设、生态文明建设和党的建设等各个领域，涉及改革发展稳定、内政外交国防、治党治国治军等各个方面，是内涵丰富、思想深刻、系统科学的创新理论体系。

观察一个理论是否形成了科学的体系，通常的观点，一是看它是否以科学的世界观、方法论为其哲学基础，二是看它是否在总体上把握了研究对象的内在的必然联系和发展规律，三是看它是否围绕着所要解决的基本问题形成了一系列相互联系的观点。马克思主义是“一种极其完整严密的科学理论”①。它在实践基础上实现了哲学、政治经济学和科学社会主义的有机统一，实现了辩证唯物主义和历史唯物主义的有机统一，实现了科学的世界观和正确的人生观、价值观的有机统一。所有这些，使作为无产阶级和全人类解放科学的马克思主义浑然一体，像一块严整的钢板，“马克思的观点极其彻底而严整，这是马克思的对手也承认的”②。

中国特色社会主义是当代中国的马克思主义。它不仅有实事求是、群众路线、独立自主等贯穿于其理论体系之中的基本立场观点方法作为其哲学基础，而且围绕建设什么样的社会主义、怎样建设社会主义这一根本问题，形成了一系列相互联系的重大理论观点，从而构成了内容相对完整、逻辑结构比较严密的理论体系。在这个体系中，各个层次、各个方面的具体观点与方法作为组成的基本要素，在理论体系的内在结构中发挥着整体性的功能。如果脱离理论的整体结构与功能，单个的理论观点就会失去存在的合理性，失去理论的生命力。同时，中国特色社会主义也并非如某些人说的是一个“筐”，什么都能往里装。只有那些围绕着中国特色社会主义主题而展开，并经过实践检验为正确的观点，才能成为中国特色社会主义的组成部分。

---

① 列宁．列宁选集：第2卷．3版．北京：人民出版社，1995：311.

② 列宁．列宁全集：第26卷．2版．北京：人民出版社，1988：52.

中国特色社会主义理论又是不断发展的开放的理论体系。首先，中国特色社会主义理论向现代化开放，因而充满生机，更具丰富性。社会主义现代化实践的深入推动理论的发展，理论的发展又指导实践的深入。理论只有和现代化实践紧密结合，使自己根植于不断发展变化的现代社会生活，才能保持其生机和活力。实践没有止境，理论创新也没有止境。中国特色社会主义现代化是不断发展的事业，我们前进中还会遇到这样那样的新情况新问题，还要应对各种可以预料和难以预料的风险与挑战，因此还要继续进行新的实践和新的理论创新。其次，中国特色社会主义理论向人类创造的一切文明成果开放，因而“有容乃大”，更具包容性。人类文明具有多样性，是不以人的意志为转移的。随着各民族、国家间的交往不断深入，人类文明也在不断丰富和发展。同时，文明的发展又具有历史继承性，每一历史时期的文明都同以往的文明成果有着密切的关系。中国特色社会主义理论绝不是离开世界文明发展大道而产生的一种故步自封、僵化不变的理论。恰恰相反，它要吸收和借鉴几千年来人类思想与文明发展中一切有价值的东西，实践和理论的发展已经证明且将继续证明这一点。最后，中国特色社会主义理论又面向未来，因而历久弥坚。改革开放以来，民主社会主义、新自由主义、新权威主义等各种思潮粉墨登场，企图改变马克思主义在中国的指导地位。中国特色社会主义理论的创立回应了各种错误思潮的挑战，为全党全国各族人民指明了前进的方向，凝聚了党心民心。毛泽东曾强调指出：“正确的东西总是在同错误的东西作斗争的过程中发展起来的。真的、善的、美的东西总是在同假的、恶的、丑的东西相比较而存在，相斗争而发展的。”① 中国特色社会主义理论必将在同各种错误思潮的斗争中发展完善，其生命力、创造力和感召力必将在中国大地上焕发出勃勃生机。

事实证明，只有认清中国特色社会主义理论的严整性，才能更好地把握中国特色社会主义理论的科学内容和基本精神，从而更好地运用和发展这一理论；同时，也只有认清中国特色社会主义理论的开放性，才能使其在保持自身独特内容与风格的条件下得到不断的完善和发展。然而，如果片面强调严整性，否认开放性，就会使理论走向僵化、封闭进而丧失其生命力；如果片面强调开放性，否认理论的严整性，抹杀不同性质理论之间的界限，就会在同错误思潮的较量中迷失方向。

4. 中国特色社会主义理论体现了民族性与世界性的统一

中国特色社会主义理论深刻反映了马克思主义基本原理与中国社会主义现代化建设实际的结合，具有鲜明的民族特色。同时，它又深化和丰富了人们对共产党执政规律、社会主义建设规律、人类社会发展规律的认识，因而具有世界性的意义。

中国特色社会主义理论的民族特色，集中表现为它把马克思主义真理的力量深深熔铸在中华民族的生命力、创造力、凝聚力之中，体现了鲜明的中国作风、中国气派和中国风格。中国特色社会主义理论是马克思主义中国化原创性的理论成果。马克思主义中国化要求对马克思主义与中国实际相结合的范畴、原理和规律，做出“中国特色”的概括和表述。从思想内容上说，中国特色社会主义理论凸显了中国式的社会主义的内在规定性：经济建设上，坚持和完善公有制为主体、多种所有制经济共同发展，按劳分配为

① 中共中央文献研究室．毛泽东文集：第7卷．北京：人民出版社，1999：230.

主体、多种分配方式并存，社会主义市场经济体制，不断解放和发展生产力，推进经济结构战略性调整和经济发展方式转变，实现国民经济持续健康发展；政治建设上，扩大社会主义民主，健全社会主义法治，依法治国，建设社会主义法治国家，建设社会主义政治文明；文化建设上，以马克思主义为指导，以培育有理想、有道德、有文化、有纪律的公民为目标，发展面向现代化、面向世界、面向未来的，民族的、科学的、大众的社会主义文化，培育社会主义核心价值观，推动社会主义文化大发展大繁荣；社会建设上，以改善民生为重点，解决好人民最关心、最直接、最现实的利益问题，构建社会主义和谐社会；生态文明建设上，践行绿水青山就是金山银山的理念，加快生态文明体制改革，形成节约资源和保护环境的空间格局、产业结构、生产方式、生活方式，建设美丽中国。所有这些都使马克思主义在当代中国得到具体化、都使马克思主义在其每一表现中带着必须有的中国特性的重大理论观点，都成为当代中国马克思主义理论的主要内容。从表达方式上说，中国特色社会主义理论展现了如“贫穷不是社会主义，发展太慢也不是社会主义”“平均主义不是社会主义，两极分化也不是社会主义”“僵化封闭不能发展社会主义，照搬外国也不能发展社会主义”“没有民主就没有社会主义，没有法制也没有社会主义”“不重视物质文明搞不好社会主义，不重视精神文明也搞不好社会主义”，以及“一个中心、两个基本点”、“三步走”、小康社会、“一国两制”、“三个代表”重要思想、科学发展观、和谐社会、立党为公、执政为民、“四个全面”战略布局、“五位一体”总体布局、中国梦等耳熟能详、简洁明了的结论和判断，充分表征了中国化马克思主义所富有的新鲜活泼的、为中国老百姓所喜闻乐见的中国作风和中国气派。

中国特色社会主义理论吸收和借鉴了人类创造的文明成果，其影响远远超越了中国的国界而具有深远的世界意义。首先，中国特色社会主义理论为马克思主义的理论宝库增添了新的内容，为丰富世界思想理论宝库做出了重大贡献。在“马克思主义过时论”甚嚣尘上之时，它坚持解放思想、实事求是、与时俱进、求真务实，坚持把马克思主义基本原理与中国具体实际相结合，开创了马克思主义中国化的新境界；它把对什么是社会主义、怎样建设社会主义，建设什么样的党、怎样建设党，实现什么样的发展、怎样发展，坚持和发展什么样的中国特色社会主义、怎样坚持和发展中国特色社会主义等问题的回答，对共产党执政规律、社会主义建设规律、人类社会发展规律的认识，提高到新的科学水平。在当代中国，坚持中国特色社会主义，就是真正坚持马克思主义。其次，中国特色社会主义在遵循现代化一般规律的基础上，开创了一条中国特色社会主义现代化的道路，为世界各国的现代化提供了一个崭新的模式。如何进行中国式的社会主义现代化建设，不可能从马克思主义经典作家的论述中找到现成的答案。改革开放以来，在中国特色社会主义引领下，党领导人民取得了伟大的成就，实现了从计划经济到市场经济、从封闭半封闭到全方位开放、从传统社会主义模式到中国特色社会主义崭新模式的伟大历史性转变。在这一历史转变过程中，“中国模式”逐渐凸显。尽管“中国模式”还在进一步发展完善之中，但已经引起世界的瞩目，并为世界其他国家尤其是第三世界国家的发展提供了经验借鉴。最后，中国特色社会主义理论对世界社会主义的振兴产生了巨大而深远的影响。20 世纪 80 年代末 90 年代初以来，西方敌对势力对苏联解体、东欧剧变欣喜若狂，将其视为“共产主义的覆灭和民主化第三波的兴起”，是“意识形态的终结”和“历史的终结”。就在世界社会主义运动陷入低潮时，在中国特色社会主义理论引领下的中国共产党的面貌、社会主义中国的面貌、中国人民的面貌都发生了历史性的变化。一个面向现代化、面向世界、面向未来的社会主义现代化中国巍然屹立在世界东方。它在昭示：社会主义，风景这边独好。

5. 中国特色社会主义理论体现了党性与人民性的统一

作为当代中国马克思主义理论创新的伟大成果，中国特色社会主义理论是中国共产党价值选择与判断的思想基础，也是中国最广大人民的根本利益的集中体现。

社会主义既是一种崭新的社会制度和社会运动，也是一种理想和价值追求，必然要用共同的思想与意志来凝聚和统一人民的思想。中国特色社会主义理论作为社会主义社会核心价值体系的灵魂，反映了中国最广大人民的根本利益，是指导党和国家事业发展的锐利思想武器，也是引领全党全国各族人民团结奋斗的共同思想基础。一些社会主义国家的执政党垮台的教训告诉我们，不坚持马克思主义不行，不发展马克思主义、不用发展着的马克思主义统一思想和指导实践也不行。在我们这样一个有着 14 亿多人口的发展中大国，面对深刻变化的国际国内环境、面对人们思想观念多元多样多变的新情况，只有坚持用马克思主义中国化最新成果武装全党、教育人民，用中国特色社会主义共同理想凝聚力量，才能真正统一全党全国各族人民的思想，才能最大限度地团结和凝聚不同社会阶层、不同利益群体的人，为实现我们的目标而共同奋斗。中国特色社会主义把社会主义发展与民族复兴的历史任务紧密联系在一起，把实现社会主义现代化与人民共同富裕紧密联系在一起，把国家的兴盛和个人的幸福紧密联系在一起，因而能够成为引领和激励全国各族人民的强大精神力量。

马克思主义作为无产阶级思想意识的集中体现，作为争取自身解放和人类解放的科学思想武器，一经被无产阶级和广大人民群众所掌握，就会变为巨大的物质力量；马克思主义之所以能够由理论到实践、由一国实践到多国实践，对世界社会主义运动产生巨大影响，正是由于它反映了无产阶级和广大劳动群众的根本利益，能够满足无产阶级和广大劳动群众实现自身解放的斗争需要。把马克思主义的基本原理与无产阶级和广大人民群众的斗争实践相结合，是无产阶级历史使命的集中体现，也是坚持马克思主义党性、阶级性和人民性内在统一的必然要求。

中国特色社会主义基本特征集中体现的是社会主义的个性，科学社会主义基本原理则集中体现的是社会主义的共性。共性“包含于一切个性之中，无个性即无共性”[①]。我们突出强调特征或特色的目的，正在于更准确地理解中国特色社会主义的科学内涵，进而更好地体现科学社会主义的基本原则。认清这一点，对于科学把握中国特色社会主义，增强走中国特色社会主义道路的自觉性和坚定性，具有重要的理论价值和现实意义。

（三）中国特色社会主义理论的历史地位

中国共产党在 100 多年的奋斗历程中，实现了马克思主义中国化时代化的第一次历史性飞跃及两次新的飞跃，产生了一系列理论成果。第一次历史性飞跃发生在新民主主

① 毛泽东．毛泽东选集：第 1 卷．2 版．北京：人民出版社，1991：320.

义革命时期，形成了毛泽东思想；第一次新的飞跃发生在党的十一届三中全会以后，形成了中国特色社会主义理论体系，又一次新的飞跃发生在十八大以来的新时代。习近平新时代中国特色社会主义思想作为马克思主义中国化时代化的最新成果，是党在新时代开辟马克思主义中国化时代化新境界的伟大历史性创造，是全面建设社会主义现代化国家、实现中华民族伟大复兴中国梦的根本指针，是全党全国各族人民团结奋斗的共同思想基础。

1. 马克思主义中国化时代化的基础性理论成果

马克思主义作为我们立党立国的根本指导思想，具有与时俱进的理论品质。马克思、恩格斯曾经指出："一切划时代的体系的真正的内容都是由于产生这些体系的那个时期的需要而形成起来的。"① 中国特色社会主义理论，是改革开放以来中国共产党人带领全国人民以科学社会主义为指南、立足中国国情进行的伟大历史性创造，其形成发展具有十分重要的理论价值和意义。

中国特色社会主义理论，是在马克思主义与中国具体实际相结合的第一次历史性飞跃的基础上诞生的。马克思主义揭示了人类社会发展规律，论证了社会主义代替资本主义的历史必然性，指明了工人阶级和劳动人民实现解放的道路，是人们认识世界和改造世界的科学指南。把马克思主义基本原理同中国具体实际相结合，实现马克思主义中国化，是中国共产党人在深刻把握马克思主义理论品质、清醒认识中国国情的基础上得出来的科学结论。新民主主义革命时期，以毛泽东同志为主要代表的中国共产党人，从中国的历史状况和社会现实出发，运用马克思主义的立场、观点、方法，深刻研究中国革命的特点和规律，实现了马克思主义中国化的第一次历史性飞跃，创立了毛泽东思想，科学地回答了在中国这样一个落后的东方大国怎样开展新民主主义革命、走上社会主义道路等一系列问题。在毛泽东思想的指引下，中国革命走上了胜利发展的道路，完成了民族独立和人民解放的历史任务，创建了新中国，建立了社会主义制度，为当代中国的发展奠定了政治基础和制度前提。社会主义制度建立以后，面对经济文化比较落后的国家建设、巩固和发展社会主义的全新课题，毛泽东在借鉴苏联社会主义建设经验教训的基础上，开始思考在中国怎样建设和发展社会主义的问题，形成了许多科学的认识和宝贵的思想成果。但是，这些正确思想有不少没有得到贯彻落实，使社会主义建设遭遇了曲折，发生了"文化大革命"那样的错误。

1978 年召开的具有重大历史意义的十一届三中全会，开启了改革开放历史新时期。40 多年来，党的全部理论和实践探索都是围绕建设中国特色社会主义这个主题展开的。在推进改革开放和社会主义现代化的伟大实践中，党遵循实践—认识—再实践的规律，坚持不懈地进行理论总结和概括，在新的历史条件下继续推进马克思主义中国化，形成和发展了中国特色社会主义理论。中国特色社会主义理论作为改革开放以后党的理论创新成果，是对毛泽东艰辛探索社会主义建设重要思想成果的继承和发展，同马克思列宁主义、毛泽东思想既一脉相承又与时俱进。

十一届三中全会以后，以邓小平同志为主要代表的中国共产党人，把马克思主义基本原理同当代中国具体实际和时代特征结合起来，提出了一系列具有开创性意义的思想，

---

① 马克思，恩格斯．马克思恩格斯全集：第 3 卷．北京：人民出版社，1960：544.

奠定了中国特色社会主义理论的基础。十三届四中全会以后，以江泽民同志为主要代表的中国共产党人，继续推进中国特色社会主义伟大事业，提出了一系列新思想新观点新论断，丰富和发展了中国特色社会主义理论。十六大以来，以胡锦涛同志为主要代表的中国共产党人领导全党全国各族人民，在推进中国特色社会主义事业的历史进程中提出了一系列重大理论观点、重大战略思想、重大工作部署，形成了中国特色社会主义的重要创新成果。十七大把新时期以来我们党在实践中相继形成的邓小平理论、“三个代表”重要思想以及科学发展观等重大战略思想作为有机统一的整体，概括为“中国特色社会主义理论体系”，标志着中国特色社会主义理论和实践的进一步成熟。十八大以来，以习近平同志为主要代表的中国共产党人以巨大的政治勇气和强烈的责任担当，紧密结合新的时代条件和实践要求，提出一系列具有开创性意义的新理念新思想新战略，创立了习近平新时代中国特色社会主义思想，实现了中国特色社会主义的重大发展。

中国特色社会主义理论既坚持了科学社会主义基本原则，又具有鲜明的实践特色、民族特色、时代特色；既破除了对马克思主义的教条式的理解，又抵制了抛弃社会主义基本制度的错误主张；既继承了前人，又创新了内容，开拓了马克思主义新境界，是深深扎根于中国大地、符合中国实际的当代中国马克思主义。

2. 全面建设社会主义现代化国家、实现中华民族伟大复兴中国梦的根本指针

建设中国特色社会主义，总任务是实现社会主义现代化和中华民族伟大复兴。按照现代化建设“三步走”的战略部署，建设富强民主文明和谐美丽的社会主义现代化强国，是党和国家在整个社会主义初级阶段的奋斗目标。党的庄严使命、改革开放的根本目的、国家的奋斗目标，都聚焦于这个总任务、归结于这个总任务。十八大根据国内外形势新变化，顺应我国经济社会新发展和广大人民群众新期待，对全面建成小康社会目标进行了充实和完善，提出了更具明确政策导向、更加针对发展难题、更好顺应人民意愿的新要求。这些目标要求，与十六大提出的全面建设小康社会奋斗目标和十七大提出的实现全面建设小康社会奋斗目标的新要求相衔接，也与中国特色社会主义事业总体布局相一致。二十大又将团结带领全国各族人民全面建成社会主义现代化强国、实现第二个百年奋斗目标，以中国式现代化全面推进中华民族伟大复兴作为党在新时代新征程的中心任务。这就要求我们必须继续坚持、丰富和发展中国特色社会主义。

中国特色社会主义理论，是被改革开放以来的伟大实践充分证明了的成功推进社会主义现代化的正确理论。这一理论“为我们继续前进奠定了坚实基础、创造了良好条件、提供了重要保障”。中国特色社会主义进入新时代之前，党面临的形势，一方面，是改革开放和社会主义现代化建设取得巨大成就，党的建设新的伟大工程取得显著成效；另一方面，是一系列长期积累及新出现的突出矛盾和问题亟待解决。面对这些影响党长期执政、国家长治久安、人民幸福安康的突出矛盾和问题，以习近平同志为核心的党中央审时度势、果敢抉择，锐意进取、攻坚克难，团结带领全党全军全国各族人民义无反顾地进行具有许多新的历史特点的伟大斗争。十多年来，党坚持马克思列宁主义、毛泽东思想、邓小平理论、“三个代表”重要思想、科学发展观，全面贯彻新时代中国特色社会主义思想，全面贯彻党的基本路线、基本方略，采取一系列战略性举措，推进一系列变革性实践，实现一系列突破性进展，取得一系列标志性成果，经受住了来自政治、经济、意识形态、自然界等方面的风险挑战考验，党和国家事业取得历史性成就、发生历史性变革，推动我国迈上全面建设社会主义现代化国家新征程。

3. 全党全国各族人民团结奋斗的共同思想基础

中国特色社会主义理论是扎根于当代中国的科学社会主义，是马克思主义中国化最新成果，是继续推进党和国家事业发展的锐利思想武器，也是引领全党全国各族人民团结奋斗的共同思想基础。

共同思想基础是一个政党、一个国家、一个民族赖以存在和发展的根本前提。没有共同思想基础，党就要瓦解、国家就要解体、民族就要分裂。毛泽东强调，党要有“共同语言”，社会主义国家要有“统一意志”。邓小平强调，推进我们的事业“最重要的是人的团结，要团结就要有共同的理想和坚定的信念”①。江泽民指出：“一个民族，一个国家，如果没有自己的精神支柱，就等于没有灵魂，就会失去凝聚力和生命力。”② 胡锦涛指出：“崇高理想，坚定信念，是凝聚人心、催人奋进的伟大旗帜，是战胜困难、赢得胜利的力量源泉。”③ 习近平认为，我们党领导的革命、建设、改革伟大实践，是一个接续奋斗的历史过程，是一个救国、兴国、强国，进而实现中华民族伟大复兴的完整事业。实现中国梦，必须坚持中国道路、弘扬中国精神、凝聚中国力量，也就是说必须构建社会主义的共同思想政治基础。社会主义既是一种崭新的社会制度和社会运动，也是一种理想和价值追求，必然要用共同的思想和意志来凝聚与统一人民的思想。一些社会主义国家的执政党走向垮台的教训告诉我们，不坚持马克思主义不行，不发展马克思主义、不用发展着的马克思主义统一思想和指导实践也不行。作为我们这样一个拥有 9 900 多万党员的执政党、这样一个有着 14 亿多人口的发展中大国，面对深刻变化的国际国内环境、面对人们思想观多元多样多变的新情况，只有坚持用马克思主义中国化最新成果武装全党、教育人民，用中国特色社会主义共同理想凝聚力量，才能真正统一全党全国各族人民的思想，才能最大限度地团结和凝聚不同社会阶层、不同利益群体的人，为实现我们的目标而共同奋斗。

中国特色社会主义理论，也是我们应对各种困难、风险和挑战的强大精神支柱。中国特色社会主义理论把社会主义发展与民族复兴的历史任务紧密联系在一起，把实现社会主义现代化与人民共同富裕紧密联系在一起，把国家的兴盛和个人的幸福紧密联系在一起，是引领、激励全国各族人民的强大精神力量。改革开放以来，我们之所以能够经受住 20 世纪 80 年代末 90 年代初国内政治风波以及国际上苏联解体、东欧剧变的严峻考验，之所以能够从容应对关系我国主权和安全的国际突发事件，战胜来自政治、经济、社会领域和自然界的各种困难和挑战，取得一个又一个重大胜利，从根本上说，就是因为我们有党中央的坚强领导，有社会主义的制度优势，有中国特色社会主义理论提供的信念力量和指导作用。事实充分证明，中国特色社会主义理论，是能够把全国各族人民紧密团结在一起的共同思想基础，是我们战胜一切风险和挑战的主心骨。

---

① 邓小平．邓小平文选：第 3 卷．北京：人民出版社，1993：190.

② 江泽民．江泽民文选：第 2 卷．北京：人民出版社，2006：230－231.

③ 中共中央文献研究室．十六大以来重要文献选编：下．北京：中央文献出版社，2008：729.

第一章

中国特色社会主义形成发展的基本条件

恩格斯指出："每一个时代的理论思维，包括我们这个时代的理论思维，都是一种历史的产物，它在不同的时代具有完全不同的形式，同时具有完全不同的内容。"① 这就告诉我们，要深刻理解和掌握作为当代中国马克思主义的中国特色社会主义及其基本精神，首先必须认真考察其形成和发展的理论与实践、历史与现实条件。

一、中国特色社会主义的理论来源

马克思列宁主义、毛泽东思想的基本原理及其基本立场、观点、方法，是中国特色社会主义形成的理论基础。这是从理论形成的思想渊源，从中国特色社会主义与马克思列宁主义、毛泽东思想之间的继承、发展关系的角度对中国特色社会主义的形成条件所做的概括。

马克思、恩格斯在创立科学社会主义理论，揭示社会主义代替资本主义是历史发展必然规律的基础上，通过对当时资本主义社会经济、政治状况的透视和剖析，从逻辑上对未来社会做出了一系列推测和设想。这些科学设想，为后来社会主义制度的建立和发展提供了重要的思想先导。

（一）马克思东方社会发展理论的提出

19 世纪 40—50 年代，马克思、恩格斯在研究社会发展的未来时，把着眼点放在欧美发达资本主义国家。他们曾设想并多次指出，社会主义革命将首先在西欧、北美那些比较发达的国家发生。其主要原因在于，这些发达资本主义国家的社会生产力发展水平高，狭隘的生产关系已经容纳不了生产力的发展，使得生产的社会化和生产资料的资本主义私人占有这个基本矛盾激化，并使无产阶级与资产阶级的矛盾日益尖锐，从而引发了社会主义革命。

巴黎公社失败后，西方资本主义国家开始进入一个稳定的和平发展时期。"西方不亮东方亮"，东方落后国家在西方资本主义的压迫和侵蚀下，各种社会矛盾激化，革命形势

① 马克思，恩格斯．马克思恩格斯选集：第 3 卷．3 版．北京：人民出版社，2012：873.

日益明朗。正是在这种情况下，马克思、恩格斯开始注意研究东方国家的革命形势，切入点是俄国。1877 年 11 月，马克思在《给〈祖国纪事〉杂志编辑部的信》中，明确提出了俄国社会发展道路的非西欧化问题。他认为，不应把西欧资本主义起源的历史概括成社会一般发展的历史，因为“极为相似的事变发生在不同的历史环境中就引起了完全不同的结果”①。1881 年，在给俄国民粹派女革命家维·伊·查苏利奇的复信中，马克思提出了俄国跨越资本主义“卡夫丁峡谷”② 的思想。

东方社会的历史命运，不仅是马克思晚年思考的焦点，也是恩格斯晚年探索的中心课题之一。在马克思逝世前后共 20 年的时间里，恩格斯始终关注着俄国社会发展的道路问题。诸如 1875 年的《论俄国的社会问题》及其“导言”、《共产党宣言》1882 年俄文版序言、1894 年的《〈论俄国的社会问题〉跋》，以及 19 世纪 90 年代写给丹尼尔逊等人的信等，都阐述了他关于东方落后国家走向社会主义的基本看法。恩格斯认为，生产力的低级阶段不能解决生产力高级阶段的任务，生产力发展的次序是依次由低级不断向高级递进，不能跳过这种过程的某个阶段。但恩格斯又认为，在特定的历史条件下，也就是在西方无产阶级革命胜利及其积极支持下，落后国家可以避免资本主义的某些苦难和争斗，缩短发展的历史进程。也就是说，从社会发展模式看，只要具备一定的国际条件，经过社会革命，落后国家可以跳跃式地向前发展，超越资本主义制度（包括资本主义的私有制以及与之相适应的国家制度和意识形态）。由此可见，恩格斯既坚持了社会生产由低级向高级发展的普遍规律，又承认社会发展模式的复杂性和多样性，把社会发展的普遍性和特殊性统一了起来。

马克思、恩格斯的东方社会理论的依据是世界历史发展的一般进程及东方社会发展的特殊规律。它体现了世界历史总体发展进程与各民族历史发展进程的统一，体现了历史发展的一元性和多样性的统一。他们把世界历史条件下人类交往的普遍化作为自己理论的前提和基础，认为生产力的高度发展创造并促进了人类交往的普遍化和世界化。每一个民族同其他民族的变革都有依存关系，所有国家或民族内部的生产力和生产关系状况都在国际交往中打上了世界历史总体发展的烙印。

马克思、恩格斯对东方社会发展道路的设想，对于社会主义运动发展的指导意义在于：它把马克思主义创始人原来所揭示的资本主义高度发展之后才能出现的社会主义前景，从西方资本主义国家扩展到了东方资本主义尚不发达甚至是前资本主义状态的国家，从而把社会主义变成全人类共同趋向的一个社会历史发展阶段，为东方经济文化落后国家进入社会主义指明了正确方向，提供了理论先导。

（二）列宁对马克思东方社会理论的发展

列宁在 20 世纪初新的历史条件下，遵循马克思的东方社会理论，从俄国的国情出发，认为在资本主义政治经济发展不平衡的绝对规律作用下，无产阶级革命只能在资本

① 马克思，恩格斯．马克思恩格斯选集：第 3 卷．3 版．北京：人民出版社，2012：730.

② “卡夫丁峡谷”出自一则历史典故。公元前 321 年，意大利中部山区部落萨姆尼特人，在卡夫丁城附近的卡夫丁峡谷大败罗马军队，迫使罗马军人从由长矛交叉构成的“轭形门”下通过。此后，人们就以“卡夫丁峡谷”比喻灾难性的历史经历。

帝国主义链条的薄弱环节上，首先在一国或几个国家取得胜利。如果说，马克思、恩格斯创立的东方社会理论主要是提出了能不能跨越资本主义的“卡夫丁峡谷”问题的话，那么，列宁则主要是着眼于实践上如何实现跨越的问题。

19 世纪末，资本主义社会的经济政治情况发生了很大变化。列宁根据这种新变化，提出了无产阶级革命的新理论。列宁认为，在帝国主义时代，由于资本主义经济政治发展不平衡的规律更加明显，一些后起的帝国主义国家在经济政治实力上迅速赶上和超过老牌的帝国主义国家，出现跳跃式的发展。然而，在世界殖民地和势力范围已经瓜分完毕的情况下，重新瓜分世界的帝国主义战争不可避免。帝国主义战争势必削弱帝国主义自身，从而在帝国主义链条上出现薄弱环节，形成有利于无产阶级革命的形势。社会主义革命可能首先从革命危机最严重、革命形势最成熟的国家突破并取得胜利。相反，由于帝国主义统治力量和各国无产阶级革命力量发展不平衡，要求无产阶级革命在各主要资本主义国家同时胜利是不可能的。列宁关于社会主义革命首先在一国或几国胜利的理论，大大丰富和发展了马克思、恩格斯关于社会主义革命的理论，特别是丰富和发展了马克思、恩格斯的东方社会理论，并为俄国十月革命和东方各国无产阶级革命的发展提供了理论基础。

列宁对马克思、恩格斯东方社会理论的丰富和发展，不仅体现在社会主义革命问题上，还体现在社会主义建设的实践上。列宁关于社会主义建设的思想及其实践大致可分为两个时期：一是战时共产主义时期，二是新经济政策时期。也就是说，列宁在十月革命后领导社会主义建设的六年左右的时间里，在探索落后国家建设社会主义的途径和模式的过程中，曾设想并实践了两种社会主义发展模式。

用“新经济政策”代替“战时共产主义政策”的根本目的在于促进生产力的发展。列宁认为，苏维埃政权以前制定的政策同俄国实际相脱节，没有促进社会生产力水平的提高，而提高生产力本来是党的纲领规定的紧迫的基本任务。列宁深刻地认识到，战时共产主义政策下的体制超越了俄国社会当时的发展阶段。他认为，俄国是一个经济和文化都比较落后的国家，在这样的国度里搞社会主义建设不可能一蹴而就。向纯社会主义形式和纯社会主义分配直接过渡，是人们力不能及的。如果不实事求是地做些让步和退却，那新生的政权就有灭亡的危险。“新经济政策”的实质和全部意义在于：它是从过渡时期多种经济成分的实际出发，通过市场、商业的作用，把社会主义工业经济和农业经济结合起来，建立起牢固的工农联盟，在无产阶级国家掌握经济命脉的条件下，采取利用资本主义来发展社会主义的经济政策。因此，它不仅是俄国从资本主义过渡到社会主义的基本经济政策，而且为一切小农占优势的国家建立无产阶级政权后如何建设社会主义指明了正确的道路。

（三）斯大林模式的形成及其弊端

列宁逝世后，联共（布）内部对于苏联的前途，即在欧洲革命处于低潮的国际形势下能否建成社会主义的争论十分激烈。斯大林坚定地捍卫了列宁关于社会主义建设的原则，不仅在理论上论证了社会主义能够在一国建成，而且把这一理论付诸实践，领导苏联人民实现了社会主义工业化、农业集体化，把苏联建设成为一个比较强大的社会主义国家。与此同时，由于过早地停止执行“新经济政策”等原因，最终形成了一种以高度集中统一为主要特征的社会主义经济体制和政治体制，即“斯大林模式”。

“斯大林模式”建立的前提是否定或者说是抛弃了列宁的“新经济政策”，从而形成了一个与列宁社会主义建设模式相左的模式。从1928年开始，在联共（布）内部爆发了斯大林同布哈林之间的争论。这场争论的实质是要不要继续坚持列宁的“新经济政策”。1928年8月，布哈林在谈到同斯大林的分歧时指出，“新经济政策”的实质及基础是市场关系的存在。他坚决主张在坚持“新经济政策”的前提下发展“新经济政策”，发展商品生产，发展市场关系，发展货币经济。而斯大林在争论中则声称，列宁的“新经济政策”已经过时了，市场和货币经济不适合苏联社会主义建设的需要。1929年12月，他在《论苏联土地政策的几个问题》的“结论”中说：“我们所以采取新经济政策，就是因为它为社会主义事业服务。当它不再为社会主义事业服务的时候，我们就把它抛开。列宁说过，新经济政策的施行是认真而长期的。但他从来没有说过，新经济政策的施行是永久的。”①

“斯大林模式”所体现出来的弊端的根源在于：它没有把马克思主义的基本理论、基本原则同苏联社会主义建设的实际很好地结合起来，并导致了对马克思东方社会理论及列宁新经济政策这些创造性思想的背离，导致了把马克思主义教条化、把苏联社会主义建设经验绝对化的错误，违背了具体问题具体分析、一切从实际出发这条马克思主义的思想路线。正如邓小平所指出的：“社会主义究竟是个什么样子，苏联搞了很多年，也并没有完全搞清楚。可能列宁的思路比较好，搞了个新经济政策，但是后来苏联的模式僵化了。”② 从毛泽东晚年坚持“以阶级斗争为纲”，搞所谓“无产阶级专政下继续革命”，到邓小平提出要搞清楚什么是社会主义，“可能列宁的思路比较好”，中国共产党在经历了许多挫折之后，终于重新回到了马克思主义科学理论所提供的正确思路上来。也正是在这样的意义上，我们说马克思的东方社会理论及列宁的新贡献为中国特色社会主义的形成提供了思想理论上的先导。

二、中国特色社会主义的历史根据

新中国成立以后正反两方面的历史经验是中国特色社会主义形成发展的历史根据。这是从中国特色社会主义形成发展的历史条件、从其与我国社会主义建设历史经验关系的角度所进行的概括。

（一）社会主义建设道路探索的艰辛历程

毛泽东对社会主义建设道路的探索最早可追溯到1955年末和1956年初我国社会主义改造的高潮时期。社会主义工业化建设与生产资料私有制的社会主义改造以其广阔的

① 斯大林．斯大林全集：第12卷．北京：人民出版社，1955：151.
② 邓小平．邓小平文选：第3卷．北京：人民出版社，1993：139.

规模、深刻的程度和飞快的速度蓬勃展开，对我国社会主义事业的发展产生了深远的影响。以毛泽东同志为主要代表的中国共产党人在新中国社会主义建设初期没有必备的经验，而且缺乏充分的思想准备，学习苏联成为必然选择。经过国民经济发展第一个五年计划和过渡时期总路线贯彻落实三年多的实践，党对苏联经济建设中的一些缺点和错误逐步有了了解，认识到苏联经验并不都是成功的，苏联经验并不都适合中国的情况，学习苏联经验不能代替我们自己对社会主义建设道路的探索。恰在此时，苏共二十大揭露和批判了斯大林在领导苏联社会主义建设中所犯的一些重大错误。这为我们提出以苏为鉴，独立探索适合中国情况的社会主义建设道路提供了重要条件。

1956 年 4 月，毛泽东在经过比较深入的调查研究之后，在中央政治局扩大会议上发表了《论十大关系》的讲话，基本上确立了以苏为鉴、探索适合中国情况的社会主义建设道路的总的指导思想，以及调动一切积极因素建设社会主义强大国家的根本方针。1956 年 9 月召开的中国共产党第八次全国代表大会，对生产资料私有制的社会主义改造基本完成以后的国内主要矛盾和阶级关系做了正确的分析，确定了党在新时期以发展生产力为中心任务的政治路线。1957 年 2 月，毛泽东在最高国务会议上发表《关于正确处理人民内部矛盾的问题》的讲话，深刻分析了社会主义社会的基本矛盾、两类不同性质的矛盾和人民内部矛盾，指出正确处理人民内部矛盾已经成为党和国家政治生活的主题，并系统阐述了正确处理人民内部矛盾的方针、方法。这一阶段的探索虽然时间不长，但成果显著。其中，《论十大关系》和《关于正确处理人民内部矛盾的问题》是毛泽东在社会主义阶段把马克思列宁主义基本原理同中国具体实际相结合的理论结晶，也是他探索中国社会主义建设道路所取得的最主要的成果。正如邓小平所说，“转入社会主义建设以后，毛泽东同志也有好文章、好思想”，“我们要恢复毛泽东思想，坚持毛泽东思想，以至还要发展毛泽东思想，在这些方面，他都提供了一个基础”①。然而，由于种种原因，这一探索后来未能很好地坚持下去，先后发生了“大跃进”和人民公社化运动等严重失误。虽然在纠正这些失误的过程中，又继续进行了一些探索，并取得一些重要成果，但是，这一阶段“左”倾错误的不断积累和发展，最终导致了“文化大革命”的发动，并导致社会主义建设道路遭遇了更大的曲折。以实事求是的态度和高度负责的精神正确评价毛泽东及毛泽东思想与中国特色社会主义理论之间的关系，具有十分重要的价值和意义。

习近平同志指出：“毛泽东同志是伟大的马克思主义者，伟大的无产阶级革命家、战略家、理论家，是马克思主义中国化的伟大开拓者、中国社会主义现代化建设事业的伟大奠基者，是近代以来中国伟大的爱国者和民族英雄，是党的第一代中央领导集体的核心，是领导中国人民彻底改变自己命运和国家面貌的一代伟人，是为世界被压迫民族的解放和人类进步事业作出重大贡献的伟大国际主义者。”② 这一论述，既指明了毛泽东作为中国共产党和中国人民的伟大领袖与导师，与党所领导的新民主主义和社会主义革命之间的关系，又指明了毛泽东和毛泽东思想与改革开放和中国特色社会主义之间的关系。

---

① 邓小平．邓小平文选：第 2 卷．2 版．北京：人民出版社，1994：296，297.

② 习近平．在纪念毛泽东同志诞辰 130 周年座谈会上的讲话．人民日报，2023－12－27（2）．

（二）社会主义建设道路探索的积极成果

以毛泽东同志为主要代表的中国共产党人对社会主义建设道路的探索，是同如何借鉴苏联社会主义建设的经验教训紧密联系着的，也是同总结我国社会主义建设的正反两方面经验紧密联系着的。在这一探索中取得的一系列具有重要价值和意义的积极成果，为在中国这样一个生产力水平落后的东方大国进行社会主义建设积累了宝贵的历史经验。以毛泽东同志为主要代表的中国共产党人对中国社会主义建设道路的探索所取得的积极成果，集中表现在四个方面。

第一，社会主义建设的奋斗目标及其实现的步骤问题。实现工业、农业、国防和科学技术的现代化，用50年到100年的时间，逐步把我国建设成为一个强大的社会主义国家，这是毛泽东和中国共产党人艰辛探索的伟大目标。1959年底至1960年初，毛泽东在读苏联《政治经济学教科书》时，第一次完整地表述了“四个现代化”的思想。实现“四个现代化”是一个艰巨的历程。对实现这一任务的时间，毛泽东曾有过多种设想。1962年1月，毛泽东在七千人大会上明确指出：“中国的人口多、底子薄，经济落后，要使生产力很大地发展起来，要赶上和超过世界上最先进的资本主义国家，没有一百多年的时间，我看是不行的。”[①] 随后，1963年9月召开的中央工作会议根据毛泽东的意见，提出了实现四个现代化“两步走”的设想。第一步，建立一个独立的比较完整的工业体系和国民经济体系，使我国工业大体接近世界先进水平；第二步，使我国工业走在世界前列，全面实现“四个现代化”。

第二，社会主义阶段的根本任务问题。实现工作重点的转移，集中力量发展生产力，完成由阶级斗争到向自然界斗争，由过去的政治革命到技术革命、文化革命的转变，是毛泽东在探索中明确提出的又一个重要思想。毛泽东同意党的八大关于我国社会主要矛盾及党和国家的主要任务是发展生产力的论断，并多次提出把党的工作重点放在经济建设上，强调我们的根本任务，已经由解放生产力变为在新的生产关系下面保护和发展生产力。这就不仅揭示了社会主义建设与改革的实质，而且指明了社会主义阶段的根本任务。我国社会主义建设经历曲折的历史表明，如果在实践上，一遇风吹草动，思想就发生动摇，那么思想路线就会偏离实事求是的正确方向。

第三，社会主义社会的发展阶段问题。毛泽东多次强调，要坚持不断革命论与革命发展阶段论的统一。他认为，社会主义制度建立以后，还需要一个继续完善和巩固的过程，要建立社会主义社会，不是轻而易举的事，应该把确立社会主义制度同建成社会主义区别开来，认为社会主义这个阶段“又可能分为两个阶段，第一个阶段是不发达的社会主义，第二个阶段是比较发达的社会主义”[②]。这个思想的提出，无疑具有重要的理论和实践意义。它实际上已开始突破从20世纪30年代到60年代苏共领导人在这个问题上的禁区，即改变了长期以来认为社会主义是不分阶段的比较短暂的时期的观点，为后来党提出社会主义初级阶段论提供了理论先导。

---

① 中共中央文献研究室．毛泽东文集：第8卷．北京：人民出版社，1999：302.

② 同①116.

第四，社会主义建设的道路问题。毛泽东反复强调不要机械照搬外国的经验，而要从中国是一个农业国这种实际情况出发，走出中国自己的工业化和现代化的道路。为此，毛泽东提出了许多正确的方针，比如：要正确处理重工业与轻工业、农业的关系，以农业为基础发展国民经济；要发展社会主义的商品生产和交换，重视价值规律的作用；要打破高度集中统一的经营管理体制，调动中央和地方两个积极性，正确处理国家、集体和生产者个人关系；要正确处理敌我矛盾和人民内部矛盾，调动一切积极因素，为全面开展社会主义经济建设创造民主、安定的政治环境；要坚持独立自主、自力更生、勤俭建国；要学习外国一切好的东西，包括吸收资本主义创造的先进的科学文化；等等。

毛泽东在探索中国社会主义建设道路过程中所形成的上述重要思想，是在中国社会主义制度刚刚建立这种特定的历史条件下产生的，尽管它们当时还不是很完善，也没有形成深刻、系统、全面的认识，尚未实现本质上的突破，并且不少思想后来也未能得到很好的贯彻，有些甚至走向了反面，但它们毕竟被提出来了。我们不能割断历史，也不应该对这些成果采取轻率的态度，而应倍加珍惜。同时，毛泽东始终强调要把马克思列宁主义的基本原理与中国具体实际相结合，走适合本国情况和特点的社会主义建设道路，这一点我们应当充分肯定。

（三）社会主义建设道路探索的重要价值和意义

以毛泽东同志为主要代表的中国共产党人在社会主义基本制度建立以后长达 20 年的时间里，对中国社会主义建设道路进行的曲折探索，具有重大的理论和实践意义，同时也存在着一定程度的历史局限。

我国经过社会主义改造进入社会主义社会以后，建设什么样的社会主义、怎样建设社会主义实际便成为一个亟待解决的重大理论和实践问题。面对这一问题，以毛泽东同志为主要代表的中国共产党人不仅率先提出了探索中国社会主义建设道路的伟大历史任务，而且从经济、政治、科学文化等各个方面对如何建设社会主义进行了全方位的初步探索。

第一，这一探索是成功找到中国社会主义建设道路的伟大开端。毛泽东认识到苏联模式不适合中国国情，不利于调动国内外一切积极因素为建设社会主义强国服务；认识到中国应当而且能够找到一条有别于苏联的、适合本国情况和特点的社会主义建设道路，并提出我们还要进行马克思主义与中国实际的“第二次结合”，这就从总体上明确了我国社会主义建设道路探索的基本思路。尽管由于时代条件的限制和实践经验的不足，这一探索走过弯路，出现过曲折和失误，但是这一探索拉开了中国独立探索社会主义建设道路的序幕，它所取得的经验和留下的教训弥足珍贵，为新时期成功开辟中国特色社会主义道路提供了宝贵经验。

第二，这一探索取得了一系列重要的理论成果。社会主义基本制度确立以后，建设什么样的社会主义、怎样建设社会主义的问题就成为全党面临的崭新课题。毛泽东强调要根据新的条件创造新理论、写出新著作，找出在中国进行社会主义革命和建设的正确道路，制定把我国建设成为一个强大的社会主义国家的战略思想，并取得了一系列的重要理论成果。比如，关于从本国实际出发、走自己社会主义建设道路的思想，关于社会主义社会矛盾的学说和正确处理人民内部矛盾的方针方法，关于社会主义社会发展长期性和阶段性的思想，关于党和国家的工作重心应该由革命向建设转移的思想，关于社会主义也要发展商品生产、重视价值规律作用的思想，等等。这些思想理论成果，为十一届三中全会之后党中央领导集体形成发展中国特色社会主义理论做了重要的理论准备。

第三，这一探索取得了巨大成就。这一时期，我国社会发生了翻天覆地的变化，建立起了独立的比较完整的工业体系和国民经济体系，独立研制出了“两弹一星”，成为世界上有重要影响的大国。这期间建设起来的一些基础设施、基础项目和大中型企业，至今仍在国民经济和社会生活中发挥着重要作用。所有这些，都为开创中国特色社会主义奠定了重要的物质基础。

总之，以毛泽东同志为主要代表的中国共产党人对中国社会主义建设道路的探索，取得了许多宝贵经验和独创性的理论与实践成果，为开创中国特色社会主义奠定了坚实的理论和实践基础，提供了重要的历史根据。

三、中国特色社会主义的现实依据

当今世界和中国都在发生着广泛而深刻的变化。在新的世情、国情、党情背景下进行的改革开放与社会主义现代化实践，是中国特色社会主义形成发展的现实依据。这是从理论与实践关系的角度，对中国特色社会主义形成发展条件所做的概括。

（一）当今世界形势的深刻变化

20 世纪末以来，国际政治、经济、科技、军事形势发生了许多重大的变化。随着第二次世界大战以后形成的社会主义阵营的逐渐解体，东西方两大集团争夺与对抗的终止，社会主义与资本主义尖锐对峙的局面以及过去那种可能酿成世界大战的主要因素已不复存在，社会主义与资本主义两种社会制度已进入共处与竞争并存的相持阶段，斗争方式也由过去的武力对抗为主变为和平竞争为主；由于新科技革命的兴起和资本主义国家在生产关系方面所做的某些调整，资本主义国家的生产力继续得到发展，这些国家无产阶级同资产阶级之间的矛盾有所缓和，阶级斗争对资产阶级政权和资本主义制度的威胁相对减弱，经济和科技因素对各国对外关系和整个国际关系的作用明显上升，国际竞争更依赖于科学技术的发展和综合国力的增强；由于许多殖民地国家在政治上逐渐获得独立，原来帝国主义国家与殖民地国家之间那种赤裸裸的剥削与被剥削、侵略与被侵略的关系也发生了变化。这些国家间的矛盾与斗争，已主要表现为经济上的渗透与反渗透、控制与反控制、掠夺与反掠夺的矛盾与斗争。几个世纪以来基本由西方少数国家垄断国际事务的局面逐渐被打破，国际力量对比朝着有利于维护世界和平的方向发展。

进入 21 世纪，特别是美国爆发次贷危机以来，世界进一步发生着深刻复杂的变化。一方面，世界多极化、经济全球化深入发展，文化多样化、社会信息化持续推进，科技革命孕育新突破，全球合作向多层次全方位拓展，新兴市场国家和发展中国家整体实力增强，国际力量对比朝着有利于维护世界和平的方向发展，保持国际形势总体稳定具备更多有利条件，人类比以往任何时候都更有条件共同朝着和平与发展的目标迈进。另一方面，世界仍然很不安宁，国际金融危机深层次影响远未消除，许多西方国家经济持续低迷、两极分化加剧、社会矛盾加深，资本主义固有的生产社会化与生产资料资本主义私人占有之间的矛盾依然存在，霸权主义、强权政治和新干涉主义有所抬头；同时，世界经济政治发展不稳定不确定因素增多，政治上的保守主义、经济上的保护主义、文化上的排斥主义等严峻挑战频发，全球性问题更加突出，不断冲击着国际社会和平与发展的大势。如何认识当代世界发展趋势，准确阐述时代的主题和基本特征，始终是马克思主义不断向前发展的一个基本条件，也是推进马克思主义中国化的一个重要维度。习近平强调指出，世界格局正处在加快演变的历史进程之中，产生了大量深刻复杂的现实问题，提出了大量亟待回答的理论课题。这就需要我们加强对当代资本主义的研究，深化对资本主义和国际政治经济关系深刻复杂变化的规律性认识。

面对世界形势深刻复杂的变化，中国共产党反复强调，中国维护世界和平的决心不会改变，中国促进共同发展的决心不会改变，中国打造伙伴关系的决心不会改变，中国支持多边主义的决心不会改变。这四个“不会改变”，既是与世界命运与共、休戚相关之诺，也是迎难而上、实干担当之诺。中国坚持走和平发展道路，倡导构建人类命运共同体，主张各国人民同心协力，变压力为动力，化危机为生机，以合作取代对抗，以共赢取代独占，反对冷战思维和零和博弈，积极参与全球治理体系建设，努力为完善全球治理贡献中国智慧。这就准确地把握了当代世界发展大势和时代变化的基本特征，为中国特色社会主义的形成发展提供了重要的世情基础。

（二）当代中国国情的深刻变化

正确认识中国发展大势，准确把握我国基本国情，是马克思主义理论创新的根本依据。1978 年 12 月召开的具有重大历史意义的十一届三中全会，开启了改革开放的历史新时期。改革开放以来，中国共产党和中国人民以一往无前的进取精神和波澜壮阔的创新实践，谱写了中华民族自强不息、顽强奋进的壮丽史诗，中国共产党的面貌、社会主义中国的面貌、中国人民的面貌发生了历史性变化。首先，党在彻底实现国家工作重点转移、巩固和发展安定团结的政治局面、全面开展社会主义现代化建设的同时，以巨大的政治勇气，锐意推进经济体制和其他各个方面体制的改革，不断扩大对外开放。改革从农村到城市、从经济领域到其他各个领域全面展开，对外开放从沿海到沿江沿边、从东部到中西部，逐步形成了全方位、多层次、宽领域的格局，使我国成功地实现了从高度集中的计划经济体制到充满活力的社会主义市场经济体制、从封闭半封闭到全方位开放的伟大历史转折。其次，党坚定不移地贯彻实施现代化建设“三步走”的发展战略，带领人民艰苦奋斗，推动我国以世界上少有的速度持续快速发展起来。我国经济总量稳居世界第二，人民生活从温饱发展到总体小康，再到 2021 年我国全面建成小康社会，历史性地解决了绝对贫困问题，此外，我国在政治建设、文化建设、社会建设、国防建设等方面也都取得了举世瞩目的成就。我国国民经济的发展速度、综合经济实力的总量、主要工农业产品的产量等，在世界上的位次都有明显的提升，有的甚至居于前列。我国经济的快速健康发展，不仅使人民走上了全面建设社会主义现代化国家的光明之路，并为世界经济发展和人类文明进步做出了重大贡献。最后，党坚持把马克思主义与中国实际和时代特征相结合，不断探索和回答建设什么样的社会主义、怎样建设社会主义这一根本问题，不断推进马克思主义中国化，坚持并丰富党的基本理论、基本路线、基本纲领。社会主义和马克思主义在中国大地上焕发出勃勃生机，给人民带来更多福祉，使中华民族大踏步赶上时代前进潮流，为实现中华民族伟大复兴的中国梦奠定了坚实的基础。

改革开放作为一场新的伟大革命，不可能一帆风顺，也不可能一蹴而就。党的十九大指出："中国特色社会主义进入新时代，我国社会主要矛盾已经转化为人民日益增长的美好生活需要和不平衡不充分的发展之间的矛盾。"[①] 我国稳定解决了十几亿人的温饱问题，总体上实现了小康，随后又全面建成小康社会，向建设社会主义现代化国家迈进。人民美好生活需要的日益广泛，不仅对物质文化生活提出了更高要求，而且在民主、法治、公平、正义、安全、环境等方面的要求日益增长。同时，我国社会生产力发展不平衡不充分的问题已经成为满足人民日益增长的美好生活需要的主要制约因素。现阶段我国战略机遇期与改革攻坚期叠加、发展黄金期与矛盾凸显期交织，这使得我们面临着许多前所未有的困难和问题。我国社会主要矛盾的变化，没有改变党对我国社会主义所处历史阶段的基本判断，我国仍处于并将长期处于社会主义初级阶段的基本国情没有变，我国作为世界最大发展中国家的国际地位也没有变。正是在准确把握我国社会主要矛盾已经转化和基本国情没有根本改变的基础上，党的十九大、二十大相继对我国社会发展做出重要战略安排，推进各项事业发展，不断丰富和发展人类文明新形态。

立足于社会主义初级阶段这一总依据，把践行中国特色社会主义共同理想与坚定共产主义远大理想统一起来，把党在社会主义初级阶段的基本路线作为我们在实践中始终坚持而不能有丝毫动摇和偏离的党和国家的生命线，坚决抵制抛弃社会主义的各种错误主张，自觉纠正超越阶段的错误观念和政策措施，为党在新时代坚持和发展中国特色社会主义，实现社会主义现代化和中华民族伟大复兴中国梦的总任务，提供了基本国情依据和实践基础。

（三）中国共产党自身状况的深刻变化

党对自身发展所面临的新情况、新问题、新挑战的清醒认识是推进马克思主义中国化和时代化的重要前提。十一届三中全会以来，随着党在指导思想上拨乱反正任务的全面完成，随着改革开放和社会主义现代化建设事业的深入发展，中国共产党的领导方式和执政方式、领导体制和工作机制、党的组织和党员的状况都发生了深刻的变化。党已经从一个领导人民为夺取全国政权而奋斗的党成为领导人民掌握着全国政权并长期执政的党，已经从一个在受到外部封锁的状态下领导国家建设的党成为在全面改革开放和发展社会主义市场经济条件下领导国家建设的党。一方面，新党员的数量大幅增加，干部

---

① 习近平．决胜全面建成小康社会 夺取新时代中国特色社会主义伟大胜利：在中国共产党第十九次全国代表大会上的报告．北京：人民出版社，2017：11.

队伍新老交替不断进行，一大批年轻干部走上领导岗位，给党的发展带来了新的活力。另一方面，面对新形势新任务，党的领导方式和执政方式、领导体制和工作机制还不完善；一些领导干部和领导班子思想理论水平不高、依法执政能力不强、解决复杂矛盾本领不大，素质和能力同贯彻落实中国特色社会主义基本理论和路线的要求还不适应；一些党员干部事业心和责任感不强、思想作风不端正、工作作风不扎实、脱离群众等问题比较突出；一些党的基层组织软弱涣散，一些党员不能发挥先锋模范作用；腐败现象还比较严重。这就使党提高自身领导水平和执政水平，提高拒腐防变和抵御风险能力，加强执政能力建设和先进性、纯洁性建设的任务更加艰巨。

新时期党的自身状况变化最突出的标志是指导思想上的与时俱进。世情、国情和党情的深刻变化，中国人民在改革开放中生动活泼的、富有创造性的社会主义伟大实践，为中国特色社会主义理论的形成发展提供了牢固的实践基础。党正是在正确判断时代特征、深入认识我国国情和党自身发展变化的基础上，通过不断总结新时期人民群众的成功经验，也从总结自己工作的某些失误中，揭示了我国社会主义改革和建设的规律，把经验上升为理论，才产生了中国特色社会主义。新时期中国共产党人对社会主义的再认识表明：我们原来对社会主义的认识并不完全是科学的。有正确的科学的认识，这是基本的、主要的，但也确实存在着一些不正确、不科学的认识。这些不正确、不科学的认识，既包含着对马克思主义经典作家关于社会主义的一些设想的误解和教条化的运用，也包含着对其他国家社会主义模式的照搬照抄，还包含着我们自己在社会主义建设中由于指导思想和实际操作上的失误所形成的一些错误观念。中国特色社会主义正是从破除和纠正这些不正确、不科学的观念的基础上形成和发展起来的。以邓小平同志为主要代表的中国共产党人，在开启和推进改革开放的伟大实践中，科学回答了建设中国特色社会主义的一系列基本问题，成功开创了中国特色社会主义；以江泽民同志为主要代表的中国共产党人，在国内外形势十分复杂、世界社会主义出现严重曲折的严峻考验面前捍卫了中国特色社会主义，把中国特色社会主义成功推向 21 世纪；以胡锦涛同志为主要代表的中国共产党人，在全面建设小康社会进程中推进实践创新、理论创新、制度创新，在新的历史起点上成功坚持和发展了中国特色社会主义。

新时代，中国共产党正在进行具有许多新的历史特点的伟大斗争，肩负着推进伟大事业、建设伟大工程、实现伟大梦想的历史重任，继续经受着严峻考验。与国内外发展变化以及党所承担的历史任务相比，党的领导水平和执政水平、党组织建设状况和党员干部的素质、能力、作风都还有不小的差距，仍然存在着不少亟待解决的问题，面临着执政考验、改革开放考验、市场经济考验、外部环境考验以及精神懈怠危险、能力不足危险、脱离群众危险和消极腐败危险，必须引起全党的高度警觉。把推进中国特色社会主义伟大事业同推进党的建设新的伟大工程紧密衔接起来是党凝聚起不可战胜的磅礴力量、再创中国特色社会主义事业新的辉煌的必然要求，也是党实现自我净化、自我完善、自我革新、自我提高基本目标的基本要求。正确认识中国共产党自身状况的深刻变化，努力把握共产党执政的基本规律，坚持不懈地推进全面从严治党，为中国特色社会主义的形成发展提供了重要的党情基础。

总之，正是这样立足中国而又面向世界、总结历史而又正视现实、坚持原则而又凸显特色，把马克思主义基本原理同中国具体实际相结合、同中华优秀传统文化相结合，在研究新情况、解决新问题的过程中进行锲而不舍的理论探索，才有中国特色社会主义的形成和发展。

四、中国特色社会主义的文化底蕴

把中国特色社会主义放在中国文化的背景下，从各方面考察它与中华优秀传统文化的关系，进而为揭示中国特色社会主义的历史渊源和民族特征提供一种新的思路。这是从文化传承与发展的角度，对中国特色社会主义来源的思考。

（一）中国特色社会主义与中国传统哲学思想

作为一种深层次的文化继承，中国特色社会主义所体现的基本立场、观点和方法，或哲学思想，充分展示了其民族性特征。

中国特色社会主义理论的第一块哲学基石是实事求是的基本观点。实事求是作为毛泽东思想和中国特色社会主义理论的精髓，充分体现了中国哲学的民族特色和民族风格。中国哲学有一种优良的传统贯穿始终，那就是强调“实”、注重“行”的务实精神。孔子强调研究历史要言必有证，要以足够的文献为依据。墨子提出三表法，即“古者圣王之事”“百姓耳目之实”“观其中国家百姓人民之利”。南宋以后，兴起“实学”思潮，提倡“经世致用”“学用一致”，以实际效用为研究学术和思想的唯一目的。这种务实精神和实学思潮，成为毛泽东和邓小平讲究实事求是的直接的民族思想来源。毛泽东在延安整风时即把实事求是提到辩证唯物主义世界观的高度，批判继承了“事即物”“是即理”的传统观点，阐明了从客观存在的事物中寻找真理的思想路线。正因为实事求是具有浓厚的中华民族特色，凝聚着中国共产党对马克思主义基本原理的理解，凝聚着中国共产党对中国这样一个东方大国的实际的理解，也凝结着以毛泽东同志为主要代表的中国共产党人集体智慧的结晶，所以，邓小平反复强调实事求是“是毛泽东思想的出发点、根本点”[①]，是毛泽东思想的精髓。“过去我们打仗靠这个，现在搞建设、搞改革也靠这个”[②]。但是，新时期邓小平并没有停留在毛泽东关于实事求是的理解上，而是结合时代特征进一步发展了毛泽东实事求是思想。这主要表现在两个方面：一是系统性。把解放思想、实事求是、与时俱进、求真务实等基本要求统一起来，把思想路线的出发点、核心、基本途径、检验标准等要素以辩证的方式构成一个有机系统，赋予党的思想路线更加理论化的形态。二是开放性。强调中国的发展离不开世界，要把“国情”与“世情”、“历史”与“现状”、“当下”与“未来”紧密联系起来，使实事求是这一哲学范畴成为一个开放的有机系统，这是站在现代系统论的高度对中国传统整合系统思维的扬弃。江泽民、胡锦涛在坚持解放思想、实事求是的思想路线的基础上，相继提出与时俱进、求真务实的要求，

① 邓小平．邓小平文选：第2卷．2版．北京：人民出版社，1994：114.

② 邓小平．邓小平文选：第3卷．北京：人民出版社，1993：382.

使之更富中国文化底蕴。习近平明确提出坚持把马克思主义基本原理同中国具体实际相结合、同中华优秀传统文化相结合，强调要使马克思主义这个“魂脉”和中华优秀传统文化这个“根脉”内在贯通、相互融通，更好地运用科学世界观和方法论解决中国和世界问题，这就进一步夯实了中国特色社会主义的文化底蕴、历史基础和群众基础。

中国特色社会主义理论的第二块哲学基石是其“特色论”、“两点论”和“重点论”三位一体的矛盾论学说。中国传统的辩证法思想不仅极其丰富，而且具有鲜明的民族特征。毛泽东的矛盾论学说和军事辩证法，就吸取了传统辩证法思想的精华。邓小平等人继承和发展了毛泽东创立的以矛盾分析方法为核心的辩证思想，改变了我国传统辩证法思想往往局限在狭隘的哲学文化领域，玄而又玄、不切实际地谈“道”论“事”的套路。其“特色论”就是矛盾普遍性与特殊性相结合的方法，认为中国特色社会主义，既有社会主义的一般共性，也有依据我国的具体实际情况而决定的个性，是共性和个性的结合。其“两点论”即善于“两手抓”，就是要处理好主要矛盾和次要矛盾以及矛盾的主要方面和次要方面的关系。其“重点论”就是抓主要矛盾、抓中心环节，其中尤以“一个中心”为核心的大整体和总系统为最佳。

中国特色社会主义理论的第三块哲学基石是以群众路线为核心的唯物史观。这不仅是对毛泽东群众路线理论的继承和发展，也是对中国古代民本思想的扬弃。从孔子的富民、教民，到孟子的“民为贵，社稷次之，君为轻”，再到荀子的君舟民水、水可载舟亦可覆舟，都是围绕民本这一命题的。尽管中国古代的民本思想与近代民主主义思想是两个根本不同的范畴，但由于强调的基础是“民”，因而又不失为中国传统文化中含有“民主性精华”的部分。毛泽东的群众路线思想，是批判地继承了中国传统的民本思想，把马克思主义关于人民群众创造历史的观点运用于无产阶级政党的全部工作，进而形成的富有中国特色的创造性理论。从“得民心者得天下”到“历史是人民创造的”“兵民是胜利之本”，从“民以食为天”到“一切从人民的利益出发”“给群众以看得见的物质利益”，从“听政于民”到“从群众中来、到群众中去”的工作方法，都可以看出毛泽东把马克思主义中国化的思想轨迹。邓小平等人继承了毛泽东所创立的群众路线，赋予其新的时代特征，并给予了创造性发展。从强调“人民是我们国家的主人”到提出“只有依靠人民群众，调动广大群众的积极性和创造性，才能实现建设有中国特色社会主义的伟大目标”，从提出“发展中国特色社会主义必须坚持以人为本”“切实做到发展为了人民、发展依靠人民、发展成果由人民共享”到强调“要把人民拥护不拥护、人民赞成不赞成作为衡量党和国家一切工作和方针政策的根本尺度”，充分体现了党在改革开放以来对群众路线思想的继承和发展。新时代，习近平强调人民性是马克思主义的本质属性，人民的创造性实践是理论创新的不竭源泉，并将坚持人民至上作为推进马克思主义中国化时代化的基本方法论的首要一条，强调要“站稳人民立场、把握人民愿望、尊重人民创造、集中人民智慧，形成为人民所喜爱、所认同、所拥有的理论，使之成为指导人民认识世界和改造世界的强大思想武器”①，进而充分展示了群众路线作为党的生命线和根本工作

① 习近平．高举中国特色社会主义伟大旗帜 为全面建设社会主义现代化国家而团结奋斗：在中国共产党第二十次全国代表大会上的报告．北京：人民出版社，2022：19.

路线的优秀传统文化底蕴。

（二）中国特色社会主义与中国传统经济思想

如果说，中国特色社会主义理论对传统哲学思想的扬弃，主要是通过对毛泽东思想中所吸收的中国传统哲学思想精华的继承发展的话，那么，中国特色社会主义理论对中国传统经济思想的扬弃，则主要是通过观念更新来实现的。中国特色社会主义理论中以经济建设为中心的崭新观念，是对中国传统文化观念上浓重的伦理中心主义的变革，是对中国几千年来传统思想和传统精神的大转换。

以儒道两家思想为主干、以伦理为本位的中国传统文化，体现在社会生活的各个方面，形成了有别于世界其他民族文化的独特的“伦理型”模式。从政治文化传统上看，中国比较强调伦理型仁政观和道德型礼教观。这在经济思想上主要表现为重义轻利。孔子“罕言利”，在“利”面前，主张先义后利，“君子喻于义，小人喻于利”；孟子认为利是恶，义是善；宋代以后，理学家提出“存天理，灭人欲”，把义利对立推向极端。道德哲学渗透到中国传统文化的各个层面，影响着中国传统文化的发展方向和进程。中国传统文化的这种伦理本位特点，对于培养中国人刚直不阿的精神气节，形成巨大的民族凝聚力，具有重要意义。但是，它严重阻碍了社会经济的发展，妨碍了健康人格和心理的活动，成为人们沉重的精神负担。邓小平等人以马克思主义的理论勇气和政治气魄，提出并坚持了以经济建设为中心建设中国特色社会主义的理论和路线。这种社会活动本位结构的大转换，标志着中国新时期的真正来临。以经济建设为中心的观念在当今时代已经渗透到我国社会生活的各个方面，并体现在各种意识形态领域。在政治上，邓小平提出了寓政治于经济的治国方略，强调“贫穷不是社会主义，发展太慢也不是社会主义”①，只有经济发展了，人民富裕了，才能保持社会稳定，保证社会主义的巩固与发展；在经济上，主张通过改革开放，建立起充满生机和活力的社会主义市场经济体制，通过市场机制配置资源，培养人民的竞争意识，克服“君子喻于义，小人喻于利”的传统习俗；在文化上，提出要大胆吸收和借鉴当今世界各国包括资本主义发达国家的一切反映现代化生产规律的先进经营方式、管理方法，以赢得社会主义与资本主义相比较的优势。同时指出，经济要想发展得快一点，必须依靠科技和教育，必须把科技摆在“第一生产力”的位置上。以经济建设为中心的理论与传统的伦理中心主义相比较，主要有三个特点：一是从道德判断转移到事实判断，二是由以宗法血缘关系为基础转移到以国家富强和人民富裕为最高准则，三是由封闭稳定的农耕社会生活方式转移到开放发展的现代化生活方式。

中国特色社会主义理论变革了传统经济思想中的两个重大观念。一是社会主义市场经济的理论变革了中国传统文化中重农抑商、重本抑末、崇尚小而全的自然经济的思维定势。其实，中国重视商业的思想很早就有了。司马迁在《史记》中就指出：“夫用贫求富，农不如工，工不如商。”但是，中国人对商业致富认识虽早却难以深化，中国历代封建王朝无不以“重农抑商”为基本国策，不能说不是一个重要原因。党的十一届三中全

① 邓小平．邓小平文选：第3卷．北京：人民出版社，1993：255.

会以前，我国的社会生活中一直存在着轻商、恶商、抑商的传统文化心态，只看到商品经济会导致人们追求利润、腐蚀人们的思想、降低人们的道德素质等消极作用，而看不到商品生产、商品交换、市场机制的巨大历史作用，甚至把商品经济与社会主义对立起来，以为发展商品经济、建立市场经济体制就是搞资本主义。邓小平关于计划经济不等于社会主义、市场经济不等于资本主义等精辟论断，从根本上解除了把计划和市场看作属于社会主义基本制度范畴的思想束缚，走出了我国传统文化忽视商品经济、人为限制商品经济发展的误区，也改变了毛泽东时代把高度集中的计划经济作为社会主义本质特征的观念。邓小平高扬解放思想旗帜，从“社会主义阶段的最根本任务就是发展生产力”出发，得出计划和市场都是经济手段，计划与市场作为两种经济手段或两种资源配置方式，可供我们根据经济的实际情况而选择使用的结论。因此，我们有理由这样认为：邓小平关于建立社会主义市场经济的理论不仅是对传统社会主义经济理论的突破，也是对中国传统文化旧有框架的超越。二是让一部分人先富裕起来，先富帮后富，最终达到共同富裕的“富民思想”是对中国传统文化中平均主义思想的变革。在中国长期的封建社会中，农民小生产的生产方式占主导地位，生产力发展异常缓慢，人们只能维持一种较低的生活水平。这种情况决定了人们没有强烈追求财富的欲望，满足于维持较低的消费水平，不把着眼点放在大力发展生产力以促进社会产品的丰富上，而是放在产品分配的多寡上。在几千年的封建社会，这种观念内化为一种民族心理，一直在顽强地发挥着作用。新中国成立后，这种观念虽然受到了马克思主义思想的洗礼和改造，但其心理积淀并未被彻底消除，仍然在左右着我们的观念和行动。而在分配制度上，反对拉开档次，反对一部分人和地区先富起来，批判所谓“事实上的不平等”，批判按劳分配中的所谓“资产阶级法权”，等等，使得公有制体制僵化、没有活力，并几乎使按劳分配制度名存实亡。邓小平关于让一部分人、一部分地区先富裕起来，然后先富帮后富，最终达到共同富裕的思想就是总结新中国成立以来的历史经验，对传统的绝对平均的分配观念、财富观念深刻反思的结果。共同富裕绝不等于也不可能是完全平等，绝不等于也不可能是所有社会成员在同一时间以同等速度富裕起来。鼓励一部分人、一部分地区先富起来的政策，是符合社会主义发展规律的，是整个社会走向共同富裕的必由之路。

（三）中国特色社会主义与中国传统政治思想

中国传统政治文化内容十分庞杂，其中不乏封建糟粕，也确有民主性精华。中国特色社会主义政治思想中既有对传统政治观点的否定和批判，也有对其精华的继承和发展。

第一，社会主义改革的理论是对中国传统改革变通思想的继承和发展。中国古代的改革变通思想源远流长。《易经》的主导思想是个“变”字。穷则变，变则通，唯变所适，这种思想成为中国古代变法思想的源头。此后历代有作为的政治家无不因势利导，变法图强。这种变法图强的思想到清末已形成一股巨大的潮流。毛泽东也曾有过“穷则思变”的思想。可以说，中国传统文化中体现我们民族生命力的改革思想以及与此相适应的进取精神和忧患意识是中华民族的精神脊柱，具有永恒的价值。我们民族能够从历史上不断出现的战乱、分裂、灾难的困境中解脱出来，能够在相当长的一段时间内居于世界先进民族行列，与此有直接关系。社会主义改革思想不但是对新中国成立以来社会主义革命和建设经验的历史总结，也是对中国传统文化中改革思想的批判性继承和发展。新形势下的改革思想，不仅继承了中国古代变法图强、近代以来革命建国的基本精神，而且系统阐明了改革的目的、性质、原则、内容、方针、方法和步骤，形成了具有鲜明阶级性和时代特色的完备理论，并强调要摆脱我国贫困落后的状态，使我国成为富强的现代化国家。同时，还把改革与开放联系起来作为我们的强国之路，从而使中华民族的进取精神在当代获得了充分的展现。

第二，“和平统一、一国两制”的战略思想是对中国传统爱国主义精神的弘扬和发展。中华民族是一个富有爱国主义精神的伟大民族。中国历史上的国家统一思想也源远流长。到了近代，面对殖民主义、帝国主义对中国的瓜分，许多思想家、革命家怀着救国救民的强烈感情，奔走呼号，反对分裂，主张国家的统一。1949 年以后，由于外国势力的阻挠和“台独”势力的干扰，海峡两岸长期处于分离状态。中国共产党和中国政府一直把解决台湾问题、实现祖国完全统一作为自己神圣的历史使命，提出了一系列解决祖国统一问题的设想。新的历史时期，邓小平等人继承和发展了中国古代的国家统一思想，提出以“一国两制”的方式来实现国家的完全统一，这与传统的国家统一思想相比，无疑是一个伟大的飞跃。邓小平的高超不凡之处，恰恰在于他突破了“一国一制”传统观念的束缚，提出“一国两制”的构想，即中国国家主体必须是社会主义，但尊重台湾实行不同于祖国大陆的社会制度。邓小平“一国两制”的科学构想，是在人类历史的社会经济形态的转折时期，从实际出发，考虑双方的利益和情感因素而做出的科学决策，对科学社会主义的新贡献是史无前例的。同时，也是建立在爱国主义思想基础上的。邓小平反复说明，我们要解决中国和平统一问题，“这首先是个民族问题，民族的感情问题。凡是中华民族子孙，都希望中国能统一，分裂状况是违背民族意志的”①。这就充分肯定了共同的民族感情和爱国主义精神对促进国家统一所能起到的重大作用。

第三，社会主义民主与法治思想是对中国传统文化中“为政在人”的观念的深刻变革。儒家把治国建立在对人性的充分肯定和对社会等级秩序认真维护的基础上，突出人尤其是帝王将相在治乱兴衰中的作用。同时，由于儒家把道德的完善看成人类追求的最高价值，把“礼”和“仁”作为道德的最高标准，所以儒家的治理也叫“德治”和“礼治”。当然，中国也有法治文化的传统，但是，中国古代的法治思想从本质上说，不过是特定时代道德体系的附庸，它的作用是用以皇权为代表的国家强制力来维护其封建道德体系。法只是为皇权服务的工具。新中国成立初期，党内有识之士已充分认识到这一点，曾提出新中国实行“法治”的口号。在制定第一部宪法时，我国曾把民主和社会主义确定为宪法的根本原则。但是，在社会主义改造基本完成、进入社会主义建设的时期，是正需要社会主义法制和法治的关键时刻，中国历史上却出现了不断的政治运动，社会主义民主和法治遭到了严重践踏。十一届三中全会以后，党反复强调必须加强法治建设，要求全党同志和全体干部都按照宪法、法律、法令办事，学会运用法律治理国家。随着我国社会主义市场经济体制的逐步建立与完善，随着社会主义民主政治的逐步发展，全面确立社会主义依法治国方针的要求越来越严格。中国共产党反映全国人民的意愿，明

① 邓小平．邓小平文选：第 3 卷．北京，人民出版社，1993：170.

确提出了依法治国、建设社会主义法治国家的治国方略。走向法治、走向公正正义，是时代发展的必然要求，也是对中国传统政治文化的一种超越。

此外，构建社会主义和谐社会、建设中华现代文明和推动构建人类文明新形态不仅与马克思所设想的未来社会的目标一致，而且与中华民族文化追求、崇尚和谐的基本精神一脉相承，是对中国传统社会和谐思想的继承与超越；关于发展教育是一个战略性问题、“百年大计，教育为本”、提倡尊师重教等思想，则辩证地弘扬了我国传统文化中尊师重教的思想。

总之，自近代以来，中国传统文化一直发生着深刻的变化，经过新文化运动、五四运动的洗礼，经过毛泽东等马克思主义思想家的锤炼，到中国特色社会主义的形成，中国文化已经基本完成了从传统到现代、从中国到世界、从历史到未来的深刻转变，也成为中国特色社会主义深厚的文化底蕴。

第二章

中国特色社会主义的逻辑前提与客观依据

什么是社会主义、怎样建设社会主义、建设什么样的社会主义，是党在领导改革开放和社会主义现代化建设过程中，不断提出和反复思考的根本问题。这一问题包含社会主义的本质和基本特征、社会主义发展的道路和模式两个相互联系的基本方面。社会主义本质的理论规定了社会主义本质属性的科学内涵，社会主义发展道路的理论则指明了建设社会主义的具体模式和基本途径。二者相互衔接构成了中国特色社会主义的核心内容，揭示了中国特色社会主义的逻辑起点和前提。而党对辩证唯物主义和历史唯物主义思想路线的坚持发展，则为中国特色社会主义事业的开创提供了马克思主义的哲学基础。

一、中国特色社会主义的哲学基础

党的十一届六中全会通过的《关于建国以来党的若干历史问题的决议》把贯穿于毛泽东思想全部内容的立场、观点和方法，概括为毛泽东思想活的灵魂，并指出它们有三个基本方面，即实事求是、群众路线、独立自主。该决议强调，毛泽东思想活的灵魂是毛泽东把辩证唯物主义和历史唯物主义运用于无产阶级政党的全部工作，在中国革命的长期艰苦斗争中形成的具有中国共产党人特色的立场、观点和方法。它把马克思主义哲学基本原理与中国哲学的优良传统有机地结合起来并加以运用和发挥，创立了具有中华民族特色的理论思维的内容和形式，为中国共产党和中国人民提供了历史与现实、理论与实践、真理与价值相统一的世界观和方法论。它是我们在理论上完整、准确地理解和把握毛泽东思想的科学体系，在实践上成功地进行革命、建设和改革的思想武器。改革开放以来，党在推进改革开放和社会主义现代化建设的过程中，创造性地坚持和发展了毛泽东的哲学思想，坚持一切从实际出发、理论联系实际、在实践中检验真理和发展真理的思想路线，坚持一切为了群众、一切依靠群众、从群众中来、到群众中去的工作路线，坚持独立自主这一从中国实际出发、依靠党和人民力量进行革命建设与改革的根本原则，从党的思想路线、工作路线和思想方法论的实质上，为中国特色社会主义的形成发展奠定了辩证唯物主义和历史唯物主义的哲学基础。正如习近平同志所指出的："新形势下，我们要坚持和运用好毛泽东思想活的灵魂，把我们党建设好，把中国特色社会主义伟大事业继续推向前进。”[1]

（一）实事求是

在党的历史上，最早提出要认真解决党的思想路线问题的是毛泽东。他曾指出，我们说马克思主义是对的，绝不是因为马克思这个人是什么“先哲”，而是因为他的理论，在我们的实践中，在我们的斗争中，证明了是对的。我们的斗争需要马克思主义。我们欢迎这个理论，丝毫不存在什么“先哲”一类的形式的甚至神秘的念头在里面。我们需要“本本”，但是一定要纠正脱离实际情况的本本主义。1938 年 10 月，毛泽东在党的扩大的六届六中全会的报告中，第一次使用了“实事求是”这个概念，并向全党提出了创造性地运用马克思主义，使之在中国具体化的伟大任务。1939 年 10 月，毛泽东在《〈共产党人〉发刊词》中，明确提出了“马克思列宁主义的理论和中国革命的实践相结合”的基本原则，并以其为主要线索和依据，系统地总结了党的历史经验。不久，又在《新民主主义论》中提出了“科学的态度是‘实事求是’”的命题，从而使实事求是思想路线的内容日臻完备。1941 年 5 月，毛泽东在《改造我们的学习》一文中，第一次对实事求是的含义做了科学的解释。他说：“‘实事’就是客观存在着的一切事物，‘是’就是客观事物的内部联系，即规律性，‘求’就是我们去研究。我们要从国内外、省内外、县内外、区内外的实际情况出发，从其中引出其固有的而不是臆造的规律性，即找出周围事变的内部联系，作为我们行动的向导。”[2] 这就把实事求是的工作态度和工作方法，提高到辩证唯物主义的高度，赋予它科学的含义和理论的形态，使这一古老的成语成为马克思主义的辩证唯物主义基本精神的中国语言表达形式，成为党的辩证唯物主义思想路线的简明概括。

党的思想路线的内涵是随着中国革命、建设、改革实践的发展而丰富与发展的。毛泽东在领导中国革命的实践中，在反对把马克思主义教条化、把苏联经验绝对化、把共产国际的指示神圣化的斗争中，特别强调实事求是，强调要把马克思主义基本原理同中国革命的具体实践相结合。他把辩证唯物主义和历史唯物主义运用于无产阶级政党的全部工作，创立了党的思想路线，并把它概括为“实事求是”四个大字。进入新时期，邓小平针对“文化大革命”后党内存在的思想僵化、半僵化的现象，特别强调要解放思想。他坚持解放思想与实事求是的统一，把实践标准、生产力标准和人民利益标准统一起来，对党的思想路线的丰富和发展做出了重要贡献。世纪之交，江泽民特别强调与时俱进是马克思主义最重要的理论品质，指出坚持党的思想路线，解放思想、实事求是、与时俱进，是我们党坚持先进性和增强创造力的决定性因素，进一步深化了党对思想路线的认识。党的十六大后，胡锦涛指出求真务实是党的思想路线的核心内容，又把党对思想路线的认识推向一个新的境界。

习近平指出：“实事求是，是马克思主义的根本观点，是中国共产党人认识世界、改造世界的根本要求，是我们党的基本思想方法、工作方法、领导方法。不论过去、现在

① 习近平．在纪念毛泽东同志诞辰 120 周年座谈会上的讲话．人民日报，2013－12－27（2）．

② 毛泽东．毛泽东选集：第 3 卷．2 版．北京：人民出版社，1991：801.

和将来，我们都要坚持一切从实际出发，理论联系实际，在实践中检验真理和发展真理。”①

第一，一切从实际出发。这是实事求是最主要的内容，也是坚持实事求是的客观前提和基础。毛泽东和邓小平都十分强调，不要从抽象的定义出发，不要靠本本，而要从客观存在的事实出发，按照实际情况决定工作方针。从实际出发，按照科学的方法认识规律、掌握规律，以此作为行动的指南，就正确地解决了人们认识世界、改造世界的根本出发点问题。坚持实事求是，就要深入实际了解事物的本来面貌，透过现象看本质，从零乱的现象中发现事物内部存在的必然联系，从客观事物存在和发展的规律出发，在实践中按照客观规律办事。坚持实事求是，就要清醒认识和正确把握我国仍处于并将长期处于社会主义初级阶段这个基本国情，充分体现这个基本国情的必然要求，坚持一切从这个基本国情出发。

第二，理论联系实际，即理论和实践相结合。这是实事求是的基本内容，也是坚持实事求是、达到主客观相统一的根本途径。中国共产党一贯重视并致力于把马克思主义基本原理同中国具体实际相结合，把理论联系实际还是脱离实际、理论和实践相结合还是相分裂的问题，看作全党的思想方法和工作态度问题，看作对待马克思主义的态度问题，是“第一个重要的问题”。中国共产党强调要反对教条主义和经验主义这两种错误倾向，善于把马克思主义理论应用于中国的具体环境，使之中国化，并为中国人民所掌握，成为夺取革命和建设胜利的有效武器。这就解决了理论向实际转化，以及不断在实践中得到发展的途径问题。坚持实事求是，就要不断推进实践基础上的理论创新，及时总结党领导人民创造的新鲜经验，不断开辟马克思主义中国化新境界，让当代中国马克思主义放射出更加灿烂的真理光芒。

第三，坚持实践是检验真理的标准。毛泽东继承和发展了马克思、列宁关于用实践作为证明人的思维是否具有真理性的标准的重要思想，不仅进一步强调了实践作为检验真理标准的唯一性，指出只有人们的社会实践，才是人们对于外界认识真理性的标准，而且阐明了实践检验真理的复杂性。邓小平把实践是检验真理的标准纳入党的思想路线的基本内容之中，意义十分重大，它构成了党的思想路线的基石。人们是不是做到了从实际出发，是不是实现了理论联系实际，是不是坚持了实事求是，最终全靠以人民群众为主体的社会实践的检验。坚持实事求是，就要坚持为了人民利益坚持真理、修正错误，使我们的思想和行动更加符合客观规律、符合时代要求、符合人民愿望。

上述几个方面的核心是实事求是，它集中体现了马克思列宁主义的世界观和方法论。因为只要坚持实事求是，就不能不坚持一切从实际出发、理论联系实际和实践是检验真理的标准。反之，也只有坚持后面这三点，才能真正做到实事求是。实事求是是马克思列宁主义、毛泽东思想的精髓，是中国特色社会主义理论形成发展的基础，也是整个中国特色社会主义理论的精髓。中国特色社会主义理论涉及的领域很广，论述的问题也很多，但其中最根本的原则是实事求是。中国特色社会主义之所以具有强大的生命力，正是因为它深深扎根于当代中国人民建设中国特色社会主义伟大实践，并将随着实践的发

① 习近平．在纪念毛泽东同志诞辰120周年座谈会上的讲话．人民日报，2013－12－27（2）．

展而发展。中国特色社会主义的这一本质特征，决定了它必然始终把实事求是作为自己的哲学基础。

（二）群众路线

群众路线是中国共产党领导新民主主义革命特别是在敌我力量对比差距极大的严峻形势下开展革命活动的十分珍贵的历史经验的总结，也是马克思主义辩证唯物论和历史唯物论基本原理在党的全部活动中的生动体现。作为毛泽东思想活的灵魂的基本内容之一，群众路线与实事求是、独立自主一样，都是在中国革命的长期艰苦斗争中形成的具有中国共产党人特色的立场、观点和方法。

毛泽东是中国共产党内比较早地形成"群众工作的策略和技术"思想并明确使用"群众路线"概念的领导人之一。土地革命战争初期，毛泽东结合党、军队和革命根据地建设的各方面工作，特别是结合党的思想路线和群众工作，提出了一系列非常重要的思想，比如：党的正确而不动摇的斗争策略，是要在群众斗争中才能产生的；党是群众利益的代表者和群众生活的组织者、领导者；群众是真正的铜墙铁壁，革命战争是群众的战争；动员群众的方式，不应该是官僚主义的，也不应该是命令主义的，而"应该是群众化的"；等等。全民族抗日战争以后，毛泽东相继提出"民力和军力相结合，将给日本帝国主义以致命的打击"① "兵民是胜利之本"② "只有动员群众才能进行战争"③ 等著名论断。延安整风运动中，毛泽东又把党的群众路线同马克思主义认识论联系起来，提出了"从群众中来、到群众中去"的领导方法，并把是否"和最广大的人民群众取得最密切的联系"作为共产党人区别于其他任何政党的一个显著标志，作为共产党人"一切言论行动"的最高标准，这标志着中国共产党的群众路线已经具备了成熟的理论形态。党的七大以后，毛泽东在领导全党为最后打败日本侵略者、争取民族和人民解放而进行的斗争中，又进一步丰富和发展了群众路线的思想。新中国成立以后的一个比较长的时期，党中央和毛泽东仍然非常重视认真贯彻党的群众路线问题，并根据新的历史条件及时总结经验，使党对群众路线的认识继续深化和发展。党的十一届三中全会以后，在纠正"文化大革命"错误理论和实践的同时，党逐渐恢复了曾经遭受破坏的党的群众路线优良传统，并在开创、坚持和发展中国特色社会主义的过程中对群众路线做了一些新的理论概括。党的十三届六中全会通过的《中共中央关于加强党同人民群众联系的决定》以及邓小平、江泽民、胡锦涛、习近平在这方面的一些重要论述，丰富和发展了党的群众路线和群众观点。

"为人民服务是党的根本宗旨，以人为本、执政为民是检验党一切执政活动的最高标准。任何时候都要把人民利益放在第一位，始终与人民心连心、同呼吸、共命运，始终依靠人民推动历史前进。"④ 党的十八大以来，习近平总书记关于党和人民群众关系的这

---

① 毛泽东．毛泽东选集：第2卷．2版．北京：人民出版社，1991：347.

② 同①477.

③ 毛泽东．毛泽东选集：第1卷．2版．北京：人民出版社，1991：136.

④ 胡锦涛．坚定不移沿着中国特色社会主义道路前进　为全面建成小康社会而奋斗：在中国共产党第十八次全国代表大会上的报告．北京：人民出版社，2012：50-51.

一重要论述，不仅深刻揭示了群众路线在中国特色社会主义建设中的重要地位和作用，而且为我们深入了解毛泽东群众路线思想的基本内容提供了重要思路。刘少奇曾经指出："所谓密切联系人民群众的路线，就是党的群众路线，毛泽东同志的群众路线，就是要使我们党与人民群众建立正确关系的路线，就是要使我们党用正确的态度与正确的方法去领导人民群众的路线，就是要使我们党的领导机关和领导人与被领导的群众建立正确关系的路线。"这一论述高度概括了毛泽东群众路线思想的基本内容，揭示了群众路线的精神实质，即用什么样的态度去对待人民群众、用什么样的方法去领导人民群众、与人民群众建立什么样的关系。

第一，一切为了群众，全心全意为人民服务，这是一个根本立场和根本态度。坚持群众路线，就要坚持全心全意为人民服务的根本宗旨，把全心全意为人民服务作为党一切行动的根本出发点和落脚点，作为党区别于其他一切政党的根本标志。

第二，一切依靠群众，相信群众能够自己解放自己，这是马克思主义的根本原则，也是群众路线的一个基本观点。坚持群众路线，就要坚持人民是决定我们前途命运的根本力量。坚持人民主体地位，充分调动人民的积极性，始终是我们党立于不败之地的强大根基。

第三，密切联系群众，这是党的根本作风，也是群众路线的一个基本观点。把是否合乎最广大人民群众的最大利益、为最广大人民群众所拥护作为最高标准，这就确立了人民群众利益的标准。坚持群众路线，就要保持党同人民群众的血肉联系，真正让人民来评判我们的工作。任何政党的前途和命运最终都取决于人心向背，党的最大政治优势是密切联系群众，党执政后的最大危险是脱离群众。

第四，从群众中来，到群众中去，这是党正确领导群众的基本方法，也是群众路线的重要内容。将群众分散的意见集中起来，经过研究化为集中的系统的意见，又到群众中去做宣传解释，化为群众的意见，使群众坚持下去，见之于行动，并在群众行动中考验这些意见是否正确。然后再从群众中集中起来，再到群众中坚持下去。

中国特色社会主义是亿万人民共同的事业。在建设中国特色社会主义的过程中，始终存在着为了谁、依靠谁的问题。群众路线作为贯穿于毛泽东思想科学体系各组成部分的活的灵魂之一，在历史上做出了巨大贡献，在现实中仍然凸显着鲜活的价值。正如习近平总书记所指出的："群众路线是我们党的生命线和根本工作路线，是我们党永葆青春活力和战斗力的重要传家宝。不论过去、现在和将来，我们都要坚持一切为了群众，一切依靠群众，从群众中来，到群众中去，把党的正确主张变为群众的自觉行动，把群众路线贯彻到治国理政全部活动之中。"[①] 党的十八大以后，以习近平同志为核心的党中央在全党范围内开展的以保持党的先进性和纯洁性为核心、以"为民务实清廉"为主要内容的群众路线教育实践活动，正是继续坚持毛泽东群众路线思想的集中体现。

（三）独立自主

独立自主、自力更生，是从中国实际出发、依靠群众进行革命和建设的必然结论，

① 习近平．在纪念毛泽东同志诞辰120周年座谈会上的讲话．人民日报，2013-12-27（2）．

也是一个具有普遍指导意义的方法论原则。独立自主是实事求是、群众路线在革命和建设中的集中运用和体现，并与实事求是、群众路线密切地联系在一起，构成了我们立党立国、兴党兴国的根本方针。

中国共产党是在共产国际的指导下开始领导中国革命的。从1921年党的建立到1927年大革命失败，处于幼年时期的中国共产党，由于没有自己领导革命的经验，又对中国的历史状况和社会状况、中国革命的特点和规律掌握得不多，对于马克思列宁主义的理论和中国革命的实践没有完整的、统一的了解，因而还不可能认识到列宁所指出的“根据自己的经验”确定本国革命的道路这一方向的极端重要性。当时，党的领导机关主要是根据共产国际的指示和苏联的经验指导革命，党内个别人已经存在把共产国际指示和苏联经验神圣化的倾向，幻想沿用苏联模式完成中国革命的任务。但是，即使在这时，党内以毛泽东同志为主要代表的马克思主义者也已经开始注意从中国实际出发，运用马克思主义基本原理，探索中国革命的基本问题。遵义会议后，以毛泽东同志为主要代表的中共中央，坚持独立自主领导中国革命的原则，对共产国际和外国经验采取了正确的态度，实际上抵制了共产国际的错误领导，这就为独立自主原则的确立、运用和发展创造了极为有利的条件。同时，遵义会议后不久，共产国际七大决定改变共产国际的工作方式和领导方法，提出一般不直接干涉各国共产党内部的组织事宜；随后，又明确肯定了以毛泽东同志为主要代表的中共中央的路线是正确的，认为抗战以来中共在复杂的环境和困难的条件下真正运用了马克思列宁主义，认为在中共中央领导机关中要以毛泽东为首解决统一领导问题①。这对于中国共产党根据中国的具体情况，创造性地运用马克思列宁主义，独立自主地解决中国革命问题，也起到一定的积极作用。中国共产党和中国人民主要靠自己的力量赢得了抗日战争的胜利，赢得了人民解放战争和整个新民主主义革命的胜利。新中国成立后，独立自主原则得到了进一步的发展。中国共产党领导中国人民，在帝国主义国家对我国实行封锁的困难条件下，迅速恢复了国民经济。随后，又创造性地开辟了适合中国国情的社会主义改造道路，建立了社会主义基本制度。20世纪50年代中期，毛泽东在《论十大关系》等论著中，进一步强调独立自主的重要性，强调不要照搬别国的经验，并提出了走中国自己的工业化和现代化道路的思想。十一届三中全会以后，党中央纠正了过去由于长期被封锁的客观环境和我们在认识上的偏差所造成的忽视同外国进行经济技术合作的倾向，克服了“文化大革命”中发生的严重的闭关自守现象，实行了对外开放的政策，阐明了独立自主原则在毛泽东思想中的地位，并第一次把独立自主作为具有普遍指导意义的立场、观点、方法提出来，与实事求是、群众路线放在一起作为毛泽东思想活的灵魂。特别重要的是，党结合新的历史条件和经验，提出了建设中国特色社会主义也要走自己的路的重要思想，从而把党对独立自主原则的认识提到一个新高度，这也是对独立自主原则的最好运用和最大发展。

独立自主是中国共产党在领导中国革命和建设的全部活动中，坚持从中国实际出发，依靠群众进行革命和建设，逐渐形成的一个具有普遍指导意义的原则，它具有深刻的内涵和丰富的内容。

---

① 中共中央党史研究室．中共党史大事年表．北京：人民出版社，1987：133.

第一，立足于本国实际，走自己的道路。世界上没有放之四海而皆准的具体发展模式，也没有一成不变的发展道路。历史条件的多样性，决定了各国选择发展道路的多样性。一个国家的革命和建设走什么样的道路，关系到这个国家革命和建设的成败，而适合本国情况与特点的革命和建设道路，只能由本国人民自己来寻找、创造和决定，不能由别国的政党或领导人来代替。各国无产阶级政党，必须以马克思主义的一般原理为指导，自己认识本国的国情，“根据自己的经验”确定本国革命的道路。在中国这样一个人口众多、经济文化落后的东方大国进行革命和建设的国情与使命，决定了我们只能走自己的路。坚持独立自主，就要坚持中国的事情必须由中国人民自己作主、自己来处理，就要坚定不移地走中国特色社会主义道路，既不走封闭僵化的老路，也不走改旗易帜的邪路，就要增强政治定力，增强道路自信、理论自信、制度自信、文化自信。我们要虚心学习借鉴人类社会创造的一切文明成果，但我们不能数典忘祖，不能照搬照抄别国的发展模式，也绝不会接受别国颐指气使的说教。

第二，着眼于本国力量，依靠本国人民群众进行革命和建设。在人类历史上，没有一个民族、没有一个国家可以通过依赖外部力量、跟在他人后面亦步亦趋而实现强大和振兴。那样做的结果，不是必然遭遇失败，就是必然成为他人的附庸。一个国家的革命和建设，不但要由本国的党和人民自己选择自己的道路，而且要依靠本国的党和人民自己的力量进行。中国革命在各个阶段都曾得到各国革命力量的援助，这是中国人民永远不会忘记的。但是中国革命的胜利，从根本上来说是中国共产党坚持独立自主、自力更生的原则，依靠中国各族人民自己的力量，历经千辛万苦，战胜许多艰难险阻才取得的。自力更生是中华民族屹立于世界民族之林的奋斗基点。

独立自主是中华民族的优良传统，是中国共产党、中华人民共和国立党立国的重要原则，也是具有普遍指导意义的马克思主义的基本立场、观点和方法。党在领导革命、建设、改革长期的实践中，历来坚持独立自主开拓前进的道路，把国家和民族的发展放在自己力量的基点上。同时，我们又一贯坚持独立自主的和平外交政策，尊重各国人民自主选择发展道路的权利，绝不把自己的意志强加于人，也绝不允许任何人把他们的意志强加于中国人民。这种独立自主的探索和实践精神，这种坚持走自己的路的自信自立，以及维护国家主权、安全、发展利益的坚定态度，是我们党全部理论和实践的立足点，也是党和人民事业不断胜利的根本保证。

二、中国特色社会主义的逻辑前提

改革开放以来，党反复提出要对社会主义的基本理论与实践进行深入认识和思考，既肯定我们过去所建立的社会主义基本制度是个好制度，又指出过去在对社会主义的认识和实践上确有许多没有完全搞清楚的问题，特别是脱离国情制定政策，是我们在改革开放前发生错误和失误、改革开放以后在前进中存在犹疑和困惑的重要原因之一。这种概括，把党关于社会主义基本问题的深入思考与当代中国国情的分析研究密切结合起来，从而科学地揭示了社会主义本质特征与道路选择之间的内在逻辑。这种逻辑关系就是：

对社会主义本质的正确认识是坚持社会主义发展道路的基础和前提，而在准确把握社会主义初级阶段基本国情和主要特征的基础上确立的党的基本路线、基本纲领的贯彻，则必然会更好地坚持社会主义发展道路、体现社会主义的本质。

（一）对科学社会主义形成发展逻辑前提的认识

什么是社会主义、怎样建设社会主义的问题，是几代共产党人艰苦探索的重大问题。在一定意义上，正是因为没有解决好这个问题，才导致了社会主义在其实践过程中长达半个多世纪的艰难曲折。20 世纪 50 年代中期东欧一些国家开始尝试摆脱苏联模式，20 世纪 80 年代苏联和东欧国家纷纷走上改革的道路，从深层次看，都与对这个问题的重新认识有关。直到 20 世纪 90 年代初苏联解体，东欧国家纷纷改弦易辙，但这个问题并没有因此结束，而是带着前所未有的紧迫感摆在当代共产主义者的面前。邓小平正是在这一历史大背景下，总结了世界社会主义特别是中国社会主义曲折发展的历史经验和教训，正确回答和解决了这一重大的理论与实践问题，并由此构建了他的科学的社会主义观。

马克思、恩格斯在创立科学社会主义理论，揭示社会主义代替资本主义是历史发展必然规律的基础上，通过对当时资本主义社会经济、政治状况的透视和剖析，从逻辑上对未来社会做了一系列推测和设想。他们认为，社会主义社会是在资本主义高度发展的基础上建立起来的，是资本主义生产社会化与生产资料私人占有这一社会基本矛盾发展的必然结果。在社会主义社会，全部生产资料归社会直接占有，个人消费品实行按劳分配的原则；全体劳动者进行联合劳动，根据整个社会的需要，有计划地调节社会生产，商品生产和货币交换将不再存在；消灭了阶级差别和阶级对立，建立了无产阶级专政，以便过渡到无阶级社会。然而，社会主义事实上不是发生在马克思主义创始人原来所预见的发达资本主义国家，而是发生在经济文化都比较落后的国家，这种基本事实使社会主义从一开始实际上就面临着一个基本矛盾，即科学社会主义一般逻辑出发点与现实社会主义历史出发点之间的矛盾。具体地说，马克思主义创始人所设想的经典社会主义的出发点是高度发达的资本主义，社会主义是资本主义生产关系与生产力矛盾运动的自然结果；现实社会主义的出发点却是经济文化都比较落后的资本主义，甚至是小农经济占统治地位的国家，面对的是十分落后的生产力状况。这种逻辑出发点与现实出发点之间的矛盾又必然会引起另一个矛盾，即在对社会主义本质、目标、道路等问题的认识上，是从经典作家所论证的未来理想社会主义的模式（或指导原则）出发，还是从本国的特殊国情出发的矛盾。忽略本国的实际情况，从经典作家关于社会主义模式的设想出发营造社会主义的大厦，是社会主义发展史上一个带有普遍性的经验教训，也是过去发生种种失误、产生种种困惑的主要原因。

从历史来看，列宁在十月革命后创建的第一个社会主义国家，使社会主义第一次由理论变成了现实。但由于缺乏经验，搬用了经典作家关于社会主义的某些原则，例如：夸大国有化的意义，把自由贸易等同于资本主义，把社会主义经济等同于排斥商品经济的产品经济；幻想全体公民都成为一个全民的、国家的“辛迪加”的职员和工人，使他们都能做同等的工作，领取同等的报酬，使整个社会成为一个管理处，成为一个劳动平等、报酬平等的工厂等，建立“军事共产主义”的社会主义模式。实践证明这种单一的全民所有制、高度集中的计划经济、近乎平均主义的按劳分配，不适于现实的生产力。列宁晚年已开始意识到社会主义在出发点上的这些问题，要求从实际出发来认识社会主义，提出新经济政策，“对社会主义的整个看法根本改变了”[①]。他认为落后国家只能先建立初级形式的社会主义，社会主义要大力发展生产力，实行多种公有制并发挥非公有制经济的积极作用，利用商品货币关系和市场经济建设社会主义。他指出，“在估计可能的发展道路时，我们多半（我甚至不记得有什么例外）都是从直接过渡到社会主义建设这种设想出发的”[②]。“当时设想不必先经过一个旧经济适应社会主义经济的时期就直接过渡到社会主义。我们设想，既然实行了国家生产和国家分配的制度，我们也就直接进入了一种与以前不同的生产和分配的经济制度”，“当时根本没有提出我们的经济同市场、同商业的关系问题”[③]。他还尖锐地批评患有“左派”幼稚病、“革命空谈症”的人，是根据理想形态的一般模式来制定行动纲领，想用“未来的砖头”来营造现实的“社会主义大厦”，他强调“在纲领中我们应当以现有的东西为出发点”。

斯大林时期，苏联在实行工业化、农业集体化、建立社会主义经济基础和发展教育文化事业等方面取得了重大成就。但由于多种原因，特别是战争的原因，苏联建立的是高度集权的社会主义模式。这种模式能够迅速集中全国的人力、物力和财力，快速发展经济，但也有严重弊病，即不符合经济规律，不利于发扬民主，不能全面反映社会主义的本质要求和普遍经验。对于这种特定条件下形成的社会主义模式，斯大林和苏联共产党不仅长期没有正确认识反而把它加以绝对化，并在实际上将公有制、计划经济和按劳分配作为社会主义的本质特征。第二次世界大战结束后，包括中国在内的一批国家走上了社会主义道路。由于没有经验，这些国家在社会主义建设的初期主要是学习苏联，而苏联也将本国搞社会主义的经验推广到这些国家，这就造成了苏联模式对这些国家的严重影响。

中国共产党人早在民主革命时期就已经开始了对什么是社会主义、怎样建设社会主义的思考。毛泽东关于中国革命必须分两步走，先进行新民主主义革命，然后进行社会主义革命，以及“两步”之间的关系的理论，代表了从中国实际出发，通过新民主主义走向社会主义的正确路线，反映了党对中国革命特殊发展规律的清醒认识。当然，这种积极成果也是经历了许多不清醒的甚至错误的认识之后才取得的。新中国成立后特别是1956年社会主义制度在我国基本确立后，全面建设社会主义的任务提上日程。随着苏联模式弊端的暴露，毛泽东和党中央适时提出要探索适合中国国情的社会主义建设道路。毛泽东发表的《论十大关系》和《关于正确处理人民内部矛盾的问题》等著名论著，就是党初步探索自己社会主义建设道路的理论结晶。但伴随着巨大的胜利，我们的头脑逐渐不冷静、不清醒起来，越来越脱离中国生产力落后这一最大的实际，从马克思主义一般原则出发，从苏联模式甚至从头脑中的空想模式出发，来认识社会主义和制定行动纲领，结果导致了严重的“左”倾错误，使得生产力不能得到应有的发展，人民生活水平

---

① 列宁．列宁选集：第4卷．3版．北京：人民出版社，1995：773.

② 同①596.

③ 同①598.

不能得到应有的提高，最终未能完成找到自己社会主义建设道路的任务。

改革开放以后，邓小平在总结各国共产党特别是中国共产党对社会主义认识历史经验教训的基础上，提出了认识社会主义的最根本的思想方法论原则，揭示了正确认识社会主义本质的哲学基础。他强调指出："中国搞社会主义走了相当曲折的道路。二十年的历史教训告诉我们一条最重要的原则：搞社会主义一定要遵循马克思主义的辩证唯物主义和历史唯物主义，也就是毛泽东同志概括的实事求是，或者说一切从实际出发。"① 邓小平又指出："我们取得的成就，如果有一点经验的话，那就是这几年来重申了毛泽东同志提倡的实事求是的原则。中国革命的成功，是毛泽东同志把马克思列宁主义同中国的实际相结合，走自己的路。现在中国搞建设，也要把马克思列宁主义同中国的实际相结合，走自己的路。"②

邓小平强调要从本国实际出发，把马克思列宁主义与中国实际相结合；建设中国特色社会主义，就要从理论前提和思想方法上对以往人们关于社会主义的认识正本清源。也正是因为他坚持了从实际出发、解放思想、实事求是这一正确方法，才实现了对传统意义上的社会主义模式的突破，搞清了什么是社会主义、怎样建设社会主义这一重大问题，创立了崭新的社会主义理论。邓小平多次指出，我们过去对什么是马克思主义、什么是社会主义的认识是不清楚的。这里讲的"两个不清楚"就是指我们过去不是以马克思主义一般原理为指导对现实社会主义进行探索，而是把马克思主义关于特定条件下的经典社会主义的一些特征当作具有普遍意义的社会主义本质特征，以为按照这样的要求就能建成社会主义。

从中国的实际出发去认识社会主义的本质这一基本出发点的确立，具有重大的现实意义。首先，它要求我们从过去形成的僵化的观念体系中解放出来，立足于中国社会主义发生、发展的历史和现实条件，来认识社会主义的本质。其次，它要求我们善于掌握和运用马克思主义的立场、观点与方法，认识到马克思主义理论从来"不是教条，而是行动的指南"。最后，它还告诉我们，社会主义是一个过程，不同的历史阶段有不同的特点，我们不能超越现实条件来把握社会主义的本质，只能根据历史唯物主义的一般原理，从现实条件出发来把握社会主义的本质。

（二）社会主义本质理论的形成发展及其科学内涵

社会主义本质理论是在我国改革开放逐步深入的过程中形成和发展起来的。以邓小平同志为主要代表的中国共产党人创造性地提出了社会主义本质的理论，以江泽民、胡锦涛、习近平等同志为主要代表的中国共产党人则继续深化对社会主义本质的认识，丰富和发展了这一理论。

1. 社会主义本质理论的形成和发展

社会主义本质思想的萌芽。起始于 20 世纪 70 年代中期，可以追溯到 20 世纪 60 年代初。1962 年 7 月，邓小平在《怎样恢复农业生产》一文中，就农村包产到户问题指

---

① 邓小平．邓小平文选：第 3 卷．北京：人民出版社，1993：118.

② 同①95.

出："生产关系究竟以什么形式为最好，恐怕要采取这样一种态度，就是哪种形式在哪个地方能够比较容易比较快地恢复和发展农业生产，就采取哪种形式；群众愿意采取哪种形式，就应该采取哪种形式，不合法的使它合法起来。"① 这一时期的主要标志是邓小平坚持马克思主义关于生产力的发展是全部历史的基础的观点，主张从我国实际出发，集中力量进行经济建设，发展生产力。1975 年的整顿，实际上是后来全面拨乱反正和改革的先导，从思想发展轨迹看，与 20 世纪 60 年代初关于包产到户的那段表述是一脉相承的。这可以说是邓小平对社会主义本质问题的最初思考，或者说是其萌芽阶段。

社会主义本质概念的提出和理论的初步形成。1978 年召开的党的十一届三中全会到 20 世纪 80 年代中期以前，是邓小平主要从发展生产力、发挥社会主义优越性方面揭示社会主义本质，提出"社会主义的本质"概念的阶段。早在 1978 年，他就指出："我们是社会主义国家，社会主义制度优越性的根本表现，就是能够允许社会生产力以旧社会所没有的速度迅速发展，使人民不断增长的物质文化生活需要能够逐步得到满足。"② 党的十一届三中全会决定停止使用"以阶级斗争为纲"的口号，做出把全党工作重点转移到社会主义现代化建设上来的战略决策，重申了社会主义的根本任务是发展生产力。邓小平强调要把经济建设作为中心任务，其他一切任务都要服从这个中心，围绕这个中心，绝不能干扰它、冲击它，并提出要对什么是社会主义、什么是马克思主义这两个我们过去没有完全搞清楚的问题进行认真的反思，从而逐渐形成了"生产力标准"的基本观点。早在十一届三中全会召开以前，在阐述必须坚持实践是检验真理的标准时，邓小平就指出："按照历史唯物主义的观点来讲，正确的政治领导的成果，归根结底要表现在社会生产力的发展上，人民物质文化生活的改善上。"③ 随后，1979 年他在阐述文艺工作时又强调："对实现四个现代化是有利还是有害，应当成为衡量一切工作的最根本的是非标准。"④ 1980 年 5 月，邓小平明确指出："社会主义是一个很好的名词，但是如果搞不好，不能正确理解，不能采取正确的政策，那就体现不出社会主义的本质。"⑤ 这是邓小平最早提到社会主义本质的概念，也体现了他对以往社会主义理论和实践的深刻反思。他说，在什么是社会主义问题上也要解放思想，生产力水平低下、经济处于停滞状态，不能叫社会主义。"讲社会主义，首先就要使生产力发展，这是主要的。只有这样，才能表明社会主义的优越性。"⑥ 将发展生产力作为社会主义的首要任务，从社会主义根本优越性的意义上理解社会主义本质，是真正坚持了马克思主义的观点，成为我们实行改革开放的重要思想依据。1984 年 6 月，他更明确地指出，"马克思主义最注重发展生产力"，"社会主义阶段的最根本任务就是发展生产力，社会主义的优越性归根到底要体现在它的生产力比资本主义发展得更快一些、更高一些，并且在发展生产力的基础上不断改善人民

① 邓小平．邓小平文选：第 1 卷．2 版．北京：人民出版社，1994：323.

②③ 邓小平．邓小平文选：第 2 卷．2 版．北京：人民出版社，1994：128.

④ 同②209.

⑤ 同②313.

⑥ 同②314.

的物质文化生活”①。

20 世纪 80 年代中后期以后，邓小平更多更集中地从生产关系和生产力的联系中揭示社会主义的本质，是社会主义本质理论逐步形成的阶段。如果说，邓小平在十一届三中全会前后主要从生产力角度，结合我们在社会主义阶段主要矛盾、根本任务等方面的经验教训来认识社会主义的同时，已经注意到了从生产关系与生产力的联系中来认识社会主义基本问题的话，那么，十二届三中全会以后对这个问题的论述则更多、更集中。他反复强调要坚持公有制占主体和共同富裕，不搞两极分化。改革开放以后，经济体制改革破除了许多“左”的观念和做法，有力促进了生产力的发展。这使邓小平认识到，必须把社会主义的本质和具体做法、基本制度与具体制度区分开来，“一大二公”的传统社会主义观念和体制不符合社会主义的本质，而“对内搞活经济，是活了社会主义，没有伤害社会主义的本质”②。他明确提出，我们以前对什么是社会主义、什么是马克思主义的认识不完全清楚。1985 年 4 月，他指出：“马克思主义的基本原则就是要发展生产力。马克思主义的最高目的就是要实现共产主义，而共产主义是建立在生产力高度发展的基础上的。社会主义是共产主义的第一阶段，是一个很长的历史阶段。社会主义的首要任务是发展生产力，逐步提高人民的物质和文化生活水平。从一九五八年到一九七八年这二十年的经验告诉我们：贫穷不是社会主义，社会主义要消灭贫穷。”③ 这里，他从马克思主义原则、社会主义与共产主义发展的内在规律的角度，指明了社会主义的根本目标和任务。不久，他又进一步指出：“我们在改革中坚持了两条，一条是公有制经济始终占主体地位，一条是发展经济要走共同富裕的道路，始终避免两极分化。”④ 他说，“社会主义原则，第一是发展生产，第二是共同致富”⑤，并尖锐地指出，“社会主义的目的就是要全国人民共同富裕，不是两极分化。如果我们的政策导致两极分化，我们就失败了；如果产生了什么新的资产阶级，那我们就真是走了邪路了”⑥。为了发展生产力，实现共同富裕，邓小平强调要坚持公有制和按劳分配的主体地位，这是我们所必须坚持的社会主义的根本原则。这就清楚地说明，社会主义与资本主义最本质的区别是共同富裕，不搞两极分化，这就加深了对社会主义本质的认识。

社会主义本质理论的系统阐述和正式确立。1990 年 12 月，邓小平指出：“社会主义最大的优越性就是共同富裕，这是体现社会主义本质的一个东西。如果搞两极分化，情况就不同了，民族矛盾、区域间矛盾、阶级矛盾都会发展，相应地中央和地方的矛盾也会发展，就可能出乱子。”在这次讲话中，他特别指出计划和市场不是社会主义与资本主义的本质区别。他说：“我们必须从理论上搞懂，资本主义与社会主义的区分不在于是计划还是市场这样的问题。社会主义也有市场经济，资本主义也有计划控制。”⑦ 正是在这

---

① 邓小平．邓小平文选：第 3 卷．北京：人民出版社，1993：63.
② 同①135.
③ 同①116.
④ 同①149.
⑤ 同①172.
⑥ 同①110－111.
⑦ 同①364.

样的基础上，邓小平于1992年春视察南方时，对社会主义本质做了精辟的概括。他指出："计划多一点还是市场多一点，不是社会主义与资本主义的本质区别。计划经济不等于社会主义，资本主义也有计划；市场经济不等于资本主义，社会主义也有市场。计划和市场都是经济手段。社会主义的本质，是解放生产力，发展生产力，消灭剥削，消除两极分化，最终达到共同富裕。"① 同年，在党的十四大上，江泽民又重申了邓小平关于社会主义本质问题的这一论述，指出"在社会主义的根本任务问题上，指出社会主义的本质是解放生产力，发展生产力，消灭剥削，消除两极分化，最终达到共同富裕"。

邓小平关于社会主义本质的概括，既包括了社会主义社会的生产力问题，又包括了以社会主义生产关系为基础的社会关系问题；既突破了把计划经济当作社会主义本质特征的传统观念，又为我们坚持公有制、完善和发展公有制指明了方向；既指明了社会主义的价值目标，又体现了社会主义发展的动态性。邓小平的这一概括，言简意赅，内涵丰富，逻辑性强，表达确切，各部分内容联系紧密，是一个有机的整体。

社会主义本质理论的继续发展。党的十五大以后，随着"三个代表"重要思想与科学发展观等重大战略思想的提出，社会主义本质理论继续发展。"三个代表"重要思想不仅是党的先进性建设的根本指针，也是推进社会主义制度自我完善和发展的思想武器。它集中体现了社会主义要以生产力发展为基础、以社会的全面发展为目标、以促进人的发展为核心的本质要求。2001年7月1日，江泽民在庆祝中国共产党成立80周年大会上指出："我们建设有中国特色社会主义的各项事业，我们进行的一切工作，既要着眼于人民现实的物质文化生活需要，同时又要着眼于促进人民素质的提高，也就是要努力促进人的全面发展。这是马克思主义关于建设社会主义新社会的本质要求。我们要在发展社会主义社会物质文明和精神文明的基础上，不断推进人的全面发展。"② 这段话从社会主义发展的根本目标上深化了对社会主义本质的认识。科学发展观与社会主义和谐社会建设思想，更加强调经济社会发展与人的发展的统一，从以人为本的高度突出了中国特色社会主义的本质。党的十七大指出，科学发展观，第一要义是发展，核心是以人为本，基本要求是全面协调可持续，根本方法是统筹兼顾。同时还指出，社会和谐是中国特色社会主义的本质属性，是发展中国特色社会主义提出的新要求，提升了社会主义本质的科学内涵。

2. 社会主义本质理论的基本含义

邓小平等几代中央领导核心关于社会主义本质的论断，是当代马克思主义理论的最重要成果之一，奠定了中国特色社会主义理论的基石，完整准确地体现了邓小平关于社会主义的基本观点，集中回答了什么是社会主义、怎样建设社会主义这两个过去长期没有搞清楚的问题，反映了邓小平从发展生产力出发，紧密联系生产关系和上层建筑的变革，坚持"一个中心、两个基本点"，推动社会全面进步和发展的崭新的社会主义理论与路线。

关于社会主义本质的概括，包括四个方面的基本内容。

---

① 邓小平．邓小平文选：第3卷．北京：人民出版社，1993：373.

② 江泽民．江泽民文选：第3卷．北京：人民出版社，2006：294.

第一，解放生产力，发展生产力。这是社会主义的根本任务，也是实现社会主义最终目的的根本途径。把解放生产力和发展生产力联系起来，作为社会主义的根本任务，归根到底是由社会主义社会基本矛盾运动的规律决定的。社会主义社会的基本矛盾仍然是生产关系与生产力、上层建筑与经济基础之间的矛盾。社会主义制度的建立，解放了生产力，极大地促进了生产力的发展和社会的进步。但是，随着生产力的发展和其他因素的作用，社会主义生产关系和上层建筑也不可避免地存在阻碍生产力发展的某些环节与方面。通过改革解放生产力，对于推动生产力的发展十分重要，它是社会主义的一项具有根本意义的任务。把“解放生产力，发展生产力”作为社会主义的根本任务，体现了解决社会主义社会主要矛盾的客观要求，也是巩固和发展社会主义，最终战胜资本主义，实现共产主义的需要。社会主义的存在和发展，需要有自己的物质基础。这个基础越雄厚，社会主义本身的力量就越大，来自资本主义的威胁也就越小。社会主义要最终战胜资本主义，实现共产主义，就必须把解放生产力，特别是把大力发展生产力作为根本任务。把解放生产力、发展生产力作为社会主义本质的内容，既突破了过去认为在社会主义条件下，只有保护和发展生产力的任务，而没有解放生产力的任务的传统观点，也有利于从根本上克服离开生产力抽象地谈论社会主义所造成的是非混淆。

第二，消灭剥削，消除两极分化。这是社会主义的根本方向、根本要求，是从生产关系的角度对社会主义本质前提的界定，也体现了社会主义与资本主义以及一切剥削社会的根本区别。消灭剥削，消除两极分化，客观上就要求坚持公有制和按劳分配。私有制是产生阶级剥削和压迫、产生两极分化，并由此引发阶级斗争的根本原因。不消灭私有制、实行公有制，不用按劳分配代替按资分配，就不可能从根本上铲除阶级剥削和两极分化赖以存在的社会基础。因此，消灭剥削，消除两极分化，是社会主义在生产关系方面的重要标志。我国在社会主义改造基本完成以后，就已经确立了以公有制和按劳分配为主要内容的社会主义经济制度。随着改革开放和现代化建设的深入，党又多次明确地提出要把以公有制为主体、不搞两极分化作为我们必须坚持的社会主义的根本原则。但是，由于我国生产力水平很低，在社会主义发展过程中，我们又允许一定的剥削现象和一定程度的贫富差别的存在。对于这些现象，我们必须采取历史唯物主义的态度，从实际出发，从是否有利于解放和发展生产力的角度去理解，而不能从主观愿望上去理解。马克思主义认为，剥削现象的产生是生产发展过程中的历史现象。生产力充分发展是消灭一切剥削现象的先决条件。只有生产力获得了很大的发展，创造了雄厚的物质基础，才能最终消灭剥削，消除两极分化。衡量一个社会是否进步，首先看它是不是能解放和发展生产力，而不是看它存不存在剥削现象。社会主义要消灭剥削，消除两极分化，但不是一下子就可以彻底消灭和消除。消灭剥削，消除两极分化，必然有一个历史过程。为了发展生产力，允许一定范围的剥削现象和一定程度的贫富差别的存在，与社会主义就是要消灭剥削、消除两极分化的要求并不矛盾。

第三，最终达到共同富裕。这是社会主义的根本目的。把共同富裕作为社会主义的本质，不仅揭示了社会主义在经济制度方面的本质特征，而且体现了邓小平把发展生产力和提高人民生活水平联系起来的思想。这里须明确：贫穷不是社会主义，平均主义不是社会主义，两极分化也不是社会主义，只有共同富裕才是社会主义。共同富裕既是社会主义的最终目的，也是社会主义发展过程中始终要坚持的奋斗方向。这一目标只能在保障生产力不断发展的基础上逐步实现。共同富裕的直接含义，包括人们共同过上富裕的生活，也就是共同占有和消费更充裕的物质文化产品。共同富裕是以生产力的高度发达为前提的。社会主义公有制的建立，在人类历史上第一次为人们实现共同富裕提供了物质条件，使人们在生产资料的占有方面基本实现了平等。但是，社会主义的实践证明，光有生产关系方面的这种变革（并且不可能一下子完善，必然有多种形式存在），还不能实现共同富裕，必须把解放生产力、发展生产力作为实现共同富裕的立足点。离开了发展生产力谈共同富裕，只能陷入“左”倾色彩的种种空想。共同富裕是在生产力发展基础上的一个历史过程，而不可能是同步富裕。必须允许某些经济发展较快的地区和某些劳动者先富起来，先富带后富，先富帮后富，逐步实现全体人民的共同富裕。立足于发展生产力基础之上的共同富裕，不仅完全不同于少数人富、大多数人穷的资本主义两极分化，也完全不同于否定任何差别的实际上是共同贫穷的平均主义，而是一个体现了社会主义本质属性的基本要求。

第四，促进人的全面发展与社会和谐。这是社会主义的本质要求和本质属性。促进人的全面发展是建设社会主义新社会的本质要求，实现人的全面发展是社会主义的最终目标。社会主义要实现人民群众的全面解放和发展，就必须大力发展生产力，实现共同富裕，发展教育科学文化事业，为实现人人平等和全面发展创造条件。邓小平在强调发展生产力、实现共同富裕的同时，强调要培养社会主义“四有”新人，提高全民族的科学文化素质和思想道德素质，并高度关注人民群众的权益与人的发展问题。江泽民明确提出，在中国特色社会主义建设中推动社会全面进步，促进人的全面发展，是马克思主义关于建设社会主义新社会的本质要求。他强调：“一切社会的发展和进步，都取决于人的发展和进步，取决于人的尊严的维护和价值的发挥。”① 胡锦涛强调用科学发展观统领我国现代化建设的全局，并将以人为本作为科学发展观的核心，就是要把实现最广大人民的根本利益作为党和国家一切工作的出发点和落脚点，尊重人民主体地位，发挥人民首创精神，保障人民各项权益，促进人的全面发展，做到发展为了人民、发展依靠人民、发展成果由人民共享。十八大以来，习近平总书记始终强调，以人民为中心是党的根本执政理念，让人民生活幸福是“国之大者”。要把增进民生福祉作为发展的根本目的，扎实推进各项民生事业，使改革发展成果更多更公平惠及全体人民。这是对党的执政理念和社会主义本质的新认识。社会和谐是社会主义社会在发展的性质和状态方面的属性，是社会主义本质在社会关系层面的集中体现，是社会科学发展的重要标志。

第五，共同富裕是社会主义的本质要求。在社会主义社会的发展中，经济、政治、文化、社会和生态各个领域的全面发展及其相互影响、相互促进，是完全必要的，也是社会主义发展的基本要求。人的解放和发展的程度首先取决于生产力的发展，但其本质集中体现为人民物质文化生活水平的提高、体现在全体人民的共同富裕上。中国式现代化是全体人民共同富裕的现代化。共同富裕是中国特色社会主义的本质要求，也是一个长期的历史过程。党“坚持把实现人民对美好生活的向往作为现代化建设的出发点和落

① 江泽民．江泽民文选：第2卷．北京：人民出版社，2006：56.

脚点，着力维护和促进社会公平正义，着力促进全体人民共同富裕，坚决防止两极分化”①，其根本目的就是更好地体现社会主义的本质要求，体现人民的最高愿望。

社会主义本质的五个基本方面，构成了一个辩证统一的整体。解放生产力，发展生产力，是实现共同富裕的物质基础；消灭剥削，消除两极分化，是实现共同富裕的根本保证；最终达到共同富裕，是解放生产力，发展生产力，消灭剥削，消除两极分化的最终目的和奋斗目标；促进人的全面发展与社会和谐，是社会主义和共产主义的基本要求；中国式现代化是中国共产党领导的社会主义现代化，是强国建设和民族复兴的必由之路，五个方面紧密配合，共同促进中国特色社会主义的进步与发展。

3. 社会主义本质理论所体现的科学方法论

社会主义本质的科学内涵，在内容上有主有次，在形式上有先有后，它们相互依存、相互联系、互为条件、密不可分，充分体现了马克思主义的科学方法论。

第一，以现实为出发点，坚持了理论与实践、原则与实际的统一。我们过去对社会主义的认识之所以一再发生偏差，最主要的原因就是脱离了中国的国情，把马克思主义关于未来社会的理论教条化，照搬了别国社会主义建设的模式。因此，邓小平在揭示社会主义的本质时，首先对过去从“原则”出发、从本本出发的错误思想路线进行了拨乱反正，强调从我国社会主义初级阶段的实际出发，去揭示社会主义的本质，确定社会主义的根本任务，探索有中国特色的社会主义建设道路。他认为，对于已经建立以公有制为基础的生产关系、由人民当家作主的社会主义国家来说，决定其生存发展、前途命运的只能是解放生产力，发展生产力，消灭剥削，消除两极分化，最终达到共同富裕。邓小平关于社会主义本质的四个方面的基本要求，既体现了马克思主义关于科学社会主义的基本原则，又符合中国社会主义现代化建设的实际情况，是坚持从实际出发，运用马克思主义基本立场、观点与方法来揭示社会主义本质的典范，体现了马克思主义理论与实践相结合的基本方法。

第二，具体问题具体分析，坚持了特殊与一般、内容与形式的统一。邓小平坚持从特殊到一般，又从一般到特殊，特殊与一般相统一的认识规律，在揭示社会主义本质时，始终坚持具体问题具体分析的唯物辩证方法，侧重考察中国社会主义与一般社会主义的不同点，既力求做出符合中国国情的结论，又注意不能忽略马克思主义关于社会主义的一般原则、普遍原理。如果说把“解放生产力，发展生产力”作为社会主义的根本任务，主要是出于对中国经济文化落后这一特殊国情的考虑（当然，邓小平也多次从普遍原理的角度讲到马克思主义最注重发展生产力），那么“消灭剥削，消除两极分化，最终达到共同富裕”，则更多地考虑到了对社会主义一般原则的坚持。邓小平在揭示社会主义本质时还注意到了内容和形式的统一问题。根据内容与形式辩证关系的原理，在揭示社会主义的本质时，应该把着眼点放在对社会发展起决定性作用的生产力方面，特别是在社会主义生产关系已经建立起来的情况下，更应该集中精力发展生产力、加快经济建设，使生产力（内容）和生产关系（形式）有机地结合起来。然而，过去很长一段时间，我们

① 习近平．高举中国特色社会主义伟大旗帜 为全面建设社会主义现代化国家而团结奋斗：在中国共产党第二十次全国代表大会上的报告．北京：人民出版社，2022：22.

总是更多地在生产关系方面做文章，不停地提高公有化程度，结果使超越历史阶段的公有制形式严重脱离了生产力落后的状况，产生了重形式轻内容的片面性。按照邓小平的思路，一方面，切实地把党和国家的工作重点转移到以经济建设为中心的轨道上来，把解放生产力、发展生产力作为社会主义的根本任务；另一方面，改革束缚生产力发展的生产关系，把过去的单一的公有制形式改革为公有制为主体、多种所有制经济共同发展的经济制度，把高度集中的计划经济体制改为充满活力的社会主义市场经济体制。这就避免了以往在坚持社会主义中重形式轻内容的片面性。

第三，牢记最终目的，坚持目的与手段的统一。邓小平在揭示社会主义本质时，吸取了过去不适当地强调社会主义的特征或具体目标模式的教训，坚持从社会主义的目的、任务及实现社会主义的条件、手段等方面全方位地思考问题，注意把握目的和手段之间的正确关系。在他关于社会主义本质的精辟概括中，第一、二句话讲的是生产力，第三、四句话讲的是与生产关系相联系的“消灭剥削，消除两极分化”，最后指出发展生产力、完善生产关系的最终目的，即“共同富裕”。在这里，解放和发展生产力，坚持社会主义消灭剥削、消除两极分化的生产关系，都可以说是达到“共同富裕”这个最终目的的条件。反过来说，共同富裕的最终目的，既要求解放生产力，发展生产力，又要求消灭剥削，消除两极分化，并赋予它们坚定、明确的社会主义方向。社会主义本质论的最大特点，就是把解放生产力（实际上是改革不适应生产力发展的生产关系）、发展生产力联系起来，把大力发展生产力作为中心任务，作为实现社会主义本质的首要条件、根本途径。同时，强调了社会主义生产关系的发展（公有制、按劳分配的完善）也要适应生产力发展的要求，即公有制的实现形式和以公有制为主体的所有制结构，归根到底只能根据生产力解放和发展的实际要求、根据逐步实现共同富裕的实际进程来确定。无论是发展生产力，还是完善生产关系，最终的目的都是达到共同富裕。这就既纠正了以往主要看是否实现了公有制、按劳分配，不问其是否适应生产力的发展，“宁要社会主义的草，不要资本主义的苗”，实际上是对贫穷的社会主义的崇拜的十分有害的错误倾向，又抵制了只要生产力发展起来了，不管是否会导致抛弃公有制、造成社会两极分化的同样十分有害的错误倾向。习近平新时代中国特色社会主义思想在运用辩证唯物主义和历史唯物主义世界观着力解决新时代中国特色社会主义发展的历史任务中，创立了其思想方法论。这一思想方法论既体现了马克思主义根本方法论的普遍性，如实事求是方法、矛盾分析方法、历史主义方法、系统分析方法等（其中，系统分析方法突出强调新时代共产党人要把握好全局和局部、当前和长远、宏观和微观、主要矛盾和次要矛盾、特殊和一般的关系）；又体现了基于指导新时代实践的特殊性，如突出强调新时代坚持和发展马克思主义的守正创新方法，抓住突出问题以破解矛盾的问题导向方法，从中国与世界的普遍联系中为中国人民谋幸福、为人类谋进步、为世界谋大同的胸怀天下方法等。这些方法紧密联系、相互渗透，是继续推进马克思主义中国化时代化理论和实践创新发展的重要方法论。

（三） 社会主义本质理论提出的重大意义

关于社会主义本质的科学概括以及所揭示的社会主义本质与发展道路统一的逻辑关系，继承了科学社会主义的基本原则以及其所体现的方法论，是探索建设中国特色社会主义道路的最重大的理论成果之一，是社会主义思想发展历史上一次具有重大意义的认识飞跃。从马克思、列宁到毛泽东，尽管他们对社会主义的本质特征也进行过一些有益的探索，并提出了一些重要的论断，但没有提出“社会主义本质”的命题。社会主义的实践，要求人们对这个问题做出明确和系统的回答，这是时代的呼唤、历史的重托。中国共产党正是在总结了世界社会主义运动曲折发展的历史经验和教训，特别是总结了我国社会主义建设的历史经验和教训的基础上，对社会主义本质做了科学的、完整的概括。这一概括，对于建设中国特色社会主义，具有重大的政治意义、理论意义和实践意义。

第一，社会主义本质理论在什么是社会主义这个我们过去没有完全搞清楚的重要问题上，突破了传统社会主义观念的束缚，确立了一种以发展生产力达到共同富裕为核心内容的崭新的社会主义观，为中国特色社会主义理论的形成奠定了坚实的基础。国内外社会主义建设的实践表明，如何理解社会主义的本质，在很大程度上决定着如何理解什么是社会主义、怎样建设社会主义。改革开放前我们之所以在社会主义基本理论上有很多错误观念，重要原因之一是从理论原则和外国模式出发理解社会主义，没有真正搞清楚社会主义的本质。改革开放以来我们在社会主义基本理论上之所以能够有创新性的发展，重要原因之一是对社会主义本质有了科学认识，确立了符合当今时代要求和中国国情的以发展为主题的社会主义本质观，使我们对社会主义的整个看法发生了根本性的变化。与传统社会主义观念大都侧重于从社会主义的生产关系、上层建筑等方面来认识社会主义本质不同，社会主义本质理论突出了生产力的首要地位，并将生产关系与生产力统一起来，把对社会主义的认识提高到了新的水平。同传统的社会主义观念为社会主义所下的定义——“关于无产阶级解放条件的学说”这一由于时代和实践条件限制还不能说是很明确的概念相比，关于社会主义本质的论断，不仅明确规定了社会主义的目的，而且规定了实现这一目的的途径和条件，体现了本质与特征、内容与形式、目的与手段的高度统一，因而更具深刻性和准确性。由于历史条件的限制，马克思主义创始人不可能具体预见社会主义在实际运行中的具体情况和特点，社会主义本质理论，坚持从中国社会主义初级阶段的实际出发，实事求是地规定了社会主义在现阶段的根本任务和目标，因而不仅更加具有现实性，而且更便于操作。掌握了社会主义本质的理论，也就掌握了邓小平理论的真谛。

第二，社会主义本质理论揭示了通过改革开放，解放和发展生产力，建设、巩固和发展社会主义这个中国特色社会主义的主题，为党的“一个中心、两个基本点”基本路线的制定和执行奠定了坚实的理论基础。党的基本路线是中国共产党基于对什么是社会主义、怎样建设社会主义的正确认识，在正确判断我国社会现阶段的主要矛盾和主要任务的基础上提出的，集中体现了社会主义本质的要求。首先，党的基本路线突出强调以经济建设为中心，始终把发展生产力作为党和国家的中心任务。这是以对社会主义本质和根本任务的正确认识为依据的。邓小平再三强调，“坚持社会主义制度，最根本的是要发展社会生产力”[①]，“坚持社会主义的发展方向，就要肯定社会主义的根本任务是发展生产力，逐步摆脱贫穷，使国家富强起来，使人民生活得到改善。没有贫穷的社会主义。

① 邓小平．邓小平文选：第3卷．北京：人民出版社，1993：149．

社会主义的特点不是穷，而是富，但这种富是人民共同富裕”[①]。在改革开放中我们紧紧抓住经济建设这个中心，使社会主义建设取得了重大成就，社会主义的本质和优越性得到了切实的体现。其次，坚持四项基本原则，坚持改革开放，是党的基本路线的重要组成部分。坚持四项基本原则与改革开放的统一，实质上就是在坚持社会主义基本制度的前提下，按照社会主义本质的要求，进行社会主义建设。两个基本点相互依存、相互贯通，统一于中国特色社会主义建设的进程之中。坚持这两个基本点的统一，使我国社会主义既保持了正确方向，又充满了蓬勃朝气。最后，建设富强民主文明和谐美丽的社会主义现代化强国，集中体现了社会主义本质和制度、社会主义发展目的和道路的统一，表明社会主义在本质上是一个全面发展的社会。社会主义不仅要有高度的物质文明，而且要有高度的政治文明、精神文明。社会主义要在实现经济发展、政治民主和精神文明的基础上，实现社会全面进步。建设富强民主文明和谐美丽的社会主义现代化强国，是党的基本路线的最终目标，也是完善的社会主义的重要标志。党的“一个中心、两个基本点”的基本路线是依据社会主义本质的理论制定出来的，又是这一理论在党的政治路线上的集中体现。改革开放以来的实践证明，无论是来自“左”的，以坚持马克思主义的面目出现，攻击改革开放是走资本主义道路的观点，还是来自右的，以坚持改革开放的面目出现，主张放弃四项基本原则，把坚持四项基本原则说成是坚持极左路线的观点，实质上都是违背社会主义本质理论的。只有深入理解、准确掌握社会主义本质理论，才能准确地把握党的基本路线的实质，真正做到坚持党的基本路线不动摇，有效地防止来自“左”和右两个方面的错误倾向，才能真正坚持社会主义，发展社会主义。

第三，社会主义本质理论的提出，为我们在实践中不断解放思想、开拓前进提供了强大的思想武器。社会主义本质理论有助于进一步解放思想，冲破各种束缚，加快改革开放和社会主义现代化建设的步伐，把建设中国特色社会主义事业不断推向前进。社会主义本质理论的提出，特别是“三个有利于”标准的确立，对推进改革开放和社会主义现代化建设具有十分重要的意义。“三个有利于”标准是生产力标准的继续，这三个方面联系起来，正是社会主义本质的体现。按照社会主义本质理论，尤其是用“三个有利于”标准来判断在社会主义初级阶段应不应该允许非社会主义经济的存在和发展、应不应该吸收和借鉴当代发达资本主义国家的成果、应不应该将首先产生于资本主义社会但反映现代化大生产的东西贴上资本主义的标签等，这些曾困惑了不少人的问题都可以迎刃而解。首先，社会主义本质理论为我们坚持和完善社会主义公有制指明了方向。一方面，按照社会主义本质的要求，毫不动摇地坚持和维护公有制及按劳分配的主体地位，是坚持社会主义道路、体现社会主义本质的前提条件。如果动摇了公有制和按劳分配的主体地位，就不可能消灭剥削、消除两极分化，实现共同富裕，也不可能真正解放生产力、发展生产力；另一方面，按照社会主义本质的要求，社会主义公有制的实现形式和以公有制为主体的所有制结构，都必须根据生产力解放和发展的实际要求，根据逐步实现共同富裕的实际进程来确定，这对于我们从社会主义初级阶段的生产力状况和发展要求出发，积极深化公有制经济及其实现形式的改革，具有重大的现实意义。其次，社会主义

① 邓小平．邓小平文选：第3卷．北京：人民出版社，1993：264-265.

本质理论突破了过去长期将计划经济当作社会主义本质的传统观念，指导我国确定了经济体制改革正确的目标。长期以来，我们把计划经济等同于社会主义，把市场经济等同于资本主义，认定实行社会主义制度就必须建立计划经济体制。实践证明，计划经济体制严重阻碍了生产力的发展。党在改革中通过提出社会主义本质理论和“三个有利于”标准，突破了上述传统观念，提出了计划经济不等于社会主义、市场经济不等于资本主义、社会主义也可以搞市场经济等重要思想，为我国确立社会主义市场经济的改革目标提供了理论依据。最后，社会主义本质理论揭示了中国特色社会主义的根本目的是使生产力发展的成果惠及全体人民，是实现全体人民的共同富裕。社会主义本质理论不仅揭示了生产力和生产关系这对社会基本矛盾在社会主义建设中的具体体现，肯定了社会主义建设必须以生产力的解放和发展为基础，进而指明了实现社会主义的基本途径，更为重要的是，它从发展中国特色社会主义的出发点和落脚点的角度，强调人民是我们国家的主人，全心全意为人民服务是我们党的根本宗旨。发展中国特色社会主义必须坚持人民至上，始终做到发展为了人民、发展依靠人民、发展成果由人民共享。正是在这一根本思想的指导之下，中国特色社会主义建设事业才取得了今天这样伟大的成就。

三、中国特色社会主义的客观依据

社会主义初级阶段是中国特色社会主义理论的重要基础。邓小平认为，我国的社会主义还处于初级阶段，是初级阶段的社会主义。中国要用长达百年的时间去实现别的国家在资本主义条件下实现的工业化和生产的商品化、社会化、市场化，建立社会主义本来应该具有的发达的生产力基础，使我国的社会主义最终摆脱贫穷落后，真正够格。这就彻底否定了过去那些超越阶段的错误观念和政策，同时坚持了社会主义的方向。对社会主义初级阶段基本国情的统一认识和准确把握，从整体上解决了我国社会主义的现实起点问题。

（一）社会主义初级阶段理论的提出

社会主义初级阶段理论是在总结世界社会主义，特别是中国社会主义曲折发展的历史经验和教训的基础上逐步提出的。

社会主义初级阶段，作为具有特定内涵的新概念，在马克思、列宁、毛泽东的书本上没有，在1981年6月党的十一届六中全会以前的历史文献上也没有。马克思主义创始人所生活的时代，社会主义革命和建设还不是直接的实践问题，他们虽然也曾根据当时的历史条件，对未来社会的发展进程做过一些探索性的设想，但还不可能对被他们称为共产主义低级阶段的社会主义社会做出明确的判断。在社会主义由理想变为现实以后，社会主义本身的发展阶段问题成为社会主义建设中的实际问题，于是后来的马克思主义者开始回答这一问题。在社会主义思想发展史上，最早提及社会主义发展阶段问题的是列宁。他认为，在经济落后的俄国，只能建成初级形式的社会主义，而不能立即建成发达的社会主义。这一思想虽未能进一步阐释，但显然已包含了社会主义社会也要有一个由低级到高级、由不完备到比较完备的发展过程的含义，对后来人们的继续探索无疑具有重要的意义。然而，令人遗憾的是，在以后的社会主义实践中，包括斯大林在内的许多社会主义国家的领导人，对社会主义发展阶段问题的认识，曾长期处于一种不清楚的状态，因而在社会主义建设中出现许多超越阶段的错误。

中国共产党对社会主义发展阶段的认识也经历了一个曲折的发展过程。在1956年我国生产资料私有制社会主义改造基本完成以后不久，毛泽东曾比较正确地认识到我国社会主义发展的阶段问题。他曾把社会主义制度的建立与建成做了明确的区分，并提出过“不发达的社会主义”这样的概念。但是，时隔不久，由于党在指导思想上发生“左”的错误，在社会主义发展阶段问题上亦产生了偏差。于是，在生产关系上急于过渡的人民公社化运动便与在发展生产力上急于求成的“大跃进”结合了起来，使刚刚开始的社会主义建设遭受严重挫折。随后，又发生了“文化大革命”这一更为严重的“左”倾错误。正如邓小平所说，中国吃苦头，不只“文化大革命”。“这以前，从一九五七年下半年开始，我们就犯了‘左’的错误。总的来说，就是对外封闭，对内以阶级斗争为纲，忽视发展生产力，制定的政策超越了社会主义的初级阶段。”①

1978年12月召开的党的十一届三中全会重新确立了解放思想、实事求是的思想路线，理论上拨乱反正的实现，使我国社会主义建设的经验教训的总结得以进行，并由此开始了对我国现阶段基本国情的实事求是的新认识。会议虽尚未明确提出社会主义初级阶段的论断，但对我国的国情做了符合实际的分析，果断地否定了“以阶级斗争为纲”这一不适用于社会主义社会的口号，做出了把党和国家的工作重点转移到社会主义现代化建设上来的战略决策，提出了改革开放的战略。这表明，党在国情和社会发展面临的任务等问题上的看法上已发生了根本的转变。而十一届三中全会后不久，邓小平又用非常准确的语言，阐述了实现“中国式的现代化”必须注意的两个特点：一是“底子薄”，现在“仍然是世界上很贫穷的国家之一”②；二是“人口多，耕地少”③，农民占人口的80%。这种情况不是在短时间内很容易改变的。他还进一步指出：“我们的生产力发展水平很低，远远不能满足人民和国家的需要，这就是我们目前时期的主要矛盾，解决这个主要矛盾就是我们的中心任务。”④ 很明显，这已经揭示了我国社会目前所处发展阶段的最基本的特点。1979年9月，叶剑英代表中共中央在庆祝新中国成立30周年大会上指出：社会主义制度是人类历史上崭新的社会制度，它同世界上的任何其他事物一样，有它发生和发展的过程。同已经有了三四百年历史的资本主义制度相比，社会主义制度还处在幼年时期。我们的社会主义制度虽然已经初步显示了它的生命力和发展前途，但还不成熟、不完善。这标志着党对我国社会主义发展现状的基本估计已发生明显变化，实际上孕育了社会主义初级阶段的概念和思想。

1981年6月，党的十一届六中全会通过的《关于建国以来党的若干历史问题的决议》，总结了新中国成立以来党在社会主义发展阶段问题上的经验教训，第一次提出“我

---

① 邓小平．邓小平文选：第3卷．北京：人民出版社，1993：269.

② 邓小平．邓小平文选：第2卷．2版．北京：人民出版社，1994：163.

③ 同②164.

④ 同②182.

们的社会主义制度还是处于初级的阶段”的命题，认为“我们的社会主义制度由比较不完善到比较完善，必然要经历一个长久的过程”。1982 年 9 月，十二大报告在谈到我国现实社会主义社会所处的发展阶段时，再次提出，“我国的社会主义社会现在还处在初级发展阶段，物质文明还不发达”。同时，对社会主义现阶段的阶级斗争做了更为全面的分析。1984 年 10 月，十二届三中全会做出的《中共中央关于经济体制改革的决定》对我国社会主义现阶段的经济特征有了新的认识。该文件指出，我国现阶段的社会主义计划经济只能是在公有制基础上的有计划的商品经济。商品经济的充分发展，是社会经济发展不可逾越的阶段，是实现我国经济现代化的必要条件。该文件还指出，“坚持多种经济形式和经营方式的共同发展，是我们长期的方针，是社会主义前进的需要，决不是退回到建国初期那种社会主义公有制尚未在城乡占绝对优势的新民主主义经济，决不会动摇而只会有利于巩固和发展我国的社会主义经济制度”。1986 年 9 月，十二届六中全会通过的《中共中央关于社会主义精神文明建设指导方针的决议》进一步明确提出：“我国还处在社会主义的初级阶段，不但必须实行按劳分配，发展社会主义的商品经济和竞争，而且在相当长历史时期内，还要在公有制为主体的前提下发展多种经济成分，在共同富裕的目标下鼓励一部分人先富裕起来。”正式提出在公有制为主体的前提下发展多种经济成分，这在我国社会主义思想发展史上还是第一次。这段话既反映了党在实践中对我国社会所处发展阶段认识上的深化，也为我们更客观、具体地研究社会主义现阶段的经济、政治和文化等方面的特征，确定我们进行经济体制改革、政治体制改革和精神文明建设的基本立足点，提供了必要的前提。

1987 年，党中央和邓小平在上述基础上对我国社会发展阶段问题进行了集中思考，这也是初级阶段理论达到成熟的一年。同年 4 月，邓小平在会见捷克斯洛伐克总理什特劳加尔时说：“搞社会主义，一定要使生产力发达，贫穷不是社会主义。我们坚持社会主义，要建设对资本主义具有优越性的社会主义，首先必须摆脱贫穷。现在虽说我们也在搞社会主义，但事实上不够格。只有到了下世纪中叶，达到了中等发达国家的水平，才能说真的搞了社会主义，才能理直气壮地说社会主义优于资本主义。现在我们正在向这个路上走。”① 同月，他在会见西班牙工人社会党副总书记、政府副首相格拉时又指出：“社会主义就是要发展生产力，这是一个很长的历史阶段。”② 邓小平强调，“中国搞现代化，只能靠社会主义，不能靠资本主义。历史上有人想在中国搞资本主义，总是行不通”③。在这里，他不仅阐述了社会主义初级阶段的根本任务，而且揭示了这一阶段的基本特征。同年 8 月，邓小平在会见意大利共产党领导人约蒂和赞盖里时则更明确地指出，我国社会所处的阶段就是社会主义初级阶段。他说：“中国社会主义是处在一个什么阶段，就是处在初级阶段，是初级阶段的社会主义。社会主义本身是共产主义的初级阶段，而我们中国又处在社会主义的初级阶段，就是不发达的阶段。一切都要从这个实际出发，根据这个实际来制订规划。”④ 在邓小平上述思想指导下召开的中共十三大，第一次对社

---

① 邓小平．邓小平文选：第 3 卷．北京：人民出版社，1993：225.

② 同①228.

③ 同①229.

④ 同①252.

会主义初级阶段理论做了系统的论述，明确规定了社会主义初级阶段的含义、时间断限，揭示了社会主义初级阶段的基本特征及其不可逾越性，阐明了社会主义初级阶段社会的主要矛盾及其解决途径，完整地提出了党在社会主义初级阶段的基本路线。至此，党对我国社会所处发展阶段的认识被系统化、理论化。正如江泽民所说，1987年召开的十三大的主要历史功绩，就是比较系统地论述了我国社会主义初级阶段的理论。

1992年初，邓小平在视察南方的谈话中又进一步指出："我们搞社会主义才几十年，还处在初级阶段。巩固和发展社会主义制度，还需要一个很长的历史阶段，需要我们几代人、十几代人，甚至几十代人坚持不懈地努力奋斗，决不能掉以轻心。"[①] 十四大把社会主义初级阶段作为制定一切方针政策的基本依据，概括为邓小平建设有中国特色社会主义理论的重要组成部分。十五大进一步强调指出，我们讲一切从实际出发，最大的实际就是中国现在处于并将长时期处于社会主义初级阶段。我们讲要搞清楚"什么是社会主义、怎样建设社会主义"，就必须搞清楚什么是初级阶段的社会主义，在初级阶段怎样建设社会主义。十一届三中全会前我们在建设社会主义中出现失误的根本原因之一，就在于提出的一些任务和政策超越了社会主义初级阶段。十一届三中全会以后改革开放和现代化建设取得成功的根本原因之一，就是克服了那些超越阶段的错误观念和政策，又抵制了抛弃社会主义基本制度的错误主张。十七大和十八大都强调，我国仍处于并将长期处于社会主义初级阶段的基本国情没有变。十九大指出，经过长期努力，中国特色社会主义进入了新时代，这是我国发展新的历史方位，我国社会主要矛盾已经变化，但这没有改变我们对我国社会主义所处历史阶段的判断，我国仍处于并将长期处于社会主义初级阶段的基本国情没有变，我国是世界最大发展中国家的国际地位没有变，这就将社会主要矛盾的"变"的问题同我国基本国情"没有变"、同我国作为世界上最大发展中国家的国际地位"没有变"的问题统一起来，在"变"与"不变"的辩证统一中深刻把握了党对社会主义初级阶段的认识。当前我国发展的阶段性特征，是社会主义初级阶段基本国情在新世纪新阶段的具体表现。因此，党一再强调，要坚持把初级阶段理论作为推进改革、谋划发展的根本依据。

（二）社会主义初级阶段的内涵与特征

1. 社会主义初级阶段的科学内涵

社会主义初级阶段是一个具有特定内涵的科学概念。党的十三大曾明确指出，社会主义初级阶段的论断包括两层含义：第一，我国社会已经是社会主义社会，我们必须坚持而不能离开社会主义；第二，我国的社会主义社会还处在初级阶段，我们必须从这个实际出发，而不能超越这个阶段。

在这里，社会主义是性质的确定，是明确我国社会主义发展的基本前提，社会主义的基本含义是：我们已经建立了以公有制为基础、实行按劳分配原则的社会主义基本经济制度，坚持共产党领导、实行人民民主专政的社会主义基本政治制度，坚持以马克思主义为指导的社会主义意识形态。这是我们的立国之本，是我国一切进步和发展的基本前提与基础。有了这三个方面的保证，我们就可以大胆地进行改革、开放、搞活，解放

---

① 邓小平．邓小平文选：第3卷．北京：人民出版社，1993：379－380.

和发展生产力，建设中国特色社会主义的经济、政治、文化，推动社会主义迅速向前发展。社会主义的前提，规定了我国社会生产力的本质就是社会主义社会的生产力。在此前提下，发展多种非公有制经济成分，提高经济社会化、市场化、现代化程度，吸引外资搞现代化建设，不会伤害社会主义的本质。即使搞“一国两制”，也要以整个国家的主体是社会主义制度为前提。“在这个前提下，可以容许在自己身边，在小地区和小范围内实行资本主义。我们相信，在小范围内容许资本主义存在，更有利于发展社会主义。”①

在这里，初级阶段是过程的确定，明确了我国社会主义发展的程度，表明目前乃至今后相当长的历史时期，我国的社会主义仍将处于不完备、不成熟的阶段。其主要表现为人口多、底子薄、地区发展不平衡、生产力不发达的状况没有根本改变；社会主义制度还不完善，社会主义市场经济体制还不成熟，社会主义民主法治还不够健全。我们必须也只能从初级阶段这一最大的实际出发来确定路线、方针、政策，而不能离开和超越这个实际。于是，就出现了以公有制为主体的多种经济成分共同发展，以按劳分配为主体的多种分配方式并存，以部分人先富带动全体社会成员逐步实现共同富裕，以及建立社会主义市场经济等崭新的体制模式。同样，政治体制的改革和精神文明的建设，也不能不考虑这一实际，并采取相应的方针、政策。

社会主义初级阶段的两层基本含义既相对区别，又紧密联系，构成了一个具有特定内涵的新概念。所谓社会主义初级阶段，不是泛指任何国家进入社会主义都会经历的起始阶段，也不是通常所说的发展顺序上的第一阶段，而是我国生产力落后、商品经济不发达条件下建设社会主义必然要经历的特定阶段。

社会主义初级阶段的基本内涵表明，我国社会主义所处的这一特定历史阶段，必然带有明显的两重性。

第一，从生产力的状况来看。一方面，经过多年的建设，我国已经奠定了社会主义强大的物质技术基础，已有了不少用先进技术武装起来的、社会化程度很高的现代经济成分，建立了独立的比较完整的工业体系和国民经济体系。另一方面，我国目前的物质技术基础还比较落后，生产的商品化、社会化、现代化程度都还较低，生产力的发展程度在全国范围内很不平衡，生产力整体水平还落后于世界上经济技术发达的国家。具体表现在：现代化企业与落后于现代化水平几十年甚至上百年的企业同时存在；在同一生产部门内部，现代化技术同非现代化技术同时存在；部分经济发达的地区同不发达地区和贫困地区同时存在；少量具有世界先进水平的文明状况同大量不文明状况同时存在。这种生产力结构的多层次和社会文明发展水平的不平衡，使我国的社会主义制度在很大程度上还建立在比较低的物质技术基础之上，这也正是决定我国社会目前处于社会主义初级阶段的根本原因。

第二，从生产关系的状况来看。一方面，新中国成立后，通过没收官僚资本、买办资本和改造民族资本，我国的生产资料占有形式由资本主义私人占有转变为社会主义公有，阶级剥削也因此被消灭，生产资料公有制和个人消费品按劳分配原则成为我国社会生产关系的基本特征。另一方面，由于我国社会的生产关系是建立在生产力不发达的基

---

① 邓小平．邓小平文选：第3卷．北京：人民出版社，1993：103.

础之上的，这就决定其必然具有内在的不完善性。这主要表现在：首先，公有制经济虽然已居主体地位，但生产资料公有化程度还不高，还存在全民和集体两种公有制形式。同时，还存在个体经济、私营经济，从而形成了以公有制经济为主体的多种所有制经济并存的格局。其次，与公有制不成熟和多种所有制经济成分并存状况相适应，按劳分配原则的实现也是不完全、不充分的，存在以按劳分配为主体的多种分配形式，即在按劳分配为主体的前提下，允许包括债权利息、股份分红、风险补偿以及部分合法的非劳动收入等多种分配形式存在。这种状况决定了我们既要坚持社会主义共同富裕的目标，又要允许并鼓励一部分人通过诚实劳动和合法经营先富起来。

第三，从上层建筑的状况来看。一方面，我国劳动人民的主人翁地位已经得到法律上的确认，以工人阶级为领导的、以工农联盟为基础的人民民主专政已经建立并且不断巩固，社会主义民主在社会的政治生活、经济生活和其他社会生活中不同程度地得到体现；马克思主义世界观在思想文化各个领域中的指导地位得到确立，社会主义道德观念已经基本建立，社会主义教育、科学文化体制已经基本形成，社会主义精神文明正在全面向前发展。另一方面，由于现实经济、文化等条件的制约，社会主义民主还不够完善，表现为国家政治生活的民主化、经济管理的民主化及整个社会生活的民主化的程度都还有待进一步提高。因此，社会主义民主的制度化、法治化，社会主义精神文明的建设，又是十分复杂、艰巨的任务，需要长期的努力才能实现。

分析社会主义初级阶段基本特征，离不开社会主义社会的基本矛盾。上述三个方面的分析，体现了生产力与生产关系、经济基础与上层建筑之间的矛盾这个社会主义社会基本矛盾的要求。同时，按照唯物辩证法，这种分析还应该是定性与定量分析的统一。对社会主义初级阶段特征的分析，既要注意定性分析，即首先肯定其社会主义的质的规定性，又要注意定量分析，即指出在这个发展阶段上量的状态，以及在量变过程中的部分质的变化。

一般地说，生产力决定生产关系，经济基础决定上层建筑。在社会主义初级阶段，生产力的多层次性决定了生产关系的多层次性，生产关系的多层次性反映在上层建筑和意识形态方面也必然存在与之相适应的成分。社会主义民主政治的建设与生产力的发展和生产关系的改革应当是同步的，生产力的发展不能超越阶段，政治制度的建设也不能超越阶段。这种情况决定了：一方面，同封建思想残余，特别是资产阶级自由化思想做斗争必将是长期的任务；另一方面，实现国家政治生活的民主化、经济管理的民主化、整个社会生活的民主化以及完成社会主义精神文明建设的根本任务等，也都将是一个长期的历史过程。

社会主义初级阶段是我国社会主义发展中的特定历史阶段，它从过渡时期发展而来，以社会主义更高一级发展阶段为前进目标，并为更高一级的发展阶段奠定基础。作为社会主义发展的特定历史阶段，它既不同于社会主义制度赖以建立的经济基础尚未形成的过渡时期，也区别于科学社会主义创始人马克思、恩格斯所设想的各方面得到比较全面发展、水平较高的社会主义（共产主义的低级阶段）。

科学理解和准确把握社会主义初级阶段的两层基本含义及其相互关系，是正确理解和掌握社会主义初级阶段理论的关键。正反两方面的历史经验一再证明：在坚持社会主义的问题上，只讲性质和方向而不讲程度或水平，常常会使我们陷入盲目状态，发生

“左”的或右的错误，使社会主义建设遭受挫折和损失。而对社会主义初级阶段两个层次基本内涵的统一认识和把握，则会使我们在一个新的更深刻的层次了解党在十一届三中全会以后所提出的路线、方针、政策，解决种种矛盾，澄清种种疑惑，从而坚定、自觉地把中国特色社会主义的事业不断推向前进。

2. 社会主义初级阶段的基本特征

社会主义制度的发展和完善是一个长期的历史过程。社会主义初级阶段是一个相当长的历史发展阶段，在发展进程中必然还要经历若干具体的发展阶段，不同时期会显现出不同的阶段性特征。这种动态的发展过程，是由量变积累引起部分的质变，在新的基础上再由新的量变积累引起新的部分质变的过程。

党的十三大曾从我国人口结构、工业发展水平、地区发展状况、科学教育文化发展等方面概括了我国社会主义初级阶段的基本特征，指出：我国社会主义初级阶段，是逐步摆脱贫穷、摆脱落后的阶段；是由农业人口占多数的手工劳动为基础的农业国，逐步变为非农产业人口占多数的现代化的工业国的阶段；是由自然经济半自然经济占很大比重，变为商品经济高度发达的阶段；是通过改革和探索，建立和发展充满活力的社会主义经济、政治、文化体制的阶段；是全民奋起，艰苦创业，实现中华民族伟大复兴的阶段。

党的十五大进一步从现代化发展的水平、产业结构状况、经济运行方式、文化教育发展水平、人民富裕程度、地区发展状况、体制改革、精神文明建设及国际比较等方面，对社会主义初级阶段的特征做了新的概括，强调指出：社会主义初级阶段，一是逐步摆脱不发达状态，基本实现社会主义现代化的历史阶段；二是由农业人口占很大比重、主要依靠手工劳动的农业国，逐步转变为非农业人口占多数、包含现代农业和现代服务业的工业化国家的历史阶段；三是由自然经济半自然经济占很大比重，逐步转变为经济市场化程度较高的历史阶段；四是由文盲半文盲人口占很大比重、科技教育文化落后，逐步转变为科技教育文化比较发达的历史阶段；五是由贫困人口占很大比重、人民生活水平比较低，逐步转变为全体人民比较富裕的历史阶段；六是由地区经济文化很不平衡，通过有先有后的发展，逐步缩小差距的历史阶段；七是通过改革和探索，建立和完善比较成熟的充满活力的社会主义市场经济体制、社会主义民主政治体制和其他方面体制的历史阶段；八是广大人民牢固树立建设有中国特色社会主义共同理想，自强不息，锐意进取，艰苦奋斗，勤俭建国，在建设物质文明的同时努力建设精神文明的历史阶段；九是逐步缩小同世界先进水平的差距，在社会主义基础上实现中华民族伟大复兴的历史阶段。其中，第一条和第九条是对社会主义初级阶段基本特点和历史任务的总概括，其他七条是对社会主义初级阶段基本特点和历史任务在经济、政治、文化等各方面的展开。这九条充分体现了社会主义初级阶段历史发展的过程性特征。

党的十七大从八个方面对新世纪新阶段我国发展呈现出的新的阶段性特征进行了深入分析和概括。第一，经济实力显著增强，同时生产力水平总体上还不高，自主创新能力还不强，长期形成的结构性矛盾和粗放型增长方式尚未根本改变；第二，社会主义市场经济体制初步建立，同时影响发展的体制机制障碍依然存在，改革攻坚面临深层次矛盾和问题；第三，人民生活总体上达到小康水平，同时收入分配差距拉大趋势还未根本扭转，城乡贫困人口和低收入人口还有相当数量，统筹兼顾各方面利益难度加大；第四，协调发展取得显著成绩，同时农业基础薄弱、农村发展滞后的局面尚未改变，缩小城乡、区域发展差距和促进经济社会协调发展任务艰巨；第五，社会主义民主政治不断发展、依法治国基本方略扎实贯彻，同时民主法制建设与扩大人民民主和经济社会发展的要求还不完全适应，政治体制改革需要继续深化；第六，社会主义文化更加繁荣，同时人民精神文化需求日趋旺盛，人们思想活动的独立性、选择性、多变性、差异性明显增强，对发展社会主义先进文化提出了更高要求；第七，社会活力显著增强，同时社会结构、社会组织形式、社会利益格局发生深刻变化，社会建设和管理面临诸多新课题；第八，对外开放日益扩大，同时面临的国际竞争日趋激烈，发达国家在经济科技上占优势的压力长期存在，可以预见和难以预见的风险增多，统筹国内发展和对外开放要求更高。经过新中国成立以来特别是改革开放以来的不懈努力，我国取得了举世瞩目的发展成就，这说明我国从生产力到生产关系、从经济基础到上层建筑都发生了意义深远的重大变化，但我国仍处于并将长期处于社会主义初级阶段的基本国情没有变，人民日益增长的物质文化需要同落后的社会生产之间的矛盾这一社会主要矛盾没有变，我国是世界最大发展中国家的国际地位没有变。当前我国发展的阶段性特征，是社会主义初级阶段基本国情在新世纪新阶段的具体表现。

党的十九大报告指出，中国特色社会主义进入新时代，我国社会主要矛盾已经转化为人民日益增长的美好生活需要和不平衡不充分的发展之间的矛盾。我国稳定解决了十几亿人的温饱问题，总体上实现小康，不久将全面建成小康社会，人民美好生活需要日益广泛，不仅对物质文化生活提出了更高要求，而且在民主、法治、公平、正义、安全、环境等方面的要求日益增长。同时，我国社会生产力水平总体上显著提高，社会生产能力在很多方面进入世界前列，更加突出的问题是发展不平衡不充分，这已经成为满足人民日益增长的美好生活需要的主要制约因素。我国社会主要矛盾的变化是关系全局的历史性变化，对党和国家工作提出了许多新要求。我们要在继续推动发展的基础上，着力解决好发展不平衡不充分问题，大力提升发展质量和效益，更好满足人民在经济、政治、文化、社会、生态等方面日益增长的需要，更好推动人的全面发展、社会全面进步。我国社会主要矛盾的变化，没有改变我们对我国社会主义所处历史阶段的判断，我国仍处于并将长期处于社会主义初级阶段的基本国情没有变，我国是世界最大发展中国家的国际地位没有变。全党要牢牢把握社会主义初级阶段这个基本国情，牢牢立足社会主义初级阶段这个最大实际，牢牢坚持党的基本路线这个党和国家的生命线、人民的幸福线，领导和团结全国各族人民，以经济建设为中心，坚持四项基本原则，坚持改革开放，自力更生，艰苦创业，为把我国建设成为富强民主文明和谐美丽的社会主义现代化强国而奋斗。

党的二十大报告指出，在充分肯定党和国家事业取得举世瞩目成就的同时，强调必须清醒看到，我们的工作还存在一些不足，面临不少困难和问题。主要有：发展不平衡不充分问题仍然突出，推进高质量发展还有许多卡点瓶颈，科技创新能力还不强；确保粮食、能源、产业链供应链可靠安全和防范金融风险还须解决许多重大问题；重点领域改革还有不少硬骨头要啃；意识形态领域存在不少挑战；城乡区域发展和收入分配差距仍然较大；群众在就业、教育、医疗、托育、养老、住房等方面面临不少难题；生态环境保护任务依然艰巨；一些党员、干部缺乏担当精神，斗争本领不强，实干精神不足，形式主义、官僚主义现象仍较突出；铲除腐败滋生土壤任务依然艰巨，等等。对这些问题，我们已经采取一系列措施加以解决，今后必须加大工作力度。

（三）社会主义初级阶段理论提出的重大意义

社会主义初级阶段理论作为当代中国马克思主义的一个十分重要的组成部分，具有重大的理论和实践意义。

1. 中国特色社会主义理论的立论基础

如同对待其他问题一样，马克思、恩格斯对未来社会发展的阶段问题也采取了非常严肃认真的态度。一方面，他们基于已有的条件提出了一些富有启发性的设想，如马克思在《哥达纲领批判》中就已提出无产阶级夺取政权后要经历从资本主义到共产主义的革命转变时期、共产主义社会第一阶段（或低级阶段）和共产主义社会高级阶段。同时，他与恩格斯又把上述各阶段本身看作不断发展和变化的过程。恩格斯虽然赞成《哥达纲领批判》中的观点，但后来并没有再强调把共产主义分为两大阶段的观点，而是考虑到落后国家革命所面临的更为复杂的条件，强调怎样过渡的问题，并提出了应当把社会主义社会看成是经常变化和改革的社会等非常值得我们重视的观点。列宁在把社会主义由理想变为现实的同时，也特别强调如何向社会主义过渡的问题，认为经济落后的俄国不可能不经过中间环节而直接过渡到纯社会主义的经济形式和纯社会主义的分配。毫无疑问，无论是马克思、恩格斯还是列宁，都没有要求人们教条地对待他们的理论。

然而，要真正把马克思主义的理论作为科学的方法并非易事。后来的一些马克思主义者在社会主义发展阶段问题上的失误，其原因或者是把社会主义社会看得很短暂，因而急于向共产主义过渡；或者是在认识到社会主义社会是一个很长的历史阶段以后，又对本国社会主义所处的发展阶段估计过高。这两种倾向的具体表现不同，但其思想方法论的本质是一致的，那就是都没有很好地坚持实事求是的基本原则，都不同程度地脱离了本国的实际情况，因而都犯了超越阶段的错误。

十一届三中全会以后，党通过认真总结历史经验，从我国现阶段的客观实际出发，提出了在我国这样经济文化比较落后的国家进入社会主义以后必须经历一个很长的初级阶段的新论断。这一新论断，不仅是对我国社会主义发展阶段的科学认识，而且是对马克思主义关于社会主义发展阶段理论的重大发展、重大突破。在此基础上，才进一步搞清了什么是社会主义、怎样建设社会主义这一基本的理论问题，创立了中国特色社会主义。

中国特色社会主义理论作为当代中国人民在改革开放中胜利实现社会主义现代化的正确理论，不仅有解放思想、实事求是等贯穿于其各方面理论观点之中的基本观点，即辩证唯物主义和历史唯物主义的世界观方法论，作为其立论的哲学基础；而且有对什么是社会主义、怎样建设社会主义的科学回答，即对社会主义本质特征与发展道路内在关系的深刻揭示，作为其立论的逻辑前提；尤为重要的是，有对我国现实基本国情的清醒、准确的把握，作为其立论的现实根据。在此基础上形成一个既从属于马克思列宁主义、毛泽东思想，又具有自己时代特色的理论体系。

2. 党在社会主义初级阶段正确路线、方针、政策制定的基本依据

各国建设社会主义的历史经验表明：社会主义建设不仅有其共同的规律，而且必然具有不同的特点。社会主义发展的这种特殊性归根结底是由各国进行社会主义建设的起点不同决定的。如同资本主义的发展，由于各国的起点、基础不同，决定了其发展的道路以及经济、政治制度的不同一样，任何国家都不能离开从前人那里继承下来的条件去改造社会，这就决定了各国的发展道路必然带有自己的特点。

中国特色社会主义，不仅要注意社会主义建设的共同点，注意中国社会主义建设的一般特点，而且要注意中国社会主义建设在各个发展阶段上的更为特殊的不同点。毛泽东指出，认识任何事物，都“不但要研究每一个大系统的物质运动形式的特殊的矛盾性及其所规定的本质，而且要研究每一个物质运动形式在其发展长途中的每一个过程的特殊的矛盾及其本质。一切运动形式的每一个实在的非臆造的发展过程内，都是不同质的。我们的研究工作必须着重这一点，而且必须从这一点开始”①。过去我们借助这一方法，找到了中国革命的发展规律。今天，我们仍然需要借助这个方法，深刻理解和掌握中国特色社会主义的建设规律。应该说，对于中国是在贫穷落后的基础上建设社会主义这一点，毛泽东及其同时代的领导者们也是认识到了的。毛泽东还曾用“一穷二白”来概括说明这种情况。但是，由于他们对在这种情况下建设社会主义的长期性、艰巨性估计不足，而且，由于不适当地夸大了人的主观努力的作用，导致不恰当地认为在“一穷二白”的基础上更有利于进行社会主义建设，把“一穷二白”看成优点，低估了我国从根本上改变落后面貌的困难。社会主义初级阶段理论，高度概括地说明了我国社会主义发展阶段的特殊性质，因而是我们认识我国社会主义建设发展道路，也就是中国特色社会主义的强大理论武器。中国特色社会主义建设，必须从中国实际出发，而中国的实际本身又是不断变化的，从中国的实际出发，既不是从中国过去的实际出发，也不可能从中国未来的实际出发，而只能是从中国现阶段的实际出发，以现阶段的中国实际情况为依据。

认识当前我国社会所处的历史阶段，也就是认识本国现实的国情，历来是我们党制定正确路线、方针、政策的前提。我国现阶段的国情，从理论上加以抽象化就是我国正处于社会主义初级阶段这个科学论断。十一届三中全会以来，党的正确路线、方针、政策正是基于这一科学认识而制定的。社会主义初级阶段理论提出的重要性，就在于它明确地告诉人们，我们所实行的一切方针政策都必须符合初级阶段的实际，而不能拘泥于社会主义的一般形式。或者说，不能按照抽象的社会主义原则做出判断。如果离开了中国的实际情况，满脑袋是对问题的教条主义的理解，那么许多问题的是非都是难以判断的。虽然，初级阶段的概念是在 1981 年的十一届六中全会《关于建国以来党的若干历史问题的决议》中正式提出的，但是，由于十一届三中全会重新确立了党的实事求是的思想路线，强调从中国的实际出发，并对现阶段中国的国情做了正确的分析，因此，我们完全可以说，正是实际上已经有了这一思想，才制定和执行了十一届三中全会以来的正确路线和政策。不仅如此，十一届三中全会以来，我们党所推行的一系列改革，也反映了社会主义初级阶段的特点和要求。比如：在经济体制改革方面，提出在以公有制为主体的前提下，发展多种经济成分和多种经营方式，建立市场经济与社会主义制度相结合的崭新的社会主义经济体制，大力促进生产力的发展；以共同富裕为目标，实行以按劳分配为主体的多种分配形式和分配政策，既反对平均主义，又防止产生贫富悬殊、两极

---

① 毛泽东．毛泽东选集：第 1 卷．2 版．北京：人民出版社，1991：310.

分化。在政治体制改革和民主建设方面，既把建立高度民主、法制完备、富有效率、充满活力的社会主义政治体制当作坚定不移的目标，又强调民主建设是个逐步积累的渐进过程，不可能在短期内实现。在社会主义精神文明建设方面，提出建设中国特色社会主义是现阶段各族人民的共同理想，共产党员要正确处理为共产主义奋斗的最高理想同各族人民的共同理想的关系，既鼓励先进，又照顾多数，把先进性的要求同广泛性的要求结合起来，使人们的理想追求、道德观念同经济发展的要求相一致。所有这些观念上的变革和政策上的变化，都既坚持了社会主义的根本原则和将来的共产主义方向，又立足于我国目前处于社会主义初级阶段的实际情况，因而都是建立在对初级阶段的正确认识基础上的。

党的基本路线与初级阶段的基本国情之间有着不可分割的关系。一方面，初级阶段的基本国情为制定和执行党的基本路线提供了客观依据；另一方面，党的基本路线又反映了初级阶段的客观要求。初级阶段的基本国情决定了党的基本路线只能是一个中心，而不能是多个中心；只能是两个基本点，而不能只有一个基本点。四项基本原则为社会主义经济建设提供政治保证，改革开放为社会主义经济建设提供发展动力，坚持四项基本原则和改革开放，都是为了更好地解放和发展生产力，更好地建设中国特色社会主义。

3. 中国特色社会主义事业胜利发展的思想武器

毋庸讳言，建设中国特色社会主义是一项伟大而艰巨的事业。要奋斗就会有困难有风险，甚至会遇到各种错误倾向的干扰。警惕右但主要是防止“左”，这是邓小平总结新中国成立以来社会主义建设，特别是改革开放和社会主义现代化建设正反两方面的经验教训得出的一个深刻的结论。“左”和右都是相对于正确路线而言的，是指偏离正确路线的两种错误政治倾向。毛泽东曾对“左”和右做过这样的概括：“左”主要表现为“超过时代，超过当前的情况，在方针政策上、在行动上冒进，在斗争的问题上、在发生争论的问题上乱斗”；右主要表现为“落在时代的后面，落在当前情况的后面，缺乏斗争性”。就一般性而言，这一概括无疑是正确的。但在1957年以后，由于实际上是以“左”为标准的，当时被指责为右的东西，实际上有一部分是正确的，并非本来含义上的右。直到十一届三中全会拨乱反正并确立了正确路线以后，人们对“左”和右的表现形式和区分标准才有了准确明晰的认识。根据邓小平的有关论述，右在当前的主要表现就是反对四项基本原则，搞资产阶级自由化，甚至制造动乱，要中国“全盘西化”，走资本主义道路。它往往打着纠“左”的旗号反对四项基本原则；打着“拥护”改革开放的旗帜，想把中国引导到资本主义；打着“民主”的旗号，大搞无政府主义，破坏安定团结的大局。事实表明，右的倾向干扰破坏党的基本路线，对社会主义危害极大。所以，邓小平强调要警惕右。“左”在党内有很长的历史。新中国成立后，从1957年开始，“左”就逐渐抬头，并逐渐占据了主导地位，最终酿成“文化大革命”。十一届三中全会结束了“左”的错误指导方针，但“左”的影响并未因此而自动消失。当前，急躁冒进那种含义上的“左”虽然还有，但“左”更多地表现为固守以往的错误观念，认为改革开放是搞资本主义这样一种倾向。因此，它在当前的一个重要特征反而不是超前性而是它的滞后性、保守性。“左”的表现主要是停留在过去对马克思主义的某些原则、某些本本教条式的理解上，或者停留在过去对社会主义的一些不科学的甚至完全扭曲了的认识上，或者停留在改革开放前那些超越社会主义初级阶段的不正确的思想和政策上。“左”和右虽然在表现形式上不同，但其实质都是否定马克思主义基本原理与中国具体实际相结合，干扰和破坏党的正确路线。“左”和右反映到对我国现实国情的认识上，往往容易陷入企图逾越生产力高度发达和商品经济充分发展阶段，急于过渡到社会主义更高发展阶段的“空想论”；或者陷入主张资本主义发展阶段是不可超越的，中国现在应该回头去“补资本主义的课”的“机械论”。这两种倾向都脱离了我国的基本国情，因而都会对改革开放和社会主义现代化事业造成危害。党要全面推进中国特色社会主义事业的发展，就要在警惕右但主要是防止“左”的干扰中，全面准确地把握社会主义初级阶段的理论和党的基本路线。超越社会主义初级阶段的实际，提出党的任务和政策，是十一届三中全会以前我们在社会主义建设中屡遭失误的原因之一；既克服那些超越阶段的错误观念和政策，又抵制抛弃社会主义基本制度的错误主张，则是我们在改革开放和社会主义现代化建设中取得成功的原因之一。改革开放以来，党在思想理论上面临的一个重要困惑是如何正确认识和对待改革开放前后两个历史时期的问题，各种错误倾向很多也同这一问题的认识有关。习近平总书记指出：中国共产党“领导人民进行社会主义建设，有改革开放前和改革开放后两个历史时期，这是两个相互联系又有重大区别的时期，但本质上都是我们党领导人民进行社会主义建设的实践探索。中国特色社会主义是在改革开放历史新时期开创的，但也是在新中国已经建立起社会主义基本制度并进行了二十多年建设的基础上开创的。”① “之所以强调这个问题，是因为这个重大政治问题处理不好，就会产生严重政治后果。”② “对改革开放前的历史时期要正确评价，不能用改革开放后的历史时期否定改革开放前的历史时期，也不能用改革开放前的历史时期否定改革开放后的历史时期。改革开放前的社会主义实践探索为改革开放后的社会主义实践探索积累了条件，改革开放后的社会主义实践探索是对前一个时期的坚持、改革、发展。”③ 我们应该认真汲取党在认识和把握初级阶段理论过程中所积累的这些宝贵经验，以便不断提高贯彻执行党的基本路线的自觉性和坚定性，把建设中国特色社会主义的事业全面推向前进。

建设中国特色社会主义，总依据是初级阶段。强调认清社会主义初级阶段基本国情，不是要妄自菲薄、自甘落后，也不是要脱离实际、急于求成，而是要坚持把它作为推进改革、谋划发展的根本依据。我们必须始终保持清醒的头脑，立足社会主义初级阶段这个最大的实际，科学分析我国全面参与经济全球化的新机遇新挑战，全面认识工业化、信息化、城镇化、市场化、国际化深入发展的新形势新任务，深刻把握我国发展面临的新课题新矛盾，更加自觉地走中国特色社会主义道路，奋力开辟中国特色社会主义更为广阔的发展前景。

马克思主义必定随着时代、实践和科学的发展而不断发展，不可能一成不变，社会主义从来都是在开创中前进的。坚持马克思主义，坚持社会主义，一定要有发展的观点。世界上没有放之四海而皆准的发展道路和发展模式。清醒认识世情、国情、党情的变和不变。中国共产党应始终坚持共产主义远大理想，做共产主义远大理想和中国特色社会主义共同理想的坚定信仰者和忠实践行者。

---

① 习近平．习近平著作选读：第 1 卷．北京：人民出版社，2023：78.

② 同①79.

③ 习近平．论中国共产党历史．北京：中央文献出版社，2021：4.

第三章

中国特色社会主义的基本路线和战略布局

党的基本路线是党在一定历史时期为解决社会主要矛盾而制定的行动纲领，是党总揽全局的根本指导方针。党的基本路线正确与否，直接关系到党的事业的成败。在每一历史发展阶段，党都要制定指导全局的基本路线，这是中国共产党的伟大创造。1978 年 12 月召开的党的十一届三中全会，毅然抛弃“以阶级斗争为纲”的错误方针，决定把党和国家的工作重心转移到社会主义现代化建设上来，并做出了改革开放的战略决策。十一届三中全会结束后不久，邓小平在《坚持四项基本原则》的重要讲话中，第一次明确了我国现阶段的主要矛盾和把经济建设作为党的工作中心的思想，并第一次概括出“坚持四项基本原则”这个科学命题。1982 年 9 月，党的十二大提出了党在新的历史时期的总任务，为后来关于基本路线某些方面的表述奠定了基础。十二大后，党对社会主义初级阶段基本路线的主要内容及其相互关系的认识不断深化。1986 年 9 月，十二届六中全会根据邓小平的思路，提出了我国社会主义现代化建设的总体布局思想，即以经济建设为中心，坚定不移地进行经济体制改革，坚定不移地进行政治体制改革，坚定不移地加强精神文明建设，并且使这几个方面互相配合、互相促进。1987 年 10 月，十三大在系统阐述社会主义初级阶段理论的基础上，明确概括了党在社会主义初级阶段的基本路线，即“领导和团结全国各族人民，以经济建设为中心，坚持四项基本原则，坚持改革开放，自力更生，艰苦创业，为把我国建设成为富强、民主、文明的社会主义现代化国家而奋斗”。这标志着党在社会主义初级阶段的基本路线已完全形成。十五大根据社会主义初级阶段基本路线的要求，围绕社会主义现代化建设的总题目，制定了党在社会主义初级阶段的基本纲领。十七大通过的党章又把“和谐”与“富强、民主、文明”一起写入了基本路线，并进一步丰富了基本纲领的内容，强调：坚持以经济建设为中心，大力发展社会生产力，一心一意进行社会主义现代化建设；坚持改革开放，建立充满生机活力的社会主义新的经济体制和其他体制，进一步解放和发展社会生产力；坚持四项基本原则，维护安定团结的政治局面，保持社会稳定；分三步走，基本实现现代化，把我国建设成为富强、民主、文明、和谐的社会主义现代化国家。十九大进一步强调，要牢牢坚持党的基本路线这个党和国家的生命线、人民的幸福线，领导和团结全国各族人民，以经济建设为中心，坚持四项基本原则，坚持改革开放，自力更生，艰苦创业，为把我国建设成为富强民主文明和谐美丽的社会主义现代化强国而奋斗。二十大把全面建成社会主义现代化强国、实现第二个百年奋斗目标，以中国式现代化全面推进中华民族伟大复兴作为党在新时代新阶段的中心任务。党在社会主义初级阶段的基本路线规定了建设中国特色社会主义的总任务、总布局和总战略，体现了中国特色社会主义的本质要求，反映了中国特色社会主义的根本规律，指明了中国特色社会主义的发展道路。

一、中国特色社会主义的根本任务

社会主义的主要矛盾和根本任务问题，是中国特色社会主义的中心问题。社会主义的根本任务是解放和发展社会生产力，不断改善人民生活。发展是解决中国一切问题的关键。改革开放以来，党反复强调社会主义的根本任务是大力发展生产力、发展才是硬道理、发展是党执政兴国的第一要务、科学发展观的第一要义是发展等根本观点，进而指明了我们所要建设的中国特色社会主义，是不断发展生产力的社会主义，我们所确定的基本路线，是以经济建设为中心，全面实现社会主义现代化的路线，这就正确回答和解决了中国进入社会主义阶段以后长期没有解决好的主要矛盾和根本任务问题，为当代中国社会主义的发展指明了正确的方向。

（一）对根本任务认识的曲折历程

大力发展生产力，努力摆脱贫困落后，实现国家的工业化和现代化，是当代中国社会发展所面临的最基本的问题，是中国共产党和中国人民在整个社会主义现代化建设新时期及新时代新阶段所面临的主要工作或根本任务。同时，在一定意义上，也可以说是中国近代以来就一直存在着的最重要的社会基本问题，是广大中国人民最普遍的民族愿望和要求，是一个在当时没有条件完成的历史任务。

1. 中国近代社会的被动转化与前人的探索

鸦片战争前，面对西方迅速崛起的资本主义列强，清政府的“天朝美梦”虽然尚未完全破灭，但中华民族生存与发展的问题已经日益突出起来，并逐渐出现民族和社会的危机。鸦片战争后，西方资本主义列强通过一次又一次的侵略战争，用坚船利炮打开了中国闭关锁国的大门。从此，中国逐渐成为半殖民地半封建社会，开始了由古代社会向近代和现代社会的被动转化。正如毛泽东所指出的：“中国的封建社会继续了三千年左右。直到十九世纪的中叶，由于外国资本主义的侵入，这个社会的内部才发生了重大的变化。”①

近代中国社会的被动转化主要表现在两个方面：一方面，帝国主义列强对中国的侵略，“促使中国封建社会解体，促使中国发生了资本主义因素，把一个封建社会变成了一个半封建的社会”；另一方面，“它们又残酷地统治了中国，把一个独立的中国变成了一个半殖民地和殖民地的中国”②。诚然，帝国主义侵略中国的目的，绝不是要把中国变成一个资本主义国家。然而，由于其侵略而在中国造成的资本主义生产方式和新的阶级力

---

① 毛泽东．毛泽东选集：第2卷．2版．北京：人民出版社，1991：626.

② 同①630.

量的产生，又是不以其主观意志为转移的。因此，中国社会的近代化和现代化，从一开始就面临着反对中国走上独立发展资本主义道路的外国侵略势力和害怕中国实现社会现代化的国内封建统治势力两大障碍。帝国主义与中华民族、封建主义与人民大众的矛盾成为中国社会的主要矛盾，对外反对帝国主义侵略、对内反对封建主义压迫的民族民主革命，特别是挽救民族危亡的斗争，越来越突出，成为中华民族压倒一切的任务，而摆脱贫困落后、实现国家工业化和社会现代化的任务，则不得不让位于争取民族独立和解放的斗争。

孙中山作为中国民主革命的伟大先行者，最早认识到要用资产阶级革命的方法，铲除封建专制统治，建立民主共和国，然后发展实业，强国富民，实现民族振兴和社会现代化，并为此进行了长期的艰苦努力，直到领导辛亥革命推翻了中国几千年以来的封建帝制，建立了中华民国。但是，由于国内外反动势力的强大和民族资产阶级政治上的软弱性，孙中山建立的中华民国，旋即成为帝国主义支持下的封建军阀统治的工具，成为中国经济和社会现代化的障碍。随着资产阶级共和国方案的破产，以及“实业救国”“科学救国”“教育救国”等幻想的破灭，在马克思主义指导下的革命救国的民族精神和民族意识开始形成，并极大地促进了中华民族意识的觉醒和精神的解放。

2. 中国共产党最初的认识和探索

早在民主革命的过程中，以毛泽东创立新民主主义理论为标志，中国共产党就代表整个中华民族的利益，从中国社会和革命的实际出发，把马克思列宁主义关于社会革命和社会发展的一般原理同中国的具体实际相结合，逐步确立了先进行民主革命，再进行社会主义革命，然后进行经济和社会现代化建设的纲领。党和人民在这一时期为争取中华民族的独立和解放、为改革封建土地制度、为从反动势力手中夺取政权而进行的长期奋斗和牺牲，从一定意义上来说，都是在为中国实现工业化和现代化扫清道路。正如毛泽东所说：“就整个来说，没有一个独立、自由、民主和统一的中国，不可能发展工业。”① “中国工人阶级的任务，不但是为着建立新民主主义的国家而斗争，而且是为着中国的工业化和农业近代化而斗争。”② “没有中国共产党的努力，没有中国共产党人做中国人民的中流砥柱，中国的独立和解放是不可能的，中国的工业化和农业近代化也是不可能的。”③ 历史已经证明了毛泽东这些论断的正确性。

中华人民共和国的成立和生产资料私有制的社会主义改造的完成，使中国获得了由农业国变为工业国的基本条件。在这种情况下，摆脱贫困落后，实现国家工业、农业、国防和科学技术的现代化，建设独立、富强、民主、文明的社会主义新中国的任务，理所当然地提到了党和国家的主要工作日程上来。1956 年召开的党的八大充分反映了我国社会发展的这种变化及其要求。八大《关于政治报告的决议》认为，“我国在近百年间，经济和文化的发展远落在世界先进水平之后，广大的觉悟的爱国人民一直要求把我国从落后的农业国变为先进的工业国”。同时，“由于资产阶级民主革命和社会主义革命的胜

---

① 毛泽东．毛泽东选集：第 3 卷．2 版．北京：人民出版社，1991：1080.

② 同①1081.

③ 同①1098.

利，生产力发展的障碍基本上已经扫除了”[①]，党和人民的主要任务，就是集中力量解决人民对于经济文化迅速发展的需要同当前经济文化不能满足人民需要之间的矛盾，把我国尽快地从落后的农业国变为先进的工业国。毛泽东先后发表的《论十大关系》《关于正确处理人民内部矛盾的问题》等，也反复强调要实现党的工作重心由革命向建设的转变，努力改变我国社会“一穷二白”的落后面貌，把我国建设成为一个伟大的社会主义现代化国家。

然而，由于后来党在指导思想上逐渐偏离八大关于社会主要矛盾和根本任务的正确判断，在阶级斗争和经济建设两个问题及其相互关系的认识和处理上，缺乏清醒、明确的认识，因而未能完全搞清楚什么是社会主义、怎样建设社会主义等问题，而在阶级斗争问题上“左”的错误的发展，最终又使党离开发展生产力这一根本任务去进行所谓的“上层建筑及意识形态领域的斗争”，导致了“文化大革命”。

3. 改革开放以来党对发展问题的重新思考

邓小平早在1975年受毛泽东委托主持中央日常工作时，就提出要实行全面整顿，实际上是要纠正“文化大革命”的“左”倾错误，恢复党的八大关于社会主义建设的正确路线。邓小平提出的“三项指示为纲”的整顿纲领，实质上是要把发展生产力、实现四个现代化作为社会主义的“根本任务”。这不仅反映了邓小平高超的政治智慧和领导艺术，而且在实际上酝酿了后来的拨乱反正。

党的十一届三中全会做出的最重要的决策，是停止“以阶级斗争为纲”的口号，把全党和全国人民的注意力和工作重心转移到社会主义现代化建设上来，从而开始了我国社会发展和社会主义建设的新的历史时期。邓小平认为，能否实现四个现代化，把我国建设成为富强、民主、文明的社会主义强国，这是关系全民族前途命运的、最基本的社会问题。

十一届三中全会后不久，邓小平更明确地指出，我们当前和今后相当长一个历史时期的主要任务，就是进行现代化建设。他认为：“能否实现四个现代化，决定着我们国家的命运、民族的命运。在中国的现实条件下，搞好社会主义的四个现代化，就是坚持马克思主义，就是高举毛泽东思想伟大旗帜。你不抓住四个现代化，不从这个实际出发，就是脱离马克思主义，就是空谈马克思主义。”[②] 改革开放以来，邓小平作为中国社会主义现代化建设的总设计师，清醒地认识到了以经济建设为中心，大力发展生产力，实现社会主义现代化，对中国经济和社会发展的极端重要性，把它作为关系党和国家全局的“最大的政治任务”“压倒一切的中心任务”，作为巩固和发展社会主义的“首要任务”“第一个任务”“最根本任务”，作为衡量一切工作是非得失的“最根本的标准”，作为马克思主义的一条“基本原则”，作为党在指导思想上的“最根本的拨乱反正”。他反复强调和申明，全党、全军、全国人民要始终抓住这个中心、这个根本，毫不动摇地进行社会主义现代化建设。邓小平还把这一重要观点概括到党在社会主义初级阶段的基本路线中，作为基本路线的核心内容，并经过历史与现实、国际与国内、正面与反面经验的总

① 中共中央党校党史教研室．中共党史参考资料（八）．北京：人民出版社，1980：524.

② 邓小平．邓小平文选：第2卷．2版．北京：人民出版社，1994：162-163.

结和深刻的思考，形成了以发展为核心，改革、发展、稳定三位一体的当代中国社会发展的总体战略指导思想。他反复强调，坚持党的基本路线不动摇，关键是坚持以经济建设为中心不动摇。这是对社会主义本质和根本任务的深入思考，是对马克思主义历史唯物主义关于生产力是社会发展最终决定力量的基本观点的重新认定，进而彻底回答了当代中国社会发展的最基本问题，构成了中国特色社会主义的坚实理论基础。

世纪之交，江泽民提出“三个代表”重要思想，并反复强调，要始终代表中国先进生产力的发展要求，不断促进先进生产力的发展。党的十六大明确将发展确定为党执政兴国的第一要务，作为贯彻“三个代表”重要思想、不断开创现代化建设新局面的基本要求，深化了邓小平“发展才是硬道理”的论断。新世纪新阶段，以胡锦涛同志为主要代表的中国共产党人，继承和发展党关于发展的重要思想，提出了以人为本、全面协调可持续的科学发展观，并强调，坚持发展是硬道理的思想，是中国特色社会主义建设的一条根本经验。党的十九大强调，实现“两个一百年”奋斗目标、实现中华民族伟大复兴的中国梦，不断提高人民的生活水平，必须坚定不移地把发展作为党执政兴国的第一要务，坚持解放和发展社会生产力。党的二十大把以中国式现代化全面推进中华民族伟大复兴作为实现第二个百年奋斗目标的中心任务，所有这些都表明党对于社会主义根本认识的深化。

（二）根本任务确立的基本依据

社会主义根本任务的确立，有其理论和现实依据，对于中国特色社会主义建设具有决定性的意义。

1. 社会主义根本任务确立的理论依据

关于生产力在社会发展中的基础性、决定性的作用，马克思在《〈政治经济学批判〉序言》中有过非常精辟的论述，他说：“人们在自己生活的社会生产中发生一定的、必然的、不以他们的意志为转移的关系，即同他们的物质生产力的一定发展阶段相适合的生产关系。这些生产关系的总和构成社会的经济结构，即有法律的和政治的上层建筑竖立其上并有一定的社会意识形式与之相适应的现实基础。物质生活的生产方式制约着整个社会生活、政治生活和精神生活的过程。不是人们的意识决定人们的存在，相反，是人们的社会存在决定人们的意识。社会的物质生产力发展到一定阶段，便同它们一直在其中运动的现存生产关系或财产关系（这只是生产关系的法律用语）发生矛盾。于是这些关系便由生产力的发展形式变成生产力的桎梏。那时社会革命的时代就到来了。随着经济基础的变更，全部庞大的上层建筑也或慢或快地发生变革。”① 在人们的社会存在中，起基础性的最终决定作用的力量，是社会的物质生产力。判断一个变革时代，不能以它的意识为根据，这个意识必须从物质生活的现存矛盾中去解释。人类始终只提出自己能够解决的任务。马克思的这些精辟深刻的观点，有力地驳斥了历史唯心主义，奠定了历史唯物主义的基础，为人们科学地认识社会历史发展提供了正确的方法论。对于马克思提出的这一历史唯物主义基本观点，列宁曾做过十分精练的概括，指出：“只有把社会关

① 马克思，恩格斯．马克思恩格斯选集：第2卷．3版．北京：人民出版社，2012：2－3.

系归结于生产关系，把生产关系归结于生产力的水平，才能有可靠的根据把社会形态的发展看作自然历史过程。”① 毛泽东曾经在《矛盾论》中，从一般意义上讲到了生产力的发展对社会发展所起的基础的决定性的作用。他指出：“诚然，生产力、实践、经济基础，一般地表现为主要的决定的作用，谁不承认这一点，谁就不是唯物论者。”② 针对中国基本建立社会主义制度以后的实际情况，毛泽东也曾强调指出，只有经过相当长时间社会生产力的比较充分的发展，我们的社会主义经济制度和政治制度才算获得了自己的比较充分的物质基础，我们的国家才算充分巩固，社会主义社会才算从根本上建成了。这就进一步肯定了生产力对于社会主义社会发展的基础的决定性的作用。

当然，我们肯定生产力是社会发展的最终决定力量，不是说可以无视生产关系、上层建筑在一定条件下对生产力的能动作用。正如恩格斯所说：“根据唯物史观，历史过程中的决定性因素归根到底是现实生活的生产和再生产。”③ 但是，“如果有人在这里加以歪曲，说经济因素是唯一决定性的因素，那么他就是把这个命题变成毫无内容的、抽象的、荒诞无稽的空话。经济状况是基础，但是对历史斗争的进程发生影响并且在许多情况下主要是决定着这一斗争的形式的，还有上层建筑的各种因素”④。“这里表现出这一切因素间的相互作用，而在这种相互作用中归根到底是经济运动作为必然的东西通过无穷无尽的偶然事件（即这样一些事物和事变，它们的内部联系是如此疏远或者是如此难于确定，以致我们可以认为这种联系并不存在，忘掉这种联系）向前发展。否则把理论应用于任何历史时期，就会比解一个简单的一次方程式更容易了。”⑤ 人们不应该由于强调经济因素的归根到底的决定性的作用，而忽视历史发展中各种因素作为“无数个力的平行四边形”⑥ 互相所起的作用，更不应该由于强调社会发展的合力，而忘记在社会发展的整个过程中，生产力是最革命的因素，是最终的决定力量。

2. 社会主义根本任务确立的现实依据

关于我国社会主义制度基本建立以后国内的主要矛盾，党的八大曾经做出明确的结论，指出我们国内的主要矛盾，“已经是人民对于经济文化迅速发展的需要同当前经济文化不能满足人民需要的状况之间的矛盾”⑦。尽管八大关于主要矛盾的表述存在某些欠缺，即在正确指出上述主要矛盾后，又将这一“矛盾的实质”归结为“先进的社会主义制度同落后的社会生产力之间的矛盾”⑧，这一提法在一定程度上容易引起某些误解。但是，历史事实已经证明，八大关于主要矛盾的基本精神无疑是正确的。后来发生的“左”倾错误，从根本上说，恰是背离了这一正确判断的结果。

十一届三中全会之后不久，邓小平基于对历史经验和我国国情的科学分析，明确指出：“什么是目前时期的主要矛盾，也就是目前时期全党和全国人民所必须解决的主要问题或中心任务，由于三中全会决定把工作重点转移到社会主义现代化建设方面来，实际

---

① 列宁．列宁选集：第1卷．3版．北京：人民出版社，1995：8－9.

② 毛泽东．毛泽东选集：第1卷．2版．北京：人民出版社，1991：325.

③④⑤ 马克思，恩格斯．马克思恩格斯选集：第4卷．3版．北京：人民出版社，2012：604.

⑥ 同③605.

⑦ 中共中央文献研究室．建国以来重要文献选编：第9册．北京：中央文献出版社，1994：341.

⑧ 中共中央党校党史教研室．中共党史参考资料（八）．北京：人民出版社，1980：524.

上已经解决了。我们的生产力发展水平很低，远远不能满足人民和国家的需要，这就是我们目前时期的主要矛盾，解决这个主要矛盾就是我们的中心任务。”① 由邓小平主持起草的《关于建国以来党的若干历史问题的决议》进一步指出：“在社会主义改造基本完成以后，我国所要解决的主要矛盾，是人民日益增长的物质文化需要同落后的社会生产之间的矛盾。”虽然，由于国内的因素和国际的影响，阶级斗争还将在一定范围内长期存在，在某种条件下还有可能激化。但是，阶级斗争已经不是主要矛盾。“党和国家工作的重点必须转移到以经济建设为中心的社会主义现代化建设上来，大大发展社会生产力，并在这个基础上逐步改善人民的物质文化生活。”对于我国社会内部大量存在的不属于阶级斗争范围的各种社会矛盾，必须采取不同于阶级斗争的方法正确地加以解决，以免危害社会的安定团结，影响经济建设这个中心。十二大确认了上述提法，并把它写入党章，此后党的历次代表大会一直到十八大党都始终坚持了这一提法。

人民日益增长的物质文化需要同落后的社会生产之间的矛盾深刻反映了我国社会主义初级阶段的特殊本质。从社会需要方面看，新中国成立以后，特别是社会主义经济基础建立以后，广大人民群众在旧社会被压抑的社会需求随着生产力的解放而被释放出来，人民对于崭新的社会制度能够满足他们的物质文化的需要，寄予了莫大期望。但是，多年以来，由于没有制定出为发展生产力创造良好条件的政策，“社会生产力发展缓慢，人民的物质和文化生活条件得不到理想的改善，国家也无法摆脱贫穷落后的状态”②。十一届三中全会以后，随着改革开放的深入和生产力的迅速发展，人民长期没有得到很大改善的物质文化需要，不仅在数量上不断增长，而且在质量上不断提高，对于生产更加丰富多彩的物质和精神产品的需求愈来愈大。从社会生产方面看，经过几十年的社会主义建设，我国的社会生产力和经济实力有了巨大的增长，教育科学文化事业也有了相当的发展。但是，人口多、底子薄、生产力落后、经济文化发展不平衡的基本状况还没有得到彻底改变。在我国社会主要矛盾中，生产力落后是矛盾的主要方面。要彻底改变这种状况，出路只有一条，那就是必须坚持以经济建设为中心，集中力量发展生产力，逐步实现工业、农业、国防和科学技术的现代化，并为此而改变生产关系和上层建筑中不适应生产力发展的部分。

经过改革开放 40 多年来的快速发展，我国全面建成了小康社会，历史性地解决了绝对贫困问题，人民美好生活需要日益广泛，不仅对物质文化生活提出了更高要求，而且在民主、法治、公平、正义、安全、环境等方面的要求日益增长。同时，我国社会生产力水平总体上显著提高，社会生产能力在很多方面进入世界前列，更加突出的问题是发展不平衡不充分，这已经成为满足人民日益增长的美好生活需要的主要制约因素。党的十九大明确提出，我国社会主要矛盾已经转化为人民日益增长的美好生活需要和不平衡不充分的发展之间的矛盾，但并不意味着我们已经走出社会主义的初级阶段，已经解决了发展这一根本问题。推进强国建设，实现中华民族伟大复兴，仍然需要进行具有许多新的历史特点的伟大斗争，必须准备付出更为艰巨、更为艰苦的努力。

---

① 邓小平．邓小平文选：第 2 卷．2 版．北京：人民出版社，1994：182.

② 邓小平．邓小平文选：第 3 卷．北京：人民出版社，1993：134.

3. 社会主义根本任务确立的重大意义

社会主义根本任务的确立具有重要的理论和实践意义。社会主义制度建立以后，如何巩固和发展这一制度，是党在历史上一再提出但又没有完全解决的一个重大课题。毛泽东曾正确地指出过，只有“社会生产力的比较充分的发展，我们的社会主义的经济制度和政治制度，才算获得了自己的比较充分的物质基础”①，但在“文化大革命”时期又把发展生产力的任务推到次要地位，企图通过阶级斗争，通过所谓“抓革命，促生产”的办法，去巩固社会主义制度，严重忽视了大力发展生产力对于巩固和发展社会主义的极端重要意义。20 世纪 80 年代末以来，世界社会主义运动遇到了前所未有的严重挑战，苏联解体、东欧剧变，世界社会主义事业遭受了巨大挫折。苏联解体、东欧剧变的原因固然很多，但第二次世界大战后社会主义国家的经济发展相对落后于资本主义国家，社会主义没有能够如人们原来所期待的那样充分赢得对于资本主义的优势，不能不说是一个极为重要的因素。十一届三中全会以来，党和国家之所以能够经受住国际国内的各方面的考验，我国的社会主义之所以能够站住脚、发展好，最主要的原因是在于我们坚定不移地进行了改革开放和社会主义现代化建设。正如邓小平所指出的：“坚持社会主义，首先要摆脱贫穷落后状态，大大发展生产力，体现社会主义优于资本主义的特点。要做到这一点，就必须把我们整个工作的重点转到建设四个现代化上来，把建设四个现代化作为几十年的奋斗目标。”② 解放和发展生产力，建设社会主义物质文明，为我国社会主义制度的巩固和发展提供了可靠的物质前提，这也是我们从过去几十年社会主义建设经验教训中找到的一条正确的发展思路。

把发展生产力作为社会主义的根本任务，是当代中国解决所有问题的关键。社会的发展是全面的发展，其中，经济是基础，政治是经济的集中体现，文化是经济政治的反映。当代中国面临的任务很多，我们要反对霸权主义，维护世界和平；要振兴中华，使中国屹立于世界民族之林；要坚持和完善社会主义制度，说服那些不相信社会主义优越性的人们；要解决国内各种问题，保持稳定局面，达到长治久安；要发展社会主义民主，健全社会主义法治；要加强精神文明建设，提高全社会的文明程度；要以改善民生为重点加强社会建设，加强和创新社会治理；要推进生态文明建设，实现中华民族永续发展；要按照“一国两制”的方针，实现祖国完全统一；等等。要实现这些，离不开经济的发展。因此，邓小平反复告诫人们，要“抓住时机，发展自己”，而发展自己“关键是发展经济”，这是解决当代中国所有问题的基础。

（三）建设中国特色社会主义的总布局总任务

在整个社会主义阶段，实现社会主义的根本任务要靠发展；在初级阶段，实现社会主义现代化和中华民族伟大复兴的总任务，也要靠发展。发展必须把握发展机遇，明确发展思路，谋划发展全局，抓住发展关键。

1. 把握发展机遇

在当代中国，要推动经济社会的发展，首先必须认清发展形势，把握发展机遇。邓

① 中共中央文献研究室．毛泽东著作专题摘编：上．北京：中央文献出版社，2003：913.
② 邓小平．邓小平文选：第 3 卷．北京：人民出版社，1993：224.

小平曾指出，对中国来说，大发展的机遇并不多。当今世界格局的变化，显示出许多新的特点。在我们面前，既有挑战，更有加快发展的机遇。能否抓住机遇，历来是革命和建设成败的重大问题。过去我们曾抓住过重要历史机遇，也曾丧失过某些机遇。

进入新世纪新阶段，我国发展面临着较好的国际和国内环境。党的十六大明确指出，21 世纪头 20 年，对我国来说，是一个必须紧紧抓住并且可以大有作为的重要战略机遇期。党的十七大进一步强调，当今世界正在发生广泛而深刻的变化，当代中国正在发生广泛而深刻的变革。机遇前所未有，挑战也前所未有，机遇大于挑战。全党必须坚定不移地高举中国特色社会主义伟大旗帜，带领人民从新的历史起点出发，抓住和用好重要战略机遇期，求真务实，锐意进取，继续全面建设小康社会、加快推进社会主义现代化，完成时代赋予的崇高使命。党的十八大充分肯定了进入新世纪新阶段以来我国所取得的一系列重大成就，强调它为全面建成小康社会打下了坚实的基础。十多年来，以习近平同志为核心的党中央“坚持马克思列宁主义、毛泽东思想、邓小平理论、‘三个代表’重要思想、科学发展观，全面贯彻新时代中国特色社会主义思想，全面贯彻党的基本路线、基本方略，采取一系列战略性举措，推进一系列变革性实践，实现一系列突破性进展，取得一系列标志性成果，经受住了来自政治、经济、意识形态、自然界等方面的风险挑战考验，党和国家事业取得历史性成就、发生历史性变革，推动我国迈上全面建设社会主义现代化国家新征程”①。这些历史性变革，对党和国家事业发展具有重大而深远的影响。

人类社会正在经历着深刻的变革，世界范围内经济实力和综合国力的竞争空前激烈，任何国家、任何民族都必须面对而不能回避这场大竞争。历史一再表明，抓住机遇加快发展，落后的国家和民族就可能实现发展的新跨越，走在时代前列；丧失发展机遇，原本强盛的国家和民族就可能成为时代的落伍者。能不能抓住机遇、迎接挑战、实现新发展，是对中国共产党执政能力的重大考验，也是对中华民族凝聚力和创造力的重大考验。紧紧抓住并切实用好重要战略机遇期，在这场大竞争中取得主动，发展壮大自己，是中国始终立于不败之地的根本所在，也是中国共产党人对国家、民族和人民必须肩负起来的历史责任。

2. 明确发展思路

我国经济的发展曾走过曲折的道路。过去经济发展中的主要问题是发展思路不完全对头，不能正确处理速度与效益的关系，往往是强调了速度又忽视了效益和质量，强调了效益又忽视了速度；强调了经济的发展又忽略了其他方面的发展；重视了发展的差异性又忽略了发展的平衡性；等等。

针对进入 20 世纪 90 年代以后我国经济发展所面临的难得的良好机遇，邓小平在南方谈话中强调一定要抓住时机，加速发展，使我国的经济发展力争隔几年上一个台阶。他认为，十一届三中全会以来我国经济的发展，真正干起来是 1980 年。“经济发展比较快的是一九八四年至一九八八年。这五年，首先是农村改革带来许多新的变化，农作物

① 习近平．高举中国特色社会主义伟大旗帜 为全面建设社会主义现代化国家而团结奋斗：在中国共产党第二十次全国代表大会上的报告．北京：人民出版社，2022：6.

大幅度增产，农民收入大幅度增加，乡镇企业异军突起。”“农副产品的增加，农村市场的扩大，农村剩余劳动力的转移，又强有力地推动了工业的发展。”“农业和工业，农村和城市，就是这样相互影响、相互促进。这是一个非常生动、非常有说服力的发展过程。可以说，这个期间我国财富有了巨额增加，整个国民经济上了一个新的台阶。”① 加速发展，必须注意处理发展中出现的问题，注意经济发展的稳定或协调。他还认为，中国是一个发展中的大国，各地区的发展条件不同，速度也不可能一致，经济快速发展中难免会出现一些问题，因此需要治理整顿。要注意经济的稳定、协调发展，但经济要发展得快一点，又不可能总是那么平平静静、稳稳当当的，稳定和协调也是相对的，不是绝对的。邓小平强调：“发展才是硬道理。这个问题要搞清楚。如果分析不当，造成误解，就会变得谨小慎微，不敢解放思想，不敢放开手脚，结果是丧失时机，犹如逆水行舟，不进则退。”② 这就要求我们必须正确处理发展与改革、稳定的关系，同时又要更新发展思路，实现经济体制和经济增长方式的转变。

党的十四大以后，以建立社会主义市场经济体制为主要目标的经济体制改革取得突破性进展，我国经济发展明显加快。在社会主义市场经济条件下进行现代化建设，又出现了一系列新的矛盾和问题。在新的形势和任务面前，以江泽民同志为主要代表的中国共产党人，把邓小平关于正确处理我国改革和发展中一系列重大关系的科学思路同我国经济与社会发展的实际情况相结合，阐述了正确处理社会主义现代化建设中的“十二大关系”。其中，第二条至第五条，即速度和效益的关系，经济建设和人口、资源、环境的关系，第一、二、三产业的关系，东部地区和中西部地区的关系，集中阐述了我国经济发展中应当着力解决的速度和效益、经济建设和资源环境、经济发展和产业结构、经济发达地区和落后地区之间的协调及统一问题，全面体现了我国经济发展的思路，为走出一条既有较高速度又有较高效益的经济发展路子奠定了重要基础。以胡锦涛同志为主要代表的中国共产党人紧紧抓住实现什么样的发展、怎样发展这个重大问题，深刻分析和把握当前我国发展的阶段性特征，在应对和战胜各种突如其来的严重困难和挑战中收获启示，在理论创新和实践创新的互动中探索新的发展观念，创造性地提出了科学发展观，形成了科学发展、和谐发展、和平发展的基本思路。党的十八大提出，必须把科学发展观贯彻到我国现代化建设全过程，正确认识和妥善处理中国特色社会主义事业中的重大关系，充分调动各方面积极性，努力形成全体人民各尽所能、各得其所又和谐相处的局面。党的十九大强调，我们要在继续推动发展的基础上，着力解决好发展不平衡不充分的问题，大力提升发展质量和效益，更好地满足人民在经济、政治、文化、社会、生态等方面日益增长的需要，更好地推动人的全面发展、社会全面进步。坚持以人民为中心的发展思想，贯彻创新、协调、绿色、开放、共享的发展理念。党的二十大强调指出，高质量发展是全面建设社会主义现代化国家的首要任务。没有坚实的物质技术基础，就不可能全面建成社会主义现代化强国。必须完整、准确、全面贯彻新发展理念，坚持社会主义市场经济改革方向，坚持高水平对外开放，加快构建以国内大循环为主体、国内

① 邓小平．邓小平文选：第 3 卷．北京：人民出版社，1993：376.

② 同①377.

国际双循环相互促进的新发展格局。这就进一步明确了我国社会主义发展的基本思路。

3. 谋划发展全局

社会发展战略，既是指一国在一定时期社会发展的基本目标和为实现这一目标而采取的重大方针政策，或者说是一个较长时期社会发展的总任务、总布局，又包含着这一历史时期决定社会发展全局的各个方面所要实现的具体目标和任务。从中华人民共和国成立到20世纪70年代末，我国虽然没有使用社会发展战略这一概念，但在不同时期提出的总路线、总任务、总方针和总政策，又都在实际上包含了社会发展战略的意义。

在我国落后的生产力基础上实现现代化，建设社会主义强国，是一项十分艰巨的事业，它肩负着既要完成传统的工业化，又要迎头赶上世界新的技术和产业革命的双重任务。如何实现这一艰巨的任务？毛泽东曾进行过长期的探索，形成了分“两步走”，在20世纪末实现四个现代化的战略思想。新时期邓小平经过深入思考，提出了分“三步走”，基本实现现代化的发展战略。党的十五大基于“三步走”战略第一步和第二步目标即将实现的情况，又把“三步走”战略的第三步进一步具体化，形成了在21世纪前半叶“小三步走”的发展战略。党的十六大提出了“全面建设小康社会”的发展战略。党的十八大进一步提出了在中国共产党成立100年时全面建成小康社会、在新中国成立100年时建成富强民主文明和谐的社会主义现代化国家的奋斗目标。第一个百年奋斗目标完成后，党的二十大指出，我党的中心任务是团结带领全国各族人民全面建成社会主义现代化强国、实现第二个百年奋斗目标，以中国式现代化全面推进中华民族伟大复兴。

在社会主义初级阶段，我国社会发展战略思想的内涵是极其丰富而又深刻的，它不仅包含着社会主义初级阶段党的基本路线和基本纲领所规定了的经济、政治、文化、社会和生态文明建设的基本目标和基本方针，也包含着党在改革发展稳定、治党治国治军、内政外交国防等各方面工作的重大决策和举措，是关于中国特色社会主义现代化建设的总体设计，是站在世界历史和本国现实高度对中国社会发展一系列重大问题的理性思考。从20世纪50年代中期毛泽东提出“十大关系”开始社会主义建设道路和发展战略的探索，到十一届三中全会以后邓小平在社会主义现代化建设诸多重大问题的认识上实现一系列突破，再到江泽民提出“十二大关系”、胡锦涛提出科学发展观，充分展示了中国共产党对社会主义现代化发展战略的不懈探索和深入思考。

党的十八大明确指出，建设中国特色社会主义，总布局是“五位一体”。强调要全面落实经济建设、政治建设、文化建设、社会建设、生态文明建设“五位一体”总体布局，促进现代化建设各方面相协调，促进生产关系与生产力、上层建筑与经济基础相协调，不断开拓生产发展、生活富裕、生态良好的文明发展道路。党的十九大在进一步明确中国特色社会主义事业总体布局是“五位一体”的基础上，强调要坚持稳中求进工作总基调，统筹推进“五位一体”总体布局，协调推进“四个全面”战略布局，并对从2020年到21世纪中叶我国社会主义现代化建设做出了两个阶段的战略安排。党的二十大进一步指出，我们要坚持以推动高质量发展为主题，加快建设现代化经济体系，着力提高全要素生产率，着力提升产业链供应链韧性和安全水平，着力推进城乡融合和区域协调发展，推动经济实现质的有效提升和量的合理增长。

4. 抓住发展关键

抓住机遇，加快经济发展主要靠什么？邓小平指出："经济发展得快一点，必须依靠科技和教育。"① 他认为，发展生产力，科学技术是关键一环，只要抓住科学技术，生产力水平就能有较大的提高。为此，邓小平提出了"科学技术是第一生产力"的观点，这是对马克思主义生产力理论的新发展。

马克思、恩格斯所处的时代，人类正经历着近代史上的第一、二次科技革命。科学开始被有意识地、广泛地应用于社会生产，科学技术革命直接引起了产业革命。马克思、恩格斯对科学技术给生产力发展和社会变革带来的变化予以高度重视。他们把蒸汽机的广泛使用称为第一次科技革命，欢呼它给世界带来的巨大进步。他们还预见到当时方兴未艾的以电的发明和应用为标志的第二次科技革命将会使生产力与社会发展取得更大的进步，认为科学技术作为变革历史的伟大的杠杆，是最高意义上的革命力量。人类进入20世纪以后，科学技术领域出现了许多新的突破。从20世纪40年代末到70年代中期，发生了以原子能、电子计算机、宇宙航天技术为先导的第三次科技革命。从20世纪70年代后期开始，又发生了以信息技术、生物技术、空间技术、海洋技术和新材料新能源技术为主的第四次科技革命。新技术革命的一个重要特点是，新的科学技术从发明到应用的时间大为缩短。第三、四次科技革命的成果不但以空前的规模和速度转化为现实的生产力，而且极大地解放和开发了人的脑力，使创造性脑力劳动越来越成为人类劳动的主要形式，科技对劳动者这个生产力中最活跃的因素发挥了前所未有的作用。科学技术促进了人类劳动生产率成十倍、百倍、千倍的提高。

实现现代化的关键是科学技术现代化，没有科学技术现代化，就不可能有现代化工业、现代化农业和现代化国防，就不会有国民经济的高速发展，实现达到中等发达国家水平的目标就会落空。邓小平科学考察了第三、四次科技革命给人类社会带来的新变化，尤其是对生产力发展的作用，及时把握时代脉搏和人类社会发展的方向，提出了"科学技术是第一生产力"的著名论断。根据邓小平"科学技术是第一生产力"的论断，党的十五大把科技进步作为经济发展的决定性因素，提出了科教兴国战略，强调要充分估量未来科学技术特别是高技术发展对综合国力、社会经济结构和人民生活的巨大影响，把加速科技进步放在经济社会发展的关键地位，使经济建设真正转到依靠科技进步和提高劳动者素质的轨道上来。党的十七大把提高自主创新能力、建设创新型国家作为国家发展战略的核心和提高综合国力的关键。

党的十八大提出实施创新驱动发展战略，把科技创新作为提高社会生产力和综合国力的战略支撑，摆在国家发展全局的核心位置，坚持走中国特色自主创新道路。党的十九大进一步指出，创新是引领发展的第一动力，是建设现代化经济体系的战略支撑。党的二十大更加强调了教育、科技、人才作为全面建设社会主义现代化国家的基础性、战略性支撑地位和作用。要求"必须坚持科技是第一生产力、人才是第一资源、创新是第一动力，深入实施科教兴国战略、人才强国战略、创新驱动发展战略，开辟发展新领域

① 邓小平．邓小平文选：第3卷．北京：人民出版社，1993：377．

新赛道，不断塑造发展新动能新优势”[①]。

总之，科学技术是第一生产力，中国发展的关键在于科学技术的发展。把发展科技和教育提到中国社会发展至关重要的地位，这就为不断提高生产力水平找到了正确的途径。

二、中国特色社会主义的发展动力

改革开放作为党在社会主义初级阶段基本路线的一个基本点，作为中国特色社会主义的重要组成部分，体现了最鲜明的时代特征。改革开放是强国之路，是决定当代中国命运的关键抉择，是党在新的历史条件下带领人民进行的新的伟大革命。中国特色社会主义发展动力的思想，系统回答了我国改革开放的性质、特点和规律，确定了改革开放作为社会主义发展必由之路的重要地位，是党深刻认识社会主义社会生产力和生产关系、经济基础和上层建筑矛盾运动得出的重要结论，揭示了党和国家发展进步的动力源泉。

（一）改革开放思想的形成和发展

中国特色社会主义发展动力的思想，是围绕实现社会主义现代化这一根本任务的重新认定而加以提出、逐步展开并达到成熟的。它的形成发展，又是与我国改革开放和社会主义现代化建设伟大实践相互伴随的。

1. 改革开放思想的初步提出

早在十一届三中全会召开前，邓小平在谈到实现现代化必须解放思想、从现在的实际出发、充分利用各种有利条件时，就已经提到了改革开放的问题。他认为，要进行社会主义现代化建设，“既要大幅度地改变目前落后的生产力，就必然要多方面地改变生产关系，改变上层建筑，改变工农业企业的管理方式和国家对工农业企业的管理方式，使之适应于现代化大经济的需要”[②]，因此，“各个经济战线不仅需要进行技术上的重大改革，而且需要进行制度上、组织上的重大改革”[③]。同时，他还提出搞建设“关起门来不行，不动脑筋永远陷于落后不行”[④]，“关起门来，固步自封，夜郎自大，是发达不起来的”[⑤]，必须实行开放政策。在邓小平上述思想的指导下，党的十一届三中全会在做出把全党工作的重点转移到社会主义现代化建设上来的重大战略决策的同时，提出了经济工作必须把主要注意力转到生产斗争和技术革命上来，转到按经济规律办事、把民主和集中结合起来的科学管理轨道上来，转到积极引进国外先进技术资金、大胆进入国际市场轨道上来，这“三个转变”的思想为确定改革开放的总方针奠定了良好的开端，也标志

① 习近平．高举中国特色社会主义伟大旗帜 为全面建设社会主义现代化国家而团结奋斗：在中国共产党第二十次全国代表大会上的报告．北京：人民出版社，2022：33.

② 邓小平．邓小平文选：第2卷．2版．北京：人民出版社，1994：135－136.

③ 同②136.

④ 同②128.

⑤ 同②132.

着我国经济发展指导思想的重大转变。

十一届三中全会以后，伴随着党在指导思想上拨乱反正任务的完成以及改革开放实践的逐步展开，党对实行改革开放的认识也在不断深化。1980 年 8 月，邓小平在中共中央政治局扩大会议上发表了《党和国家领导制度的改革》的重要讲话，就党和国家领导制度、组织制度这一带有根本性、全局性、稳定性和长期性的问题，提出必须对现行领导制度存在的各种弊端进行改革，这就把改革引向政治领域，使之不仅成为经济上实现四个现代化的需要，而且成为政治上发扬社会主义民主的需要。1984 年 6 月，邓小平在会见日本朋友的谈话中，第一次把改革开放这两大政策联系起来，从其思想实质上深刻阐述了实行改革开放的意义。他说："三十几年的经验教训告诉我们，关起门来搞建设是不行的，发展不起来。关起门有两种，一种是对国外；还有一种是对国内，就是一个地区对另外一个地区，一个部门对另外一个部门。两种关门都不行。"① 又说，"我们提出要发展得快一点"，"这就要求对内把经济搞活，对外实行开放政策"②。同年 10 月初，邓小平在会见参加中外经济合作问题讨论会全体代表时，第一次谈到了改革的革命含义，并把改革开放作为我们实现经济发展宏伟目标的"根本政策"，指出："这几年进行的农村的改革，是一种带革命意义的改革。"③ 又说："对内经济搞活，对外经济开放，这不是短期的政策，是个长期的政策。"④ 稍后，在会见联邦德国总理科尔的谈话中则进一步提出："我们把改革当作一种革命，当然不是'文化大革命'那样的革命。"⑤ 在这两次讲话中，邓小平在讲到改革时，有两个明显的特点：一是明确地从政策重新选择的角度讲改革，二是明确地把改革也归结为开放。

2. 改革开放思想的系统形成

1984 年 10 月召开的党的十二届三中全会，标志着我国改革开放的实践已经进入一个新的阶段，即全面改革和全方位开放的阶段。与此同时，党对改革开放的认识也在逐渐升华。1984 年 10 月下旬，邓小平在中央顾问委员会第三次全体会议上的讲话中，在评价十二届三中全会刚刚通过的《中共中央关于经济体制改革的决定》时说，"我的印象是写出了一个政治经济学的初稿，是马克思主义基本原理和中国社会主义实践相结合的政治经济学"⑥。邓小平认为，这个文件好就好在"解释了什么是社会主义，有些是我们老祖宗没有说过的话，有些新话"，"是真正坚持社会主义"⑦。1985 年 3 月，邓小平在全国科技工作会议上的讲话中进一步指出："经济体制，科技体制，这两方面的改革都是为了解放生产力。新的经济体制，应该是有利于技术进步的体制。新的科技体制，应该是有利于经济发展的体制。"⑧ 在这次会上的即席讲话中，他又说："我们采取的所有开放、

① 邓小平．邓小平文选：第 3 卷．北京：人民出版社，1993：64－65.
② 同①65.
③ 同①78.
④ 同①79.
⑤ 同①82.
⑥ 同①83.
⑦ 同①91.
⑧ 同①108.

搞活、改革等方面的政策，目的都是为了发展社会主义经济。”[①] 在改革开放中，“一个公有制占主体，一个共同富裕，这是我们所必须坚持的社会主义的根本原则”[②]。随后，又进一步明确提出“改革是两个开放政策的继续和发展”[③]、“改革是全面的改革”[④]、改革开放是“很大的试验”[⑤] 等观点，强调“改革的性质同过去的革命一样，也是为了扫除发展社会生产力的障碍，使中国摆脱贫穷落后的状态。从这个意义上说，改革也可以叫革命性的变革”[⑥]。他认为，“对内搞活经济，是活了社会主义，没有伤害社会主义的本质”，吸纳外国资金，“是作为发展社会生产力的一个补充，不用担心它会冲击社会主义制度”[⑦]。同时指出，改革开放也可能会带来消极影响，但有办法解决，没有什么了不起。之所以这样说，是因为从政治上讲，我们的国家机器是社会主义性质的，它有能力保障社会主义制度；从经济上讲，我国的社会主义经济已经建立了相当坚实的基础。

党的十三大召开前后，伴随着经济体制改革和对外开放的全面展开，邓小平对改革开放的整体设计也日臻成熟。这主要表现在：对政治体制改革更加关注，围绕政治体制改革的必要性，政治体制改革的目的、内容和目标，评价一个国家的政治体制、政治结构和政策是否正确的关键等问题，提出了一系列重要观点；对社会主义与市场经济这一关系我国经济体制改革深入发展的重大问题的认识取得突破性的进展，在此前提出的“社会主义也可以搞市场经济”“社会主义和市场经济之间不存在根本矛盾”等观点的基础上，进一步提出“计划和市场都是发展生产力的方法”的观点，有力地推动了全党对于经济体制改革目标认识上的深化，为后来明确提出建立社会主义市场经济体制奠定了思想基础。正是在这样的基础上，1987 年 10 月召开的党的十三大，把改革开放正式确定为党在社会主义初级阶段的基本路线，作为与四项基本原则相互联系的两个基本点之一。这就正式确立了改革开放作为中国特色社会主义发展动力的重要地位。

党的十三大后，邓小平一方面强调思想要更加解放一些，改革开放的步伐要迈得更快一些，另一方面强调在改革中要及时总结经验。针对当时经济和政治上发生的一些问题，邓小平反复强调，对“十年改革开放的成绩要充分估计够”[⑧]，对十一届三中全会以来“我们的一些基本提法，从发展战略到方针政策，包括改革开放”，都不要变，都要“坚定不移地干下去”[⑨]。在 1992 年初视察南方的谈话中，他明确地提出了“革命是解放生产力，改革也是解放生产力”[⑩] 的重要观点，强调一定要坚持改革开放以来形成的、以党在社会主义初级阶段的基本路线为核心内容的一整套方针、政策不动摇，认为“有了这一条，中国就大有希望”[⑪]。

---

① 邓小平．邓小平文选：第 3 卷．北京：人民出版社，1993：110.
② 同①111.
③ 同①113.
④ 同①117.
⑤ 同①130.
⑥⑦ 同①135.
⑧ 同①306.
⑨ 同①307.
⑩ 同①370.
⑪ 同①371.

邓小平关于改革开放的论述，不仅阐明了实行改革开放两大政策的目的及其相互关系、改革开放中应该坚持的根本原则、改革开放的重要地位，而且揭示了改革开放与体现社会主义本质的关系，从而标志着以经济改革与开放为核心内容的中国特色社会主义发展动力理论已经系统形成。

3. 改革开放思想的坚持和发展

党的十四大高度评价了邓小平南方谈话对于改革开放和社会主义现代化事业的重大而深远的意义，明确提出了我国经济体制改革的目标是建立社会主义市场经济体制，并把改革开放作为社会主义的发展动力概括为建设有中国特色社会主义理论的主要内容之一。十四届三中全会通过《中共中央关于建立社会主义市场经济体制若干问题的决定》，把建立社会主义市场经济体制的基本原则加以系统化、具体化，为经济体制改革提供了行动纲领。党的十五大在深入阐述社会主义初级阶段理论和党的基本路线、提出社会主义初级阶段的基本纲领的同时，强调指出："把社会主义同市场经济结合起来，是一个伟大创举。这就需要积极探索，大胆试验，尊重群众的首创精神；需要深化改革，解决体制转变中的深层次矛盾和关键问题；需要扩大开放，吸收和借鉴世界各国包括资本主义发达国家的先进技术和管理经验。"① 由计划经济体制向社会主义市场经济体制的转变，实现了改革开放新的历史性突破，打开了我国经济、政治和文化发展的崭新局面。

党的十七大系统阐述了改革开放的历史进程、重大意义及基本经验，强调改革开放是决定当代中国命运的关键抉择，是发展中国特色社会主义、实现中华民族伟大复兴的必由之路。只有社会主义才能救中国，只有改革开放才能发展中国、发展社会主义、发展马克思主义。强调改革开放以来我们取得一切成绩和进步的根本原因，归结起来就是：开辟了中国特色社会主义道路，形成了中国特色社会主义理论体系。高举中国特色社会主义伟大旗帜，最根本的就是要坚持这条道路和这个理论体系。这就把党对改革开放的认识提高到了一个新的水平。党的十八大把必须坚持推进改革开放作为坚持和发展中国特色社会主义必须牢牢把握的一项基本要求和全党全国各族人民的共同信念，并对在新的历史起点上全面深化改革做了总体战略部署。十八届三中全会就全面深化改革的若干重大问题作出决定，提出全面深化改革的总目标是完善和发展中国特色社会主义制度，推进国家治理体系和治理能力现代化。同时要求，紧紧围绕使市场在资源配置中起决定性作用深化经济体制改革，围绕坚持党的领导、人民当家作主、依法治国有机统一深化政治体制改革，围绕建设社会主义核心价值体系、社会主义文化强国深化文化体制改革，围绕更好保障和改善民生、促进社会公平正义深化社会体制改革，围绕建设美丽中国深化生态文明体制改革，围绕提高科学执政、民主执政、依法执政水平深化党的建设制度改革。全会强调，我国发展进入新阶段，改革进入攻坚期和深水区，必须以强烈的历史使命感，最大限度集中全党全社会的智慧，最大限度调动一切积极因素，敢于啃硬骨头，敢于涉险滩，以更大的决心冲破思想观念的束缚、突破利益固化的藩篱，推动中国特色社会主义制度自我完善和发展。到 2020 年，在重要领域和关键环节改革上取得决定性成果，完成本决定提出的改革任务，形成系统完备、科学规范、运行有效的制度体系，使

① 江泽民．江泽民文选：第 2 卷．北京：人民出版社，2006：16.

各方面制度更加成熟更加定型。党的十九大把坚持全面深化改革作为新时代坚持和发展中国特色社会主义的基本方略之一，强调指出，“只有社会主义才能救中国，只有改革开放才能发展中国、发展社会主义、发展马克思主义”①。必须坚持和完善中国特色社会主义制度，不断推进国家治理体系和治理能力现代化，坚决破除一切不合时宜的思想观念和体制机制弊端，突破利益固化的藩篱，吸收人类文明有益成果，构建系统完备、科学规范、运行有效的制度体系，充分发挥我国社会主义制度的优越性。党的二十大把坚持深化改革开放作为推进社会主义现代化强国建设，实现中华民族伟大复兴必须牢牢把握的一条重大原则。要求深入推进改革创新，坚定不移扩大开放，着力破解深层次体制机制障碍，不断彰显中国特色社会主义制度优势，不断增强社会主义现代化建设的动力和活力，把我国制度优势更好转化为国家治理效能。

（二）改革开放思想的基本内容

中国特色社会主义发展动力的思想，具有丰富的内容，包含了改革开放的必要性、改革开放的性质和含义、改革开放的方针、改革开放的宝贵经验等方面，形成了系统的理论、方针和政策。

1. 改革开放的必要性

党的十一届三中全会以后，邓小平在领导全党全国人民进行改革开放的实践中，坚持以历史唯物主义为指导，紧密结合我国社会主义发展的实际，深刻阐述了改革开放的必要性。

首先，“改革是社会主义发展的直接动力”的观点，是从改革也是解放生产力、改革是发展生产力的必由之路等论断中引申出来的。

马克思主义历来认为，人类社会是在生产力与生产关系、经济基础与上层建筑的矛盾运动中发展的，生产力是社会发展的决定性因素。在阶级社会中，革命的阶级斗争是社会发展的直接动力，因为只有经过革命的阶级斗争，推翻反动阶级的统治，改变旧的社会制度，建立新的社会制度，才能解放生产力，推动生产力的发展和整个社会的进步。虽然由于历史条件的限制，马克思主义创始人对于社会主义社会的发展动力未能给予明确的回答，但也提出了一些极具启发性的意见。恩格斯关于“所谓‘社会主义社会’不是一种一成不变的东西，而应当和任何其他社会制度一样，把它看成是经常变化和改革的社会”② 的论述，列宁关于“今后在发展生产力和文化方面，我们每前进一步和每提高一步都必定要同时改善和改造我们的苏维埃制度，而现在我们在经济和文化方面水平还很低。我们有待于改造的东西很多”③ 的论述，都在实际上涉及了社会主义社会的发展动力问题，为人们提供了一种富有创造性的发展观。革命导师的这种彻底的发展观，揭示了社会主义改革的历史必然性，为我们认识和理解改革的历史地位和作用指明了正确的方向。但是，从 20 世纪 30 年代中叶开始，斯大林关于社会主义社会已不存在矛盾、社

---

① 习近平．决胜全面建成小康社会 夺取新时代中国特色社会主义伟大胜利：在中国共产党第十九次全国代表大会上的报告．北京：人民出版社，2017：21.

② 马克思，恩格斯．马克思恩格斯选集：第 4 卷．3 版．北京：人民出版社，2012：601.

③ 列宁．列宁选集：第 4 卷．3 版．北京：人民出版社，1995：613.

会主义社会发展的动力是广大劳动人民“精神上政治上的一致”的观点，在国际共产主义运动和社会主义国家产生了很大的影响。

20 世纪 50 年代中期，毛泽东首次在理论上正确地阐述了社会主义社会的基本矛盾问题，从而在理论上说明了社会主义改革的必要性。从 20 世纪 50 年代中期到 60 年代初，党和毛泽东在对中国社会主义建设道路的探索中，也曾对一些不适应生产力发展的具体制度进行过某些调整，但由于对社会主义社会基本矛盾的具体表现和基本国情的判断出现失误（主要是把社会主义社会基本矛盾的表现归结为两个阶级、两条路线的斗争，忽视我国社会经济文化落后的基本状况）等，曾经脱离生产力发展的实际，一味追求提高生产资料公有化的程度和企图“以阶级斗争为纲”来推动生产力的发展，结果遭到了严重挫折。十一届三中全会以后，党和邓小平把改革作为中国发展生产力的必由之路，这就正确地解决了社会主义社会的发展动力问题。

改革也是解放生产力的思想，奠定了改革作为一场新的革命在中国特色社会主义事业发展中的极其重要的历史地位。这种历史地位是通过改革对生产力所起的解放作用体现出来的。具体地说，这种解放作用表现在：一是进一步解放了作为生产力主体要素的劳动者，促进了劳动者主动性和创造性的发挥；二是解放了作为生产力载体和国民经济细胞的企业，促进了企业素质的提高和活力的增强；三是解放了作为第一生产力的科学技术，促进了我国科技的进步和管理水平的提高。中国特色社会主义建设和改革的伟大实践，已经充分说明了改革对于解放和发展生产力的重大作用，揭示了改革作为一场新的革命在中国特色社会主义发展中的动力地位。正如邓小平所说：“改革的意义，是为下一个十年和下世纪的前五十年奠定良好的持续发展的基础。没有改革就没有今后的持续发展。”①

其次，实行对外开放，学会利用有利的外部条件，加快自己发展，这既是对中国过去长期停滞落后历史教训的深刻总结，也是对现在的世界是开放的世界、中国的发展离不开世界的深入思考。邓小平在阐述必须进行改革的同时，还反复强调说明必须实行对外开放的重要性和必要性。

对外开放政策的提出，首先是对中国长期停滞落后的历史经验教训深刻反思的结果。邓小平指出：“总结历史经验，中国长期处于停滞和落后状态的一个重要原因是闭关自守。”② 新中国成立后，除第一个五年计划时期是对苏联、东欧开放外，实际上几乎处于同世界隔绝的状态。当然，这种情况的出现，在相当长一个时期，主要不是我们自己的原因，而是反对中国和反对社会主义的势力迫使我们处于这种被隔绝和孤立的状态。但是，后来有了同国际加强交往合作的条件，我们自己却又一度关起门来。历史经验一再证明：关起门来搞建设，把自己孤立于世界之外，归根到底是不利于我们自己的发展的。我们提出要使经济发展得快一些、好一些，就要在对内实行改革、把经济搞活的同时，对外实行开放，学会利用有利的外部条件，加快自己的发展，而不应该把自己封闭起来。

对外开放政策的提出，是对当代世界经济、科技发展趋势敏锐观察的结果。现在的

---

① 邓小平．邓小平文选：第 3 卷．北京：人民出版社，1993：131.

② 同①78.

世界是开放的世界。在当代，各国之间经济、政治、文化的广泛交往，已经把世界变成了一个发展的整体。对外实行闭关自守政策，把自己封闭起来，连信息都不灵通，只能越来越落后。一方面，当代世界经济和科技的发展，为中国实行对外开放政策，利用国际上的资金和先进技术，加快发展本国的经济，提供了良好的机遇和条件；另一方面，中国经济和技术的发展，也有利于世界的和平与发展。坚持实行对外开放，积极参与国际经济竞争与合作，发挥自己的优势，使我国经济与国际经济实现必要的互接互补，加上我们自己的艰苦奋斗、自力更生、不断创新，就能适应当代世界科技与经济发展的大趋势。

对外开放政策的提出，也是正确对待资本主义社会创造的现代文明成果，并最终使社会主义优于与资本主义的需要。对外开放在本质上是要解决如何对待本国发展所面临的庞大的世界体系问题。从我国的实际看，过去的主要问题是，未能正确认识社会主义与资本主义的关系，过分强调了社会主义与资本主义对立、斗争的一面，而忽略了社会主义是在批判地继承资本主义已有积极成果基础上的发展，与资本主义还有借鉴、利用、学习、合作的一面，因而从总体上说，没能正确评价资本主义的历史作用。历史与现实的经验一再表明，怎样对待资本主义，实际上也是关系到社会主义本身发展的问题。社会主义只有大胆借鉴、吸收人类社会包括资本主义社会所创造的全部文明成果，并结合新的实践进行新的创造，为我所用，才能加快发展，赢得同资本主义相比较的优势。

改革开放是党在新的时代条件下带领人民进行的新的伟大革命。我国过去 40 多年的快速发展靠的是改革开放，我国未来发展也必须坚定不移依靠改革开放。习近平总书记强调："改革开放是决定当代中国命运的关键一招，也是决定实现'两个一百年'奋斗目标、实现中华民族伟大复兴的关键一招。"① 他强调，改革开放只有进行时，没有完成时。现在推进改革的复杂程度、敏感程度、艰巨程度，一点都不亚于 40 多年前。在整个社会主义现代化进程中，我们都要高举改革开放的旗帜，决不能有丝毫动摇。全面深化改革，是顺应当今世界发展大势的必然选择；是解决中国现实问题的根本途径；是抓住和用好历史性机遇，抢占未来发展制高点的必然选择。中国的改革又到了一个新的历史关头，美好的目标就在前面，风险和考验也摆在我们面前。必须一鼓作气、坚定不移，敢于啃硬骨头，敢于涉险滩，敢于向积存多年的顽瘴痼疾开刀，坚决打好全面深化改革这场攻坚战。

2. 改革开放的性质和含义

关于改革的性质和含义。依据传统的观点，改革与革命是一个对立的范畴。革命是质变，是先进的社会制度取代落后的社会制度，是一个阶级推翻另一个阶级的政治革命；改革则是量变，是现有制度的自我完善，是维护本阶级统治和根本利益的变革。因此，在以往人们的观念中，改革（或曰改良）往往不具有革命的含义。不仅如此，在社会主义的发展史上，在很长一段时间内，人们甚至认为，在社会主义制度下不仅不存在革命的问题，而且连改革也不需要。邓小平在坚持强调改革是社会主义制度的自我完善和发展而不是一个阶级推翻另一个阶级那种传统意义上的革命的同时，又在对以往社会主义

① 中共中央宣传部．习近平总书记系列重要讲话读本．北京：学习出版社，2014：38.

改革的理论和实践深刻反思的基础上，鲜明地提出把改革当作一场“新的革命”的重要论断。这是邓小平对科学社会主义的一大贡献。任何革命都是为了扫除生产力发展的障碍。改革的含义可以有多方面的理解：从解放生产力、扫除发展生产力的障碍这个意义上来说，从政策的重新选择、体制的重新构建这个转变的深刻性和广泛性来说，从由此而引起的社会生活和人们观念变化的深刻性和广泛性来说，我们都可以把改革看作一场新的革命。习近平认为，改革开放是党在新时代带领人民进行的新的伟大革命，是当代中国最鲜明的特色，也是党最鲜明的旗帜。

一是把改革当作一场革命，集中体现在“革命是解放生产力，改革也是解放生产力”这一重要观点上。社会主义的实践表明，社会主义制度建立以后，仍然存在着解放生产力的任务。这是因为以往在社会主义国家普遍实行的计划经济体制严重束缚了生产力的发展，不对这种旧的经济体制进行根本性变革，就无法促进生产力的发展。党在新时期的一个重要创新，就在于我们把社会主义基本制度与具体制度、体制机制加以区别，既肯定了社会主义基本制度的优越性、坚持这一基本制度的必要性，又指出了在坚持社会主义基本制度的前提下，对严重束缚生产力发展的具体制度、体制机制加以改革的必要性和意义。邓小平深刻指出：“社会主义基本制度确立以后，还要从根本上改变束缚生产力发展的经济体制，建立起充满生机和活力的社会主义经济体制，促进生产力的发展，这是改革，所以改革也是解放生产力。过去，只讲在社会主义条件下发展生产力，没有讲还要通过改革解放生产力，不完全。应该把解放生产力和发展生产力两个讲全了。”① 这就是说，要把由于社会主义基本制度的建立为生产力发展提供的可能性变为现实性，保持社会主义经济的持续增长，还必须有正确的政策选择，需要进行体制机制上的重构。

二是我国经济体制改革的目标模式，是建立社会主义市场经济体制，这是理解改革是一场革命的又一重要体现。在传统的社会主义观念中，计划经济姓“社”，市场经济姓“资”，二者截然对立。邓小平突破了把市场经济与社会主义对立起来、认为市场经济是资本主义的东西的固定观念，为我国经济体制的改革指明了方向。从计划经济体制向社会主义市场经济体制的转变，就社会主义的基本制度而言，不是质变，但就经济体制而言，就经济的运行机制而言，则是质变，是一场革命性的变革。这里实际上有两个否定和两个转变：其一，从否定过去被人们长期认定的社会主义是产品经济社会，转变到承认社会主义同样是商品经济社会；其二，从否定与商品经济相联系的计划经济的管理体制和运行机制，转变到承认社会主义也可以建立市场经济的管理体制和运行机制。对社会主义市场经济的认定，无论是在理论上还是在实践上，都是前所未有的创造。

三是改革之所以是一场革命，还体现在它本身的广度和深度，以及由此而引起的社会生活和人们思想观念变化的广度和深度上。邓小平指出：“改革促进了生产力的发展，引起了经济生活、社会生活、工作方式和精神状态的一系列深刻变化。”② 这就是说，我们所进行的改革，不仅在解决经济体制、结构等深层次上是一场革命，而且涉及包括政

① 邓小平．邓小平文选：第3卷．北京：人民出版社，1993：370.

② 同①142.

治体制、科技体制、教育体制、文化体制、生活方式以及社会其他领域的改革，还渗透到人们的思想观念中，引起人们世界观、历史观、价值观、道德观等方面的深刻变革。各个领域、各个方面的改革相互联结、相互影响，构成了整体的改革系统。

把改革作为中国共产党领导的第二次革命，是相对于第一次革命而言的。党领导的第一次革命，是把一个半殖民地半封建的旧中国变成一个社会主义新中国；党领导的第二次革命，则是要把一个经济文化比较落后的社会主义中国变成一个富强民主文明和谐美丽的现代化的社会主义中国。关于这两次革命之间的关系，集中起来就是：二者既有明显的区别，又有密切的联系。两次革命的区别主要表现在：第一，革命的依据不同。第一次革命是以帝国主义与中华民族、封建主义与人民大众这些近代中国社会基本矛盾为依据的，第二次革命则是以社会主义社会基本矛盾为依据的。第二，革命的任务和对象不同。第一次革命的对象是帝国主义、封建主义和官僚资本主义，任务是推翻“三座大山”、实现民族独立和人民解放；第二次革命是以阻碍生产力发展的那些旧的体制及其种种弊端为对象，任务是在不改变社会主义基本制度的前提下，通过改革束缚生产力发展的经济体制、政治体制及各方面的体制，解放和发展生产力，使社会主义制度的优越性得以充分发挥。第三，革命的性质不同。第一次革命是一个阶级推翻另一个阶级的政治大革命，是阶级的对抗和搏斗；第二次革命则不同，是社会主义制度的自我完善，本身不存在阶级之间的对抗。第四，革命的方式方法不同。第一次革命主要采取阶级斗争的方式和方法，在很长一段时间内又是以武装斗争为主要斗争形式、以军队为主要的组织形式的；第二次革命虽然也需要动员和依靠广大人民群众，需要集中群众的智慧和力量，但已不需要采取群众性的阶级斗争的方式和方法。两次革命的联系主要表现在：两次革命都是由中国共产党领导的，都是在马克思主义理论的指导下进行的，都坚持了马克思主义基本原理与中国具体实际相结合的原则。两次革命都是为了使中国最终摆脱贫穷落后的状态，使中国广大人民群众走向共同富裕。第一次革命是为了扫除发展生产力的障碍，第二次革命也是为了扫除发展生产力的障碍；第二次革命是在第一次革命的基础上进行的，是对过去革命成果的继承和发展，最终目的都是实现共产主义的伟大理想。“改革是中国的第二次革命”的科学论断，不仅进一步揭示了改革作为一场新的革命与第一次革命的原则区别，而且进一步指明了党所领导的两次革命之间的内在联系，从而全面把握了中国共产党所领导的整个中国革命和社会主义事业的历史本质。

关于开放的性质和含义。人类社会由封闭形态转向开放形态，是从资本主义社会开始的，它反映的是以社会化大生产为依托的商品经济发展的必然规律。它的主要表现是：商品生产的技术基础要求不断创新，一个国家和地区出现了新技术、新工艺、新产品，必然影响到其他国家和地区，引起国际间的技术交流；商品生产效率的迅速提高，商品数量的急剧增加，必然要求更大的市场，从而形成和不断扩大国际贸易和市场；商品生产同竞争相伴随，生产专业化的发展必然引起广泛的国际分工；商品生产高度发展，也必然要求扩大国家间的交往和信息传递。以社会化大生产为依托的商品生产的发展必然使得经济活动国际化，促使世界成为一个开放的世界。邓小平关于当代世界是开放的世界、中国的发展离不开世界的思想，是运用马克思主义关于生产力与生产关系辩证关系的原理，研究、总结世界经济发展得出的科学结论。

我国的对外开放，是在社会主义原则指导下的开放，是在坚持独立自主的基础上进行的开放，目的是加速社会主义建设，提高生产力水平和人民生活水平。因此，在开放中，必须坚持独立自主、自力更生的原则，这是对外开放的题中应有之义。“独立自主，自力更生，无论过去、现在和将来，都是我们的立足点。”① 我们珍惜同其他国家和人民的友谊与合作，更加珍惜自己经过长期奋斗而得来的独立自主权利。任何外国不要指望中国做他们的附庸，不要指望中国会吞下损害自己利益的苦果。由于国内外多种因素的作用，在对外开放过程中可能会出现一些问题，但它不会导致资本主义。开放的最大的风险，就是会带来资本主义腐朽的东西和消极的影响，但这并不可怕，消极因素比起开放加速发展的积极效果毕竟要小得多。同时，又要看到，我们具有从根本上保证开放向着有利于社会主义方向发展的重要条件。这就是：无论怎样开放，公有制经济都始终处于主导地位，这是经济上的根本保证；中国共产党领导中国人民，这是政治上的根本保证；通过教育人民坚持四项基本原则，清醒地意识到这个问题，可以自觉防止资本主义思想对自己的腐蚀、影响。

我国的对外开放是全方位、多层次、多形式的对外开放。这是我们理解邓小平对外开放思想不能忽视的一个重要含义。所谓全方位的开放，是指世界上的国家，无论大小，无论强弱，也无论属于什么社会制度，都各有所长，我们都应该同它们进行交流与合作，只有这样才会更有益于我们自己的发展。所谓多层次的开放，是指经过不断探索，我国已经形成了点、线、片、面的多层次的开放格局。点，即经济特区；线，即沿海港口城市；片，即沿海经济开放区；面，即全国广大内陆地区。由此，我国的对外开放已经从点到面全面展开，形成了面向世界的开放局面。所谓多形式的开放，是指要全面地发展我国对外经济关系，以多种方式参与国际经济活动，适应经济生活的国际化。我国对外经济关系包括对外贸易、利用外资、引进技术、劳务合作、国际旅游等基本形式，也包括我国对外投资、技术出口、对外经济援助等。随着我国开放的深化和国际交往的扩大，对外开放的内容和形式必将进一步丰富多彩。

3. 改革开放的方针

改革开放是社会主义的新生事物，它不会一帆风顺。在改革开放的过程中，难免会遇到这样那样的问题，出现各种复杂的情况，全面深化改革，触及深层次的社会关系和利益调整，凝聚改革共识难度加大，统筹兼顾各方面利益任务艰巨，必须将加强顶层设计和“摸着石头过河”相结合，整体推进和重点突破相促进，提高决策的科学性，广泛凝聚共识。

第一，改革要有一种敢走新路的勇气和敢于创新的精神。由于历史的和现实的、国际的和国内的各种因素，改革开放所要解决的问题是极为复杂的，需要付出艰辛的努力。改革要破除过去几十年形成的旧的经济体制，建立适应生产力发展的新的经济体制，同时，对其他方面的体制也要进行必要的改革，这就不可避免地涉及已有权力和利益格局的调整。在改革开放的过程中，既要坚持科学社会主义的基本原理，又要敢于突破传统社会主义模式和观念的束缚；既要坚决纠正过去长期存在并且不可能很快根除的“左”

① 邓小平．邓小平文选：第3卷．北京：人民出版社，1993：3.

的错误，又要警惕右的资产阶级自由化的倾向；既要大胆吸收和借鉴包括当今资本主义发达国家先进经营方式、管理方法在内的一切人类文明成果，又要防止资本主义的腐朽思想、生活方式的侵入。面对改革开放中遇到的前所未有的复杂情况和问题，面对深化改革所要冲破的思想观念束缚和利益固化的藩篱，必须要有一点敢闯敢干的精神，有一种敢啃硬骨头、敢涉险滩的态度。

第二，要善于总结经验，注意体现干部和群众的创造性。改革开放是一个很大的试验，“不仅在中国，而且在国际范围内也是一种试验”①，没有可以直接借鉴的成功的经验，没有现成的答案。新的一套制度和办法不是一下子就可以建立、成熟起来的。因此，一定要在敢于试验的基础上注意随时总结经验。邓小平指出：“每年领导层都要总结经验，对的就坚持，不对的赶快改，新问题出来抓紧解决。恐怕再有三十年的时间，我们才会在各方面形成一整套更加成熟、更加定型的制度。在这个制度下的方针、政策，也将更加定型化。”② 注意总结经验，调动干部和群众的积极性，就要在改革开放中坚持一切为了群众、一切依靠群众，从群众中来、到群众中去的群众路线，尊重群众的首创精神。改革越深入，越要注意把干部和群众的积极性、创造性引导好、保护好、发挥好。

第三，判断改革开放中的是非得失，以“是否有利于发展社会主义社会的生产力，是否有利于增强社会主义国家的综合国力，是否有利于提高人民的生活水平”为标准。“三个有利于”的标准，实际上是把实践标准（判断认识真理性的标准）、生产力标准（判断发展经济的路线、方针、政策的标准）、人民利益标准（判断人心所向的标准）完全统一起来了。按照这个根本标准，我们就既不会把那些合乎“三个有利于”标准、本来姓“社”的东西，错误地划定为姓“资”的东西而加以排斥，也不会把那些合乎“三个有利于”标准、既可为“资”所用又可为“社”所用的东西错误地加以排斥。坚持“三个有利于”的标准，就可以不断解放思想，克服姓“社”姓“资”的纠缠，不断地把改革开放和社会主义现代化建设推向前进。

4. 改革开放的宝贵经验

中国共产党一贯重视总结经验。伴随改革开放的持续推进，在改革开放 20 周年、30 周年、40 周年时，党中央都曾对改革开放的经验进行过概括和总结。习近平总书记强调指出，“改革开放四十年积累的宝贵经验是党和人民弥足珍贵的精神财富，对新时代坚持和发展中国特色社会主义有着极为重要的指导意义”③。这些经验集中表现在“九个坚持”上：

一是必须坚持党对一切工作的领导，不断加强和改善党的领导，增强“四个意识”、坚定“四个自信”，坚决维护党中央权威和集中统一领导，确保改革开放这艘航船沿着正确航向破浪前行。

二是必须坚持以人民为中心，不断实现人民对美好生活的向往，顺应民心、尊重民

---

① 邓小平．邓小平文选：第 3 卷．北京：人民出版社，1993：135.

② 同①372.

③ 习近平．习近平著作选读：第 2 卷．北京：人民出版社，2023：222.

意、关注民情、致力民生，让人民共享改革开放成果，激励人民更加自觉地投身改革开放和社会主义现代化建设事业。

三是必须坚持马克思主义指导地位，不断推进实践基础上的理论创新，及时回答时代之问、人民之问，不断开辟马克思主义发展新境界。

四是必须坚持走中国特色社会主义道路，不断坚持和发展中国特色社会主义，牢牢把握改革开放的前进方向。

五是必须坚持完善和发展中国特色社会主义制度，不断发挥和增强我国制度优势，推动中国特色社会主义制度更加成熟更加定型。

六是必须坚持以发展为第一要务，不断增强我国综合国力，推动经济社会持续健康发展，为坚持和发展中国特色社会主义、实现中华民族伟大复兴奠定雄厚物质基础。

七是必须坚持扩大开放，不断推动共建人类命运共同体，高举和平、发展、合作、共赢的旗帜，维护国际公平正义，倡导国际关系民主化，积极参与全球治理体系改革和建设，促进贸易投资自由化便利化。

八是必须坚持全面从严治党，不断提高党的创造力、凝聚力、战斗力，不断增强党的政治领导力、思想引领力、群众组织力、社会号召力，坚决清除一切腐败分子，确保党始终保持同人民群众的血肉联系。

九是必须坚持辩证唯物主义和历史唯物主义世界观和方法论，坚持问题导向和目标导向相统一，正确处理改革发展稳定关系，既鼓励大胆试、大胆闯，又坚持实事求是、善作善成，确保改革开放行稳致远。

（三）改革开放思想提出的重大意义

改革开放思想的提出具有重大的理论和实践意义。

从理论方面说，改革开放思想的提出，开拓了马克思主义的新境界、新视野，丰富和发展了社会主义社会发展内在动力和外部条件的理论。马克思、恩格斯十分重视社会发展动力问题的研究，提出：人类社会是在生产力与生产关系、经济基础与上层建筑之间的矛盾运动中发展的，生产力是决定性的因素；在阶级社会中，阶级斗争是社会发展的直接动力；等等。但是，由于历史条件的限制，他们对社会主义社会矛盾的基本状况以及由此引出的对社会主义发展动因的认识，还不可能做出进一步的判断。列宁在分析对抗与矛盾的区别时提出了“在社会主义下，对抗将会消失，矛盾仍将存在”① 这一富有启发性的论断，但没能做出进一步的分析和说明。马克思、恩格斯不仅详尽地论述了资本主义社会的经济是开放型的经济，而且预见到社会主义社会在生产国际化等方面将比资本主义社会更大步地向前迈进。列宁则根据苏俄的实践明确提出，社会主义国家在对外经济关系上应当是开放型的，社会主义共和国不同世界发生联系是不能生存下去的。20 世纪 50 年代中期，毛泽东首先在社会主义社会发展动力问题上实现重大突破，提出社会主义社会矛盾的学说，明确分析了社会主义社会基本矛盾双方既相适应又相矛盾这一重大课题，提出“一切民族、一切国家的长处都要学”等重要的观点。邓小平关于改

---

① 列宁．列宁全集：第 60 卷．2 版．北京：人民出版社，1990：282.

革的目的是发展生产力、改革也是解放生产力、开放也是改革、改革开放是社会主义现代化建设的必由之路等重要观点，明确肯定了改革开放作为中国特色社会主义社会发展动力的地位，丰富和发展了社会主义社会发展内在动力和外部条件的学说。

从实践方面说，改革开放思想的提出，有力地指导了我国改革开放和社会主义现代化建设事业的发展。结束“文化大革命”以后，中国共产党人面临的一个重大的课题，就是能否彻底扭转“文化大革命”所造成的严重局势，从困难中重新奋起，为中国社会主义的发展开辟新的道路。邓小平作为当代中国改革开放和社会主义现代化建设的总设计师，以他的远见卓识、丰富的政治经验和高超的领导艺术，在千头万绪中抓住根本，从端正思想路线入手进行拨乱反正，在重新确立解放思想、实事求是的思想路线，确定把党和国家工作重心转移到社会主义现代化建设上来的同时，做出了实行改革开放的重大决策，确定了中国改革开放的全面部署。改革开放促进了我国社会主义经济体制的根本性变革，为政策的重新选择、体制的重新建构提供了难得的历史契机。在改革开放实践的推动下，我们过去长期没有彻底解决的“左”的政策开始从根本上得到清理，原有的束缚生产力发展的经济体制开始从根本上得到改变，新的充满生机活力的经济体制——社会主义市场经济体制改革的目标逐渐得以确立。正是改革开放实践的推动，才使我们解决了这一关系社会主义现代化建设全局的重大问题，并使我国的经济体制和其他方面体制的改革取得了重大进展。

改革开放引起了我国社会生活和人们观念的深刻、广泛的变化，为观念更新、思想解放提供了强大动力。改革开放的实践，不仅改变了过去长期推行的“左”的政策和僵化的体制，而且有力地冲击人们长期形成的一些固有观念和思维模式。改革开放以前，由于“文化大革命”及其以前长期“左”的错误的影响，在党员干部特别是领导干部中，思想不解放，思想僵化、半僵化的现象相当严重。十一届三中全会以后，由于实行了改革开放的政策，特别是坚持了判断改革开放和各项工作是非得失的正确标准，人们的思想获得了空前的解放，社会生活更加健康、有序、丰富多彩。正是由于改革开放的实践，才解放了人们的思想，打开了封闭的精神世界并使之活泼起来，推进了实践创新、理论创新、制度创新和其他创新，为开辟中国特色社会主义道路、形成中国特色社会主义理论体系、确立中国特色社会主义制度、发展中国特色社会主义文化提供了重要的条件。改革开放促进了生产力的发展，推动了我国社会主义现代化的进程，并为世界上社会主义国家的改革提供了成功的经验。实践证明：改革开放使社会主义的中国充满了生机和希望，使人民高兴、世界瞩目。面对社会主义运动在国际上遇到的严重挫折，中国共产党领导中国人民，使社会主义的旗帜高高飘扬，整个国家生机勃勃，有力地显示了社会主义制度的强大生命力。

改革开放是当代中国发展进步的活力之源，是党和人民大踏步跟上时代前进步伐的重要法宝，是坚持和发展中国特色社会主义的必由之路。我们坚信，只要全党和全国人民紧密团结在以习近平同志为核心的党中央周围，不断增强中国特色社会主义的道路自信、理论自信、制度自信和文化自信，锐意进取，攻坚克难，在新的历史起点上的全面深化改革就一定能够取得成功。

三、中国特色社会主义的政治保证

坚持四项基本原则，即坚持社会主义道路，坚持人民民主专政，坚持中国共产党的领导，坚持马克思列宁主义、毛泽东思想，是党对长期以来积累的历史经验所做出的科学概括[①]。四项基本原则作为一个统一的有机整体，集中体现了我国社会主义的基本制度，反映了亿万中国人民的共同意志，是不可动摇的立国之本。把坚持四项基本原则与坚持改革开放联系起来，作为围绕经济建设这一中心任务的两个基本点，作为中国特色社会主义现代化建设整体战略布局的重要组成因素，反复强调在改革开放和现代化建设过程中，任何时候、任何情况下，都必须坚持四项基本原则，旗帜鲜明地反对旨在使中国走上改旗易帜邪路的资产阶级自由化思潮，保持国家的安全和稳定，这就确立了四项基本原则对于中国特色社会主义事业健康发展所具有的根本政治前提和保证的战略地位。

（一）四项基本原则的提出和坚持

党的十一届三中全会以前，我们虽然长期一贯地坚持了共产党的领导、社会主义道路、无产阶级专政或人民民主专政、马克思列宁主义毛泽东思想这些基本的思想政治原则，但没有提出和使用过“坚持四项基本原则”这样一个特定的政治概念。

十一届三中全会以后不久，1979 年 3 月，邓小平在党的理论工作务虚会上发表讲话，第一次明确提出了“坚持四项基本原则”这样一个特定的政治概念，赋予其特定的内涵，并分别进行了系统的阐述。他说，“我们要在中国实现四个现代化，必须在思想政治上坚持四项基本原则”，这就是：“第一，必须坚持社会主义道路；第二，必须坚持无产阶级专政；第三，必须坚持共产党的领导；第四，必须坚持马列主义、毛泽东思想。”[②]邓小平认为：“这四项基本原则并不是新的东西，是我们党长期以来所一贯坚持的。粉碎‘四人帮’以至三中全会以来，党中央实行的一系列方针政策，一直是坚持这四项基本原则的。”[③]“尽管如此，中央认为今天还是有很大的必要来强调宣传这四项基本原则。因为现在一方面，党内有一部分同志还深受极左思潮的毒害，有极少数人甚至散布流言蜚语，攻击中央在粉碎‘四人帮’以来特别是三中全会以来所实行的一系列方针政策违反马列主义、毛泽东思想；另一方面，社会上有极少数人正在散布怀疑或反对这四项基本原则的思潮，而党内也有个别同志不但不承认这种思潮的危险，甚至直接间接地加以某种程度的支持。虽然这几种人在党内外都是极少数，但是不能因为他们是极少数而忽视他们

---

① 2018 年修正后的《宪法》在序言中写道：“中国各族人民将继续在中国共产党领导下，在马克思列宁主义、毛泽东思想、邓小平理论、“三个代表”重要思想、科学发展观、习近平新时代中国特色社会主义思想指引下，坚持人民民主专政，坚持社会主义道路，坚持改革开放，不断完善社会主义的各项制度，发展社会主义市场经济，发展社会主义民主，健全社会主义法治，贯彻新发展理念，自力更生，艰苦奋斗，逐步实现工业、农业、国防和科学技术的现代化，推动物质文明、政治文明、精神文明、社会文明、生态文明协调发展，把我国建设成为富强民主文明和谐美丽的社会主义现代化强国，实现中华民族伟大复兴。”

② 邓小平．邓小平文选：第 2 卷．2 版．北京：人民出版社，1994：164－165.

③ 同②165.

的作用。事实证明，他们不但可以而且已经对我们的事业造成很大的危害。"[①] 也就是说，中央之所以要反复强调四项基本原则，是因为某些人企图动摇这些原则，这是决不允许的。每个共产党员，更不必说党的思想理论工作者，决不允许在这个根本立场上有丝毫动摇。

四项基本原则经邓小平提出并加以阐述以后，立即得到全党全国人民的普遍认同和拥护，并先后被载入党章和宪法，成为全党和全国人民团结奋斗的政治基础和根本原则。1980 年 2 月召开的党的十一届五中全会通过的《关于党内政治生活的若干准则》，从坚持党的政治路线和思想路线的高度，将坚持四项基本原则写入党内政治生活的准则。在此基础上，1982 年 9 月，党的第十二次全国代表大会通过的《中国共产党章程》，又把四项基本原则写在总纲中，规定：在现阶段，坚持社会主义道路，坚持人民民主专政，坚持党的领导，坚持马克思列宁主义、毛泽东思想，集中力量进行社会主义现代化建设，是全党团结统一的政治基础。1982 年 12 月，五届全国人大五次会议通过的《中华人民共和国宪法》，在序言中也写上了四项基本原则的内容，并将无产阶级专政改为人民民主专政，规定：中国各族人民将继续在中国共产党领导下，在马克思列宁主义、毛泽东思想指引下，坚持人民民主专政，坚持社会主义道路。这样，坚持四项基本原则就成为中国共产党的党规党纪和《中华人民共和国宪法》的指导原则。十三大将坚持四项基本原则正式概括为党在社会主义初级阶段建设有中国特色社会主义基本路线的两个基本点之一，并指出它是我们的立国之本。十四大又把四项基本原则概括为关于社会主义建设政治保证的理论，作为邓小平建设有中国特色社会主义理论体系主要内容的重要组成部分，从而确定了其在这一理论体系中的重要地位。

第一，四项基本原则是对党长期以来积累的历史经验的科学概括。

以毛泽东同志为主要代表的中国共产党人，在把马克思主义基本原理与中国具体实际相结合、取得新民主主义革命和社会主义改造伟大胜利的过程中，已经提出并始终坚持了后来作为四项基本原则内容的一些基本观点和原则。

首先，早在新民主主义革命时期，党就已经形成了中国革命分两步走的战略思想，并明确提出了只有社会主义才能够救中国的观点。1939 年 12 月，毛泽东在《中国革命和中国共产党》一文中指出，"每个共产党员须知，中国共产党领导的整个中国革命运动，是包括民主主义革命和社会主义革命两个阶段在内的全部革命运动"，"民主主义革命是社会主义革命的必要准备，社会主义革命是民主主义革命的必然趋势"[②]。1940 年 1 月，毛泽东又在《新民主主义论》中指出："中国革命不能不做两步走，第一步是新民主主义，第二步才是社会主义。"[③] 中国也只有进到社会主义时代才是真正幸福的时代。可以说，走社会主义道路长期以来一直是中国共产党坚持的原则。

其次，早在中国共产党成立之初，党就确定了建立无产阶级专政的目标，后来又逐步提出了建立一个无产阶级领导的各革命阶级联合专政的新民主主义国家的政治目标。

① 邓小平．邓小平文选：第 2 卷．2 版．北京：人民出版社，1994：165－166．

② 毛泽东．毛泽东选集：第 2 卷．2 版．北京：人民出版社，1991：651．

③ 同②683－684．

1949年6月30日，毛泽东在《论人民民主专政》一文中更是明确地指出，总结我们的经验，集中到一点，就是工人阶级（经过共产党）领导的以工农联盟为基础的人民民主专政，强调“这就是我们的公式，这就是我们的主要经验，这就是我们的主要纲领”①。

再次，无论是在新民主主义革命时期还是在社会主义革命和建设时期，中国共产党人都始终强调要坚持中国共产党对中国革命和社会主义事业的领导。正如毛泽东在党的七大所做的《论联合政府》的报告中所说：“三次革命的经验，尤其是抗日战争的经验，给了我们和中国人民这样一种信心：没有中国共产党的努力，没有中国共产党人做中国人民的中流砥柱，中国的独立和解放是不可能的，中国的工业化和农业近代化也是不可能的。”②

最后，正是由于以毛泽东同志为主要代表的中国共产党人，在领导中国人民进行新民主主义革命的伟大实践中，始终以马克思列宁主义为指导思想，坚持马克思主义基本原理与中国具体实际相结合的方向，才在总结中国革命成功和失败经验的基础上，找到了中国自己的革命道路，创立了适合中国情况的科学指导思想——毛泽东思想，指导中国革命取得历史性的胜利，在中国建立了社会主义制度，并开始了自己社会主义建设道路的探索。

由此可见，四项基本原则确实是中国人民长期革命斗争实践经验的科学结晶，是对中国共产党人在几十年革命和建设过程中所取得的一切积极成果的高度概括。坚持四项基本原则，中国社会主义事业的巩固和发展就有了牢固的制度基础，“离开坚持四项基本原则，就没有根，没有方向”③。

第二，四项基本原则是实现社会主义现代化历史任务的根本前提。

党的十一届三中全会，实现了党的工作重心由阶级斗争向经济建设的转移，确定了把我国建设成为社会主义现代化强国的历史任务。在以经济建设为中心实现社会主义现代化的历史条件下，如何认识和处理社会主义与现代化的关系，如何认识和处理坚持社会主义与实行改革开放的关系，如何认识和处理社会主义与市场经济、民主法治、精神文明的关系，是中国共产党人面临的社会主义建设的新情况和新问题，也是不容回避的问题。现代化的概念，就其生产力、科学技术本身的内容来说，是没有什么阶级性的。但是，由于不同国家的社会制度不同，现代化与不同的经济制度和政治制度相联系就产生了性质上的很大差别。世界上没有不同一定生产关系相联系的生产力，同样，也没有不同一定社会制度相联系的现代化。

首先，我国的现代化建设是在社会主义制度下进行的，我们只能走社会主义现代化的道路。我国为了实现社会主义现代化而进行的全面改革与深化改革，是在中国共产党领导下有秩序有步骤地进行的，是社会主义制度的自我完善和发展，不是放弃或削弱党的领导，不是要改变社会主义制度。我国的对外开放，无论是引进外资还是引进外国先进技术、先进管理经验，都是为了发展社会主义社会的生产力，壮大社会主义物质技术

---

① 毛泽东．毛泽东选集：第4卷．2版．北京：人民出版社，1991：1480.

② 毛泽东．毛泽东选集：第3卷．2版．北京：人民出版社，1991：1097-1098.

③ 邓小平．邓小平文选：第2卷．2版．北京：人民出版社，1994：278.

基础，而不是离开社会主义道路。

其次，我国的现代化建设是在中国共产党的领导下进行的。坚持四项基本原则的核心是坚持党的领导。实现社会主义现代化，把我国建设成为一个富强民主文明和谐美丽的社会主义现代化强国，这是一个非常艰巨的任务。“没有党的领导，就没有一条正确的政治路线；没有党的领导，就没有安定团结的政治局面；没有党的领导，艰苦创业的精神就提倡不起来；没有党的领导，真正又红又专、特别是有专业知识和专业能力的队伍也建立不起来。”社会主义现代化建设“也就没有一个力量能够领导进行”①。

再次，实现社会主义现代化，必须有一个安定团结的政治局面，而在安定团结的基础上进行社会主义现代化建设，又必须坚持对人民实行民主、对敌人实行专政的人民民主专政，即无产阶级专政。这也是全国人民的最大利益所在。“没有民主就没有社会主义，就没有社会主义的现代化。”“但是发展社会主义民主，决不是可以不要对敌视社会主义的势力实行无产阶级专政。”② 运用人民民主专政的力量巩固人民的政权，依靠无产阶级专政保卫社会主义制度，是实现社会主义现代化的根本保证。

最后，中国式的现代化，必须从中国的特点出发，走出一条中国式的现代化道路。为此，又必须坚持马克思主义基本原理，运用这些基本原理及其所体现的立场、观点、方法，分析和解决社会主义现代化建设中出现的新情况、新问题，总结新经验，做出新结论，在实践中把马克思主义推向前进，这是对马克思主义的真正坚持。

第三，四项基本原则是反对资产阶级自由化斗争的锐利武器。

社会主义制度建立以后，剥削阶级作为一个阶级已不复存在，但是阶级斗争还在一定范围内长期存在，并且在一定条件下还可能激化。各种反对社会主义的敌对分子要达到改变我国社会主义制度、改变政权性质的目的，必然会利用一切可乘之机，攻击社会主义制度，攻击无产阶级专政，攻击共产党的领导，攻击马克思列宁主义、毛泽东思想。党的十一届三中全会以后，在纠正“左”倾错误的过程中，出现了一股从右的方面怀疑和反对四项基本原则的错误思潮。这股错误思潮虽然受到绝大多数人的抵制，但其危害是不可低估的，在一部分群众中造成了思想混乱，致使一些地方有少数人闹事，给工作秩序、生产秩序、社会秩序带来了破坏性的影响。正是在这种情况下，邓小平发表了《坚持四项基本原则》的讲话。党不仅提出坚持四项基本原则，而且采取了一系列措施，这可以说是党同资产阶级自由化的第一次交锋。之后，坚持四项基本原则与鼓吹资产阶级自由化的斗争又经历了几个回合。由于我国现在处于并将长期处于社会主义初级阶段，处在社会主义与资本主义两种社会制度共存的国际环境中，资产阶级自由化思潮必将长期存在，遇到适宜的气候就会重新泛滥起来。搞资产阶级自由化，即反对共产党的领导、否定社会主义制度、主张资本主义制度，是违背人民根本利益和历史潮流、为广大人民所坚决反对的。邓小平一再强调中国要搞现代化，决不能搞自由化，决不能走西方的资本主义道路。他说：“在整个改革开放的过程中，必须始终注意坚持四项基本原则。十二届六中全会我提出反对资产阶级自由化还要搞二十年，现在看起来还不止二十年。资产

① 邓小平．邓小平文选：第2卷．2版．北京：人民出版社，1994：266.

② 同①168.

阶级自由化泛滥，后果极其严重。”① 所以，四项基本原则的提出又是反对资产阶级自由化斗争的必然要求。

1989年国内政治风波过后，邓小平又强调指出，“四个坚持中最核心的是党的领导和社会主义。四个坚持的对立面是资产阶级自由化”②，并说，“我们搞改革开放，把工作重心放在经济建设上，没有丢马克思，没有丢列宁，也没有丢毛泽东”③。十四大在阐述建设有中国特色社会主义理论的主要内容时，把坚持四项基本原则作为社会主义建设的政治保证加以提出，强调坚持党的基本路线不动摇，必须把改革开放同四项基本原则统一起来。十五大郑重指出，全党要毫不动摇地坚持党在社会主义初级阶段的基本路线，把以经济建设为中心同四项基本原则、改革开放这两个基本点统一于建设有中国特色社会主义的伟大实践。此后，党的历次代表大会都把坚持四项基本原则作为中国特色社会主义道路的重要内容，把它与坚持改革开放结合起来作为一条基本经验。习近平强调：世界在发展，社会在进步，不实行改革开放死路一条，搞否定社会主义方向的“改革开放”也是死路一条。在方向问题上，我们头脑必须十分清醒。我们的方向就是不断推动社会主义制度自我完善和发展，而不是对社会主义制度改弦易张。我们要坚持四项基本原则这个立国之本，既以四项基本原则保证改革开放的正确方向，又通过改革开放赋予四项基本原则新的时代内涵，排除各种干扰，坚定不移走中国特色社会主义道路。

（二） 四项基本原则的科学内涵

坚持四项基本原则的实质，就是坚持社会主义的基本制度。坚持社会主义道路，即坚持社会主义基本经济、政治制度：坚持以公有制为主体、以按劳分配为主体，集中体现了社会主义经济基础在现阶段的基本特征；坚持人民民主专政，坚持中国共产党领导，坚持马克思列宁主义、毛泽东思想，集中体现了社会主义上层建筑在现阶段的基本特征。在坚持四项基本原则的前提下，通过全面改革确立起来的中国特色社会主义制度，为中国特色社会主义提供了根本政治前提和制度保障。

第一，社会主义道路是立国的根本方向。马克思主义揭示了资本主义必然灭亡、共产主义必然胜利的历史趋势。社会主义代替资本主义，是不以人的意志为转移的人类历史发展的客观规律，是历史的必然。在中国走社会主义道路同样也是历史的必然选择。社会主义制度的确立、巩固和发展，是中国历史上最伟大、最深刻的变革，资本主义道路在中国走不通。19世纪末资产阶级改良派发动的戊戌变法的失败、20世纪初资产阶级革命派的失败都充分证明，在半殖民地半封建的旧中国建立资产阶级共和国并独立发展资本主义是不可能的。只有社会主义才能救中国，只有社会主义才能发展中国。这是中国人民从100多年的切身经验中得出的历史结论，是中国革命和建设最基本的历史经验，也是中国必须坚持社会主义道路、以社会主义道路为立国根本方向的历史依据。马克思主义关于资本主义制度内在矛盾运动规律的科学论断，是中国必须坚持社会主义道路、

① 邓小平．邓小平文选：第3卷．北京：人民出版社，1993：379.

② 同①324.

③ 同①369.

以社会主义道路为立国根本方向的理论依据。社会主义道路从根本上反映了社会主义制度的优越性。只有坚持社会主义道路，才能使社会生产力稳步、持久地增长，保证全体人民逐步地走向共同富裕，避免资本主义社会由于生产资料私有制与生产社会化的矛盾所导致的周期性的经济危机，以及由于资本家发财致富和广大人民处于相对甚至绝对贫困化的矛盾所导致的阶级对抗的政治危机。当然，社会主义取代资本主义又是一个很长的历史过程。这个过程是艰难、复杂和曲折的，有时甚至还会出现反复。但是，社会主义取代资本主义又是一个必然的历史进程。坚持走社会主义道路，建设中国特色社会主义，这是我国历史发展的总趋势，体现了中国人民的根本利益，是符合历史发展规律的正确选择。

第二，人民民主专政是坚持社会主义的根本保证。无产阶级专政，既是无产阶级实现历史使命的工具，又是达到消灭阶级、进入无阶级社会的必由之路。无产阶级专政的具体形式可以多种多样，但其实质是一致的，即都要体现无产阶级和劳动人民的根本利益。我国的人民民主专政是无产阶级专政的一种类型。我国是工人阶级领导的、以工农联盟为基础的人民民主专政的社会主义国家。人民民主专政是具有中国特色的无产阶级专政，是马克思主义基本原理同中国具体实际相结合的产物，是中国共产党的伟大创造。我国的人民民主专政体现了新型民主和新型专政的统一，是我国的国体，也是社会主义优越性的本质表现。它一方面使人民群众得到真正的民主，享受到当家作主的自由；另一方面，又对极少数破坏我国社会主义制度的敌对势力和敌对分子实行专政，并防御外来的侵略和颠覆。人民民主专政还肩负着保卫社会主义经济、政治、文化建设和实现对整个社会全面改造的使命，为最终完全消灭阶级，促成国家消亡，实现共产主义铺平道路。我们之所以必须坚持人民民主专政，是因为：首先，在国内，阶级斗争在一定范围内还将长期存在；在国际上，企图颠覆、消灭社会主义的敌对势力也仍将长期存在。在这种情况下，为了保卫人民的胜利成果，保障社会主义建设的顺利进行，人民民主专政决不能够削弱。其次，我国经济和文化发展比较落后，还不能完全清除剥削阶级的残余和遗毒，不能完全杜绝破坏社会主义的犯罪分子的产生，不能完全防止社会成员以及党内某些成员腐化变质，不能完全根除各种犯罪活动。因此，必须利用人民民主专政打击各种犯罪活动，扫除各种丑恶现象，防止剥削阶级腐朽思想和生活作风的影响，推进社会主义精神文明建设。同时，又要运用人民民主专政，正确处理人民内部矛盾，对人民进行自我教育和自我改造。最后，人民民主专政还担负着保护社会主义建设的重要职能。社会主义要最终战胜资本主义，就要迅速发展社会生产力，就要创造高于资本主义的劳动生产率，而要做到这些，就必须有一个团结稳定的政治环境。人民民主专政是改革开放和现代化建设事业顺利进行的可靠的政治保证。

第三，中国共产党是领导社会主义事业的核心力量。中国共产党成为执政党、成为社会主义事业的领导核心，是历史的必然选择。社会主义事业在本质上要求由无产阶级及其政党来领导，这是由无产阶级及其政党的阶级性和先进性决定的。中国共产党是中国工人阶级的先锋队，是中国各族人民利益的忠实代表，是由工人阶级中最有觉悟、最有理想的先进分子所组成的；中国共产党的根本宗旨是全心全意为人民服务；中国共产党的指导思想是马克思列宁主义、毛泽东思想。这就有力地保障了党能够始终成为革命、建设和改革的核心力量。共产党作为执政党，它对革命和建设事业的领导主要是通过执政来体现的，这也是由新民主主义革命胜利后中国新的政党格局所决定的。共产党居于国家政治的核心地位，民主党派处于同共产党合作共事和参政议政的地位。中国的政党体制是中国共产党领导的多党合作和政治协商制度。从总体上来说，在社会主义社会，中国共产党与其他各民主党派关系中不存在争夺领导权的问题，而是“长期共存、互相监督、肝胆相照、荣辱与共”的关系。任何一个政党体制都必须依存并服务于一定的经济基础。多党轮流执政，作为资本主义的政党体制，是建立在资本主义私有制生产关系基础之上的，是资本主义自由竞争的产物。中国的政党体制新就新在它是马克思主义政党理论同中国实际相结合的产物，能够真实、广泛、持久反映最广大人民的最根本利益。社会主义物质文明建设关键在党，社会主义精神文明建设关键在党，社会主义政治文明建设关键也在党。坚持中国共产党的领导，是“四个坚持”的核心，是四个现代化能否实现的关键。只有坚持共产党的领导，才能保证社会主义现代化建设的方向，才能保证人民民主专政的实现，才能保证马克思列宁主义、毛泽东思想的指导地位。

第四，马克思列宁主义、毛泽东思想是社会主义事业的根本指导思想。马克思列宁主义是社会主义意识形态的重要组成部分，是中国共产党指导思想的理论基础，社会主义事业必须坚持以马克思列宁主义为根本指导思想。马克思列宁主义具有两个显著特点：一是它具有鲜明的阶级性，是无产阶级的意识形态，是具有阶级统治功能的社会意识；二是它具有鲜明的实践性，是从实践中来又经过实践检验的科学理论，是无产阶级科学的世界观和方法论。马克思主义之所以能够作为社会主义事业的指导思想，根本的原因在于它代表了无产阶级和最广大人民群众的根本利益与要求。在社会主义社会，作为指导思想的意识形态只能是一元的，而不能是多元的。毛泽东思想作为马克思列宁主义基本原理同中国具体实际相结合的产物，是马克思列宁主义在中国的创造性运用和发展，是被实践证明了的关于中国革命和建设的正确的理论原则与经验总结，是推进马克思主义中国化的理论基础。毛泽东思想使中国人民找到了正确的革命道路，并在 1949 年成立中华人民共和国，在 1956 年基本上完成社会主义改造，建立了社会主义制度，进而从根本上改变了中国的命运，也改变了世界的形势。“毛泽东思想过去是中国革命的旗帜，今后将永远是中国社会主义事业和反霸权主义事业的旗帜”①。“这个旗帜丢不得。丢掉了这个旗帜，实际上就否定了我们党的光辉历史。”② 当然，坚持马克思列宁主义、毛泽东思想，又要结合新的历史条件，使之不断得到发展。一百多年来，中国共产党人始终坚持马克思主义与时俱进的理论品质，坚持把马克思主义基本原理同中国具体实际相结合、同中华优秀传统文化相结合。我们不断推进马克思主义中国化时代化，创立了毛泽东思想、邓小平理论，形成了“三个代表”重要思想、科学发展观，创立了习近平新时代中国特色社会主义思想，为党和人民事业发展提供了科学理论指导，为丰富和发展马克思主义作出重大原创性贡献。

总之，四项基本原则作为中国立国的政治基础，相互联系和渗透，从不同方面体现

---

① 邓小平．邓小平文选：第 2 卷．2 版．北京：人民出版社，1994：172.

② 同①298.

了社会主义的基本制度，构成了我国社会主义事业的根本政治保证。

（三）坚持四项基本原则的重大意义

四项基本原则是十一届三中全会以来党对社会主义革命和建设历史经验的科学概括，反映了亿万中国人民的共同意志，体现了科学社会主义的基本原则。坚持四项基本原则，对于坚持和发展中国特色社会主义事业，具有重要的理论意义和实践意义。

第一，坚持四项基本原则具有重要的理论意义。马克思创立唯物史观和剩余价值学说，使社会主义从空想变成了科学，并以此为基石揭示了科学社会主义的基本原则。坚持科学社会主义的基本原则，对于坚持和发展社会主义的基本制度具有根本性的指导意义。中国特色社会主义在经济建设上，坚持公有制为主体、多种所有制经济共同发展，按劳分配为主体、多种分配方式并存，社会主义市场经济体制等社会主义基本经济制度；在政治建设上，坚持中国特色社会主义政治发展道路，坚持党的领导、人民当家作主、依法治国的有机统一，坚持和完善人民代表大会制度、中国共产党领导的多党合作和政治协商制度等政治制度；在文化建设上，坚持社会主义先进文化前进方向，建设社会主义核心价值体系，建设社会主义精神文明，发展面向现代化、面向世界、面向未来的，民族的、科学的、大众的社会主义文化；在社会建设上，强调社会和谐是中国特色社会主义的本质属性，坚持把保障和改善民生作为关系全局的重大任务；等等。上述这些都体现了科学社会主义的基本原则。中国特色社会主义道路之所以完全正确、之所以能够引领中国发展进步，关键在于我们既坚持了科学社会主义的基本原则，又根据我国实际和时代特征赋予其鲜明的中国特色。在当代中国，坚持中国特色社会主义道路，就是真正坚持社会主义；坚持邓小平理论、“三个代表”重要思想、科学发展观、坚持习近平新时代中国特色社会主义思想，就是真正坚持和发展了马克思列宁主义。坚持四项基本原则，有助于深入理解和掌握科学社会主义的基本原则，并使之在实践中不断得到丰富和发展。

第二，坚持四项基本原则具有重要的实践意义。坚持四项基本原则，是改革开放和社会主义现代化事业健康发展的根本前提和根本保证。1987 年，邓小平在讲到要用中国的历史教育青年时，强调指出，“我们干四个现代化，人们都说好，但有些人脑子里的四化同我们脑子里的四化不同。我们脑子里的四化是社会主义的四化。他们只讲四化，不讲社会主义。这就忘记了事物的本质，也就离开了中国的发展道路。这样，关系就大了。在这个问题上我们不能让步。这个斗争将贯穿在实现四化的整个过程中，不仅本世纪内要进行，下个世纪还要继续进行”①。四项基本原则对改革开放和现代化建设主要起着三方面的政治保证作用：一是能够保证改革开放具有坚定正确的政治方向，二是能够保证改革开放和现代化建设具有团结稳定的环境，三是能够保证全党全国人民有统一的意志和统一的行动。改革开放 40 多年来面对变化多端的国际风云和国内各种错误思潮的干扰，我们之所以能够始终沿着中国特色社会主义道路前进，就是因为我们坚持发展经济，改善了人民生活；坚持改革开放，搞活了社会主义；坚持四项基本原则，保证了建设和

---

① 邓小平．邓小平文选：第 3 卷．北京：人民出版社，1993：204.

改革开放的顺利进行。坚持四项基本原则是改革开放和现代化建设的根本政治保证，深刻认识四项基本原则所具有的这种重要的地位和意义，必须紧紧把握“一个中心、两个基本点”的基本路线。因为，只有站在“一个中心、两个基本点”的基本路线的高度，才能正确认识和处理坚持四项基本原则和坚持改革开放的辩证关系，才能正确认识和充分发挥四项基本原则对于改革开放和现代化建设的根本政治保证作用，才能正确认识和长期坚持“两手抓、两手都要硬”的方针，防止“左”的和右的错误倾向的干扰，牢牢把握党和国家的工作大局。

总之，在整个改革开放过程中，都必须始终坚持四项基本原则，四项基本原则是中国特色社会主义建设和发展的根本政治保证。坚持四项基本原则关系到中国的前途和命运，关系到社会主义现代化建设和改革开放的成败，任何时候都不能松懈和动摇。正如习近平总书记所指出：“从建党的开天辟地，到新中国成立的改天换地，到改革开放的翻天覆地，再到党的十八大以来党和国家事业取得历史性成就、发生历史性变革，根本原因就在于我们党始终坚守了为中国人民谋幸福、为中华民族谋复兴的初心和使命。我们党要始终做到不忘初心、牢记使命，把党和人民事业长长久久推进下去，必须增强政治意识，善于从政治上看问题，善于把握政治大局，不断提高政治判断力、政治领悟力、政治执行力。”①

① 习近平．习近平著作选读：第2卷．北京：人民出版社，2023：391.

第四章

中国特色社会主义经济建设

建立什么样的经济体制，是我国经济体制改革的核心任务，也是中国特色社会主义经济建设必须认真解决的重大问题。建设中国特色社会主义经济，就是在社会主义条件下发展市场经济，不断解放和发展生产力。这就要深化经济体制改革，坚持和完善公有制为主体、多种所有制经济共同发展，按劳分配为主体、多种分配方式并存，社会主义市场经济体制等社会主义基本经济制度，加快转变经济发展方式，全面贯彻新发展理念，加快建设现代化经济体系，推动我国国民经济实现质的有效提升和量的合理增长。

一、社会主义市场经济体制的建立

选择社会主义市场经济体制，是中国社会主义现代化建设实践发展的必然结果，也是党对社会主义经济体制进行深入改革和不懈探索的结果。社会主义市场经济体制是在社会主义公有制基础上，在国家宏观调控下使市场在社会资源配置中起决定性作用的经济体制。它是中国共产党人前无古人的伟大创举，是中国特色社会主义经济的重要特征，也是中国特色社会主义经济充满生机活力的原因之一。

（一）我国社会主义计划经济体制的建立及其历史作用

1953年，我国提出过渡时期的总路线，开始进行大规模的工业化建设和社会主义改造，与此同时，选择计划经济作为自己的经济体制。我国选择计划经济体制有一定的必然性，其历史作用也是不可抹杀的。我国在整个国民经济实力非常弱小的条件下，能够集中主要力量开展以苏联援建的156个重大项目为中心的工业建设，比较迅速地建立起社会主义工业化的初步基础，并逐步建立了独立的比较完整的工业体系和国民经济体系，实行计划经济是重要原因。但是，这种排斥商品、货币和市场机制作用的高度集中的计划经济体制又是有其内在缺陷的。随着生产社会化程度的提高和经济规模的扩大，以及经济关系的复杂化和人民需求的多样化，计划经济的这种缺陷越来越突出，成为国民经济发展的严重障碍。鉴于计划经济体制逐步显现的弊端，从20世纪50年代中期开始，几乎所有的实行计划经济体制的国家都在探索怎样实行改革。毛泽东在《论十大关系》中提出了改革过于集中的计划体制的设想，要求中央向地方分权和扩大企业自主权，发挥中央和地方两个积极性，兼顾国家、生产单位和生产者个人三个方面的利益。他认为，把什么东西统统都集中在中央或省市，不给工厂一点权力，一点机动的余地，一点利益，恐怕不妥；提出各个生产单位都要有一个与统一性相联系的独立性，才会发展得更加活泼。在党的八大上，陈云提出了著名的"三个主体、三个补充"的主张，即以国家经济和集体经济为主体、一定数量的个体经济为补充，以计划生产为主体、在国家计划许可范围内的自由生产为补充，以国家市场为主体、一定范围内的国家领导的自由市场为补充。这个设想，不仅突破了苏联高度集中统一的计划经济模式，而且涉及非公有制经济成分合法存在并充分发挥其作用的问题。在纠正"大跃进"错误时，针对有人提出要消灭商业、货币的错误观点，毛泽东明确提出要有计划地大力发展商品生产，认为价值法则"是一个伟大的学校，只有利用它，才有可能教会我们的几千万干部和几万万人民，才有可能建设我们的社会主义和共产主义。否则一切都不可能"①。他还不同意斯大林关于商品生产只限于个人消费品的说法，认为商品生产的活动范围不限于个人消费品，在我国，有些生产资料，例如拖拉机等生产资料是属于商品的。一些经济学家还曾指出，不能把价值规律的作用局限于交换范围，应当扩大到经济生活的全过程；强调只有以价值规律为基础改革计划和统计指标，才能对经济活动做出客观评价和科学指导。这些具有创造性的思想观点，在当时虽然还不可能突破计划经济体制总的框架，但毕竟为后来社会主义市场经济体制的建立提供了重要的启示。

（二）经济体制改革的起步与市场机制的初建

1978年12月召开的十一届三中全会，拉开了我国经济体制改革的序幕。我国经济体制改革发轫于农村。其主要内容包括：

第一，建立以家庭联产承包为主的生产责任制，废除人民公社。农村家庭联产承包责任制采取了统一经营与分散经营相结合的方式，使集体优越性和个人积极性同时得到发挥。家庭联产承包责任制的实施，一是改变了过去人民公社体制下的平均主义分配方式，使农民的劳动与收入直接联系起来，极大地提高了农民的生产积极性；二是确立了家庭经营的主导地位，实现了土地所有权与经营权的分离，赋予农民对土地的经营权利，土地等生产资料与农民直接结合，适合农业分散劳动的特点，使农业生产中资源的配置趋向合理，提高了劳动效率；三是促进了农业生产结构的调整，使社会分工程度得到进一步提高，为农村商品经济的发展奠定了基础，也为乡镇企业的发展开辟了更为广阔的道路。

第二，建立市场机制，完善双层经营体制。十一届三中全会以前，困扰我国农业生产发展的一个重大问题就是缺乏市场机制。长期以来，国家对粮、棉、油等主要农产品实行统购统销、分类管理的制度。随着农村改革的深入、经济的发展，这种计划经济体制下形成的制度愈发显示出其弊端和缺陷。从1985年开始，除个别品种外，国家不再向农民下达农产品统购、派购任务，并按照不同情况，分别实行合同定购和市场收购，随后又逐步提出要开放农村生产要素市场和形成以批发为中心的农产品市场体系。这就从

① 中共中央文献研究室．毛泽东文集：第8卷．北京：人民出版社，1999：34.

根本上改变了我国实行几十年的统购统销制度，为农村市场机制的建立奠定了重要基础。同时，为克服家庭经营基础不稳、规模狭小、缺乏技术进步的动力等弱点，又在农村开始探索新的经营方式。一是建立各种社会化的服务体系；二是建立多种形式、多种层次的经济联合体，从而既发挥了农民从事家庭经营、个体经营的积极性，又发挥了其联合起来共同发展的积极性；三是在稳定家庭经营的同时，完善双层经营体制。邓小平指出："中国社会主义农业的改革和发展，从长远的观点看，要有两个飞跃。第一个飞跃，是废除人民公社，实行家庭联产承包为主的责任制。这是一个很大的前进，要长期坚持不变。第二个飞跃，是适应科学种田和生产社会化的需要，发展适度规模经营，发展集体经济。这是又一个很大的前进，当然这是很长的过程。"① 双层经营体制的建立和完善，为我国农村经济的发展增添了新的生机和活力。

第三，乡镇企业异军突起，为农村现代化闯出一条新路。十一届三中全会之后，伴随着我国农村经济体制改革的发展，乡镇企业以惊人的速度迅速崛起于中国大地，并成为国民经济的重要支柱之一。乡镇企业是我国农民的创造，又直接得益于对计划经济体制的改革。经过十几年的探索和发展，乡镇企业逐步走上健康发展的道路。乡镇企业的发展，成功地实现了我国农村劳动力向其他各产业的转移，为解决农村剩余劳动力问题找到了一条切实可行的途径，极大地促进了农业生产力的发展，既增加了农民的收入，也为农村社会的安定、农民生产方式和思想观念的转变奠定了坚实的基础。

农村改革，一方面突破了在农村所有制关系上长期存在的"一大二公"模式对生产力发展的束缚，极大地解放了生产力，促进了生产力发展；另一方面，开始突破传统计划经济体制对生产力发展的束缚，逐渐增强对市场机制作用的认识。这就为经济体制改革的进一步展开和社会主义市场经济体制的创立奠定了一定的基础。与此同时，邓小平开始思考社会主义与市场经济关系的问题。1979 年 11 月，他在会见美国不列颠百科全书出版公司编委会副主席吉布尼和加拿大麦吉尔大学东亚研究所主任林达光等人时的谈话中指出："说市场经济只存在于资本主义社会，只有资本主义的市场经济，这肯定是不正确的"；"市场经济，在封建社会时期就有了萌芽。社会主义也可以搞市场经济"；实行市场经济，"这是社会主义利用这种方法来发展社会生产力"②，归根到底是有利于社会主义的。这样就开始把市场经济同社会主义联系了起来，这对于突破以往把计划与市场作为区分社会主义和资本主义标志的传统观点，无疑具有重要的意义。

（三）经济体制改革的全面展开及市场机制的加强

农村经济体制改革的成功，带动和促进了我国以城市为中心的经济体制改革的全面展开。1984 年 10 月召开十二届三中全会以后，城市经济体制改革从微观经济基础到宏观管理体制全面展开，在一系列重大问题上取得了突破性进展。

第一，把国有企业推入市场。为了使国有企业进入市场，采取了给予国有企业各种经营自主权的一系列政策和措施。从贯彻各种有关规定到落实《全民所有制工业企业法》

---

① 邓小平．邓小平文选：第 3 卷．北京：人民出版社，1993：355.

② 邓小平．邓小平文选：第 2 卷．2 版．北京：人民出版社，1994：236.

《全民所有制工业企业转换经营机制条例》，从总体上看，国有企业已经开始在不同程度上扩大了自主决策的权力，能够根据市场供求变化不断调节自身的经营活动。

第二，进行价格改革。由过去单一的固定价格改为国家牌价、国家指导价和市场调节价三种形式，对工业生产资料实行计划内的部分由国家统一定价和计划外的部分由市场调节的双轨制价格，放开了一部分工业消费品的价格。在全部社会商品中，由计划决定生产的生产资料产品已降至30%以下，而消费品已不足10%。

第三，改变统购统销的单一流通形式，建立多渠道的流通网络。随着生产企业和流通企业自主权的扩大，自销、选购、产销一体化的流通形式应运而生，初步形成了以国有商业为主导、多种经济成分参与的流通体制，为商品市场的形成创造了重要条件。同时，资本市场开始形成，劳动力市场对人才流动起了积极作用，为市场交易提供服务的各种组织机构均已出现并开始发挥重要作用。

第四，初步建立起宏观调控体系，较好地发挥了财政货币政策对经济运行的调控作用。改革税收体制，发挥税率对财务分配的调节作用；改革投资体制，开始用经济手段控制投资。此外，还初步建立和健全了各种经济法规。

第五，积极发展对外经济关系，并相继建立了深圳、珠海、汕头、厦门、海南经济特区。特区的经济活动主要依靠市场调节，成为我国实行社会主义市场经济的特殊实验区。同时，还开放了沿海城市和内陆省会城市，开放沿海、沿江、沿边地带等，形成点、线、面结合的多层次的开放格局，加快了国内市场与国际市场的接轨，开始按国际市场的规则处理对外经济关系。

伴随经济体制改革的深入和经济体制由计划向市场的明显变化，人们对社会主义和市场关系的认识不断深入。1985 年 10 月，邓小平在会见美国企业家代表团时进一步指出："社会主义和市场经济之间不存在根本矛盾。问题是用什么方法才能更有力地发展社会生产力。我们过去一直搞计划经济，但多年的实践证明，在某种意义上说，只搞计划经济会束缚生产力的发展。把计划经济和市场经济结合起来，就更能解放生产力，加速经济发展。"① 1987 年 2 月，邓小平在同中央几位负责同志的谈话中再次指出，"为什么一谈市场就说是资本主义，只有计划才是社会主义呢？计划和市场都是方法嘛。只要对发展生产力有好处，就可以利用。它为社会主义服务，就是社会主义的；为资本主义服务，就是资本主义的。好像一谈计划就是社会主义，这也是不对的"；"我们以前是学苏联的，搞计划经济。后来又讲计划经济为主，现在不要再讲这个了"②。在这两次讲话中，邓小平已经把计划与市场的问题从社会制度的属性的范畴中剥离出来，而做出这一努力所使用的方法则是实事求是。正是在此基础上，党的十三大明确提出，社会主义有计划商品经济的体制应该是计划与市场内在统一的体制，要善于运用计划调节和市场调节这两种形式和手段。这就明确否定了把计划与市场对立起来的观念，表明党对社会主义市场经济模式的探索又迈出了重要的一步。

---

① 邓小平．邓小平文选：第 3 卷．北京：人民出版社，1993：148－149.

② 同①203.

（四）社会主义市场经济体制的建立与完善

早在1981年召开的十一届六中全会通过的《关于建国以来党的若干历史问题的决议》中，就已经提出，“必须在公有制基础上实行计划经济，同时发挥市场调节的辅助作用”。这既是对党的八大前后关于计划与市场关系问题初步思考成果的恢复，也是对我国高度集中的计划经济体制进行改革、打破计划和市场关系已有框架的开始。

1982年召开的十二大正式提出“计划经济为主，市场调节为辅”的改革原则，并形成对不同类型的企业分别实行指令性计划、指导性计划和市场调节的具体模式。十二大认为，只有通过计划经济的综合平衡和市场调节的辅助作用，才能保持国民经济的协调发展。这就把市场机制正式引入我国经济体制的目标模式，对于突破单一的计划经济体制、发挥市场调节的作用产生了积极的影响。

1984年召开的十二届三中全会通过了《中共中央关于经济体制改革的决定》，这是我国经济体制改革的重要指导性文件。《中共中央关于经济体制改革的决定》指出，商品经济是社会经济发展不可逾越的阶段，要突破把计划经济同商品经济对立起来的传统观念，并提出社会主义计划经济必须自觉依据和运用价值规律，是在公有制基础上的有计划的商品经济等论断。这一提法比“计划经济为主，市场调节为辅”的提法大大前进了一步。《中共中央关于经济体制改革的决定》为推进我国经济体制改革、建立社会主义市场经济体制提供了新的理论指导。

1987年10月，十三大提出社会主义有计划商品经济的体制，应该是计划与市场内在统一的体制。这一观点的提出，实际上明确了三个基本观念：一是社会主义商品经济同资本主义商品经济的本质区别在于所有制基础不同。社会主义商品经济的发展离不开市场的发育和完善，利用市场调节不等于搞资本主义。二是必须把计划工作建立在商品交换和价值规律的基础上。国家应当逐步缩小指令性计划的范围，对企业的管理应逐步转向以间接管理为主。三是计划和市场的作用范围都是覆盖全社会的。新的经济运行机制，总体上来说应当是“国家调节市场，市场引导企业”的机制。这里，实际上已经指明了新的经济运行机制的主要特点是重视市场机制的作用。

正是在上述基础上，邓小平强调“必须从理论上搞懂，资本主义与社会主义的区分不在于是计划还是市场这样的问题”①，系统地阐明了自己对于这一问题的一贯思想。邓小平在1992年的南方谈话中提出了“计划多一点还是市场多一点，不是社会主义与资本主义的本质区别。计划经济不等于社会主义，资本主义也有计划；市场经济不等于资本主义，社会主义也有市场。计划和市场都是经济手段”② 等重要观点，对社会主义与市场经济的关系问题做了清楚、透彻、精辟的总回答，从根本上解除了把计划经济和市场经济看作属于社会基本制度范畴的思想束缚。

1992年6月，根据邓小平关于社会主义与市场经济多次讲话特别是南方谈话提出的一系列重要观点，江泽民在中共中央党校的讲话中，首次提出了建立社会主义市场经济

① 邓小平．邓小平文选：第3卷．北京：人民出版社，1993：364.

② 同①373.

体制的目标，并指出建立新的市场经济体制的关键是在宏观控制下，更加重视市场在资源配置方面的作用。同年10月召开的十四大正式确定把建立社会主义市场经济体制作为经济体制改革的目标。1993年11月，十四届三中全会通过的《中共中央关于建立社会主义市场经济体制若干问题的决定》，进一步勾画出建立社会主义市场经济体制的基本框架和蓝图，把十四大确立的建立社会主义市场经济体制的目标和基本原则加以系统化、具体化。十五大又从实现跨世纪发展目标的高度，深刻阐述了积极推进经济体制和经济增长方式根本转变的重大意义，强调从现在起到21世纪的前10年，建立比较完善的社会主义市场经济体制，保持国民经济持续快速健康发展，是必须解决的两大课题之一。

2003年10月，十六届三中全会审议通过了《中共中央关于完善社会主义市场经济体制若干问题的决定》，高度评价了十一届三中全会特别是十四大确定社会主义市场经济体制改革目标以来我国经济体制改革在理论和实践上取得的重大进展。为适应经济全球化和科技进步加快的国际环境，适应全面建设小康社会的新形势，必须按照十六大提出的建成完善的社会主义市场经济体制和更具活力、更加开放的经济体系的战略部署，加快推进改革，进一步解放和发展生产力，为经济发展和社会全面进步注入强大动力。同时强调，要按照统筹城乡发展、统筹区域发展、统筹经济社会发展、统筹人与自然和谐发展、统筹国内发展和对外开放的要求，更大程度地发挥市场在资源配置中的基础性作用，为全面建设小康社会提供强有力的体制保障。

2013年11月，十八届三中全会通过的《中共中央关于全面深化改革若干重大问题的决定》明确提出：经济体制改革是全面深化改革的重点，核心问题是处理好政府和市场的关系，使市场在资源配置中起决定性作用和更好发挥政府作用。市场决定资源配置是市场经济的一般规律，健全社会主义市场经济体制必须遵循这条规律，着力解决市场体系不完善、政府干预过多和监管不到位问题。十九大进一步强调，必须以完善产权制度和要素市场化配置为重点，以实现产权有效激励、要素自由流动、价格反应灵活、竞争公平有序、企业优胜劣汰为目标继续推进经济体制改革，加快完善社会主义市场经济体制。二十大指出要坚持社会主义市场经济改革方向，构建高水平社会主义市场经济体制。

党对建立社会主义市场经济体制的认识是不断深化和完善起来的，这既说明了这一探索过程的艰辛，也表明中国共产党人坚持马克思主义基本原理与中国社会主义现代化建设相结合的原则，具有实事求是、锐意进取、大胆创新、不固守传统和教条、敢于突破禁区的理论勇气。

（五）社会主义市场经济理论的基本内容及其理论创新

社会主义市场经济理论，集中回答了社会主义为什么必须与市场经济相结合、社会主义能否与市场经济相结合、社会主义怎样与市场经济相结合等问题，为我们正确认识和解决社会主义与市场经济的关系，深化以社会主义市场经济为目标的经济体制改革指明了方向，社会主义市场经济理论的形成和完善的社会主义市场经济体制的确立，不仅对中国，而且对世界都是具有历史意义的重大创新。

1. 社会主义市场经济理论的基本内容

第一，社会主义应该与市场经济相结合。邓小平从怎样才能更有力地发展社会生产力这一根本标准出发，观察和评价计划经济与市场经济对生产力发展的作用，科学地回答了社会主义制度为什么必须与市场经济相结合这一重大理论和实践问题。

首先，从新中国成立以来我国经济发展的经验教训的角度，阐明了只搞计划经济会束缚生产力的发展，把计划经济和市场经济结合起来，有利于解放生产力、加速经济发展。由坚持高度集中的计划经济体制到提出计划经济为主、市场调节为辅，再到认为只搞计划经济、排斥市场经济是原有经济体制的一个重大的弊端，必须把社会主义制度与市场经济结合起来，建立社会主义市场经济体制，这是党对社会主义经济规律认识过程中的重大飞跃。它不仅体现了解放和发展生产力这个社会主义的根本任务，体现了改革的目的，而且对于打破姓“资”姓“社”的思维方式具有重要的意义。有利于发展生产力，是把社会主义与市场经济结合起来的一个最重要的原因。

其次，从市场是联结生产和消费的纽带的角度，阐明了市场经济对于发展生产、改善人民生活的极端重要性，从而回答了社会主义为什么必须与市场经济结合的问题。邓小平认为，从斯大林开始的高度集中的计划经济体制，消费和生产的关系通过国家计划用行政命令来调节，排斥市场作用，企业不能通过市场与消费相连接，消费不能起到引导和刺激生产的作用，只能是生产什么，就消费什么，使消费和生产在低水平上循环，这就使社会主义国家的经济发展和人民生活的改善进程都处于缓慢甚至停滞的状态，同西方国家的差距越拉越大，引起人民群众的强烈不满，这是苏联和东欧一些社会主义国家发生剧变的一个重要原因。

最后，从获得信息的重要性说明了社会主义也必须搞市场经济。现代社会是信息社会，无论社会主义国家还是资本主义国家，都需要获得真实准确的信息，这是科学决策的前提。在计划经济下，信息的传递主要是纵向的，横向信息闭塞。而市场对资源配置状况的反应信号灵敏，并具有开放性的特点，通过市场上的各种经济信号能获取国内和世界上的经济信息。邓小平强调指出：“重要的是，切不要把中国搞成一个关闭性的国家。”① “不搞市场，连世界上的信息都不知道，是自甘落后。”② 这方面我们过去确有不少教训，落后了还不知道。

邓小平坚定地主张必须把社会主义制度与市场经济结合起来，其核心思想是，要把社会主义制度的优越性与资本主义国家发展市场经济的经验和方法结合起来，以加快生产力的发展。他说：“我们发挥社会主义固有的特点，也采用资本主义的一些方法（是当作方法来用的），目的就是要加速发展生产力。”③ 又说：“社会主义要赢得与资本主义相比较的优势，就必须大胆吸收和借鉴人类社会创造的一切文明成果，吸收和借鉴当今世界各国包括资本主义发达国家的一切反映现代社会化生产规律的先进经营方式、管理方法。”④ 由此可见，邓小平以是否有利于生产力的发展为标准对计划与市场这两种经济手

---

① 邓小平．邓小平文选：第3卷．北京：人民出版社，1993：306.

② 同①364.

③ 同①149.

④ 同①373.

段的作用所做的评价，不仅解决了社会主义制度为什么必须与市场经济结合的问题，而且为这一结合的成败提供了一个客观的标准。

第二，社会主义能够与市场经济相结合。邓小平关于“社会主义和市场经济不存在根本矛盾”的论断，以及“计划和市场都是方法”，“不是社会主义与资本主义的本质区别”的观点，从根本上解决了社会主义能否与市场经济结合这一重大理论和实践问题。

市场经济能否同社会主义制度相结合，这是从马克思开始创立科学社会主义学说时起就遇到的一个重大的理论问题，也是一个重大的实践问题。马克思指出：“生产资料的全国性的集中将成为由自由平等的生产者的各联合体所构成的社会的全国性的基础，这些生产者将按照共同的合理的计划进行社会劳动。”① “劳动时间在不同的生产部门之间有计划的分配，在共同生产的基础上仍然是首要的经济规律。”② 恩格斯指出：“一旦社会占有了生产资料，商品生产就将被消除，而产品对生产者的统治也将随之消除。社会生产内部的无政府状态将为有计划的自觉的组织所代替。”③ 从上述论述可以看出，马克思、恩格斯是按照这样的思路得出计划调节的社会主义属性和市场调节的资本主义属性的：一方面，从计划调节看，计划是社会化大生产的客观要求，但社会化大生产为计划调节提供的只是物质条件，在现实经济生活中，要建立起计划调节机制，必须实行与之相适应的产品经济，而产品经济的前提条件则是用公有制取代私有制，这样就形成了以社会化大生产为基础的“社会主义公有制→产品经济→计划调节”的公式。在这里，作为计划调节物质条件的社会化大生产与作为计划调节根本条件的公有制是结合在一起的，通过产品经济的形式，使计划成为整个社会经济活动的直接调节者。另一方面，从市场调节来看，市场是商品经济的必然产物，商品经济的运行是由其基本规律——价值规律来自发调节的，价值规律的作用又是通过市场机制得到贯彻的，商品经济必然是市场调节。而商品经济的存在又是以生产资料的私有制为根本条件的。这就形成了“资本主义私有制→商品经济→市场调节”的公式。资本主义私有制经济是商品生产的最高形式，市场也就成为社会经济活动的直接调节者。马克思、恩格斯对“计划”与“市场”的结论是根据当时的社会经济条件做出的，恩格斯晚年已经根据资本主义制度的某些变化提出了资本主义的“计划性”和未来社会实行市场机制的问题，可惜未能引起人们的注意。

马克思、恩格斯关于“计划”和“市场”属性的这两个结论，之所以能够在长达几十年的时间里成为社会主义经济运行的调节理论，一个核心的问题，是没有从理论上解决社会主义公有制与商品经济是否可以共存的问题。而当人们经过几十年的实践终于认识到社会主义公有制与商品经济是可以共存时，摒弃已经过时的“计划”与“市场”的社会制度属性的观点就成为理所当然的了。邓小平正是在总结实践经验的基础上，从社会主义经济发展的实际出发，实事求是地对计划与市场的属性问题做了科学的回答。

首先，从理论上明确地提出“计划”和“市场”、计划经济和市场经济都是发展生产力的手段、方法，而不属于社会经济制度的范畴，不能作为区分社会主义和资本主义的

---

① 马克思，恩格斯．马克思恩格斯选集：第3卷．3版．北京：人民出版社，2012：178.

② 马克思，恩格斯．马克思恩格斯全集：第46卷（上）．北京：人民出版社，1979：120.

③ 同①671.

标志。邓小平反复强调，计划和市场都是发展生产力的方法、手段，不是社会主义和资本主义的本质区别。其中，当然也包括对“计划”“市场”与社会主义的关系问题上的厘清。

其次，从历史发展的角度指出市场经济并非资本主义的专利品，它可以与不同经济制度相结合。邓小平认为，说市场经济只限于资本主义社会、资本主义的市场经济，这肯定是不正确的。事实上，人们早已接受斯大林提出的不能把商品生产和资本主义混为一谈的正确观点，认识到商品生产作为一种社会生产形式是可以为不同的社会制度（当然包括社会主义制度）服务的，但往往忽视了商品经济和市场经济的内在联系。有商品生产就要交换，就有了市场，市场就会对经济生活发挥一定的调节作用，只是在商品经济发展的不同阶段其作用的范围和程度不同。邓小平正是看到了市场经济与商品经济的这种内在联系，从总结历史来说明市场作为一种资源配置方式，是可以与不同社会制度相结合的。既然承认社会主义经济是商品经济，当然也就会得出“社会主义也可以搞市场经济”的结论。

最后，从现实经济生活的实践看，资本主义与社会主义的区分，确实不在于是“计划”还是“市场”这样的问题上。资本主义从自由竞争向垄断过渡，特别是20世纪30年代大危机以来，资本主义市场经济已经有了计划控制；社会主义在其经济发展的过程中，也已逐步从忽视市场作用转变到重视市场作用。问题是人们还没有从思想上冲破过去长期形成的一些传统观念，总是把“计划”与“市场”作为区分社会主义与资本主义的一个标志，在这种传统观念的禁锢下，往往不敢承认客观存在的事实，或者虽承认“计划”和“市场”作为手段、机制在两种社会制度下都可以用，但又强调“计划”不等于计划经济、“市场”也不同于市场经济，实际上仍然固守计划经济与市场经济是两种制度的区别。邓小平关于“计划”与“市场”都是方法、手段的论述，就使人们不仅从理论上，而且在实践上基本上解决了这一问题。

十一届三中全会以来，我国经济体制改革的理论和实践的发展，证明了邓小平上述这些思想观点的正确性。我国经济体制改革深化的每一步，都没有离开对市场机制作用的认识这条线索。从农村改革到城市改革，可以说，实际上都是使生产者逐步成为市场主体，为它们进入市场创造条件；逐步放开价格，逐步构建由市场形成价格的机制，又是发挥市场对资源配置作用的过程。同时，从改革的实践效果看，逐步强化市场机制作用的改革过程，不仅没有削弱社会主义的基本经济制度，而且使我国进入了一个经济发展较快、人民生活提高较大、社会主义制度更加巩固的历史时期。当然，由于市场经济本身所存在的局限性等原因，在社会主义与市场经济结合的过程中，也会出现一些矛盾和问题。但是，这些矛盾不是市场经济与社会主义制度的根本矛盾，而是在社会主义制度下通过国家加强宏观调控，加强法治和管理，加强精神文明建设能够解决的矛盾。

认识社会主义与市场经济不存在根本矛盾，还需要对市场和社会主义这两个概念给予新的理解，也就是说，我们所要搞的市场经济，不是古典的完全自由放任的市场经济，而是有国家干预和调控的现代市场经济；中国特色的社会主义，不是我们原来所实行的单一的全民所有制或公有制“纯而又纯”的社会主义，而是公有制为主体、多种所有制经济共同发展，按劳分配为主体、多种分配方式并存的社会主义。

第三，社会主义如何与市场经济相结合。邓小平关于坚持和发展社会主义的论述，为实现社会主义与市场经济的结合、为社会主义市场经济体制的建立指出了正确的方向。

首先，市场经济与社会主义的结合，实质上是一个如何利用资本主义国家反映现代社会化生产规律的方法来发展社会主义的问题。邓小平指出，社会主义的市场经济，“虽然方法上基本上和资本主义社会的相似，但也有不同，是全民所有制之间的关系，当然也有同集体所有制之间的关系，也有同外国资本主义的关系，但是归根到底是社会主义的，是社会主义社会的”①。在这里，方法上“基本相似”而所有制关系性质的“不同”，就是方法和制度的关系问题。社会主义制度与市场经济相结合本质上也就是一个在社会主义经济中如何运用市场经济的方法的问题。社会主义市场经济是一个新事物，要把握“市场经济一般”的方法，只能向已有几百年历史的资本主义市场经济学习其方法。所以，邓小平反复强调要采用资本主义的一些方法，对于反映市场经济一般规律的资本主义方法，主张大胆借鉴和试验，用它们来为社会主义服务。这里最重要的是要把它们作为方法、手段，而不是作为目的，目的是加速发展生产力，最终实现共同富裕。

其次，在以建立社会主义市场经济为目标的经济体制改革中，必须坚持社会主义原则。市场经济与不同的经济制度结合就会体现出不同的制度特征。市场经济与社会主义制度结合，就要坚持以公有制为主体、坚持以按劳分配为主体、坚持以实现共同富裕为目标。离开了这些特征就不是社会主义市场经济。邓小平指出：“社会主义市场经济优越性在哪里？就在四个坚持。”② 江泽民也强调：“我们搞的是社会主义市场经济，‘社会主义’这几个字是不能没有的，这并非多余，并非‘画蛇添足’，而恰恰相反，这是‘画龙点睛’。所谓‘点睛’，就是点明我们市场经济的性质。”③ 习近平强调，坚持社会主义市场经济改革方向，不仅是经济体制改革的基本遵循，也是全面深化改革的重要依托。

最后，在搞市场经济的过程中，也会产生一些消极的东西。邓小平不仅清醒地估计到了这一点，而且提出了必须坚持“两手抓，两手都要硬”的方针，提出要通过加强社会主义精神文明建设、健全民主法治、打击严重犯罪活动等措施来解决由于搞市场经济而出现的消极现象。同时认为，随着经济的发展，随着科学文化和教育水平的提高，随着民主和法治建设的加强，目前社会上那些消极现象也必然会逐步减少并最终消除。

2. 社会主义市场经济的理论创新

社会主义市场经济理论的提出，是对以往社会主义经济理论特别是对一般市场经济理论的突破和创新，具有十分重要的意义。

首先，社会主义市场经济理论的提出，是对传统社会主义经济理论的突破，丰富和发展了马克思主义的经济理论。传统社会主义经济学主张单一的公有制，资源分配采取指令性计划，并把按劳分配作为社会主义的唯一分配原则，认为：计划经济以公有制为基础，是社会主义的特征；市场经济以私有制为基础，是资本主义的特征。而社会主义市场经济理论则以全新的视角来看待“计划”和“市场”，把“计划”和“市场”都作为

① 邓小平．邓小平文选：第2卷．2版．北京：人民出版社，1994：236.

② 中共中央文献研究室．邓小平年谱（一九七五——一九九七）：下．北京：中央文献出版社，2004：1363.

③ 中共中央文献研究室．江泽民论有中国特色社会主义（专题摘编）．北京：中央文献出版社，2002：69.

经济手段，不再是作为区分社会主义和资本主义的本质特征。这一崭新的理论观点，从根本上结束了计划经济和市场经济是否属于社会基本制度范畴的争论，解除了长期以来抽象争论姓“资”、姓“社”的束缚，极大地促进了人们的思想解放。随着经济体制改革的深入，我国所有制结构逐步由单一的公有制向公有制为主体、多种所有制经济共同发展转变，并实行了按劳分配为主体、多种分配方式并存的分配制度，使市场在资源配置中起到了决定性作用。

其次，社会主义市场经济理论的提出，特别是社会主义市场经济体制的确立，突破了传统的社会主义计划经济体制和社会主义建设模式。在以往高度的计划经济中，整个社会的经济活动都由国家进行集中管理，国家通过指令性计划，将企业直接纳入宏观经济运行的轨道。由于计划的非规范性和非经济性，造成资源配置的不合理和效率的低下，窒息了企业的活力。而社会主义市场经济体制，则减少了国家对企业的直接干预，可以更好地发挥市场的作用，使市场在国家宏观调控下对资源配置起重要作用。企业按市场的取向进行改革，逐步成为市场主体，成为独立的商品生产者和经营者。社会主义市场经济体制把计划的优点与市场的长处都很好地保留和借鉴过来，并使之结合起来，既不同于传统的社会主义计划经济体制，又有别于资本主义的市场经济体制，是一种全新的创造。

最后，社会主义经济体制的确立，有利于实现我国与国际市场的接轨，形成统一和开放的国内和国际市场，从而促进我国社会生产力的解放和发展，推动社会主义现代化的进程。市场经济不是封闭的，而是开放型的经济，确立社会主义市场经济体制，对于我们从中国国情出发，借鉴世界各国包括资本主义发达国家一切反映社会化生产和市场经济一般规律的经验，与国际市场接轨，更多地进入国际市场，并不断提高竞争能力有着积极的推动作用。反之，如果不熟悉国际市场规则，缺乏市场意识，就不能在竞争愈来愈激烈的国际市场中站住脚。

我国作为一个发展中的社会主义国家，经济实力与发达国家相比还有很大差距，确立社会主义市场经济体制，引入竞争机制，发挥市场的作用，着力健全使市场在资源配置中起决定性作用和更好发挥政府作用的制度体系，不仅有利于解放和发展生产力，增强社会主义经济的活力，增强社会主义中国的综合国力，而且从根本上来说，有利于发挥社会主义制度的优越性，有利于社会主义的巩固和发展，有利于把我国建设成为富强民主文明和谐美丽的社会主义现代化强国这一奋斗目标的实现。

总之，我们所要建立的社会主义市场经济，既不同于过去的社会主义计划经济，也不同于资本主义的市场经济，是同社会主义基本制度相结合、能够更好地发挥计划与市场两种经济手段长处的崭新的经济体制。

二、中国特色社会主义基本经济制度

基本经济制度是一个国家经济制度的基础，是决定一个国家的社会基本性质和发展方向的根本因素。改革开放以来，中国共产党坚持以马克思主义为指导，立足中国基本国情，确立了社会主义基本经济制度，即公有制为主体、多种所有制经济共同发展，按劳分配为主体、多种分配方式并存，社会主义市场经济体制等。这一基本经济制度，揭示了社会主义初级阶段生产关系的本质特征，体现了社会主义经济的性质，反映了中国现阶段生产力发展的要求。

（一）坚持和完善公有制为主体、多种所有制经济共同发展

1. 我国现阶段基本经济制度的确立

新中国成立后，党通过没收官僚资本，管制、征用和收购帝国主义在华企业，建立了强大的国营经济，又通过社会主义工业化建设及对农业、手工业和资本主义工商业的社会主义改造，在我国建立了以全民所有制和集体所有制为主要形式的社会主义公有制，实行了按劳分配的原则。在一个几亿人口的大国中比较顺利地实现了从生产资料私有制到公有制如此复杂、困难和深刻的变革，并促进了工农业和整个国民经济的发展，这的确是一个伟大的历史性胜利。但是，我国在社会主义制度建立以后的很长一段时间内，在所有制结构上重全民、轻集体，挤压个体，急于过渡，盲目求纯，公有制经济几乎是“一统天下”；与此同时，在分配制度上实际采取了近乎平均主义的方式，影响了按劳分配原则的贯彻落实。实践证明，这种单一的所有制结构和分配方式不符合我国现阶段的生产力状况，严重束缚了生产力的发展，影响了劳动者积极性和创造性的发挥。

改革开放以来，伴随着我国经济体制从计划向市场的逐渐转变，党对我国已有所有制结构和分配方式的认识也在不断变化。我国现阶段基本经济制度和分配制度的确立经历了一个过程。

十一届三中全会首次提出克服平均主义的要求。随后，在农村普遍推行家庭联产承包责任制，从根本上打破了过去近乎平均主义的分配方式，在农村贯彻了按劳分配的原则，调动了农民的生产积极性。

党的十二大对我国基本经济制度的认识开始发生新的变化。十二大指出，社会主义国营经济在整个国民经济中居于主导地位，它是巩固和发展国营经济、保障劳动群众集体所有制经济沿着社会主义方向前进、保障个体经济为社会主义服务的决定性条件。由于当时我国生产力发展水平总的说来还比较低，又很不平衡，在很长时期内需要多种经济形式同时并存。在农村，劳动人民集体所有制的合作经济是主要经济形式；城镇手工业、工业、建筑业、运输业、商业和服务业，现在都不应当也不可能由国营经济包办，有相当部分应当由集体举办；城镇青年和其他居民集资经营的合作经济，在许多地方发展了起来，起了很好的作用。党和政府应当给予支持和指导，决不允许任何方面对它们排挤和打击。在农村和城市，都要鼓励劳动者个体经济在国家规定的范围内和工商行政管理下适当发展，作为公有制经济的必要的、有益的补充。

十二届三中全会通过的《中共中央关于经济体制改革的决定》提出了公有制基础上的有计划的商品经济的观点，开始突破把计划经济同商品经济对立起来的传统观念，对全民所有制经济、集体经济及其他经济形式和经营方式地位和作用的认识，也发生了重大变化。与此同时，提出了“建立多种形式的经济责任制，认真贯彻按劳分配原则”、做到“责、权、利相结合，国家、集体、个人利益相统一，职工劳动所得同劳动成果相联系”等要求，进而使企业内部近乎平均主义的分配方式也失去了政策和制度的基础。

十三大深刻分析了社会主义制度建立以来党在所有制结构和经济体制选择过程中出现的问题及教训，根据经济体制改革中经济制度发生的重大变化，明确指出，在所有制和分配上，社会主义社会并不要求纯而又纯，绝对平均。在初级阶段，尤其要在以公有制为主体的前提下发展多种经济成分，在以按劳分配为主体的前提下实行多种分配方式，在共同富裕的目标下鼓励一部分人通过诚实劳动和合法经营先富起来。上述观点表明，社会主义初级阶段基本经济制度已经初步形成。十三大正式提出了以按劳分配为主体、其他分配方式为补充，以及在促进效率提高的前提下体现社会公平等观点，收入分配制度方面开始发生重大变化。十四大在分配政策上有两个突破：一是第一次提出“多种分配方式并存的分配制度”，把其他分配方式从“补充”的地位上升到制度层面；二是在公平与效率“两难”选择上，第一次提出效率优先、兼顾公平的原则。十四届三中全会通过《中共中央关于建立社会主义市场经济体制若干问题的决定》后，公有制为主体、多种经济成分共同发展的格局初步形成。

十五大第一次正式做出“公有制为主体、多种所有制经济共同发展，是我国社会主义初级阶段的一项基本经济制度”① 的科学概括。十五大制定的党在社会主义初级阶段的基本纲领明确指出，建设有中国特色社会主义的经济，就是在社会主义条件下发展市场经济，不断解放和发展生产力。这就要坚持和完善社会主义公有制为主体、多种所有制经济共同发展的基本经济制度；坚持和完善社会主义市场经济体制，使市场在国家宏观调控下对资源配置起基础性作用；坚持和完善按劳分配为主体的多种分配方式，允许一部分地区一部分人先富起来，带动和帮助后富，逐步走向共同富裕。在对社会主义初级阶段分配制度做出以按劳分配为主体、多种分配方式并存概括的同时，还提出应允许和鼓励资本、技术等生产要素参与分配的观点。十六大在强调坚持和完善公有制为主体、多种所有制经济共同发展的基本经济制度时，提出了必须毫不动摇地巩固和发展公有制经济，必须毫不动摇地鼓励、支持和引导非公有制经济发展的重要观点，并在分配方面提出了要“确立劳动、资本、技术和管理等生产要素按贡献参与分配的原则”，进一步完善了按劳分配为主体、多种分配方式并存的分配制度。十七大重申要坚持和完善公有制为主体、多种所有制经济共同发展的基本经济制度和按劳分配为主体、多种分配方式并存的分配制度。十八大把分配制度的问题提高到坚持和发展中国特色社会主义基本要求的高度，强调指出，共同富裕是中国特色社会主义的根本原则。要坚持社会主义基本经济制度和分配制度，调整国民收入分配格局，加大再分配调节力度，着力解决收入分配差距较大的问题，使发展成果更多更公平地惠及全体人民。十八届三中全会明确指出，公有制为主体、多种所有制经济共同发展的基本经济制度，是中国特色社会主义制度的重要支柱，也是社会主义市场经济体制的根基。公有制经济和非公有制经济都是社会主义市场经济的重要组成部分，都是我国经济社会发展的重要基础。十九届四中全会指出，毫不动摇巩固和发展公有制经济，毫不动摇鼓励、支持、引导非公有制经济发展。探索公有制多种实现形式，推进国有经济布局优化和结构调整，发展混合所有制经济，增强国有经济竞争力、创新力、控制力、影响力、抗风险能力，做强做优做大国有资本。二

① 江泽民．江泽民文选：第2卷．北京：人民出版社，2006：19.

十大强调指出，“坚持和完善社会主义基本经济制度，毫不动摇巩固和发展公有制经济，毫不动摇鼓励、支持、引导非公有制经济发展，充分发挥市场在资源配置中的决定性作用，更好发挥政府作用”①。

2. 坚持社会主义初级阶段基本经济制度

坚持和完善社会主义初级阶段基本经济制度必须做到两个“毫不动摇”与一个“统一”：必须毫不动摇地巩固和发展公有制经济，必须毫不动摇地鼓励、支持、引导非公有制经济发展；必须把坚持以公有制为主体、促进非公有制经济发展，统一于社会主义现代化建设的进程中，不能把这两者对立起来。

（1）坚持社会主义公有制的主体地位。

任何一种社会经济制度，都有其一定的所有制基础，占主体地位的所有制决定社会的性质。坚持以公有制为主体，是社会主义制度的基本要求，代表了社会主义的发展方向。在我国，公有制经济占主体地位，特别是公有制经济中的国有经济起主导作用，有力地保障了我国社会的社会主义性质。失去了公有制经济的主体地位和国有经济的主导作用，我国经济的发展就会脱离社会主义的方向，中国特色社会主义建设就会失去其必要的经济基础。

第一，坚持公有制的主体地位，是社会主义的一条根本原则，这是由公有制的性质及其在国民经济中的地位决定的。坚持以公有制为主体，能够更好地发展社会生产力。坚持以公有制为主体，能够有效地组织社会生产，实施宏观调控，有利于从全局利益出发，集中力量办大事，促进经济和社会快速发展。我国作为后起的发展中国家，要使自己迅速发展起来，必须大力发展本国的基础工业和基础设施，努力发展高科技产业。而那些投资数额大、建设周期长、资金回收慢的建设项目的社会效益远远超过自身的经济效益，只能依靠公有制的力量才能支撑。公有制经济的发展对我国经济发展和社会稳定、对全面深化改革和完善发展社会主义制度、对加强国防和军队建设以及国家安全都具有举足轻重的作用。同时，社会主义最大的优越性就是共同富裕，不搞两极分化。坚持以公有制为主体，是实现最广大人民根本利益和共同富裕的重要保证，而共同富裕的制度保证就是以公有制为主体。坚持公有制在我国经济中的主体地位，有利于我国生产力的发展和人民生活水平的提高，有利于消灭剥削，消除两极分化，实现共同富裕。

第二，公有制经济主要是指国有经济和集体经济。国有经济，即社会主义全民所有制经济。它是指全体社会成员共同占有生产资料的公有制形式。我国现阶段的全民所有制经济的生产资料由国家代表全体人民所有，采取国家所有制形式，故称国有经济。集体经济，即社会主义集体所有制经济。它是指由部分劳动群众共同占有生产资料的一种社会主义公有制形式。公有制经济还应包括混合所有制经济中的国有成分和集体成分。混合所有制经济是指由不同所有制经济，以控股、参股等不同方式投资形成法人财产，由企业法人经营企业。目前混合所有制经济主要有股份制企业、跨所有制组成的企业及企业集团、中外合资和中外合作企业等形式。鉴于这些企业中的国有成分和集体成分，

① 习近平．高举中国特色社会主义伟大旗帜 为全面建设社会主义现代化国家而团结奋斗：在中国共产党第二十次全国代表大会上的报告．北京：人民出版社，2022：29.

并且其最终所有权属于国家和集体，所以也应属于公有制经济。

第三，公有制经济的主体地位主要体现在两个方面：一是公有资产在社会总资产中占优势；二是国有经济控制国民经济的命脉，对经济发展起主导作用。这是就全国而言的，有的地方、有的产业可以有所差别。公有资产占优势，要有量的优势，更要注重质的提高，没有一定的量就没有一定的质，但单纯量的优势并不一定具有质的优势。质的优势主要体现在产业的属性及其在国民经济中的地位、技术构成、科技含量、经济的整体素质、规模经济、资本的增值能力和市场的竞争力等方面。国有经济起主导作用，集中体现在其对国民经济的控制力上。在社会主义市场经济条件下，国有经济在国民经济中的控制力，既要通过国有独资企业来实现，又要通过发展股份制、通过控股和参股企业来实现。对关系国民经济命脉的重要行业和关键领域，如涉及国家安全的行业、自然垄断的行业、提供重要公共产品和服务的行业以及支柱产业和高新技术产业中的重要骨干企业等，国有经济必须占支配地位；其他行业领域，可以通过资产重组和结构调整，以加强重点，提高国有经济的整体质量。随着国有经济和国有资本逐步向关系国民经济命脉的重要行业和关键领域集中，向大企业集中，国有企业量多面宽和过于分散的状况已经改变。公有制经济的另一个重要组成部分，就是集体经济和合作经济。巩固和发展公有制经济，必须促进集体经济和合作经济的发展。多年来以明晰产权为重点的改革已经取得了重大进展。

（2）公有制实现形式的多样化。

公有制与公有制实现形式是两个既有联系又有区别的概念。公有制讲的是所有制的性质问题，公有制实现形式则是指公有制的具体组织形式和经营方式，二者是内容和形式的关系。

巩固和发展公有制经济，需要努力寻找能够极大促进生产力发展的公有制实现形式。过去我们在认识上的一个重要失误就是把公有制和公有制实现形式混为一谈，以为公有制的实现形式就是传统的国有企业和农村集体经济组织。同样的所有制可以采取不同的实现形式，而不同的所有制可以采取相同的实现形式。只要能够有利于生产力的发展，公有制的实现形式可以而且应当多样化，一切反映社会化生产规律的经营方式和组织形式都是可以大胆利用的。

国家所有制经济是我国社会主义经济的主要组成部分，在国民经济中居重要地位。我国公有制企业数量众多、规模不一、类型各异，在所处行业和地区中的地位不同，国家对它们经营目标的要求和预期也不相同，这本身就决定了公有制的实现形式必然是多样化的。国有资本通过股份制可以吸引和组织更多的社会资本，有利于扩大国有资本的功能，提高国有经济的控制力、影响力和带动力，增强公有制的主体地位，也有利于推进政企分开，实现所有权和经营权的分离，有利于实现转换机制和科学管理，提高企业和资本的运作效率。股份合作制是将股份制形式与合作制形式融为一体的新的公有制形式。它实现了以劳动者的劳动联合和劳动者的资本联合的有机结合，是当前经济发展中群众愿意接受的、有利于灵活地组织经济活动的企业组织形式和资本组织形式，是在新形势下非国有的其他公有制经济实现资产重组和资本结构优化的一种良好方式。总之，我们寻找新的公有制实现形式，可以更好地解放和发展生产力。

（3）鼓励、支持、引导非公有制经济发展。

我国社会生产力发展水平的多层次性和所有制结构的多样性，决定了非公有制经济是我国社会主义市场经济的重要组成部分。虽然经过新中国成立 70 多年特别是改革开放 40 多年的发展，我国生产力有了很大的提高，但总体上来说，生产力发展不平衡的状况尚未根本改变，这就给非公有制经济的发展留下了广阔的空间。毫不动摇地鼓励、支持、引导非公有制经济发展，是社会主义初级阶段生产关系适应生产力发展水平的客观要求，是发展社会主义市场经济的客观要求，也是坚持和完善社会主义初级阶段基本经济制度的需要。

非公有制经济包括个体经济、私营经济、混合所有制经济中的非公有制成分。它与市场经济有着天然的联系，具有产权明晰、经营决策自主、运行机制灵活等特点，这些都是与市场经济的要求天然吻合的。非公有制经济的存在和发展，不仅有利于促进资源的优化配置和利用，而且有助于市场交易秩序和市场竞争体系的形成，为我国社会主义市场经济的发展提供了必要条件。同时，鼓励、支持、引导非公有制经济发展，也是适应对外开放、发展外向型经济的需要。在经济全球化的大背景下，世界范围内的信息、资本和技术的快速流动，各国资本的相互融合，资源在全球范围内的优化配置和共享，是各国经济发展的必然趋势。外国资本和技术与本国资本和技术的融合，是我国社会主义市场经济融入世界经济大市场实现加速发展的必要条件。作为非公有制经济的“三资企业”，在这样的大舞台上将发挥日益重要的作用。

鼓励、支持、引导非公有制经济发展，首先是要鼓励和支持。要调动群众和社会各方面的积极性，增强经济活力，加快发展生产力，充分发挥其重要作用，使之成为中国社会主义市场经济发展不可缺少的组成部分。其次是要积极引导。一方面，要放宽市场准入，允许非公有资本进入法律法规未禁入的行业和领域，使其与其他企业享受同等待遇，为其发展创造良好的环境；另一方面，要依法加强监督和管理，引导它们依法经营、照章纳税、诚实守信、保障职工合法权益，促进非公有制经济健康发展。

（二）坚持和完善按劳分配为主体、多种分配方式并存

分配方式是由生产方式决定的，一个社会的分配制度取决于这个社会的基本经济制度。社会主义初级阶段按劳分配为主体、多种分配方式并存的分配制度，是由我国现阶段的所有制结构、经营方式和市场经济等多种因素综合决定的。首先，从所有制结构来说，由于社会主义初级阶段的所有制结构是以公有制为主体的，因而分配制度中必然以按劳分配为主体；又由于所有制结构包含了多种所有制经济成分，为了适应所有权和投资主体多样化的实际，必然要求分配方式的多样化。其次，从经营方式来说，由于社会主义市场经济中存在着多种经营方式，如承包、租赁、资产经营等，收入分配方式也应有所不同。最后，从市场经济本身的要求来说，在市场经济条件下，由于劳动、资本、土地、技术、信息等生产要素都是按照市场经济的原则投入经济活动的，按生产要素分配也就成为必然。

1. 坚持按劳分配的主体地位

按劳分配是社会主义的分配原则。在社会主义初级阶段之所以必须坚持按劳分配的

主体地位，是由社会主义公有制和生产力发展水平决定的。公有制是实行按劳分配的所有制基础。公有制实现了人们在生产资料占有上的平等关系，排除了个人凭借对生产资料的所有权而无偿地占有他人劳动成果。每一个劳动者在共同占有生产资料的基础上为社会提供劳动，社会则根据每个劳动者提供的劳动数量和质量进行收入分配。生产力水平是实行按劳分配的物质基础。在生产力水平还没有达到高度发达的程度、社会产品还没有极大丰富时，劳动还是谋生的手段，还没有成为生活的第一需要，社会就不具备实行按需分配的条件。现阶段，劳动者向社会提供的劳动数量和质量存在着差别，只有承认这种差别，并在个人收入分配上体现这种差别，才能充分调动劳动者的积极性。

我国社会主义初级阶段以按劳分配为主体，是由社会主义公有制的主体地位和社会生产力发展水平决定的。首先，社会主义生产资料公有制是实行按劳分配的制度条件，按劳分配是社会主义公有制在分配领域的体现。坚持按劳分配的主体地位，体现为按劳分配是全社会占主体的分配原则，也体现为它是公有制经济内部的主体分配原则。随着我国经济体制改革的不断深化，公有制的实现形式已经发生了深刻的变化，企业内部分配形式也必然会多样化。在这种情况下，企业职工收入的来源和形式已经不仅仅依靠按劳分配，但只要企业仍然是公有制或公有控股，按劳分配就仍然是企业职工收入的主要形式。只有坚持按劳分配的主体地位，才能体现公有制的主体地位，才能保证人们相互之间在平等的经济关系基础上建立和谐的经济利益关系，才能保证向共同富裕这一目标不断前进。

其次，社会主义生产力发展水平是实行按劳分配的物质条件。社会生产力及劳动生产率水平，决定了社会主义社会既不会像生产力极其低下的原始社会那样，为了群体的生存而不得不实现平均分配，也不可能像物质极大丰富的共产主义社会那样实行按需分配，劳动作为谋生手段，要求等量劳动获得等量报酬。前者是按劳分配的所有制基础，后者是按劳分配的物质基础。在我国社会主义初级阶段，受公有制成熟程度和生产力发展水平的制约，还不可能完全实行马克思当年所设想的按劳分配。按劳分配是社会主义初级阶段的全社会分配领域中占主体地位的分配原则，但不可能是唯一的分配原则和分配方式；按劳分配事实上还不可能在全社会公有制经济范围内而只能在各公有制企业内部根据等量劳动领取等量报酬的原则对劳动者进行分配，劳动者的个人收入不仅取决于自己的劳动贡献，而且还取决于所在企业的生产经营成果；按劳分配还不能以每个劳动者的劳动时间为尺度来进行分配，在社会主义市场经济条件下，按劳分配只能以通过商品交换实现的价值量为尺度；按劳分配必须借助于商品货币形式来实现，按劳分配的最终实现还要受商品价格和商品供应量的影响。

实行按劳分配，是坚持社会主义的重要内容。社会主义制度赖以建立的经济基础，是生产资料公有制及与之相适应的分配方式即按劳分配。实行按劳分配，劳动量成为个人收入分配的依据，这就从根本上消除了剥削制度产生的基础条件。尽管在社会主义初级阶段还存在着按劳分配以外的其他分配方式，但只要在坚持公有制主体地位的基础上真正贯彻按劳分配原则，就能把公有制内部的一切积极因素调动起来，发展和壮大公有制经济，使社会主义制度的基础得以巩固。

实行按劳分配是推动社会主义市场经济发展的有效途径。市场经济发展的动力来源于人们对自身物质利益的追求，社会主义公有制经济也不例外。与非公有制经济不同，公有制经济范围内劳动者物质利益实现的主要形式是按劳分配。邓小平指出："社会主义是共产主义第一阶段，这是一个很长的历史阶段，必须实行按劳分配，必须把国家、集体和个人利益结合起来，才能调动积极性，才能发展社会主义的生产。"① 按劳分配的本质是否定剥削，同时承认利益差别。从这个意义上说，按劳分配与市场经济在社会主义制度下实现了统一。

2. 坚持多种分配方式并存

在社会主义初级阶段，多种分配方式并存是收入分配制度的一大特点。按劳分配以外的多种分配方式，其实质是按生产要素的占有状况进行分配。实行按生产要素分配，必须健全劳动、资本、技术、管理等生产要素按贡献参与分配的制度，使多种分配方式的实现具有制度保证。

多种分配方式并存是由社会主义初级阶段非公有制经济的存在和公有制实现形式的多样化决定的。社会主义初级阶段实行按生产要素分配的根据：一是我国存在着生产要素的多种所有制。各种生产要素同劳动一起，都是物质财富和使用价值的源泉，是社会生产不可或缺的因素，当生产要素被排他性地占有时，只有实行按生产要素分配的原则才能有效地利用其来发展生产。确立按生产要素分配的原则，同劳动价值论并不矛盾，既不能因为肯定劳动价值论而否定按生产要素分配，也不能因为肯定按生产要素分配而否定劳动价值论。二是确立按生产要素贡献参与分配的原则，也符合市场经济的基本要求。市场经济的基本要求是谁投资，谁受益；谁的贡献大，谁的收益就多。如果不按生产要素贡献参与分配，投资不能获得收益，投资主体就没有积极性；投资贡献大的不能获得更多的收益，生产要素就不会流向效率高的企业和行业，资源得不到合理配置，最终就会阻碍生产力的发展。三是确立按生产要素贡献参与分配的原则，有利于调动各种生产要素所有者参与社会主义现代化建设的积极性和主动性。而调动生产要素所有者的积极性，体现在收益分配上，就要确立按生产要素贡献参与分配的原则。

当前，按生产要素分配主要有三种类型：一是以劳动作为生产要素参与分配。主要是指个体劳动者和受雇于非公经济的劳动者的劳动。个体劳动者的收入是凭借自己的劳动及占有的生产资料从事个体劳动和经营所取得的收入；受雇于非公经济的劳动者所取得的劳动收入，实质上是劳动者按劳动力价值得到的收入。二是劳动以外生产要素所有者参与分配。主要包括资本所有者在生产经营活动中凭借资本所取得的利润、生产要素所有者将自有的货币或资本借予他人经营或存入金融机构所取得的利息、以实物形式等租借给他人经营或使用而取得的租金等。三是管理和知识产权类的生产要素参与分配，如科技发明、创造、信息、专利等。这类生产要素来自其所有者的劳动或劳动成果，很大程度上决定着企业经营的成败和发展前途，在当代经济生活中发挥的作用越来越大。

社会主义初级阶段的分配方式必然是与社会主义市场经济相适应的多元分配方式。确立和健全按生产要素贡献参与分配的制度具有重要意义，它有利于资源的优化配置，有利于调动生产要素所有者的积极性和能动性，有利于更好地坚持社会主义初级阶段按

① 邓小平．邓小平文选：第2卷．2版．北京：人民出版社，1994：351.

劳分配为主体、多种分配方式并存的分配制度。

3. 社会主义分配制度的理论创新

按劳分配是社会主义的分配原则之一。马克思在《资本论》第一卷中，曾经明确表述了按劳分配的思想，即未来社会将会以劳动时间作为计量个人消费品分配的尺度。后来，他在《哥达纲领批判》一文中，又全面地阐述了在共产主义第一阶段将实行“按劳分配”的思想。其主要内容包括：按劳分配存在于公有制经济之中；在共产主义第一阶段，劳动还仅仅是谋生手段，因而必须实行按劳分配；在公有制经济中，劳动者依据所付出的劳动量取得个人消费品；按劳分配中的“劳”以劳动时间或劳动强度计量；在个人分配之前先要在社会总产品中扣除劳动者为公共基金而进行的劳动；按劳分配中还存在着“资产阶级权利”。列宁创造性地发展了按劳分配的理论，他在《国家与革命》一文中把按劳分配的含义分为两层意思：一是“不劳动者不得食”，“对等量劳动给予等量产品”；二是按劳分配仍然是“资产阶级权利”，实行按劳分配，人们的“富裕的程度还会不同，而不同就是不公平”。

我国正处于并将长期处于社会主义初级阶段，虽然我国现阶段基本国情与经典作家当年设想的社会主义第一阶段有较大的差别，但就其基本经济制度而言，与经典作家的设想又是基本吻合的。因此，马克思主义按劳分配理论的基本原理仍然是我们必须坚持的。改革开放以来，从在农村推行家庭联产承包责任制，到在全国普遍建立多种形式的经济责任制，再到正式提出社会主义初级阶段按劳分配为主体、多种分配方式并存的分配制度，我国分配制度的改革创新经历了一个逐渐变化的过程。与此同时，党对社会主义初级阶段分配问题的认识也在逐步加深。从提出要打破平均主义、真正贯彻按劳分配的原则，到提出要坚持按劳分配为主体、多种分配方式并存，再到提出要把按劳分配和按生产要素分配结合起来，允许和鼓励资本、技术等生产要素参与分配等重要观点，党实现了对社会主义收入分配问题认识上的一系列突破和创新。

（三）加快完善社会主义市场经济体制

新时代深入推进中国特色社会主义经济高质量发展，必须全面深化改革，加快完善社会主义市场经济体制。党的十八大以来，以习近平同志为核心的党中央团结带领全党全军全国各族人民，以伟大的历史主动、巨大的政治勇气、强烈的责任担当，冲破思想观念束缚，突破利益固化藩篱，敢于突进深水区，敢于啃硬骨头，敢于涉险滩，坚决破除各方面体制机制弊端，实现改革由局部探索、破冰突围到系统集成、全面深化的转变，各领域基础性制度框架基本建立，许多领域实现历史性变革、系统性重塑、整体性重构，总体完成党的十八届三中全会确定的全面深化改革的任务。十九届四中全会通过的《关于坚持和完善中国特色社会主义制度 推进国家治理体系和治理能力现代化若干重大问题的决定》将社会主义市场经济体制同公有制为主体、多种所有制经济共同发展，按劳分配为主体、多种分配方式并存一起作为社会主义基本经济制度，既体现了社会主义制度优越性，又同我国社会主义初级阶段社会生产力发展水平相适应，是党和人民的伟大创造。

第一，加快完善社会主义市场经济体制，必须加快建设高标准市场体系。市场资源是我国的巨大优势，必须充分利用和发挥这个优势，不断巩固和增强这个优势。建设统一开放、竞争有序、制度完备、治理完善的高标准市场体系，是充分发挥我国超大规模市场优势的现实需要和必然选择。围绕夯实市场体系基础制度，要推进要素资源高效配置、改善提升市场环境和质量、实施高水平市场开放、完善现代化市场监管机制等重点任务。实施高标准市场体系建设行动，畅通市场循环，疏通堵点，为构建新发展格局提供有力支撑。

第二，加快完善社会主义市场经济体制，必须推进宏观经济治理体系和治理能力现代化。宏观调控是党和国家治理经济的重要方式，体现了中国特色社会主义制度的独特优势。宏观调控的主要任务是保持经济总量平衡，促进重大经济结构协调和生产力布局优化，减缓经济周期波动影响，防范区域性、系统性风险，稳定市场预期，实现经济持续健康发展。必须创新宏观调控思路和方式，健全以国家发展规划为战略导向，以财政政策和货币政策为主要手段，就业、产业、投资、消费、环保、区域等政策紧密配合，目标优化、分工合理、高效协同的宏观经济治理体系。

第三，加快完善社会主义市场经济体制，必须依法规范和引导资本健康发展。在社会主义市场经济体制下，资本是带动各类生产要素集聚配置的重要纽带。同时，资本仍具有逐利本性，如不加以规范和约束，就会给经济社会发展带来危害。必须历史地、发展地、辩证地认识和把握我国社会存在的各类资本及其作用，正确认识和把握资本的特性和行为规律，发挥资本作为重要生产要素的积极作用，使之始终服从和服务于人民和国家利益。依法规范和引导资本健康发展，要深化资本市场改革，继续完善我国资本市场基础制度，深入推进实施公平竞争政策，使各类资本机会平等、公平进入、有序竞争。

三、当代中国经济发展战略

经济发展是中国特色社会主义不断巩固和前进的基础。改革开放以来，中国共产党在经济发展战略上相继提出了实现四个现代化必须分“三步走”、全面建设小康社会、全面建成小康社会、全面建成社会主义现代化强国等基本战略目标，并相继提出了科教兴国战略和可持续发展战略、科学发展观等重大战略思想，以及中国特色自主创新道路、中国特色新型工业化道路、中国特色农业现代化道路、中国特色城镇化道路等发展道路，实现了党在经济发展战略和发展道路上的一系列创新。坚持当代中国经济发展战略和发展道路，必须努力创新发展理念，适应经济发展变化，积极推进经济结构的战略性调整，不断提高经济发展的质量和水平，实现经济社会持续健康发展。

（一）适应和引领经济发展新常态

改革开放以来，在我国社会主义经济发展中一直有两个具有全局性意义的重大转变：一是经济体制从传统的计划经济体制向社会主义市场经济体制转变，二是经济增长和发展方式从粗放型向集约型转变。这两个转变，一个是生产关系和经济体制方面的重大变革，一个是生产力发展水平和发展方式的变革。早在 20 世纪 90 年代中期，党就已经认识到应该加快转变经济增长方式的问题。1995 年，党的十四届五中全会通过的《中共中央关于制定国民经济和社会发展“九五”计划和二〇一〇年远景目标的建议》，突出强调经济体制和经济增长方式的转变是两个具有全局意义的根本性转变，是实现“九五”计划和2010年远景目标的关键。党的十七大把“加快转变经济发展方式，推动产业结构优化升级”作为关系国民经济全局紧迫而重大的战略任务。党的十八大强调：以科学发展为主题，以加快转变经济发展方式为主线，是关系我国发展全局的战略抉择，要适应国内外经济形势新变化，加快形成新的经济发展方式，把推动发展的立足点转到提高质量和效益上来。党的十九大明确指出，我国经济已由高速增长阶段转向高质量发展阶段，正处在转变发展方式、优化经济结构、转换增长动力的攻关期，建设现代化经济体系是跨越关口的迫切要求和我国发展的战略目标。必须坚持质量第一、效益优先，以供给侧结构性改革为主线，推动经济发展质量变革、效率变革、动力变革，不断增强我国经济创新力和竞争力。党的二十大强调，必须完整、准确、全面贯彻新发展理念，加快构建以国内大循环为主体、国内国际双循环相互促进的新发展格局。

经济增长和经济发展是两个既有联系又有区别的范畴。经济增长，是指一个国家或地区在一定时期内经济规模在数量上的扩大，一定的经济增长是实现经济发展的基本前提和必经阶段，但经济增长并不等于经济发展，只有实现全面协调可持续的发展才是真正的经济发展。经济发展是经济增长的重要保证和最终目标，它不仅包括一个国家或地区经济规模在数量上的扩大，而且包括经济结构优化、经济效益提高、生态环境良好、人民生活水平提升等内容。经济发展既是一个数量概念，又是一个质量概念，内涵比经济增长更广泛、更深刻，是一个量变和质变相统一的概念。只有实现真正的经济发展，才能为经济持续不断地增长创造重要条件、提供基本保障；只有达到经济、社会、环境等方面的均衡、持续和协调发展，满足人民群众过上更好生活的期待和要求，推动经济增长的最终目的才算真正达到。

从“转变经济增长方式”到“转变经济发展方式”，从“加快转变经济发展方式”到适应和引领经济发展新常态，这都是党对我国现代化发展战略的深入思考，是继续推进中国社会主义现代化建设的战略抉择。我国经济发展进入新常态，是十八大以来党中央综合分析世界经济长周期、我国发展阶段性特征以及国际经验做出的重大战略判断。适应新常态、把握新常态、引领新常态，是当前和今后一个时期我国经济发展的大逻辑。认识把握新常态要客观清醒估量我国经济发展大势。一方面，我国仍处于发展的重要战略机遇期，经济发展长期向好的基本面没有变，经济韧性好、潜力足、回旋余地大的基本特质没有变，经济持续增长的良好支撑基础和条件没有变，经济结构调整优化的前进态势没有变。要把握这些大势，坚持以经济建设为中心，变中求新、新中求进、进中突破，推动我国发展不断迈上新台阶。另一方面，直面经济发展较大下行压力和困难，特别是结构性产能过剩比较严重这样一个绕不过去的历史关口，只有加快改革创新，抓紧做好工作，才能顺利过关。因此，要按照创新、协调、绿色、开放、共享的发展理念，在理论上做出创新性概括，在政策上做出前瞻性安排，加大结构性改革力度，矫正要素配置扭曲，扩大有效供给，提高供给结构适应性和灵活性，提高全要素生产率。

（二）深化供给侧结构性改革

供给和需求是市场经济内在关系的两个基本方面，是既对立又统一的辩证关系。没有需求，供给就无从实现，新的需求可以催生新的供给；没有供给，需求就无法满足，新的供给可以创造新的需求。供给侧管理和需求侧管理是调控宏观经济的两个基本手段。需求侧管理，重在解决总量性问题，注重短期调控，主要是通过调节税收、财政支出、货币信贷等来刺激或抑制需求，进而推动经济增长；供给侧管理，重在解决结构性问题，注重激发经济增长动力，主要通过优化要素配置和调整生产结构来提高供给体系质量和效率，进而推动经济增长。

经过40多年的快速发展，我国经济发展取得了举世瞩目的成就，但也长期积累了一些结构性、体制性、素质性突出的矛盾和问题，主要体现在经济增速下降、工业品价格下降、实体企业盈利下降、财政收入增幅下降、经济风险发生概率上升。这些问题不是周期性的，而主要是结构性的。当前和今后一个时期，我国经济发展面临的问题，供给和需求两侧都有，但矛盾的主要方面在供给侧，结构性供求失衡的矛盾日益突出。同时，自2008年国际金融危机以来，世界主要发达国家在实施需求管理政策的同时，也高度重视供给体系的调整。因此，“我们要紧紧抓住经济调整的窗口期，扎扎实实推进供给侧结构性改革”，“如果我们在这个问题上不着力、不紧抓，一旦其他大国结构调过来了，我们就会在下一轮国际竞争中陷于被动”[①]。

党的十八大以来，以习近平同志为核心的党中央做出了着力推进实施供给侧结构性改革的重大决定。近年来，以去产能、去库存、去杠杆、降成本、补短板为重点，开展了各项工作，取得了积极的市场成效。党的十九大进一步强调，必须坚持质量第一、效益优先，以供给侧结构性改革为主线，推动经济发展质量变革、效率变革、动力变革，提高全要素生产率。这是党在新的历史条件下深化供给侧结构性改革的方向和基本要求。深化供给侧结构性改革必须坚持做到：把提高供给体系质量作为主攻方向，增强我国经济质量优势；全面提升实体经济，特别是制造业水平；加强基础设施网络建设；继续坚持去产能、去库存、去杠杆、降成本、补短板。党的二十大指出，要坚持以推动高质量发展为主题，把实施扩大内需战略同深化供给侧结构性改革有机结合起来，增强国内大循环内生动力和可靠性，提升国际循环质量和水平，加快建设现代化经济体系，着力提高全要素生产率，着力提升产业链供应链韧性和安全水平，着力推进城乡融合和区域协调发展，推动经济实现质的有效提升和量的合理增长。

（三）推动新型工业化、信息化、城镇化、农业现代化同步发展

早在20世纪60年代，中国共产党就提出了在20世纪内把中国建设成为现代农业、现代工业、现代国防、现代科学技术“四个现代化”的社会主义现代化国家的构想。十一届三中全会以后，党逐步形成了分三步走、基本实现现代化的宏伟战略，并使之不断得到丰富和发展。党的二十大进一步指出，建设现代化产业体系，要坚持把发展经济的着力点放在实体经济上，推进新型工业化，加快建设制造强国、质量强国、航天强国、交通强国、网络强国、数字中国。

① 中共中央文献研究室．习近平关于社会主义经济建设论述摘编．北京：中央文献出版社，2017：117.

1. 中国特色新型工业化道路

工业化一般是指传统的农业社会向现代化工业社会转变的过程。工业化是现代化的基础和前提，高度发达的工业社会是现代化的重要标志。从 20 世纪 50 年代初期开始至 20 世纪 70 年代末，我们已经把一个落后的农业大国建设成为拥有独立的、比较完整的，并有一部分现代化水平的工业体系和国民经济体系的国家。但是，我国的工业化任务还远未完成。党的十六大指出，我国在 21 世纪头 20 年经济建设的主要任务之一，是基本实现工业化，并郑重地提出，要“走新型工业化道路”。党的十七大再次强调，“要坚持走中国特色新型工业化道路”。这就要求处理好工业化与信息化的关系，坚持以信息化带动工业化，以工业化促进信息化，使信息化与工业化融为一体；处理好新型工业化与经济结构调整的关系，促进经济增长“由主要依靠第二产业带动向依靠第一、第二、第三产业协同带动转变”，逐步实现农业由弱变壮、工业由大变强，加速发展现代服务业，提高其水平和比重；必须正确处理技术进步与发挥劳动力资源丰富优势的关系，在强调产业技术进步，改造传统产业、提高其技术水平和资本有机构成的同时，进一步调整所有制结构，大力发展容纳劳动力就业容量较大的各类中小企业。走新型工业化道路，就是要走出一条科技含量高、经济效益好、资源消耗低、环境污染少、人力资源优势得到充分发挥的工业化道路。这条道路从我国国情和世界经济发展实际出发，既尊重工业化客观规律，又具有同信息化等现代科学技术发展紧密结合、注重经济发展同资源环境相协调、坚持城乡协调发展、实现资金技术密集型产业同劳动密集型产业相结合等特征。党的十八大提出，坚持走中国特色新型工业化道路，要推动战略性新兴产业、先进制造业健康发展，加快传统产业转型升级。党的十九大指出，要加快发展先进制造业，支持传统产业优化升级，推动互联网、大数据、人工智能和实体经济深度融合，在中高端消费、创新引领、绿色低碳、共享经济、现代供应链、人力资本服务等领域培育新增长点、形成新动能。党的二十大进一步强调，推进新型工业化，要实施产业基础再造工程和重大技术装备攻关工程；巩固优势产业领先地位，在关系安全发展的领域加快补齐短板；推动战略性新兴产业融合集群发展；构建优质高效的服务业新体系，推动现代服务业同先进制造业、现代农业深度融合；加快发展物联网，加快发展数字经济；优化基础设施布局、结构、功能和系统集成，构建现代化基础设施体系。

2. 中国特色农业现代化道路

中国特色农业现代化道路的基本内涵是：立足基本国情和农业发展阶段，遵循农业现代化建设的一般规律，以确保国家粮食安全、增加农民收入、促进可持续发展为目标，加强农业基础地位，推进农业发展方式转变，大幅提高农业综合生产能力，大幅降低农业生产经营成本，大幅增强农业可持续发展能力，全面提高农业现代化水平，扎实推进社会主义新农村建设。农业、农村和农民问题，是我国革命、建设和改革的根本问题。改革开放前，毛泽东从我国国情出发，提出农业是国民经济的基础，发展工业必须和发展农业同时并举。改革开放后，邓小平紧密结合改革开放和社会主义现代化建设的实际，多次强调农业问题的重要性。他指出，“农业是根本，不要忘掉”[①]。邓小平认为，农业与

① 邓小平．邓小平文选：第 3 卷．北京：人民出版社，1993：23.

农村、农民问题紧密联系在一起。有了农业的发展，才会有农村经济的发展，农民的生活水平才会不断提高。江泽民也指出：“我国的基本国情决定了，抓住农村这个大头，就有了把握经济社会发展全局的主动权。”① 改革开放以来，中国共产党先后制定了许多具体政策解决农村问题，使农业得到加强，农村得到发展，农民得到实惠，为推动经济社会发展、保持社会稳定创造了重要条件。但也必须看到，制约农业和农村发展的深层次矛盾尚未消除，农村基础薄弱、农村发展滞后的局面尚未根本改变，解决好“三农”问题依然是一项长期的任务。党的十六大以来，党强调要把解决好“三农”问题作为全党工作的重中之重，坚持走统筹城乡发展的道路。胡锦涛在十六届四中全会上明确提出了“两个趋向”的重要论断，即在工业化初始阶段，农业支持工业、为工业提供积累是带有普遍性的趋向，但在工业化达到相当程度后，工业反哺农业、城市支持农村，实现工业与农业、城市与农村协调发展，也是带有普遍性的趋向。进入 21 世纪，党中央采取的一系列重大措施，标志着具有我国特点的以工促农、以城带乡长效机制正在形成。建设社会主义新农村的总体要求是：生产发展、生活宽裕、乡风文明、村容整洁、管理民主。这五句话二十个字，全面体现了一个时期内我国“三农”工作的主要方面，不仅勾画出了现代化农村的美好图景，而且提出了解决“三农”问题的系统思路。党的十九大明确提出实施乡村振兴战略，强调农业农村农民问题是关系国计民生的根本性问题，必须始终把解决好“三农”问题作为全党工作重中之重。党的二十大强调指出，全面建设社会主义现代化国家，最艰巨最繁重的任务仍然在农村。坚持农业农村优先发展，坚持城乡融合发展，畅通城乡要素流动。加快建设农业强国，扎实推动乡村产业、人才、文化、生态、组织振兴。

3. 中国特色自主创新道路

中国特色自主创新道路的基本内涵是：坚持自主创新、重点跨越、支撑发展、引领未来的指导方针，大力推进原始创新、集成创新、引进消化吸收再创新，不断提高创新能力，加快建立以企业为主体、市场为导向、产学研相结合的技术创新体系，加快建设国家创新体系，加快培育创新型科技人才，努力培育全社会的创新精神，实现到 2020 年进入创新型国家行列的目标。中国共产党历来十分重视科学技术的作用。新中国成立初期，毛泽东已经认识到，不搞科学技术，生产力就无法提高。党向全国人民发出“向科学进军”的号召。改革开放以来，邓小平多次指出，实现现代化，科学技术是关键，基础在教育。江泽民也反复强调，科技创新越来越成为当今社会生产力解放和发展的重要基础与标志，越来越决定着一个国家、一个民族的发展进程。有没有创新能力，能不能进行创新，是当今世界范围内经济和科技竞争的决定性因素。以胡锦涛同志为主要代表的中国共产党人从全面建设小康社会、开创中国特色社会主义事业新局面的全局出发，综合分析世界发展大势和我国所处历史阶段，做出了推进自主创新、建设创新型国家的重大决策。党的十九大明确提出加快建设创新型国家的要求，党的二十大进一步强调要把教育、科技、人才作为全面建设社会主义现代化国家的基础性、战略性支撑，并明确提出坚持科技是第一生产力、人才是第一资源、创新是第一动力的重要理论观点，强调

① 中共中央文献研究室．江泽民论有中国特色社会主义（专题摘编）．北京：中央文献出版社，2002：121.

深入实施科教兴国战略、人才强国战略、创新驱动发展战略，要坚持教育优先发展、科技自立自强、人才引领驱动，加快建设教育强国、科技强国、人才强国，坚持为党育人、为国育才，全面提高人才自主培养质量，着力造就拔尖创新人才，聚天下英才而用之。

4. 中国特色城镇化道路

城镇化是人口集聚和社会现代化的过程，涉及人口聚居、就业、生态、环境、公共设施、经济发展和社会发展、政府服务等各种因素。中国特色城镇化道路的基本内涵是：按照统筹城乡、布局合理、节约土地、功能完善、以大带小的原则，促进大中小城市和小城镇协调发展；以增强综合承载能力为重点，以特大城市为依托，形成辐射作用大的城市群，培育新的经济增长极。我国的城镇化，经历了从“一五”时期的短暂健康发展，到“大跃进”以后的剧烈波动及反向城镇化发展，再到改革开放后城镇化重新启动的曲折发展过程。2011 年 3 月，全国人大审议通过的《中华人民共和国国民经济和社会发展第十二个五年规划纲要》明确提出“积极稳妥推进城镇化”的要求，强调我国将以科学发展为主题，以转变发展方式为主线，把城镇化作为“十二五”期间中国经济增长与经济转型的重要切入点之一。2012 年的中央经济工作会议进一步明确提出，要把生态文明理念和原则全面融入城镇化全过程，走集约、智能、绿色、低碳的新型城镇化道路。十八大从加快城乡发展一体化的角度，对于推进城镇化和城乡发展一体化的体制机制规划、基础设施、公共服务等方面提出了一系列新的要求。十八届三中全会通过的《中共中央关于全面深化改革若干重大问题的决定》提出，“坚持走中国特色新型城镇化道路，推进以人为核心的城镇化，推动大中小城市和小城镇协调发展、产业和城镇融合发展，促进城镇化和新农村建设协调推进。优化城市空间结构和管理格局，增强城市综合承载能力”。这就为我国如何推进新型城镇化建设指明了方向，确定了体制机制的建设框架。党的十九大提出，要以城市群为主体构建大中小城市和小城镇协调发展的城镇格局，加快农业转移人口市民化。城镇化是中国式现代化的必由之路。党的二十大强调，推进以人为核心的新型城镇化，加快农业转移人口市民化。要以城市群、都市圈为依托构建大中小城市协调发展格局，推进以县城为重要载体的城镇化建设。

5. 中国特色区域协调发展道路

我国地域辽阔，由于历史、地理、文化、资源等方面的原因，长期以来经济发展呈现东部沿海经济比较发达、中部经济次发达、西部经济不发达的特点。我国区域的协调发展，主要是处理好东部和中西部的关系、沿海和内地的关系。早在 20 世纪 50 年代中期，毛泽东在《论十大关系》中就提出了正确认识和处理沿海与内地关系的问题。1988 年，邓小平提出了促进东西部地区经济合理布局和协调发展的“两个大局”重要思想，即在实施“三步走”的发展战略时，有一个地域发展步骤的布局：第一步，在 20 世纪末进入小康社会前，我国经济和社会发展的大局，是较快地发展沿海，带动国民经济发展；第二步，从 20 世纪末进入小康社会之时起，我国经济和社会发展的大局，是在继续发展沿海的同时，突出地提出和解决内地的发展问题，以逐步解决地区差距的问题。1999 年，根据邓小平“两个大局”的战略思想和我国东中西部经济社会发展的实际，党中央正式决定实施西部大开发战略，提出了通过几十年乃至整个世纪的艰苦努力，建设一个经济繁荣、社会进步、生活安定、民族团结、山河秀美的西部地区的战略目标。进入 21

世纪，党中央又根据我国区域发展的实际情况和全面建设小康社会、推进现代化建设的要求，进一步提出了实施区域发展的总体战略：深入推进西部大开发，全面振兴东北地区等老工业基地，大力促进中部地区崛起，积极鼓励东部地区率先发展，形成分工合理、特色明显、优势互补的区域产业结构，推动各地区共同发展。党的二十大明确提出，促进区域协调发展，要深入实施区域协调发展战略、区域重大战略、主体功能区战略、新型城镇化战略，优化重大生产力布局，构建优势互补、高质量发展的区域经济布局和国土空间体系。推动西部大开发形成新格局，推动东北全面振兴取得新突破，促进中部地区加快崛起，鼓励东部地区加快推进现代化。支持革命老区、民族地区加快发展，加强边疆地区建设，推进兴边富民、稳边固边。推进京津冀协同发展、长江经济带发展、长三角一体化发展，推动黄河流域生态保护和高质量发展。

（四）经济全球化条件下的中国对外经济开放战略

经济全球化是当今世界经济发展的客观趋势。经济全球化是指在国际分工的基础上，资本、技术、劳动力、信息等各类生产要素通过在全球范围内的大规模流动和配置，推动各国经济更加紧密地相互联系的过程。在经济全球化条件下推进中国对外经济开放，必须全面分析与科学认识当代中国发展面临的机遇和挑战，积极参与经济全球化进程，不断提高对外开放水平。中国加入世界贸易组织以后，对外经济开放进入一个新的发展阶段，继续扩大对外开放，并积极参与经济全球化进程，符合中国的最大国家利益。经济全球化的深入发展，既给中国带来了严峻挑战，也给中国带来了难得的发展机遇。中国作为世界上最大的发展中国家，有着较为系统齐全的工业制造业体系，有着独立完整的国民经济体系。经过多年积累，中国的综合国力、国际竞争力和抗风险能力已经明显提高，科技创新能力不断增强，产业调整和转型升级加快推进，战略性新兴产业发展空间巨大，国内市场不断加快成长且潜力巨大。党的十九大明确提出推动形成全面开放新格局的要求。党的二十大进一步指出，推进高水平对外开放，要依托我国超大规模市场优势，以国内大循环吸引全球资源要素，增强国内国际两个市场两种资源联动效应，提升贸易投资合作质量和水平，稳步扩大规则、规制、管理、标准等制度型开放。

第五章

中国特色社会主义政治建设

中国特色社会主义政治建设，是中国社会主义现代化建设的重要目标之一，也是中国特色社会主义理论的重要组成部分。发展社会主义民主政治是中国共产党始终不渝的奋斗目标。长期坚持、不断发展我国社会主义民主政治，积极稳妥推进政治体制改革，推进社会主义民主政治制度化、规范化、程序化，保证人民依法通过各种途径和形式管理国家事务、管理经济文化事业、管理社会事务，巩固和发展生动活泼、安定团结的政治局面，充分认识我国社会主义民主政治和法治建设的极端重要性，对切实加强社会主义民主政治建设，建设社会主义法治国家，发展社会主义政治文明，具有重要的理论价值和实践意义。

一、中国特色社会主义政治建设的基本理论

中国特色社会主义政治建设，是中国特色社会主义“五位一体”总体布局的重要组成部分。中国特色社会主义政治建设理论，是中国共产党把马克思主义的政治观运用于中国社会主义政治建设的实践而逐渐形成的重要理论成果。它深刻反映了当代中国政治发展的客观规律，也是认识中国政治现象、推动中国政治改革和发展的根本指导思想。

（一）马克思主义的政治理论

马克思主义的政治理论，深刻地揭示了政治的本质，为认识政治现象提供了科学的世界观和方法论。

马克思主义认为，政治是人类历史发展到一定阶段出现的社会现象，是人类社会生活的重要组成部分。阶级、国家产生以后，人们总是结成以一定的阶级关系为基本内容的政治关系，并围绕国家政权展开各式各样的政治活动。政治作为社会上层建筑，产生发展于一定的社会经济基础，政治的性质和状况由经济基础的性质和状况决定。政治主要包括政治法律制度、以国家政权机构为主体的各类政治组织形态和设施以及政治意识形态等，政治反过来又对经济基础以及社会生活各方面发挥着深刻、广泛的影响。在国家生活中，社会经济关系是阶级关系和社会关系的基础，而这种经济关系以及这种经济关系所体现的经济利益和要求，集中表现为一定阶级和阶层的政治立场、政治观点、政

治思想。社会经济发展方向和发展道路的选择、社会经济关系和体制的重大变革、经济利益格局的重大调整等一系列重大经济社会问题，都需要通过相应的政治活动、政治过程来实现。正如列宁所指出的："政治同经济相比不能不占首位。不肯定这一点，就是忘记了马克思主义的最起码的常识。"① 政治的根本问题是国家政权问题。任何阶级要取得和保持自己的政治统治，实现本阶级的利益和目标，都必须掌握国家政权，控制和运用国家机器。政治反映了一定的阶级利益和阶级关系。政治作为一种社会关系，总是在一定的历史条件下，与一定的阶级、国家联系在一起，所以具有特定内容与表现形式。在社会主义社会，政治的主要内容和表现形式已不再是阶级对抗，而是人民内部各阶级、各阶层之间的关系。

无产阶级专政学说是马克思主义政治理论的核心。马克思、恩格斯关于无产阶级专政的学说，是建立在对当时比较发达的资本主义国家社会状况和阶级关系分析的基础之上的。他们认为，在发达的资本主义国家"阶级对立简单化了。整个社会日益分裂为两大敌对的阵营，分裂为两大相互直接对立的阶级：资产阶级和无产阶级"②。无产阶级反对资产阶级的阶级斗争，必然导致资产阶级统治的被推翻和无产阶级专政的建立。马克思、恩格斯所设想的无产阶级专政，是社会主义革命在发达资本主义国家同时取得胜利后建立的国家政权。无产阶级占人口的比例如何，是他们研究无产阶级专政的阶级构成形式即由哪些社会成分、阶级、阶层的代表参加国家政权的重要依据和出发点，根据这些国家无产阶级所占人口比例的不同情况，他们提出了无产阶级专政的两种形式：一种是"直接统治"，即无产阶级单独建立和掌握政权；另一种是"间接统治"，即无产阶级联合农民、小生产者建立和掌握政权。他们认为，在英国可以直接建立这种统治，因为那里的无产者现在已占人民的大多数，"在法国和德国可以间接建立，因为这两个国家的大多数人民不仅是无产者，而且还有小农和小资产者"③。列宁正是从俄国无产阶级占人口少数这一情况出发，指出"无产阶级专政是劳动者的先锋队——无产阶级同人数众多的非无产阶级的劳动阶层（小资产阶级、小业主、农民、知识分子等等）或同他们的大多数结成的特种形式的阶级联盟"④，并明确提出了"工农民主专政"的口号，建立起了社会主义性质的工农民主政权。以毛泽东同志为主要代表的中国共产党人，运用马克思主义的无产阶级专政学说，结合中国的具体历史条件，创造性地提出了适合中国特点的人民民主专政的理论，对马克思列宁主义国家学说做出了卓越的贡献。

（二）人民民主专政理论

人民民主是中国共产党始终高扬的光辉旗帜，也是发展社会主义民主政治的奋斗目标。中国共产党作为中国工人阶级的先锋队，自成立之日起就以实现和发展人民民主为己任。在争取人民民主、探索民主新路的过程中，中国共产党先后提出了"工农民主""抗日民主""新民主主义民主"等概念，并在根据地和解放区相继建立了工农民主政权、

---

① 列宁．列宁专题文集·论辩证唯物主义和历史唯物主义．北京：人民出版社，2009：302.
② 马克思，恩格斯．马克思恩格斯选集：第1卷．3版．北京：人民出版社，2012：401.
③ 同②304.
④ 列宁．列宁全集：第36卷．2版．北京：人民出版社，1985：362-363.

抗日民主政权、新民主主义政权，创造了适合中国国情、能够保证人民当家作主的民主政治实现形式，从理论和实践的结合上对人民当家作主的民主新路进行了深入探索，积累了宝贵经验。新中国成立前夕，中国共产党从全国人民的利益出发，根据历史和现实的经验，主张建立一个工人阶级领导的、以工农联盟为基础的人民民主专政的国家。毛泽东在 1948 年 9 月中央政治局会议的报告中，首次提出“建立无产阶级领导的以工农联盟为基础的人民民主专政”的观点，并强调指出：“我们政权的阶级性是这样：无产阶级领导的，以工农联盟为基础，但不是仅仅工农，还有资产阶级民主分子参加的人民民主专政。”① 不久，他又在《将革命进行到底》的新年献词中，明确指出要“在全国范围内推翻国民党的反动统治，在全国范围内建立无产阶级领导的以工农联盟为主体的人民民主专政的共和国”，并强调这样才有“向着社会主义社会发展的可能性”②。1949 年 3 月，毛泽东在党的七届二中全会的报告中，再次明确提出要建立和巩固无产阶级领导的以工农联盟为基础的人民民主专政。同年 6 月，毛泽东发表《论人民民主专政》一文，运用辩证唯物主义观点和马克思主义的国家学说，总结了近代以来中国革命的历史经验，阐明了在我国建立人民民主专政国家政权的历史必然性，系统论述了人民民主专政国家政权的性质、各阶级在国家中的地位、政权组织形式、民主与专政的关系、国家的内外政策及发展前途等一系列根本问题。他深刻指出：“总结我们的经验，集中到一点，就是工人阶级（经过共产党）领导的以工农联盟为基础的人民民主专政。”“这就是我们的公式，这就是我们的主要经验，这就是我们的主要纲领。”③《论人民民主专政》一文的发表，标志着毛泽东人民民主专政理论的正式形成。

第一，人民民主专政是无产阶级及其政党领导下的具有广泛代表性的政权。人民民主专政作为“一个以全国绝对大多数人民为基础而在工人阶级领导之下的统一战线的民主联盟的国家制度”④，存在着广泛的政治联盟。这种统一战线性质的联盟，包括两个基本的方面，即工人阶级同其他劳动阶级主要是农民阶级结成的联盟，以及工人阶级同一部分非劳动阶级主要是民族资产阶级结成的联盟。在新民主主义革命时期，人民民主专政是工人阶级领导下的各民主阶级的联合专政，它代表的利益是工人阶级、农民阶级、城市小资产阶级和民族资产阶级的共同利益。新中国成立初期，我国建立的人民民主专政属于新民主主义类型的政权，这个政权仍然是工人阶级领导的以工农联盟为基础的几个阶级的联合专政。社会主义制度在我国确立以后，组成国家的各阶级都发生了深刻的变化，尤其是民族资产阶级作为阶级已不复存在，原来属于剥削阶级的大多数人已经成为自食其力的劳动者，他们作为人民的一员享有宪法规定的各种民主权利。原来的两个联盟发展成了工人阶级领导的、以工农联盟为基础的社会主义劳动者和拥护社会主义的爱国者的广泛联盟。

第二，人民民主专政是民主与专政的统一。任何国家的政权都包括民主和专政两个方面，即在统治阶级内部实行民主，对被统治阶级实行专政。人民民主专政的国家也不例外，人民民主专政作为一种国家制度首先是民主与专政的统一，所不同的是，这是一种新型的

---

① 中共中央文献研究室．毛泽东文集：第 5 卷．北京：人民出版社，1996：135.

② 毛泽东．毛泽东选集：第 4 卷．2 版．北京：人民出版社，1991：1375.

③ 同②1480.

④ 毛泽东．毛泽东选集：第 3 卷．2 版．北京：人民出版社，1991：1056.

民主和新型的专政，即对占人口绝大多数的人民实行民主，对极少数人民的敌人实行专政，这是人民民主专政的根本特征之所在。人民民主专政作为一种新型的民主，是建立在生产资料公有制基础上的由绝大多数劳动人民当家作主的民主，占人口绝大多数的广大劳动群众共同享有对生产资料的所有权和支配权，享有宪法和法律规定的广泛的民主权利，并在此基础上行使管理国家各项事业的权利；对于人民内部的矛盾问题，只能用民主的方法加以解决，并使民主成为人民群众进行自我教育的方法；人民的国家要保护人民的利益和权利不受侵犯。同样，人民民主专政作为一种新型的专政，是广大的人民群众对极少数人民的敌人的专政，还担负着防御外部敌人的颠覆活动和可能的入侵的使命。人民民主专政的民主与专政两个方面是并行不悖、辩证统一的，二者既互相区别，又互相依存，缺一不可。

第三，人民民主专政的历史任务。人民民主专政的历史任务是消灭阶级和阶级差别，使国家归于消亡，实现共产主义。也就是说，人民民主专政担负着由新民主主义向社会主义和由社会主义向共产主义过渡的双重任务。人民民主专政的历史任务，在不同的历史时期其侧重点是有所不同的。在新民主主义革命时期，它的主要任务是反对帝国主义和封建势力的反动统治；在人民民主专政国家政权建立的初期是剥夺剥夺者、镇压反动阶级的反抗和对生产资料私有制进行社会主义改造；在消灭了剥削阶级和剥削制度，确立了社会主义制度以后，人民民主专政的主要任务则是组织和管理社会主义的经济建设和文化教育事业，建设强大的社会主义现代化国家，为将来过渡到共产主义创造条件。在我国社会主义制度建立以后，人民民主专政的主要任务是进行经济文化和民主政治建设，但专政的职能仍是不可缺少的，专政的使命并没有完结。

第四，人民民主专政的政权组织形式。任何一个国家都有它的国体和政体，国体指的是社会各阶级在国家中的地位，讲的是国家性质问题；政体讲的是统治阶级采取什么样的政治形式来实现自己的统治和行使国家的权力，讲的是政权组织形式问题。我国人民民主专政的政权组织形式是人民代表大会制度。人民代表大会制度作为我国的根本政治制度，有着无比的优越性：一是它充分体现了人民权力的至上性和全权性；二是它能按照民主集中制的原则正确处理国家权力的统一和分工的关系；三是它拓展了民主渠道、丰富了民主形式，确保人民依法管理国家事务；四是它可以实现人民代表大会对其他国家机关的有效监督。

人民民主专政在全国范围内的确立，是新民主主义革命取得胜利的伟大成果，也是我国实现由新民主主义过渡到社会主义的必要条件。新中国成立初期，中国共产党带领中国人民建立人民民主专政的国家，阻止了帝国主义的进一步颠覆和侵略，从各方面促进了生产的恢复和发展，保卫了革命的胜利成果。随后，又为社会主义改造的顺利进行提供了强大的政治基础。

随着社会主义改造的基本完成，我国实现了由新民主主义政治制度向社会主义政治制度的转变。社会主义制度的建立开辟了社会主义民主的新纪元。党的八大正确分析了社会主义制度在我国确立后的新形势，提出了发展社会主义民主、健全社会主义法制的任务。毛泽东明确指出，我们的目标，就是要造成“又有集中又有民主，又有纪律又有自由，又有统一意志、又有个人心情舒畅、生动活泼，那样一种政治局面”①。这一设想

---

① 中共中央文献研究室．建国以来重要文献选编：第10册．北京：中央文献出版社，1994：485.

成为党在新时期扩大人民民主、加强民主政治建设的重要依据。遗憾的是，由于后来党在指导思想上受“左”的错误的影响，在决策上发生严重的失误，并最终导致了“文化大革命”，社会主义事业蒙受了重大损失。

十一届三中全会以后，中国共产党认真总结新中国成立以来人民民主专政的历史经验，特别是“文化大革命”的教训，完整准确地理解和运用马克思列宁主义无产阶级专政的理论，使人民民主专政理论在新的历史条件下得到继承和发展。

（三）中国特色社会主义政治建设理论

改革开放以来，党在推进经济改革的同时，按照民主化和法治化紧密结合的要求，努力推进中国特色社会主义政治建设，形成了中国特色社会主义政治建设的系统理论。

改革开放之初，吸取“文化大革命”的沉痛教训，邓小平强调指出，由于我国政治体制方面存在的一些弊端，“在过去一个相当长的时间内，民主集中制没有真正实行，离开民主讲集中，民主太少”①。因而，特别需要强调民主，并明确提出“必须使民主制度化、法律化，使这种制度和法律不因领导人的改变而改变，不因领导人的看法和注意力的改变而改变”②。在这里，邓小平实际上已经把发展社会主义民主法制的任务提上党和国家的重要议事日程。

党的十四大在提出建立社会主义市场经济体制目标的同时，强调要使社会主义民主和社会主义法制建设都有一个较大的发展。党的十五大从我国经济体制改革的深入和社会主义现代化跨世纪发展的需要出发，明确提出，要进一步扩大社会主义民主，健全社会主义法制，依法治国，建设社会主义法治国家，并把依法治国作为“党领导人民治理国家的基本方略”。党的十六大把社会主义政治文明与物质文明、精神文明一起作为我国社会全面发展的三大基本目标。

党的十七大把人民民主提高到社会主义政治体制改革和政治发展全局的高度加以认识。强调指出，人民民主是社会主义的生命，人民当家作主是社会主义民主政治的本质和核心，发展社会主义民主政治是我们党始终不渝的奋斗目标。深化政治体制改革，必须坚持正确的政治方向，以保证人民当家作主为根本，以增强党和国家活力、调动人民积极性为目标，扩大社会主义民主，建设社会主义法治国家，发展社会主义政治文明。党的十八大指出，改革开放以来，我们总结发展社会主义民主正反两方面的经验，强调人民民主是社会主义的生命，坚持国家一切权力属于人民，不断推进政治体制改革，社会主义民主政治建设取得重大进展，成功开辟和坚持了中国特色社会主义政治发展道路，为实现最广泛的人民民主确立了正确方向。党的十八大还强调要把制度建设摆在突出位置，通过支持和保证人民通过人民代表大会行使国家权力、健全社会主义协商民主制度、完善基层民主制度等重要举措，发展更加广泛、更加充分、更加健全的人民民主。党的十九大明确提出坚持人民当家作主，必须坚持中国特色社会主义政治发展道路，坚持和完善人民代表大会制度、中国共产党领导的多党合作和政治协商制度、民族区域自治制

① 邓小平．邓小平文选：第2卷．2版．北京：人民出版社，1994：144.

② 同①146.

度、基层群众自治制度，巩固和发展最广泛的爱国统一战线，发展社会主义协商民主，健全民主制度，丰富民主形式，拓宽民主渠道，保证人民当家作主落实到国家政治生活和社会生活之中。党的二十大指出，人民民主是社会主义的生命，是全面建设社会主义现代化国家的应有之义。全过程人民民主是社会主义民主政治的本质属性，是最广泛、最真实、最管用的民主。推进全过程人民民主，“必须坚定不移走中国特色社会主义政治发展道路，坚持党的领导、人民当家作主、依法治国有机统一，坚持人民主体地位，充分体现人民意志、保障人民权益、激发人民创造活力”[①]，巩固和发展生动活泼、安定团结的政治局面。这就要进一步加强人民当家作主制度保障，全面发展协商民主，积极发展基层民主，巩固和发展最广泛的爱国统一战线。

事实充分证明，经过改革开放 40 多年的不懈努力和探索，党对中国特色社会主义政治建设的认识，已经达到比较充分的程度，形成了一系列的重要思想理论观点，有力地推进了中国特色社会主义政治建设的发展。

二、坚持中国特色社会主义政治发展道路

中国特色社会主义政治发展道路，是中国特色社会主义政治建设实践的主要成果，是中国特色社会主义道路的重要组成部分。中国特色社会主义政治发展道路，就是高举人民民主旗帜，从中国国情出发，坚持党的领导、人民当家作主、依法治国有机统一，坚持和完善人民代表大会制度、中国共产党领导的多党合作和政治协商制度、民族区域自治制度和基层群众自治制度，不断推进社会主义政治制度的自我完善和发展。

（一）坚持党的领导、人民当家作主、依法治国有机统一

发展社会主义民主政治，把坚持党的领导、人民当家作主和依法治国有机统一起来，既体现了社会主义国家政权的性质和中国人民民主的性质，又是中国特色社会主义政治发展道路的根本要求。党的十八大明确指出，要坚持中国特色社会主义政治发展道路，坚持党的领导、人民当家作主、依法治国有机统一。党的十九大进一步强调，坚持党的领导、人民当家作主、依法治国有机统一是社会主义政治发展的必然要求。党的二十大进一步指出，必须坚定不移走中国特色社会主义政治发展道路，坚持党的领导、人民当家作主、依法治国有机统一，坚持人民主体地位，充分体现人民意志、保障人民权益、激发人民创造活力。共产党的领导是人民当家作主和依法治国的根本保证，人民当家作主是社会主义民主政治的本质要求，依法治国是共产党领导人民治理国家的基本方略。党的领导、人民当家作主和依法治国有机统一，是中国特色社会主义政治发展道路最鲜明的特征和最大优势。

第一，中国共产党的领导是人民当家作主和依法治国的根本保证。中国特色社会主

① 习近平．高举中国特色社会主义伟大旗帜 为全面建设社会主义现代化国家而团结奋斗：在中国共产党第二十次全国代表大会上的报告．北京：人民出版社，2022：37.

义最本质的特征是中国共产党领导，中国特色社会主义制度的最大优势是中国共产党领导，党是最高政治领导力量。中国共产党是中国特色社会主义事业的领导核心，也是社会主义民主政治建设的领导核心，是中国最广大人民根本利益的忠实代表者和坚定维护者，这不仅体现在党的理论、纲领、路线和方针、政策上，更重要的是体现在党的各项实际工作中。邓小平指出："人民的团结，社会的安定，民主的发展，国家的统一，都要靠党的领导。"[①] 中国共产党执政就是领导和支持人民当家作主，最广泛地动员和组织人民群众依法管理国家和社会事务，管理经济和文化事业，维护和实现人民群众的根本利益。在社会主义初级阶段，各阶层在根本利益一致的基础上，也存在着一些不同利益和利益发展要求之间的矛盾。只有中国共产党才能集中代表中国人民的整体利益和意志，从中国最广大人民的根本利益出发，正确处理社会利益矛盾，协调社会利益关系，正确而又全面地反映和维护广大人民群众的利益。无论是发展社会主义民主，还是建设社会主义法治国家，都是通过党的政治、思想和组织领导实现的。

第二，人民当家作主是社会主义民主政治的本质和核心要求。中国共产党历来以实现和发展人民民主为己任。人民民主是社会主义的生命。社会主义民主政治的本质是人民当家作主。我国《宪法》明确规定："中华人民共和国的一切权力属于人民。"在社会主义社会中，人民民主的发展与党的领导和依法治国的完善相辅相成，共同促进社会的发展和实现政治文明的进步。发展社会主义民主政治，建设社会主义政治文明，要始终把人民当家作主作为出发点和归宿，立足于人民，一切为了人民、一切依靠人民，一切工作从根本上说都要致力于为广大人民谋利益，这是中国共产党执政的根本目的和可靠基础。离开了人民群众的根本利益和当家作主的权利，没有人民民主的政治制度，人民的各种权利就没有保障，各种义务也无法履行，党的领导就会成为无源之水、无本之木，社会主义政治和法律制度就失去了前提和基础。

第三，依法治国是完善党的领导和实现人民当家作主的基本途径与法治保证，是党领导人民治理国家的基本方略。中国共产党要把全国人民团结起来，沿着中国特色社会主义正确的道路开拓前进，需要依靠党的理论和路线的指引，也需要依靠法律的保障。发扬民主必须同加强法治有机结合起来。民主是法治的前提和基础，法治是民主的体现和保障。民主只有以法治为依托，才具有可靠的保障；法治也只有以民主为基础，才具有无上的权威。我国的宪法和法律是党的主张与人民意志相统一的体现，是党领导人民建设社会主义现代化国家的实践经验的总结，也是继续推进现代化建设的根本保障。任何组织或者个人都不得有超越宪法和法律的特权。法律的贯彻实施，也就是党的主张和人民意志的贯彻实施。遵守法律，就是服从党的领导，就是服从全国人民的意志，就是维护人民的利益。社会主义政治的制度化、规范化、程序化，是中国特色社会主义政治文明正在不断完善发展、走向成熟的标志。

党的领导、人民当家作主和依法治国的有机结合与辩证统一，为发展社会主义民主政治、建设社会主义法治国家指明了正确方向、确立了根本原则，决不能把它们分割开来或对立起来。坚持党的领导、人民当家作主和依法治国三者的有机统一，是中国社会

---

① 邓小平．邓小平文选：第2卷．2版．北京：人民出版社，1994：342.

主义政治建设的本质内涵、根本特色和巨大优势所在，是中国特色社会主义政治建设的基本规律，是我国社会主义民主循序渐进、健康发展的内在要求。

（二）坚持中国特色社会主义政治制度

邓小平指出："没有民主就没有社会主义，就没有社会主义的现代化。"[①] 按照马克思主义政治学的观点，民主政治首先和主要是指一种国家制度，是按多数人的意志形成国家政权和根据多数人的意志实行统治的国家制度。社会主义民主政治的实现，在人类历史上第一次建立起了由全体人民组成的国家政权和国家一切权力属于人民的国家制度。这两个方面，也就是我们通常所说的社会主义国家的国体和政体。它们是紧密相连、不可分割、相互统一的民主政治建设过程。中国共产党把马克思列宁主义、毛泽东思想关于无产阶级专政的基本原理，同当代中国社会主义民主政治建设的现实情况相结合，明确提出坚持人民民主专政，坚持和完善人民代表大会制度和中国共产党领导的多党合作和政治协商制度，以及不能照搬西方资产阶级民主模式等重要观点，为建设中国特色社会主义民主政治规定了基本的任务和目标。

1. 坚持人民民主专政

1982年颁布的《中华人民共和国宪法》（现行宪法）在"五四宪法"关于"中华人民共和国是工人阶级领导的、以工农联盟为基础的人民民主国家"规定的基础上，进一步做出"中华人民共和国是工人阶级领导的、以工农联盟为基础的人民民主专政的社会主义国家"的规定，这就改变了"七五宪法"和"七八宪法"中关于"中华人民共和国是工人阶级领导的以工农联盟为基础的无产阶级专政的社会主义国家"的规定，从而使人民民主专政这一中国特色的社会主义国体得到了明确的法律确认。党领导各族人民建立的人民民主专政的国体，使我国广大人民依法享有民主选举、民主决策、民主管理、民主监督等广泛的权利和自由。

第一，坚持对广大人民群众实行充分的民主。人民民主专政的阶级基础是工人阶级领导下的工农联盟。在社会主义建设时期，知识分子的绝大部分已经成为工人阶级的一部分。工人、农民、知识分子是人民民主专政的基本力量。而且，在长期的革命、建设和改革中，我国还形成了有各民主党派和各人民团体参加的，包括全体社会主义劳动者、拥护社会主义的爱国者和拥护祖国统一的爱国者的广泛的爱国统一战线。上述社会成员占了全国人口的绝大多数，是社会主义国家的主人，理应享受最广泛、最充分的民主。同时，由于建立了以生产资料公有制为主体的所有制关系，广大人民群众平等地享有管理国家、管理经济、管理文化教育等各项事业的权利。社会主义的经济基础，决定了广大人民群众应该享有充分的民主。但是，也必须看到，在民主的实践方面，我们过去做得还很不够，并且有过不少失误。"粉碎'四人帮'以后，特别是三中全会以后，我们一直在努力发扬民主。现在这方面的工作做得还很不够"[②]，所以还要不断发展和完善人民民主专政，以保证人民当家作主为根本，以增强党和国家活力、调动人民积极性为目标，

---

① 邓小平．邓小平文选：第2卷．2版．北京：人民出版社，1994：168.

② 同①372.

扩大社会主义民主。邓小平还强调，我们要发展的民主是社会主义民主，这就决定了我们的民主建设必须坚持四项基本原则。

第二，坚持对极少数敌视和破坏社会主义建设的敌对分子进行专政。我们在重视人民民主专政民主职能的同时，绝不应忽视其专政的职能。这是因为，在社会主义社会，剥削阶级作为一个阶级虽然已经消灭了，但是仍然有极少数危害社会主义事业的敌对势力和敌对分子。我们同他们的斗争虽然已不同于历史上阶级对阶级的斗争，但仍然是一种特殊形式的阶级斗争。由于我们处在一个复杂的国际环境中，也由于我们的社会主义制度还处在初级阶段，还有许多不完善、不成熟的地方，而在改革开放、发展社会主义市场经济的过程中，又不可避免地会发生一些严重危害人民利益的腐败现象，甚至由此引发一些社会政治问题。因此，人民民主专政的专政职能不能削弱，只能加强。

人民民主是社会主义的生命，人民民主专政是国家统一、民族团结、社会进步、人民安居乐业的重要保障。我们必须十分珍惜中国人民争取和发展人民民主的成果，继续坚定不移地走中国特色社会主义的政治发展道路。

2. 坚持和完善人民代表大会制度

政体是国家组织形式。国体决定政体，政体表现国体、适应国体。在我国，与人民民主专政国体相适应的最好的政体，就是人民代表大会制度。作为我国根本政治制度的人民代表大会制度，是在我国人民革命斗争过程中建立并发展起来的。人民代表大会制度作为我国的根本政治制度，是由我国的国家本质决定的。我国是人民民主专政的社会主义国家，它的本质特征是人民当家作主。这一本质特征在宪法中的集中表现，就是国家的“一切权力属于人民”。为了保证全体人民充分参与国家权力的行使，我国《宪法》规定：“人民行使国家权力的机关是全国人民代表大会和地方各级人民代表大会。”这一规定和其他一些条文的规定表明，在我国，“一切权力属于人民”的宪法原则，主要是通过人民代表大会制度来实现的。也就是说，我国国家政权的组织形式是建立从中央到地方各级人民代表大会的体系。人民通过民主选举，选出各级人民代表，由他们组成各级权力机关，代表人民管理国家事务，行使国家权力。体现全国人民意志的法律、适合局部地区需要的地方性法规，由全国和地方各级人民代表大会讨论并作出决定。各级人民代表大会组织各级人民政府作为各级国家行政机关。人民政府、人民法院和人民检察院以及监察委员会分别行使国家行政权、审判权、检察权和监察权。它们由人民代表大会产生，向人民代表大会负责并报告工作。

人民代表大会制度在我国人民统一和集中地行使国家权力、贯彻民主集中制原则方面，具有很大的优越性。第一，它体现了国家政权的民主性。人民代表大会制度是保障人民民主的政治制度。它的民主性主要表现在：我国的各级人民代表大会是由选民或选举单位选出的代表组成的，具有最广泛的群众基础，能够得到群众的充分信任和支持，这是它具有极大的组织力量和动员力量的重要条件；各级人民代表大会具有极其广泛的代表性，各民族、各民主党派、人民解放军、各人民团体、各阶层、各地区都有代表参加各级人民代表大会的工作，因而由它所制定的法律以及由它讨论和决定的重大问题，能充分体现人民的意志，照顾到各方面的利益和要求。第二，它有利于实现国家权力的集中和统一。这种集中主要表现在：各级人民代表大会既是议事机关，又是工作机关，由它统一行使国家权力。全国人民代表大会是我国的最高国家权力机关，也是我国行使国家立法权的机关。只有它才有权制定和修改宪法、法律，决定国家重大问题。国务院是它的执行机关，对它负责，向它报告工作，接受它的监督；最高人民法院、最高人民检察院也都要对它负责，向它报告工作，接受它的监督。全国人民代表大会在我国的政治生活和国家权力机关体系中具有全权的地位。它使分散的意志通过人民选出的代表，集中到各级人民代表大会上来，形成地方和全国人民的统一意志，从而便利人民群众经常通过这一制度参加国家管理，充分发挥人民群众的积极性和创造性，把人民的智慧和力量结成一个统一的整体。第三，它既有利于中央统一领导，又有利于地方主动性、积极性的发挥。在我国，中央与地方的关系，是整体与部分之间的关系。部分服从整体，下级服从上级，地方服从中央，这是民主集中制原则的要求。按照这一要求，全国人民代表大会制定的法律、通过的决议和各项决定，必须体现全国和各地的情况及要求，有利于调动中央和地方两个积极性。同时，地方各级人民代表大会通过的法律法规又要符合宪法和全国统一法律的要求。只有这样，才能使我们的国家机构成为一个坚强有力的整体，顺利地实现人民民主专政所担负的对内对外的繁重任务。

当然，我们也必须看到，我国的社会主义尚处于初级阶段，中国特色社会主义的经济、政治、文化、社会等都处在不断发展和完善的过程中，人民代表大会制度不可能脱离整个经济基础和上层建筑的发展水平，必然存在着一些需要改革和改善的地方。人民代表大会制度的建设和完善面临的主要任务有：支持人民代表大会依法履行职能，善于使党的主张通过法定程序成为国家意志，切实保障人民代表大会作为国家权力机关的地位；进一步完善人民代表大会的各项制度，加强人民代表大会的立法工作、法律监督和工作监督；继续改进与完善选举制度，保障人大代表依法行使职权，进一步密切各级人民代表大会同人民群众的联系。全面建成社会主义现代化强国的政治建设目标，即人民民主不断扩大，民主制度更加完善，民主形式更加丰富，人民积极性、主动性、创造性进一步发挥。

我国实行的人民代表大会制度，是人民奋斗的成果和历史的选择。坚持和完善这个根本政治制度，对于坚持和改善党的领导、坚持和完善社会主义制度、充分实现人民民主具有决定性的意义。

3. 坚持和完善中国共产党领导的多党合作和政治协商制度

实行中国共产党领导的多党合作和政治协商制度，是我国的历史和现实条件决定的，是我国近代国情发展的必然结果。中国共产党在长期的革命斗争中，一直把民主党派作为自己的同盟者，积极争取与联合它们进行反帝反封建的伟大斗争。各个致力于民族复兴、社会进步的民主党派，在新民主主义革命斗争中，逐渐认识到中国共产党的方针政策的正确性，因而逐步抛弃了“中间路线”的主张，团结到中国共产党的旗帜下，接受中国共产党的领导，形成了同中国共产党亲密合作的关系，走上了中国共产党领导的多党合作的道路。新中国成立前夕，我们又建立了与中国共产党领导的多党合作制相适应的政治协商制度，即在中国共产党领导下，各政党、各人民团体、各少数民族人士和社会各界代表，以中国人民政治协商会议为组织形式，经常就国家的大政方针进行民主的、平等的、认真的讨论和协商的一种制度。中国共产党领导的多党合作和政治协商制度，在社会主义革命和建设中发挥了重大作用。新时代，建设富强民主文明和谐美丽的社会主义现代化强国，是中国共产党和各民主党派的共同愿望，共同的斗争历史和现实的政治基础决定了中国必须实行中国共产党领导的多党合作和政治协商制度。

中国共产党领导的多党合作和政治协商制度，是我国的一项基本政治制度，也是加强社会主义民主政治建设的一个重要方面。中国政党制度的显著特征是：在政权运作上，坚持中国共产党领导，多党派合作；在政党关系上，中国共产党执政，多党派参政。各民主党派是与中国共产党团结合作的亲密友党和参政党，而不是反对党或在野党。坚持中国共产党的领导是多党合作的首要原则。中国共产党对各民主党派的领导是政治领导，即政治原则、政治方向和重大方针政策的领导。实行中国共产党的领导，并不是包办各民主党派的内部事务，代替各民主党派的具体工作，而是通过提出明确的路线、方针和政策，使各民主党派有一个正确的政治方向，以便更好地开展工作。在中国共产党领导的多党合作中，各民主党派发挥着重大作用。我国现有的八个民主党派（民革、民盟、民建、民进、农工党、致公党、九三学社、台盟）大多是抗日战争和解放战争期间成立的。这些民主党派原来是以民族资产阶级、城市小资产阶级以及同这些阶级相联系的知识分子和其他爱国民主人士为主体的具有阶级联盟性质的政党。经过社会主义革命，现在这些民主党派早已成为各自所联系的一部分社会主义劳动者和一部分拥护社会主义的爱国者的政治联盟，是致力于社会主义事业的政党。在中国共产党领导的多党合作中，各民主党派参加国家政权和国家事务管理，参加国家大政方针和社会生活重大问题的协商讨论，并根据各自的特点向中国共产党和人民政府提出建议、意见与批评，积极开展为社会主义建设、为人民服务的各类活动等，发挥着重要的作用。

协商民主是实现党的领导的重要方式，是我国社会主义民主政治的特有形式和独特优势。众人的事情由众人商量，是人民民主的真谛。发挥社会主义协商民主的重要作用，要推动协商民主广泛、多层、制度化发展，统筹推进政党协商、人大协商、政府协商、政协协商、人民团体协商、基层协商以及社会组织协商。加强协商民主制度建设，形成完整的制度程序和参与实践，保证人民在日常政治生活中有广泛持续深入参与的权利。作为我国民主政治的一项基本制度，中国共产党领导的多党合作和政治协商制度还有待完善。中国人民政治协商会议作为爱国统一战线的组织，是中国共产党领导的多党合作和政治协商制度的重要机构，也是中国人民政治生活中发扬民主的重要形式。要进一步贯彻长期共存、互相监督、肝胆相照、荣辱与共的方针，加强同民主党派合作共事，支持民主党派和无党派人士更好地履行参政议政、民主监督职能，选拔和推荐更多优秀党外干部担任领导职务。同时，支持人民政协围绕团结和民主两大主题履行职能，推进政治协商、民主监督、参政议政制度建设。

4. 坚持和完善民族区域自治制度

民族区域自治制度作为一项基本政治制度，是中国特色解决民族问题的正确道路的重要内容和制度保障，主要是指：在国家的统一领导下，在各少数民族聚居的地方实行区域自治，设立自治机关，行使自治权，使少数民族人民当家作主，自己管理本自治地方的内部事务。1949 年 9 月召开的中国人民政治协商会议，把我国实行单一制下的民族区域自治作为一项基本国策确定了下来。民族区域自治的确立和实施，为实现民族平等与民族团结提供了制度和法律的保障，也为构建党的民族政策体系奠定了坚实的基础。在民族区域自治制度方面，邓小平特别重视民族区域自治的法制建设，强调要使各民族真正实行民族区域自治。1984 年，六届全国人大二次会议审议通过了《中华人民共和国民族区域自治法》，以基本法的形式把民族区域自治制度固定下来，进一步完善和发展了我国的民族区域自治制度。这种制度实际上是一种民族自治和区域自治相结合的制度。民族区域自治的核心，是保障自治地方发展经济、改善民生，管理本民族、本地方事务的权利。实行民族区域自治制度，符合我国国家统一的历史主流和社会主义原则，符合少数民族经济文化发展的需要，符合各民族大杂居、小聚居的特点。坚持和完善民族区域自治制度，进一步促进民族地区的繁荣发展，要牢牢把握各民族共同团结奋斗、共同繁荣发展的主题，从法律上保证自治地方管理本民族、本地区内部事务的权利；从财政、物资、技术等方面进行帮助发展经济和文化事业，帮助培养各级干部、各种专业人才和技术人员；巩固和发展平等、团结、互助、和谐的社会主义民族关系，增强中华民族凝聚力。

5. 坚持和完善基层群众自治制度

扩大基层民主，是完善和发展中国特色社会主义民主政治的必然趋势和重要基础。新中国成立以来特别是改革开放以来，我国基层民主不断扩大，公民有序的政治参与渠道不断拓宽，民主的实现形式日益丰富。在以往建立城市居民委员会和企业职工代表大会的基础上，又在农村建立了村民委员会，形成了以城市居民委员会、农村村民委员会、企业职工代表大会为主要内容的基层民主自治体系，适应了我国社会管理层次较多、人民生产生活重心在基层、基层公共事业发展和公共事务管理与人民群众切身利益密切相关的需要。党的十七大首次把基层群众自治制度纳入中国特色社会主义民主政治制度的基本范畴。十八大强调要完善基层民主制度。在城乡社区治理、基层公共事务和公益事业中实行群众自我管理、自我服务、自我教育、自我监督，是人民依法直接行使民主权利的重要方式。要健全基层党组织领导的充满活力的基层群众自治机制，发挥基层各类组织的协同作用，实现政府管理和基层民主的有机结合。二十大指出要积极发展基层民主。基层民主是全过程人民民主的重要体现。健全基层党组织领导的基层群众自治机制，加强基层组织建设，完善基层直接民主制度体系和工作体系，增强城乡社区群众自我管理、自我服务、自我教育、自我监督的实效。完善办事公开制度，拓宽基层各类群体有序参与基层治理渠道，保障人民依法管理基层公共事务和公益事业。全心全意依靠工人阶级，健全以职工代表大会为基本形式的企事业单位民主管理制度，维护职工合法权益。中国特色社会主义民主制度适应了中国历史与国情对政治制度提出的总体要求，保持了国家长期的稳定发展，提高了社会主义社会的生产力水平，符合最广大人民的根本利益，在推进经济发展、社会和谐中体现出明显的制度优势。只要我们坚定不移地按照中国特色社会主义民主政治建设的要求，努力加强社会主义民主政治建设，我们就一定能不断完善我们的社会主义政治制度，保证人民当家作主和国家的长治久安。

（三）完善中国特色社会主义法治

社会主义民主与社会主义法治是中国特色社会主义政治建设中相互依存、不可分割的两大任务。社会主义民主是社会主义法制的前提和基础，社会主义法制是社会主义民主的体现和保障。只有在充分发扬社会主义民主的基础上，才能建立与健全社会主义法治，也只有认真贯彻执行社会主义法律、弘扬社会主义法治理念、完善中国特色社会主义法治，才能逐步实现社会主义民主的制度化、法律化，才能切实保障人民民主权利的实现。

1. 加强社会主义法制建设

发展社会主义民主，必须同健全社会主义法制紧密结合起来，这是邓小平反复强调的一个重要思想。邓小平指出："为了保障人民民主，必须加强法制。"[①] "做到有法可依，有法必依，执法必严，违法必究。"[②] 他认为，"我们的民主制度还有不完善的地方，要制定一系列的法律、法令和条例，使民主制度化、法律化"[③]，强调民主和法制这两个方面都应该加强。民主要法制化，法制要保障民主。社会主义民主是民主化与法制化的统一，不能把二者割裂开来。一方面，社会主义民主是社会主义法制的前提和基础。首先，社会主义民主是社会主义法制产生的前提。不建立社会主义国家政权，人民事实上没有掌握国家权力，也就不可能把自己的意志上升为法律，从而也就不可能产生社会主义法制。正如列宁所说："如果没有政权，无论什么法律，无论什么选出的机关都等于零。"[④] 其次，社会主义民主决定社会主义法制的内容和性质。近代意义上的法制，都与民主密切联系，有什么性质的民主，就有什么性质的法制。作为治国工具的社会主义法制，必须同社会主义民主紧密联系，把保障和实现人民民主权利，特别是人民行使管理国家事务的权利，作为法制的出发点和归宿。这是我国法制的社会主义性质的根本体现。最后，社会主义民主是社会主义法制的力量源泉。社会主义法制的建立和加强，法制措施的有效实施，都必须依靠人民群众的力量，而要调动人民群众的积极性，又必须发扬社会主义民主。只有依靠人民，经过民主程序，采用民主办法，社会主义法制才能发挥作用。另一方面，社会主义法制是社会主义民主的体现和保障。首先，社会主义法制规定了民主权利的范围，为实现人民民主权利指明了方向。在社会主义国家中，人民民主权利是通过人民群众的长期斗争实现的，具有很大的广泛性。我国宪法和法律对人民当家作主的权利和各种民主权利都做了具体、明确的规定。其次，社会主义法制规定了人民行使民主权利的条件，为人民正确行使民主权利提供了法律依据和保证。社会主义法制还规定了人民行使各项民主权利的程序和方法，这也是保障民主实现的必要条件。人民运用法律的武器，既可以维护自身的合法权益，又可以监督政府各部门的行政行为，促进行政机关及其人员依法行政、恪尽职守。最后，社会主义法制还规定了对破坏人民民主权利的行为实行制裁的措施。由于社会主义法制以国家暴力为后盾，具有强制执行的特性，它可以根据犯罪分子破坏和损害人民民主权利的情节与后果，给予不同形式和程度的法律制裁。因而，社会主义法制能够成为人民群众同敌对势力及违法犯罪分子进行斗争、捍卫社会主义民主的强大武器。

① 邓小平．邓小平文选：第2卷．2版．北京：人民出版社，1994：146.

② 同①146－147.

③ 同①359.

④ 列宁．列宁全集：第13卷．2版．人民出版社，1987：309.

2. 坚持依法治国基本方略

依法治国，就是广大人民群众在党的领导下，依照宪法和法律的规定，通过各种途径和形式来管理国家事务，管理经济文化事业，管理社会事务，保证国家的各项工作都依法进行，逐步实现社会主义民主的制度化、法律化，使这种制度和法律不因领导人的改变而改变，不因领导人看法和注意力的改变而改变。党的十五大正式提出依法治国是党领导人民治理国家的基本方略。十八大强调指出，法治是治国理政的基本方式，提出要推进科学立法、严格执法、公正司法、全民守法，坚持法律面前人人平等，保证有法必依、执法必严、违法必究；完善中国特色社会主义法律体系，弘扬社会主义法治精神，树立社会主义法治理念，增强全社会学法尊法守法用法意识；提高领导干部运用法治思维和法治方式深化改革、推动发展、化解矛盾、维护稳定能力；强调任何组织或者个人都不得有超越宪法和法律的特权，绝不允许以言代法、以权压法、徇私枉法。这些要求，集中起来就是要建设法治中国。十九大把坚持全面依法治国作为新时代中国特色社会主义的基本方略之一，强调全面依法治国是中国特色社会主义的本质要求和重要保障，必须把党的领导贯彻落实到依法治国全过程和各方面，坚定不移地走中国特色社会主义法治道路，完善以宪法为核心的中国特色社会主义法律体系，建设中国特色社会主义法治体系，建设社会主义法治国家，发展中国特色社会主义法治理论，坚持依法治国、依法执政、依法行政共同推进，坚持法治国家、法治政府、法治社会一体建设，坚持依法治国和以德治国相结合，依法治国和依规治党有机统一。二十大进一步提出，全面依法治国是国家治理的一场深刻革命，关系党执政兴国，关系人民幸福安康，关系党和国家长治久安。必须更好发挥法治固根本、稳预期、利长远的保障作用，在法治轨道上全面建设社会主义现代化国家。依法治国的主体是广大人民群众。法治是民主的制度化和法律化，法治的性质是由民主的性质决定的，法治的主体也是由民主的主体决定的。依法治国的客体是国家的各项工作、事务和事业。在依法治国过程中涉及上述事务的人员和单位，都应当受到法律的规范。任何国家机关和公职人员在行使权力时都必须受到法律制度的约束和监督，并且承担相应的责任。宪法是实施依法治国的重要保障。宪法是国家的根本大法，反映了广大人民群众的意志和社会发展的客观规律，具有最大的权威性和最高的法律效力。任何人、任何组织都没有超越宪法和法律的特权，行政法规和规章都不能同宪法和法律相抵触。

3. 全面推进依法治国

改革开放以来，我国法律体系的构建，经历了从社会主义法律体系到社会主义市场经济法律体系再到中国特色社会主义法律体系的演进过程。2011 年 3 月，全国人大常委会正式宣告：一个立足中国国情和实际、适应改革开放和社会主义现代化建设需要、集中体现党和人民意志的中国特色社会主义法律体系已经形成。同时强调，中国特色社会主义法律体系是中国特色社会主义永葆本色的法制根基，是中国特色社会主义创新实践的法制体现，是中国特色社会主义兴旺发达的法制保障。有法可依，是全面推进依法治国的基本内容和首要任务。中国特色社会主义法律体系的形成，为推进依法治国、建设社会主义法治国家奠定了重要的前提和基础。全面推进依法治国，充分反映了党对治国理政基本方式认识上的升华。十八届四中全会通过的《中共中央关于全面推进依法治国若干重大问题的决定》指出：全面推进依法治国，总目标是建设中国特色社会主义法治体系，建设社会主义法治国家，即在中国共产党领导下，坚持中国特色社会主义制度，贯彻中国特色社会主义法治理论，形成中国特色社会主义法治体系，坚持依法治国、依法执政、依法行政共同推进，坚持法治国家、法治政府、法治社会一体建设，实现科学立法、严格执法、公正司法、全民守法，促进国家治理体系和治理能力现代化。第一，建设中国特色社会主义法治体系。一是完备的法律规范体系，这是依法治国的前提；二是高效的法治实施体系，来保证法律的有效实施；三是严密的法治监督体系，来维护法治的权威性；四是有力的法治保障体系，来促进社会公平正义；五是完善的党内法规体系，来保持党的先进性、纯洁性，提高党的执政能力和执政水平。第二，树立法治权威。宪法是国家根本大法，坚持依法治国首先是要坚持依宪治国，坚持依法执政首先是要坚持依宪执政。要把权力关进制度的笼子里，确保权力在法治的框架下运行，坚决纠正以言代法、以权压法、以权枉法等现象。第三，运用法治思维。重视运用法治思维和法治方式解决问题，是十八大以来党对法治认识上的一个显著变化。国家治理体系和治理能力的现代化的基本方式就是法治，而依法治国是我们国家长治久安的重要保障。因此，习近平总书记强调，我们要提高法治思维和依法办事的能力，凡属重大改革都要于法有据，用法治方式来推进改革的有序进行。第四，培育法治文化，即通过深入开展法治宣传教育，把法治教育纳入国民教育体系和精神文明的创建内容，增强干部和群众的守法意识，同时把法治和德治结合起来。

全面推进依法治国，建立社会主义法治国家，是进行社会主义现代化建设的必然要求和基本保证。依法治国是社会主义民主政治建设的内在要求，也是实现社会主义民主的根本保证，只有依法治国，建设社会主义法治国家，才能保证人民依照法定程序实行民主选举、决定国家大事、监督国家机构以及国家公职人员的行为，实现依法行政和依法执政，开创社会安定，政府廉洁高效，全国各族人民团结和睦、生动活泼的政治局面；社会主义市场经济作为法治经济，其各个环节都必须由法治加以保障、调节和促进，实施依法治国，就能适应社会主义市场经济的这种内在要求，充分发挥社会主义市场经济的优势，推动生产力不断发展；依法治国是社会文明和进步的重要标志，推进法治中国建设，坚持依法治国、依法执政、依法行政共同推进，坚持法治国家、法治政府、法治社会一体化建设，必将有力地提升我国社会文明和进步的整体水平。

三、积极稳妥推进政治体制改革

政治体制是一个国家政治制度得以运行和发挥功能的体制安排，涉及政治制度运行的组织体系、功能结构、工作机制和程序安排。政治体制改革是我国全面改革的重要组成部分。积极稳妥推进政治体制改革，是中国共产党总结历史经验做出的重要决策，是立足中国特色社会主义全局做出的重大部署。

（一）政治体制改革的提出

早在 1978 年召开的中国工会第九次全国代表大会上，邓小平就指出，为了提高经济发展速度，“各个经济战线不仅需要进行技术上的重大改革，而且需要进行制度上、组织上的重大改革”[①]。1979 年 10 月，邓小平在中国文学艺术工作者第四次代表大会上的祝词中，第一次提出明确要改革政治体制的问题。他说：“我们要在大幅度提高社会生产力的同时，改革和完善社会主义的经济制度和政治制度，发展高度的社会主义民主和完备的社会主义法制。”[②]

1980 年 8 月 18 日，邓小平在中央政治局扩大会议上发表了题为《党和国家领导制度的改革》的著名讲话，就党和国家的领导制度和组织制度这一带有根本性、全局性、稳定性和长期性的问题进行了系统的阐述。邓小平深刻分析了我国现行领导制度存在的各种弊端，提出了改革党和国家领导制度及其他制度，“从制度上保证党和国家政治生活的民主化、经济管理的民主化、整个社会生活的民主化，促进现代化建设事业的顺利发展”[③] 的基本要求。我国原有的政治体制是过去历史条件下的产物，它对于克服新中国成立初期的困难、粉碎帝国主义的封锁和颠覆威胁，对于完成社会主义改造、建立社会主义经济制度，对于促进社会主义建设、增强国力和国家的统一，都起过重大的作用。但是，随着经济和社会的发展，这一体制也逐渐暴露出一些弊端。正如邓小平所指出的，存在着官僚主义现象、权力过分集中的现象、家长制现象、形形色色的特权现象等。这些弊端的存在，不利于发展社会主义民主，不利于健全社会主义法制，不利于调动各方面的积极性，不利于社会主义现代化建设，不利于保证国家的长治久安和稳定发展。上述弊端的产生，有其历史上的原因，正如邓小平所指出的，“旧中国留给我们的，封建专制传统比较多，民主法制传统很少”[④]；也有思想上和作风上的问题，“与某些领导人的思想、作风有关”[⑤]；但更重要的还是体制上的原因，即领导制度、组织制度、工作制度等方面存在弊端，要克服这些弊端，就必须进行政治体制改革。

随着经济建设的发展和经济体制改革的逐步深入，1986 年以后邓小平进一步强调政治体制改革在整个改革大业中的重要性，并对政治体制改革的必要性，政治体制改革的目的、目标和任务，政治体制改革应该遵循的原则等问题，做了进一步的阐述，从而比较完整地形成了中国政治体制改革的基本思想。党的十三大根据邓小平关于政治体制改革的思想，提出把政治体制改革提上全党日程的时机已经成熟。十三大还把政治体制改革的长远目标概括为建立高度民主、法制完备、富有效率、充满活力的社会主义政治体制，指明了我国政治体制改革的总方向。十五大指出，推进政治体制改革，必须有利于增强党和国家的活力，保持和发挥社会主义制度的特点与优势，维护国家统一、民族团结和社会稳定，充分发挥人民群众的积极性，促进生产力发展和社会进步。强调当前和今后一段时间，政治体制改革的主要任务是：发展民主，加强法制，实行政企分开、精简机构，完善民主监督制度，维护安定团结。

十六大重申，推进政治体制改革要有利于增强党和国家的活力，发挥社会主义制度

---

① 邓小平．邓小平文选：第 2 卷．2 版．北京：人民出版社，1994：136.

② 同①208.

③ 同①336.

④ 同①332.

⑤ 同①333.

的特点和优势，要坚持从我国国情出发，总结自己的实践经验，同时借鉴人类政治文明的有益成果，绝不照搬西方政治制度的模式。十七大、十八大都指出，政治体制改革作为我国全面改革的重要组成部分，要积极稳妥地推进。十九大强调，坚持中国特色社会主义政治发展道路，要积极稳妥推进政治体制改革，推进社会主义民主政治制度化、规范化、程序化。

（二）政治体制改革的必要性

政治体制改革是为了健全和完善国家政治制度而对其运行机制进行的调整和变革，它不是要根本改变政治制度，而是要通过优化政治制度的运行机制和实际功能，健全和完善国家政治制度，增强国家政治制度组织国家、治理社会、推动发展的能力。政治体制改革的必要性体现在两个方面。其一，这是政治制度完善和发展的必然要求。任何国家的政治制度的确立、运行和巩固都是一个发展变化的过程，都有赖于不断改革和完善政治体制。其二，这是推动经济与社会发展的必然要求。经济与社会的发展必然对政治制度的功能和运行提出新的、更高的要求，政治制度必须不断适应这些要求而进行改革和完善。

首先，政治体制改革是推进经济体制改革的必然要求。邓小平指出："政治体制改革同经济体制改革应该相互依赖，相互配合。只搞经济体制改革，不搞政治体制改革，经济体制改革也搞不通，因为首先遇到人的障碍。事情要人来做，你提倡放权，他那里收权，你有什么办法？从这个角度来讲，我们所有的改革最终能不能成功，还是决定于政治体制的改革。"[①] 我国原有政治体制中的一些具体制度是适应高度集中的计划经济体制而建立和形成的，如不加以改革就会妨碍着社会主义市场经济体制的建立，不利于人民群众积极性、创造性的发挥。正如邓小平所指出的："不改革政治体制，就不能保障经济体制改革的成果，不能使经济体制改革继续前进，就会阻碍生产力的发展，阻碍四个现代化的实现。"[②]

其次，政治体制改革是实现社会主义政治制度自我完善和发展的重要途径。诚然，社会主义民主是人类历史上第一次真正使多数人享有的新型民主，具有强大的生命力和优越性。人民代表大会制度、中国共产党领导的多党合作和政治协商制度以及民族区域自治制度等，都是适合我国人民当家作主的政治制度。但是，由于我国社会主义社会的历史还不长，社会主义民主制度还需要经历一个不断发展和完善的过程。只有根据经济文化的发展和人民日益增长的当家作主的要求，不断发展社会主义民主政治，特别是推进政治体制创新，才能保持社会主义民主制度的生机和活力。

最后，政治体制改革是党和国家长治久安的根本大计。改革开放之初，邓小平强调指出："领导制度、组织制度问题更带有根本性、全局性、稳定性和长期性。这种制度问题，关系到党和国家是否改变颜色，必须引起全党的高度重视。"[③] 后来他又讲道："一个

---

① 邓小平．邓小平文选：第3卷．北京：人民出版社，1993：164.

② 同①176.

③ 邓小平．邓小平文选：第2卷．2版．北京：人民出版社，1994：333.

国家的命运建立在一两个人的声望上面，是很不健康的，是很危险的。”① 只有对这些弊端进行有计划、有步骤而又坚决彻底的改革，人民才会信任我们的领导，才会信任党和社会主义，我们的事业才有无限的希望。

（三）政治体制改革的目标和任务

关于政治体制改革的目标和任务，邓小平有过系统的阐述。他指出，政治体制改革的总目标有三条，“第一，巩固社会主义制度；第二，发展社会主义社会的生产力；第三，发扬社会主义民主，调动广大人民的积极性”②。这就从政治体制改革的总体目标、长远和近期的具体目标几个层次上指明了我国政治体制改革的目标。

政治体制改革的总目标和长远目标为我们展示了社会主义民主政治建设的美好前景，但实现这一目标是长期的、艰巨的，要经过长期努力才能实现。在这个过程中，要经过若干阶段。因此，又要制定一些近期目标。政治体制改革的近期目标，就是要增强党与行政机构以及整个国家领导机关的活力，克服官僚主义，提高工作效率，充分调动人民群众和各行各业以及基层的积极性，从而在政治上创造出比资本主义国家的民主更高更切实的民主。

政治体制改革的目标决定着政治体制改革的内容，我国政治体制改革的基本任务可以概括为六个方面：一是改革与完善党的领导方式和执政方式。党的领导方式和执政方式的改革，对于推进社会主义民主政治建设具有全局性的作用。二是深化行政管理体制改革。邓小平指出，机构改革是一场革命，“如果不搞这场革命，让党和国家的组织继续目前这样机构臃肿重叠、职责不清，许多人员不称职、不负责，工作缺乏精力、知识和效率的状况，这是不可能得到人民赞同的”③。三是改革干部人事制度。要实现干部队伍革命化、年轻化、知识化、专业化，建设高素质的干部队伍。四是改革和完善决策机制。能否实现决策的科学化、民主化，直接关系到国家的兴衰和社会主义现代化事业的成败。改革和完善决策机制的目标，就是要完善深入了解民情、充分反映民意、广泛集中民智、切实珍惜民力的决策机制，推进决策的科学化和民主化。五是完善民主监督制度。改革和完善权力运行机制的目标，就是要建立结构合理、配置科学、程序严密、制约有效的权力运行机制，从决策和执行等环节加强对权力的制约与监督。六是推进司法体制改革。要按照公正司法和严格执法的要求，完善司法机关的机构设置、职权划分和管理制度，进一步健全权责明确、相互配合、相互制约、高效运行的司法体制，保障在全社会实现公平和正义。

（四）政治体制改革的基本立场和原则

中国政治体制改革的基本立场是：坚持党的领导，坚持从中国国情出发，绝不照搬西方的模式，绝不放弃我国社会主义制度的根本，在政治体制改革中实现社会主义政治

① 邓小平．邓小平文选：第3卷．北京：人民出版社，1993：311.
② 同①178.
③ 邓小平．邓小平文选：第2卷．2版．北京：人民出版社，1994：396.

制度的自我完善和发展。

一般地讲，政治体制改革都讲民主化，但民主化的含义并不十分清楚。任何国家的民主，都离不开那个国家的历史文化传统、经济发展状况和社会制度。我们所要建设的民主，不是抽象的民主，而是具体的民主，不是照搬资本主义国家的民主，而是适合自己国情的民主，即“社会主义民主或称人民民主，而不是资产阶级的个人主义的民主”①。因此，“一定要把社会主义民主同资产阶级民主、个人主义民主严格地区别开来”②。邓小平指出：“资本主义社会讲的民主是资产阶级的民主，实际上是垄断资本的民主，无非是多党竞选、三权鼎立、两院制。”③“三权鼎立”是指资产阶级国家按照所谓分权的原则将立法权、行政权、司法权分别由议会、政府、法院来行使。“两党制”或“多党制”是指资产阶级国家由两个或多个政党扮演执政和在野两种互相对立的角色，对立的政党互相争斗、轮流上台执政。由于中国特殊的国情及中国民主政治的性质，中国特色社会主义政治的建设不能也无法搬用西方资本主义的民主模式。

首先，推进政治体制改革，必须坚持正确的政治方向，坚持党总揽全局、协调各方的领导核心作用，保证党领导人民有效治理国家；坚持社会主义根本政治制度和基本政治制度，保持和发展自己的制度优势；坚持社会主义政治制度的特点和优势，推进社会主义民主政治制度化、规范化、程序化，为国家长治久安提供政治和法律制度保障；坚持国家一切权力属于人民，从各个层次、各个领域扩大公民的有序政治参与；坚持依法治国基本方略，实现国家各项工作法治化，保障公民合法权益。

其次，推进政治体制改革，必须坚持从中国的国情出发，坚定不移地走中国特色社会主义政治发展道路。一个国家实行什么样的民主制度，应该与这个国家的国情和性质相适应。政治体制改革是中国共产党领导人民为完善社会主义制度进行的伟大政治实践，必须从中国社会主义初级阶段的基本国情出发，适应国家发展战略的总体要求和战略步骤的要求，中国绝不能也不会复制其他民主政治模式。

最后，推进政治体制改革，必须有步骤有秩序地进行。政治体制改革同经济体制改革一样，是一项复杂的系统工程，而且政治体制改革比经济体制改革更为复杂和艰巨。邓小平不止一次告诫人们，必须懂得，政治体制改革是一项艰巨的长期的任务。“改革党和国家领导制度的方针必须坚持，但是，方法要细密，步骤要稳妥。”④“每项改革涉及的人和事都很广泛，很深刻，触及许多人的利益，会遇到很多的障碍，需要审慎从事。”⑤改革的方针必须坚定，而方法要细密，步骤要稳妥。

（五）政治体制改革与政治稳定

政治体制改革是政治发展的重要途径，也是政治发展的推动力量。政治发展的基本任务就是创立和完善政治体系，使政治成为推动经济与社会发展的重要途径。然而，在

---

① 邓小平．邓小平文选：第2卷．2版．北京：人民出版社，1994：175.

② 同①176.

③ 邓小平．邓小平文选：第3卷．北京：人民出版社，1993：240.

④ 同①359.

⑤ 同③176.

政治发展过程中，政治体制改革对旧体制的冲击以及对新目标的追求所激发的政治参与热情和社会政治活动，如果把握不当，容易引发政治秩序和社会秩序的混乱，从而影响政治稳定，导致政治体制改革偏离原定的目标。许多国家在这方面有着深刻的教训，中国应该认真吸取。对于正常的政治发展来说，不仅要追求政治体制的自我完善和更新，而且要追求政治发展过程中不可或缺的政治稳定。

政治稳定，就是政治体系在持续回应经济与社会发展改革要求的过程中，将国家与社会保持在秩序的范围内。它有三个特点：一是政治有序，即国家与社会不存在政治暴力、政治分裂和武装冲突；二是政治有效，即国家政权和政治制度能够积极回应经济与社会发展的要求，并推动经济与社会的有效发展；三是持续发展，即政治发展不发生中断，保持持续发展和不断进步状态。这些特点决定了政治稳定既是评判一个国家政治发展的重要标准，也是评判一个国家政治体制的重要标准。

政治发展与政治稳定之间存在着辩证关系。一方面，政治发展构成政治稳定的基础，政治稳定只有在政治发展中才能真正达到并获得保障。另一方面，政治稳定构成一定条件下政治发展的前提，除非政治革命，否则常态下的政治发展必须以政治稳定为前提，并努力使政治发展时刻保持政治稳定状态。在政治发展与政治稳定的辩证关系中，政治发展是决定性的，而政治稳定既是政治发展必须追求的目标，也是政治发展的重要条件。

推进中国社会主义民主政治的发展，必须积极稳妥地推进政治体制改革，切实维护政治大局稳定。政治体制改革是涉及上层建筑和经济基础的深刻社会变革，是一项复杂的系统工程，既要坚定不移地持续推动，又要积极稳妥有步骤地进行，必须坚持从社会主义初级阶段这个最大的实际出发，坚持与中国生产关系和生产力的发展相适应，与经济体制改革相适应，与中国的历史条件、经济发展状况和文化教育水平相适应，尊重中国政治发展的客观规律，有领导、有步骤、有秩序地推进。新时代，党以巨大的政治勇气全面深化改革，打响改革攻坚战，进一步加强改革顶层设计，“坚决破除各方面体制机制弊端，各领域基础性制度框架基本建立，许多领域实现历史性变革、系统性重塑、整体性重构，新一轮党和国家机构改革全面完成，中国特色社会主义制度更加成熟更加定型，国家治理体系和治理能力现代化水平明显提高”①。

① 习近平．高举中国特色社会主义伟大旗帜 为全面建设社会主义现代化国家而团结奋斗：在中国共产党第二十次全国代表大会上的报告．北京：人民出版社，2022：9.

第六章

中国特色社会主义文化建设

中国特色社会主义文化，是中国特色社会主义的重要组成部分。文化是一个国家、一个民族的灵魂。文化兴国运兴，文化强民族强。建设中国特色社会主义文化，必须坚持走中国特色社会主义文化发展道路，建设面向现代化、面向世界、面向未来的，民族的、科学的、大众的社会主义文化，建设社会主义核心价值体系，培育和弘扬社会主义核心价值观，加强思想道德建设和教育科学文化建设，推动社会主义文化大发展大繁荣，进而为发展社会主义市场经济、发展社会主义民主政治提供不可或缺的条件，为创造崭新的社会主义中华文明奠定牢固的思想基础。

一、中国特色社会主义文化建设理论

"文化"有广义和狭义之分。从广义来说，文化是指人类在改造自然和改造社会的过程中所创造的物质财富和精神财富的总和。从狭义来说，文化是指精神生产能力和精神产品，包括一切社会意识形态，具体来说包括哲学社会科学、文学艺术、新闻舆论、文化事业和文化产业、社会思想以及世界观、人生观、价值观等具有意识形态性质的部分，也包括科学技术、语言文字等非意识形态的部分。文化是一种社会历史现象，每一个社会都有与之相适应的文化，并随着物质生产的发展而发展。这里所讲的文化是狭义的文化。

（一）中国特色社会主义文化建设理论的形成

中国特色社会主义文化就其主要内容来说，同改革开放以来党中央一贯倡导的社会主义精神文明是一致的。社会主义精神文明是社会主义的重要特征，是现代化的重要目标和保证。党的十一届三中全会以后，随着党在指导思想上的转变，新中国成立以来许多历史遗留问题和实际生活中出现的新问题不断得到解决，我国在经济上和政治上形势都在转好，全民族精神面貌焕然一新，意气风发地开始了社会主义现代化建设的新长征，从而也为社会主义精神文明建设理论的形成提供了现实基础。

1979 年 10 月，邓小平在中国文学艺术工作者第四次代表大会上的祝词中，第一次提出了社会主义精神文明的概念。邓小平指出："我们要在建设高度物质文明的同时，提高全民族的科学文化水平，发展高尚的丰富多彩的文化生活，建设高度的社会主义精神文明。”① 在1980年12月召开的中央工作会议上，邓小平进一步指出：“所谓精神文明，不但是指教育、科学、文化（这是完全必要的），而且是指共产主义的思想、理想、信念、道德、纪律，革命的立场和原则，人与人的同志式关系，等等。”② 这是对社会主义精神文明含义、内容所做的比较全面的阐述，实际上已经把精神文明建设概括为科学文化建设和思想道德建设两个基本方面。在此基础上，1982年7月，邓小平在军委座谈会上的讲话又明确提出了精神文明建设的根本任务“主要是使我们的各族人民都成为有理想、讲道德、有文化、守纪律的人民”③。

党的十二大把社会主义精神文明作为社会主义的重要特征，明确提出并做了深入阐述。十二大指出：“社会主义精神文明是社会主义的重要特征，是社会主义制度优越性的重要表现。过去在讲到社会主义特征的时候，人们往往强调剥削制度的消灭和生产资料的公有，按劳分配，国民经济有计划按比例的发展，以及工人阶级和劳动人民的政权。人们还强调，高度发达的生产力和比资本主义更高的劳动生产率，作为社会主义发展的必然要求和最终结果，也是它的特征。这些无疑都是正确的，但是还不足以完全包括社会主义的特征。社会主义还必须有一个特征，就是以共产主义思想为核心的社会主义精神文明。没有这种精神文明，就不可能建设社会主义。”④ 十二大还深刻论述了社会主义精神文明建设的内容，并强调指出：“我们在建设高度物质文明的同时，一定要努力建设高度的社会主义精神文明”，“是否坚持这样的方针，将关系到社会主义的兴衰和成败”⑤。十二大对精神文明一系列问题的阐述，标志着社会主义精神文明建设理论即中国特色社会主义文化建设理论的初步形成。

从1986年9月十二届六中全会到1996年10月十四届六中全会，党中央对社会主义精神文明建设做了两个决议，这不仅反映了党对作为中国特色社会主义重大战略任务的精神文明建设的高度重视，也反映了党对中国社会主义现代化建设客观规律认识的不断深化，说明了精神文明建设在整个社会主义事业中的重要地位。实际上，从十一届三中全会开始拨乱反正到做出第一个决议，党对社会主义精神文明乃至整个社会主义现代化建设的认识还只有八年的时间，对许多问题的认识，包括对精神文明、物质文明以及精神文明本身内在各种关系问题的认识，还不可能很深刻全面，尤其是在对“什么是社会主义、怎样建设社会主义”这一根本问题上，还没有产生本质性的突破，党在指导思想上的第二次历史性飞跃还只是开了个头，作为这次飞跃伟大成果的邓小平理论和党的基本路线也还正在形成之中。但党在做出第二个决议时，情况则有了很大的不同。这种变化表现在：党经受住了20世纪80年代末90年代初国内国际政治风波的考验，我国改革开放和社会主义现代化建设已经发展到一个新的阶段，从多方面加强精神文明建设，着手克服20世纪80年代在执行“两手抓”方针过程中出现的“一手比较硬、一手比较软”

---

① 邓小平．邓小平文选：第2卷．2版．北京：人民出版社，1994：208.

② 同①367.

③ 同①408.

④ 中共中央文献研究室．十二大以来重要文献选编：上．北京：人民出版社，1986：26－27.

⑤ 同④25.

的情况，做了积极有效的努力；1992年召开的党的十四大，科学地总结了十一届三中全会以来的基本实践和基本经验，确立了邓小平理论在全党的指导地位，明确要求在建立社会主义市场经济体制的同时把精神文明建设提高到新水平；十四大以来，党中央坚持用邓小平理论武装全党，深入宣传贯彻党的基本路线和基本方针，在经济、政治、思想、文化诸方面采取一系列重大措施，使精神文明建设在物质文明建设取得突出成绩的同时，也取得了积极的进展和明显的效果，对促进我国社会发展和稳定起了重要作用；等等。

十四届六中全会通过的《中共中央关于加强社会主义精神文明建设若干重要问题的决议》第一次以党的文件的形式，对邓小平建设有中国特色社会主义理论中关于社会主义精神文明建设的思想进行了系统的阐述。该决议强调指出，邓小平建设有中国特色社会主义理论包含极其丰富的关于精神文明建设的思想，其主要内容有：第一，关于精神文明建设的地位和现代化的战略布局。强调我们要建设的社会主义国家，不但要有高度的物质文明，而且要有高度的精神文明。只有两个文明都搞好，才是中国特色的社会主义。第二，关于精神文明建设的任务。强调精神文明建设包括思想道德建设和教育科学文化建设，要教育人民成为"四有"人民、教育干部成为"四有"干部，特别要教育好青年、教育好后代。第三，关于精神文明建设的指导思想和基本方针。强调必须坚持马克思主义，对马克思主义的信仰是我们的精神动力，实事求是是马克思主义的精髓，解放思想、改革开放要贯彻社会主义现代化全过程，坚持四项基本原则、反对资产阶级自由化也要贯彻社会主义现代化全过程，搞自由化就是要把中国引导到资本主义道路，就会破坏安定团结的政治局面；强调要用教育和法律手段清除由于开放带来的一些坏的东西；强调要继承和发扬民族的优秀文化传统与党的优良传统，吸收和借鉴人类社会创造的一切文明成果，反对封建主义残余影响，抵制资本主义腐朽思想的侵蚀。第四，关于精神文明建设的队伍建设。强调要尊重知识、尊重人才，培养一大批优秀的科学家、教育家、文学艺术家和其他各类专家，思想文化和教育战线上的同志都应当是人类灵魂工程师；强调思想政治工作和思想政治工作队伍决不能削弱，对思想上的不正确倾向要以说服教育为主，开展批评与自我批评，不能简单粗暴，也不能不闻不问。第五，关于精神文明建设的组织领导。强调党要加强对精神文明建设的领导，下大力气抓，常抓不懈，从具体事件抓起，关键是党风建设和领导干部以身作则。上述各方面内容，比较系统地概括了邓小平关于精神文明建设的一系列重要思想和观点。1991年，江泽民在庆祝建党70周年大会上的讲话中提出了"有中国特色社会主义文化"的概念，并从经济、政治、文化相互协调发展的角度，阐述了中国特色社会主义文化建设的主要内容。在此基础上，十五大阐述了中国特色社会主义文化建设的基本纲领，标志着中国特色社会主义文化建设理论的形成。世纪之交，江泽民又指出，党要始终代表中国先进文化的前进方向，强调"在当代中国，发展先进文化，就是发展有中国特色社会主义的文化，就是建设社会主义精神文明"①。

新世纪新阶段，胡锦涛提出，建设和谐文化与发展先进文化的指导思想和根本任务是统一的，以社会主义核心价值体系为根本的和谐文化属于先进文化，而当代中国的先

① 江泽民．论"三个代表"．北京：中央文献出版社，2001：158.

进文化也必然体现和谐的性质。繁荣社会主义先进文化，建设和谐文化，为构建社会主义和谐社会做出贡献，是现阶段我国文化工作的主题。实践表明，发展中国特色社会主义文化，建设以社会主义核心价值体系为根本的和谐文化，都是对邓小平建设社会主义精神文明理论的丰富和发展。

十七届六中全会通过的《中共中央关于深化文化体制改革推动社会主义文化大发展大繁荣若干重大问题的决定》，全面总结党领导文化建设的成就和经验，深刻分析了文化建设面临的形势和任务，阐述了中国特色社会主义文化发展道路，确立了建设社会主义文化强国的战略目标。党的十八大提出，建设社会主义文化强国，必须走中国特色社会主义文化发展道路。十八大以来，习近平总书记反复强调文化在民族生存和发展、人类社会进步中的极端重要性，认为人类社会每一次跃进，人类文明每一次升华，无不伴随着文化的历史性进步。没有文明的继承和发展，没有文化的弘扬和繁荣，就没有中华民族伟大复兴的中国梦的实现。强调要坚持社会主义先进文化的前进方向，坚定文化自信，增强文化自觉，加快文化改革发展，加强社会主义精神文明建设，培育和践行社会主义核心价值观，增强国家文化软实力，建设社会主义文化强国。

总之，中国特色社会主义文化理论，是马克思主义文化理论与中国具体实际相结合的产物，体现了对中国特色社会主义文化建设的规律性认识，是建设中国特色社会主义文化的根本指导思想。其主要内容包括关于建设社会主义先进文化的思想、关于建设社会主义核心价值体系和培育核心价值观的思想、关于文化建设根本目的的思想、关于促进文化发展的思想、关于推进文化体制改革的思想、关于提升国家文化软实力的思想等。

（二）中国特色社会主义文化的基本特征

文化有先进与落后之分。先进文化，就是符合人类社会发展方向、体现先进生产力发展要求、代表最广大人民根本利益、反映时代进步潮流的文化；与之相反的是落后文化。我们通常所说的文化，一般是指先进文化，它是国家和民族的灵魂，集中体现了国家和民族的品格。

在当代中国，我们所说的社会主义文化，就是中国特色社会主义的文化，它是中国特色社会主义经济政治的反映，又是为中国特色社会主义经济政治服务的。其基本特征主要表现在：

第一，它具有民族性。民族性是文化的天然属性，任何一种文化都是以自己的民族精神为依托的，中国特色社会主义文化也不例外。文化的民族性是经过长期的积淀而形成的，具有相对的稳定性。毛泽东在讲到新民主主义文化的民族性时指出："它是反对帝国主义压迫，主张中华民族的尊严和独立的。它是我们这个民族的，带有我们民族的特性。"[①] 社会主义文化要继承和发扬我国各民族历史上一切优秀的思想道德和文化成果。弘扬民族文化，不仅要弘扬古代的优秀文化，也要弘扬近代以来产生的新文化。五四运动以来，特别是新中国成立以来，中国共产党在领导各族人民建设、巩固和发展社会主义的过程中，在精神和文化方面也取得了许多创造性的成果，中国特色社会主义文化，

① 毛泽东．毛泽东选集：第2卷．2版．北京：人民出版社，1991：706.

就是这种把社会主义的内容与中华民族的形式有机结合起来的新文化。

第二，它具有时代性。文化不是抽象的存在，每个时代都有自己的文化。中国特色社会主义文化植根于中国特色社会主义的伟大实践，反映了我国社会主义初级阶段经济的、政治的基本特征，与社会主义的基本经济制度和政治制度结合在一起，又对经济和政治的发展起着巨大的促进作用。我国社会主义初级阶段的主要矛盾和根本任务，决定了文化建设必须紧紧围绕建设富强民主文明和谐美丽的社会主义现代化强国的根本目标，以社会主义现代化建设为中心，紧扣时代主题，“真实地反映丰富的社会生活，反映人们在各种社会关系中的本质，表现时代前进的要求和历史发展的趋势”①，为坚持和发展中国特色社会主义提供良好的文化环境。

第三，它具有开放性。人类文明的发展过程，是一个不同文化相互影响、相互融合而又相互排斥、冲突的辩证发展过程。任何一个国家、民族的存在与发展都不可能是封闭的，也没有一种文化和文明能够在自我封闭的状态下得到发展。先进文化是兼容的文化、开放的文化。中国特色社会主义文化立足中国而又面向世界，既要在民族文化发展的过程中不断发展和创新，又要吸取世界各个国家和民族的优秀思想与文化成果。只有吸收外来文化的积极成果，才能不断丰富和发展我们的民族文化；只有博采众长，在吸收外来文化成果的基础上，我们的民族文化才能与世界文明的发展同进步。中国特色社会主义文化以海纳百川的气魄和胸怀，面对人类创造的一切文明成果，充分显示了它的生命力和开放性。

第四，它具有群众性。中国特色社会主义文化的广泛群众性，是文化广泛性的一种具体化。中国特色社会主义的文化是人民大众的文化，是由人民群众所创造的、为人民群众服务的文化。人民群众是社会主义文化建设的主力军和传承者，同时也是文化成果的享受者。人民是创作的源泉，是文化的根基。建设社会主义文化，归根到底是为了满足人民群众日益增长的精神文化需要，不断丰富人们的精神世界，增强人们的精神力量，促进人的全面发展。只有这种由人民群众创造并为人民群众服务的文化，才能在中国特色社会主义的伟大事业中更好地发挥凝聚和激励人民群众的作用。

（三）中国特色社会主义文化建设的战略地位

党对中国特色社会主义文化建设战略地位的认识，有一个逐步加深的过程。十二届六中全会曾经从社会主义现代化建设总体布局的高度和两个文明相互作用的视角，阐述了正确认识社会主义精神文明建设战略地位的问题：“以马克思主义为指导的社会主义精神文明是社会主义社会的重要特征。在社会主义时期，物质文明为精神文明的发展提供物质条件和实践经验，精神文明又为物质文明的发展提供精神动力和智力支持，为它的正确发展方向提供有力的思想保证。”② 强调社会主义精神文明建设，必须是推动社会主义现代化建设、促进全面改革和实行对外开放、坚持四项基本原则的精神文明建设。十四届五中全会基于对精神文明和整个社会主义现代化建设形势的正确估计，明确提出要

① 邓小平．邓小平文选：第2卷．2版．北京：人民出版社，1994：210.

② 中共中央关于社会主义精神文明建设指导方针的决议．北京：人民出版社，1986：2.

把精神文明建设提到更加重要的地位，并把它正式列入已经组织实施的跨世纪发展纲要，强调“任何情况下，都不能以牺牲精神文明为代价去换取经济的一时发展”。十四届六中全会通过的《中共中央关于加强社会主义精神文明建设若干重要问题的决议》进一步提出了“社会主义精神文明是社会主义社会的重要特征，是现代化建设的重要目标和重要保证”的重要观点。党的十五大在明确界定中国特色社会主义文化与社会主义精神文明建设一致性的基础上，强调指出社会主义现代化应该有繁荣的经济，也应该有繁荣的文化。同时提出，有中国特色社会主义的文化，是凝聚和激励全国各族人民的重要力量，是综合国力的重要标志。

党的十六大提出了文化的力量深深熔铸在民族的生命力、创造力和凝聚力之中的重要观点，强调在当今世界，文化与经济和政治相互交融，在综合国力竞争中的地位和作用越来越突出。全党同志要深刻认识文化建设的战略意义，推动社会主义文化的发展繁荣。党的十七大指出，当今时代，文化越来越成为民族凝聚力和创造力的重要源泉、越来越成为综合国力竞争的重要因素，丰富精神文化生活越来越成为我国人民的热切愿望。十七届六中全会进一步强调，文化是民族的血脉，是人民的精神家园。中国共产党既是中华优秀传统文化的忠实传承者和弘扬者，又是中国先进文化的积极倡导者和发展者，始终高度重视文化建设的重要作用，不断推动社会主义文化的繁荣和发展。党的十八大重申了文化是民族的血脉，是人民的精神家园的观点，强调全面建成小康社会，实现中华民族伟大复兴，必须推动社会主义文化大发展大繁荣，兴起社会主义文化建设新高潮，提高国家文化软实力，发挥文化引领风尚、教育人民、服务社会、推动发展的作用。党的十九大进一步指出，文化是一个国家、一个民族的灵魂。文化兴国运兴，文化强民族强，没有高度的文化自信，没有文化的繁荣兴盛，就没有中华民族的伟大复兴，并强调中国特色社会主义文化是激励全党全国各族人民奋勇前进的强大精神力量。党的二十大从全面建设社会主义现代化国家的高度，进一步强调了中国特色社会主义文化建设的战略地位。必须坚持中国特色社会主义文化发展道路，增强文化自信，围绕举旗帜、聚民心、育新人、兴文化、展形象建设社会主义文化强国，发展面向现代化、面向世界、面向未来的，民族的科学的大众的社会主义文化，激发全民族文化创新创造活力，增强实现中华民族伟大复兴的精神力量。

第一，中国特色社会主义文化是中国特色社会主义的重要组成部分。马克思主义认为文明是一个整体。物质文明和精神文明作为人类社会进步的两种基本形态和实现方式，是人类在改造世界的实践中创造的共同财富。社会主义社会作为人类文明发展的一个必经阶段，不仅要有较高水平的物质文明，而且要有较高水平的精神文明。正如邓小平所说：“在社会主义国家，一个真正的马克思主义政党在执政以后，一定要致力于发展生产力，并在这个基础上逐步提高人民的生活水平。这就是建设物质文明。”“与此同时，还要建设社会主义的精神文明，最根本的是要使广大人民有共产主义的理想，有道德，有文化，守纪律。”① 中国特色社会主义是经济、政治、文化、社会和生态协调发展的整体，只有经济、政治、文化的有机结合和相互协调，才能形成社会发展的合理布局。我国社

① 邓小平．邓小平文选：第3卷．北京：人民出版社，1993：28.

会主义现代化的目标，是把我国建设成为富强民主文明和谐美丽的社会主义现代化强国。物质贫穷不是社会主义，没有民主就没有社会主义，愚昧无知、精神贫乏也不是社会主义。中国特色社会主义文化、社会主义精神文明，是社会主义经济和政治的基本特征在观念形态上的反映，同时又对经济建设和政治建设起着巨大的促进作用。只有经济、政治、文化、社会和生态建设相互促进、协调发展，中国特色社会主义事业才能健康发展。只有物质文明、政治文明和精神文明都搞好，才能实现社会主义现代化，从根本上坚持和发展中国特色社会主义。

第二，中国特色社会主义文化是综合国力的重要标志，是凝聚和激励全国各族人民的重要力量。综合国力是一个国家所拥有的赖以存在和发展的全部实力的总和，主要是经济实力、科技实力，这是社会发展的物质基础，但也离不开民族精神、民族文化这些精神的力量，这是一个国家综合国力的重要组成部分，是其发展的精神基础。文化作为一种软实力，体现着一个国家或地区的文化发展状况和建设成果，蕴含着推动经济与社会全面发展的精神动力和智力因素，其核心是国民整体素质的提高和人的创新能力的充分发挥。发展中国特色社会主义文化是提高综合国力、实现社会主义现代化的战略需要。当代经济全球化、世界多极化的深入发展，引起各种思想文化的相互激荡，历史的和现实的、外来的和本土的、进步的和落后的、积极的和颓废的，有吸纳又有排斥，有融合又有斗争。只有发展中国特色社会主义文化，提高整个中华民族的思想道德素质和科学文化素质，才能积极应对来自文化方面的严峻挑战。同时，任何社会的生存和发展，都需要一种普遍的社会认同和凝聚能力，以维护社会的协调与稳定。这种认同和凝聚能力主要来源于文化。中国特色社会主义文化通过知识体系、价值观念、思想信仰和行为规范，产生凝聚和激励社会成员的巨大力量，在提高民族凝聚力方面具有非常重要的作用。

第三，中国特色社会主义文化既是我国现代化建设的重要目标，又是它的重要保证。中国特色社会主义文化建设能够使人们在共同利益的基础上，形成共同理想和道德准则，提高劳动者的思想道德素质，激发劳动者的生产热情，从而为社会主义现代化建设提供精神动力；能够培养国家所需要的各方面的人才，提高劳动者的科学文化素质，开发人的智力资源，为现代化建设提供强大的科学支撑，使蕴藏在人民群众中无穷无尽的创造力发挥出来，从而为改革开放和现代化建设提供强有力的智力支持；能够引导人们认同与接受社会主义基本经济制度和政治制度，引导和教育人们从历史发展的必然性去认识社会主义，引导人们以全面的、辩证的、发展的眼光看待发展中的社会主义，帮助人民树立正确的世界观、人生观、历史观和价值观，坚定对马克思主义的信仰、坚定对社会主义的信念，增强全国人民的民族自尊心、自信心、自豪感，从而为改革开放和社会主义现代化建设提供强有力的思想保证。从社会结构的观点分析，发展社会主义经济、政治和文化，建设社会主义物质文明、政治文明、精神文明和生态文明，构建社会主义和谐社会，构成了中国特色社会主义现代文明的整体。社会主义市场经济是现代文明的基础，但不是其全部，市场经济的伦理道德意识，主要反映人们在物质生活领域中的利益关系；社会主义民主是社会主义市场经济本质属性的集中表现，主要反映人们在社会政治生活中的关系，体现社会主义国家一切权力属于人民的基本政治原则和人民当家作主、依法治国的精神；社会主义精神文明则是立足于社会主义经济和政治，从深层次上解决人们的理想信念、伦理道德、价值观念、生活方式、科技文化素质等问题，它反映的是社会主义精神生活中的规律，体现的是一种高尚的民族精神和价值取向，为社会全面发展和进步提供巨大的精神支柱、精神动力和智力支持。上述几个方面处于我国社会结构的不同层面，各自发挥作用，但又相互影响和渗透，共同推动我国社会主义事业的发展。把精神文明建设提到更加突出的地位，不是要降低其他方面因素的作用，而恰是为了使之与其他方面相协调，恢复其本来应有的地位。

二、建设社会主义核心价值体系与培育社会主义核心价值观

改革开放以来，党带领人民成功地探索出了一条中国特色社会主义的发展道路，并在经济、政治、文化、社会建设等方面建立了一套比较成熟的制度和体制。与这些根本性的制度和体制相适应，必然要求一个主导全社会思想和行为的价值体系和价值观。

（一）建设社会主义核心价值体系的内涵与基本要求

十六届六中全会明确规定了建设社会主义核心价值体系的内涵与基本要求，指出："马克思主义指导思想，中国特色社会主义共同理想，以爱国主义为核心的民族精神和以改革创新为核心的时代精神，社会主义荣辱观，构成社会主义核心价值体系的基本内容。"① 十七大进一步强调，社会主义核心价值体系是社会主义意识形态的本质体现。要巩固马克思主义指导地位，坚持不懈地用马克思主义中国化最新成果武装全党、教育人民，用中国特色社会主义共同理想凝聚力量，用以爱国主义为核心的民族精神和以改革创新为核心的时代精神鼓舞斗志，用社会主义荣辱观引领风尚，巩固全党全国各族人民团结奋斗的共同思想基础。

1. 马克思主义是社会主义核心价值体系的灵魂

建设社会主义核心价值体系必须坚持以马克思主义为指导，从根本上来说，是由马克思主义本身的特点所决定的。马克思主义是科学理论体系与崇高价值体系的统一。一方面，作为一个科学的理论体系，马克思主义揭示了整个世界，包括自然、社会和人类思维发展的一般规律，特别是资本主义社会发展的规律和趋势，科学地表述了马克思主义者对整个世界的总的看法或根本观点，为无产阶级和广大劳动群众提供了认识世界和改造世界的伟大工具。正如列宁所说："沿着马克思的理论的道路前进，我们将愈来愈接近客观真理（但决不会穷尽它）；而沿着任何其他的道路前进，除了混乱和谬误之外，我们什么也得不到。"② 另一方面，作为一个价值体系，马克思主义反映了无产阶级要求建立社会主义和共产主义社会，实现自身解放和全人类解放的社会理想，表达了以为人民服务为核心，以集体主义为原则，把崇高价值目标与价值手段、理性评判与实践检验相

① 中共中央文献研究室．十六大以来重要文献选编：下．北京：中央文献出版社，2008：661.

② 列宁．列宁选集：第2卷．3版．北京：人民出版社，1995：103－104.

统一的社会主义和共产主义的价值观。社会主义精神文明建设必须坚持以马克思主义为指导，正是基于马克思主义本身的这种科学理论与价值目标内在统一的特性。仅仅把马克思主义作为一个理论体系，而不是把它同时作为一个价值体系，是一个时期以来人们对马克思主义理解上的一个偏差，它直接导致了无产阶级价值观的一定程度的弱化，导致西方资产阶级以个人主义为核心的价值观的一度泛滥。

坚持以马克思主义为指导，又是社会主义精神文明建设的内在要求。作为人类历史上的一种新型精神文明，社会主义精神文明既体现了社会主义制度和共产主义思想体系的理想性、先进性的要求，又体现了社会主义国家各阶级、各阶层广大群众的现实性、广泛性的要求。它不仅需要既定的物质条件作为物质前提和基础，而且需要本民族和全人类以往创造的全部优秀文明成果作为精神前提和基础，更需要立足现实、着眼未来，在社会主义建设的实践中进行创造。在我国发展社会主义市场经济和对外开放条件下进行的精神文明建设，是一项前无古人的伟大创举。实现社会主义市场经济、民主政治、精神文明的协调发展，是一个长期、复杂、艰巨的战略任务。这样的精神文明建设，需要搞好各方面的基础建设，尤其需要着力于培养人的崇高理想、坚定信念、良好道德，弘扬爱国主义、集体主义、社会主义的精神。这样的精神文明建设，离开了马克思主义的指导，是不可思议的。我们强调社会主义精神文明建设必须以马克思主义为指导，并不是要否定思想道德建设的多层次性和教育科学文化建设的多成分、多层次、多样化。在社会主义阶段，由于生产力水平、社会发展状况实际上的不平衡，人们在精神生活方面实际上仍然存在着许多差异，尤其是在新旧经济体制转换时期，更要发生思想、观念、心态上的变化。以马克思主义为指导与贯彻“双百”方针，在本质上并不是矛盾的。马克思主义本身也要发展，它是一个开放的体系，发展马克思主义离不开“双百”方针，而“双百”方针是马克思主义基本精神的体现。

坚持以马克思主义为指导，以马克思主义武装党员、教育人民，不是要求每个人都成为马克思主义者、成为共产主义者，而只是要通过这一教育，使马克思主义成为鼓舞各个层次的人们积极向上并推动时代前进的精神动力。“坚持马克思列宁主义、毛泽东思想的指导地位，是我们立党立国的根本，也是社会主义文化建设的根本，决定着我国文化事业的性质和方向。只有这样，我们的文化建设才能沿着正确的道路健康发展，抵制和消除一切落后的、腐朽的思想文化影响，不断创造出先进的、健康的社会主义崭新文化，培养出适应社会主义现代化建设需要的有理想、有道德、有文化、有纪律的新人。”①习近平强调，中国共产党是用马克思主义武装起来的政党，马克思主义指导思想不但是中国共产党人理想信念的灵魂，也是社会主义核心价值体系的灵魂，决定了社会主义核心价值体系的性质和方向。建设社会主义核心价值体系，最根本的就是要毫不动摇地坚持马克思主义的指导地位。

2. 中国特色社会主义共同理想是社会主义核心价值体系的主题

新中国成立以来，“共同理想”一直是中国共产党团结全体人民的极为重要的信念。改革开放以来，“有理想”成为“四有”公民的第一条标准。邓小平指出：“现在中国提

---

① 江泽民．在庆祝中国共产党成立七十周年大会上的讲话．北京：人民出版社，1991：21.

出‘四有’，有理想、有道德、有文化、有纪律。其中我们最强调的，是有理想。”① “我们共产党人的最高理想是实现共产主义，在不同历史阶段又有代表那个阶段最广大人民利益的奋斗纲领。”② 江泽民认为：“在全社会形成共同理想和精神支柱，是有中国特色社会主义文化建设的根本。”③ 胡锦涛指出：“理想信念，是一个政党治国理政的旗帜，是一个民族奋力前行的向导，也是有志青年奋发向上的动力。”④ 习近平强调：“对马克思主义、共产主义的信仰，对社会主义的信念，是共产党人精神上的‘钙’。没有理想信念，理想信念不坚定，精神上就会得‘软骨病’，就会在风雨面前东摇西摆。”⑤

中国特色社会主义共同理想是社会主义核心价值体系的主题。在社会主义初级阶段，我国人民的共同理想就是在中国共产党的领导下，走中国特色社会主义道路，实现中华民族伟大复兴。这个共同理想，集中代表了广大人民的根本利益，为社会各个阶层广泛认可和接受，能有效凝聚各个方面的智慧和力量，团结全国各族人民，同心同德建设中国特色社会主义；这个共同理想，把国家、民族的振兴与个人的幸福紧密地联系在一起，把各个阶层、各个群体的共同愿望有机结合在一起，具有广泛的社会共识、令人信服的必然性和包容性，具有强大的感召力、亲和力和凝聚力；这个共同理想，要求共产党员把为最高理想而奋斗同为现阶段共同理想而奋斗统一于建设中国特色社会主义的伟大实践，并能够引导全体人民自觉地把个人的理想融入祖国和人民的需要。

改革开放和现代化的实践证明，建设中国特色社会主义，实现中华民族的伟大复兴，是历史的选择、人民的选择。在改革开放和社会主义现代化建设的进程中，我们之所以能够克服重重困难，化解各种风险，取得举世公认的巨大成就，一个重要原因就是用中国特色社会主义的共同理想凝聚了全国各族人民，保证了广大人民群众在政治上、思想上和行动上的团结一致。在全社会树立和弘扬中国特色社会主义这一共同理想，是文化建设的根本任务。把握了这一点，就把握了社会主义核心价值体系的主题。

3. 民族精神和时代精神是社会主义核心价值体系的精髓

民族精神是一个民族在长期共同社会生活中形成的民族意识、民族心理、民族品格、民族气质的总和，是民族文化中固有的、延绵不断的一种历史文化传统，是民族文化最本质、最集中的体现。一个民族，没有振奋的精神和高尚的品格，不可能自立于世界民族之林。中国共产党一贯重视弘扬和培育民族精神。新中国成立后，毛泽东多次强调要把民族自信心提高起来。邓小平指出，必须发扬爱国主义精神，提高民族自尊心和民族自信心。江泽民也指出：“民族精神，积千年之精华，博大精深，根深蒂固，是中华民族生命机体中不可分割的重要成分。”⑥ 十六大首次对民族精神的内涵做出全面概括，强调，在5000多年的发展中，中华民族形成了以爱国主义为核心的团结统一、爱好和平、勤劳勇敢、自强不息的伟大民族精神。习近平总书记认为，“中国人民在长期奋斗中培育、继

---

①② 邓小平．邓小平文选：第3卷．北京：人民出版社，1993：190.

③ 江泽民．江泽民文选：第2卷．北京：人民出版社，2006：33.

④ 中共中央文献研究室．十六大以来重要文献选编：中．北京：中央文献出版社，2006：636.

⑤ 习近平．在纪念陈云同志诞辰110周年座谈会上的讲话（2015年6月12日）．人民日报，2015-06-13（2）.

⑥ 江泽民．江泽民文选：第2卷．北京：人民出版社，2006：231.

承、发展起来的伟大民族精神，为中国发展和人类文明进步提供了强大精神动力。”① 这种民族精神同党领导人民在长期革命、建设和改革中形成的“井冈山精神”“长征精神”“延安精神”“西柏坡精神”“红船精神”等优良传统相结合，成为中华民族生生不息、发展壮大的强大精神动力。这种伟大的民族精神已经成为全国各族人民团结一心、共同奋斗的价值取向和精神支撑。

时代精神是民族精神在特定时代条件下的展现。党在各个历史时期都十分重视对时代精神的总结，并形成了不同的时代精神。时代精神是马克思主义与时俱进的理论品格、中华民族富于进取的思想品格与改革开放和现代化建设实践相结合的伟大成果。在当代中国改革开放和社会主义现代化建设的伟大实践中，进一步铸就了以改革创新为核心的时代精神。这一精神体现了当代中国社会进步的发展方向，引领了时代进步的潮流，是被全社会成员普遍认同和接受的思想观念、价值取向和行为方式，已经深深融入我国经济、政治、文化、社会建设的各个方面，成为各族人民不断开创中国特色社会主义事业新局面的强大精神力量。

习近平指出：“实现中国梦，必须弘扬中国精神。用以爱国主义为核心的民族精神和以改革创新为核心的时代精神振奋起全民族的‘精气神’。”② 以爱国主义为核心的民族精神和以改革创新为核心的时代精神，是社会主义核心价值体系的精髓。民族精神是时代精神的基础和渊源，时代精神的形成离不开民族精神；时代精神是民族精神在当代中国的发扬光大，又为民族精神的发展提供了新的内涵。在加快推进社会主义现代化国家的进程中，民族精神和时代精神对于中华民族的凝聚、激励作用越来越突出，成为社会主义核心价值体系不可或缺的重要组成部分。大力弘扬民族精神和时代精神，使全体人民始终保持昂扬向上的精神状态，是文化建设的主旋律。把握了这一点，就把握了社会主义核心价值体系的精髓。

4. 社会主义荣辱观是社会主义核心价值体系的基础

中国共产党历来重视荣辱观教育。改革开放以来，邓小平强调指出：“中国人民有自己的民族自尊心和自豪感，以热爱祖国、贡献全部力量建设社会主义祖国为最大光荣，以损害社会主义祖国利益、尊严和荣誉为最大耻辱。”③ 2006 年 3 月，胡锦涛在看望出席全国政协十届四次会议的民盟、民进联组委员时发表的讲话中，明确提出要教育广大干部群众特别是青少年树立社会主义荣辱观。

热爱祖国是民族精神的核心，是我国各族人民共同的精神支柱，是激励全国人民团结奋斗的光辉旗帜；服务人民是中国共产党的根本宗旨，也是社会主义公民要承担的义务和责任；崇尚科学是人类社会文明进步的基本要求，也是当代公民基本素质的具体体现；辛勤劳动是社会主义道德区别于一切剥削阶级道德的重要标志，是社会主义道德观的基本要求；团结互助是社会主义社会人与人之间关系的基本特征；诚实守信是社会主义市场经济条件下所有经济组织与经济活动参与者的立身之本，是社会主义市场经济发

① 习近平．在第十三届全国人民代表大会第一次会议上的讲话（2018 年 3 月 20 日）．人民日报，2018-03-21（2）．

② 习近平接受拉美三国媒体联合书面采访．人民日报，2013-06-01（1）．

③ 邓小平．邓小平文选：第 3 卷．北京：人民出版社，1993：3.

展的道德前提，也是构建社会主义和谐社会的道德基础；遵纪守法，建立协调统一的道德秩序和法律秩序，才能维护社会的稳定和发展；艰苦奋斗是中华民族的传统美德，也是促进人类社会不断进步的精神力量。

社会主义荣辱观，旗帜鲜明地指出了在社会主义市场经济条件下，应当坚持和提倡什么、反对和抵制什么，为全体社会成员判断行为得失、做出道德选择、确定价值取向提供了基本的价值准则和行为规范，既有先进性的导向，又有广泛性的要求，贯穿社会生活各个领域，覆盖各个利益群体，涵盖了人生态度、社会风尚的方方面面，体现了社会主义基本道德规范的本质要求，是进一步推进精神文明建设的指导方针。在全社会大力弘扬社会主义荣辱观，是文化建设的基本任务。把握了这一点，就把握了社会主义核心价值体系的基础。

（二）培育和践行社会主义核心价值观

社会主义核心价值体系是兴国之魂，决定着中国特色社会主义的发展方向。坚持用社会主义核心价值体系引领社会思潮、凝聚社会共识，就要倡导富强、民主、文明、和谐，倡导自由、平等、公正、法治，倡导爱国、敬业、诚信、友善，积极培育社会主义核心价值观。社会主义核心价值观是当代中国精神的集中体现，凝结着全体人民共同的价值追求。党对社会主义核心价值观内涵的概括，实际上回答了我们要建设什么样的国家、建设什么样的社会、培育什么样的公民等重大问题。社会主义核心价值观“把涉及国家、社会、公民的价值要求融为一体，既体现了社会主义本质要求，继承了中华优秀传统文化，也吸收了世界文明有益成果，体现了时代精神”[①]。“富强、民主、文明、和谐”是立足于国家层面对社会主义核心价值观的概括，在社会主义核心价值观中居于最高层面，其价值承担主要体现在为社会、公民的价值追求提供力量保障和方向指引；“自由、平等、公正、法治”是立足于社会层面对社会主义核心价值观的概括，在社会主义核心价值观中居于中间层面，其价值承担是要将国家与个人的价值追求凝聚和契合起来；“爱国、敬业、诚信、友善”是立足于个人层面对社会主义核心价值观的概括，在社会主义核心价值观中居于基础层面，其价值承担主要体现在为国家和社会层面的价值观落实奠定现实基础。

第一，社会主义核心价值观的提出，依托并反映社会主义核心价值体系精神内核和根本性质。社会主义核心价值观是社会主义核心价值体系的进一步凝练，体现着社会主义核心价值体系的根本性质和基本特征，是社会主义核心价值体系的高度概括和集中表达。社会主义核心价值体系和社会主义核心价值观方向一致，都体现了社会主义意识形态的本质要求，体现了社会主义制度在思想和精神层面的质的规定性，凝结着社会主义先进文化的精髓，是中国特色社会主义道路、理论、制度和文化的价值表达，是实现中华民族伟大复兴中国梦的价值引领。社会主义核心价值观是在社会主义核心价值体系的基础上，更加突出核心要素、更加注重凝练表达、更加强化实践导向，而不是离开这个体系的本质另搞一套。

---

① 习近平：青年要自觉践行社会主义核心价值观：在北京大学师生座谈会上的讲话．新华网，2014－05－05.

第二，社会主义核心价值观的提出，为凝聚社会共识提供了根本途径。核心价值观蕴含着人们对世界、人生、社会等一系列重大问题的价值共识，深刻影响着每个社会成员的思想观念、思维方式、行为规范，是人们思想上精神上的灵魂旗帜。历史和现实一再表明，只有建立共同的价值目标，一个国家和民族才能有赖以维系的精神纽带，才会有统一的意志和行动，甚至越是在危机困难的时候，越能产生强大的凝聚力、向心力。我国有 56 个民族、14 亿多人口，要把人们的思想意志凝聚起来，没有一个有效发挥统摄作用的核心价值观，是不可想象的。社会主义核心价值观的提出，有助于使全体社会成员在价值认同上找到最大公约数，在具体利益矛盾、各种思想差异之上最广泛地形成价值共识，从而有效引领整合纷繁复杂的社会思想意识，有效避免社会分化可能带来的思想对立和混乱，形成团结奋斗的强大精神力量。

第三，社会主义核心价值观的提出，是提升国家文化软实力、树立国家良好形象的需要。当今世界，文化越来越成为综合国力竞争的重要因素、成为经济社会发展的重要支撑，文化软实力越来越成为争夺发展制高点、道义制高点的关键所在。而文化的力量，归根到底来自凝结其中的核心价值观的影响力和感召力，文化软实力的竞争，本质上是不同文化所代表的核心价值观的竞争。当今世界，越来越多的国家把提升文化软实力确立为国家战略，核心价值观之争日趋激烈。一些西方国家搞所谓“价值观外交”，炮制各种形式的“中国威胁论”，凭借经济、科技优势加紧对我国实施“西化”“分化”战略，千方百计地进行意识形态的渗透。中国同西方敌对势力在意识形态领域的斗争，实质上是两种制度模式、两种价值观的较量。社会主义核心价值观，用最简洁的语言解读和阐释中国精神，有利于增进国际社会对中国的理解，扩大中华文化的影响力，展示社会主义中国的良好形象；有利于增强社会主义意识形态的竞争力，掌握话语权，赢得主动权，逐步打破西方的话语垄断、舆论垄断，维护国家文化利益和意识形态安全。

十八大以来，以习近平同志为核心的党中央把培育和践行社会主义核心价值观作为基础工程和战略任务摆在突出位置，做出了一系列重大战略部署，极大地增强了人们对社会主义核心价值观的认同感、自信心和践行力，凝聚了团结一致、奋发进取的强大力量。同时，也要看到，价值观的培育是在人的心灵里搞建设，是一个潜移默化、日积月累的过程，必须持续用力、久久为功，驰而不息地抓下去。习近平强调，要“用社会主义核心价值观凝魂聚力，更好构筑中国精神、中国价值、中国力量，为中国特色社会主义事业提供源源不断的精神动力和道德滋养”①。要通过强化教育引导、舆论宣传、文化熏陶、实践养成、制度保障等，发挥社会主义核心价值观对国民教育、精神文明创建、精神文化产品创作生产传播的引领作用，使社会主义核心价值观内化于心、外化于行。

（三）牢牢把握党对意识形态工作的领导权

意识形态是与一定社会的经济和政治直接相联系的观念、观点、概念的总和，其主要内容是社会的经济基础和政治制度、人与人的经济关系和政治关系的反映。意识形态

---

① 更好构筑中国精神、中国价值、中国力量 为中国特色社会主义事业提供精神动力和道德滋养．人民日报，2015-10-14（1）．

的各种形式起源于以生产劳动为基础的社会物质生活，随着经济基础的变化而变化，其内容各以特殊的方式，从不同的侧面反映现实的社会生活。我国是社会主义国家，中国共产党是以马克思主义为指导的政党，我国的主流意识形态是以马克思主义为核心内容的社会主义意识形态。党历来十分重视在全社会进行马克思主义的宣传和教育，高度重视意识形态工作。在不同的历史发展阶段，中国共产党的意识形态呈现出不同的形式。

中华人民共和国成立以来，我国逐步建立起了以马克思主义为核心的意识形态，以马克思主义统领哲学、新闻舆论、教育、宗教、文学艺术等领域。中国新民主主义革命、社会主义革命和建设的伟大胜利，证明了马克思主义意识形态理论的科学性及其对社会实践巨大的推动作用。毛泽东非常重视意识形态领域的领导权，不仅集中阐述了新民主主义的文化纲领就是要建立以无产阶级意识形态为领导的民族的科学的大众的文化，还明确提出了“社会主义意识形态”这一概念，并指出人民民主专政的国家制度，以马克思列宁主义为指导的社会主义意识形态，都属于社会主义的上层建筑，从而为马克思主义意识形态理论提供了新的内容。邓小平在意识形态领域里举起了“解放思想、实事求是”的大旗，并在领会经典作家意识形态理论精髓的基础上，提出以培养四有新人为目标，以“三个有利于”为标准，正确认识和处理全球化条件下的“社会主义和资本主义两种制度的关系”，强调要“利用资本主义”发展壮大社会主义意识形态的影响力，从而更加丰富了马克思意识形态理论。十八大以来，以习近平同志为核心的党中央高度重视意识形态工作，就意识形态领域的方向性、根本性、全局性问题做出一系列重要论述和重大部署，进一步明确了意识形态工作的地位作用、目标任务、基本要求和主体责任，为建设社会主义意识形态提供了科学指引。二十大进一步强调了牢牢掌握党对意识形态工作的领导权，建设具有强大凝聚力和引领力的社会主义意识形态这一重大任务，并做出相应的战略部署。

第一，推进马克思主义中国化时代化。意识形态工作是为国家立心、为民族立魂的工作。马克思主义是我们立党立国的根本指导思想，是社会主义意识形态的旗帜和灵魂。建设具有强大凝聚力和引领力的社会主义意识形态，使全体人民在理想信念、价值理念、道德观念上紧紧团结在一起，必须把坚持和发展马克思主义统一起来。要以我们正在做的事情为中心，坚持问题导向，聆听时代声音，把马克思主义基本原理同中国具体实际相结合、同中华优秀传统文化相结合，同广大人民群众正在进行的伟大社会实践相结合，不断赋予当代中国马克思主义、二十一世纪马克思主义更加鲜明的时代特色、实践特色、理论特色、民族特色，使二十一世纪中国的马克思主义展现出更强大、更有说服力的真理力量。

第二，加强理论武装。这是掌握意识形态工作领导权的关键。要继续推动马克思列宁主义毛泽东思想和中国特色社会主义理论武装全党、教育人民，特别是要推动习近平新时代中国特色社会主义思想深入人心；要深化马克思主义理论研究和建设，充分运用马克思主义理论研究和建设工程、习近平新时代中国特色社会主义思想研究中心、马克思主义学院、报刊网络理论宣传等理论工作平台，加大对马克思主义理论特别是习近平新时代中国特色社会主义思想研究的力度，不断推出有深度、有说服力的研究成果，用以武装头脑，指导实践，推动工作。

第三，加快构建中国特色哲学社会科学体系。巩固壮大我国社会主义意识形态，离不开中国特色哲学社会科学的繁荣发展。要牢牢坚持马克思主义在哲学社会科学领域的指导地位，紧紧围绕新时代坚持和发展中国特色社会主义，立足中国、借鉴国外，挖掘历史、把握当代，关怀人类、面向未来，坚持体现继承性与民族性、原创性与时代性、系统性与专业性，繁荣中国学术，发展中国理论，加快构建中国特色哲学社会科学。同时，还要加强中国特色新型智库建设，深化拓展国家高端智库建设试点，着力打造一批国家急需、特色鲜明、制度创新、引领发展的高端智库，更好地服务党和政府决策，更好地传播中国思想，促进国家治理体系和治理能力现代化，促进国家文化软实力的提高。

第四，高度重视传播手段的建设和创新。从一定意义上说，意识形态建设就是传播能力建设。坚持正确的舆论导向，适应新形势下传播形态、传播格局的深刻变革，需要推进传统媒体和新兴媒体深度融合，着力打造一批形态多样、手段先进、竞争力强的新型主流媒体和新型媒体集团，提高新闻舆论传播力、引导力、影响力、公信力。同时，又需要营造清朗的网络空间。互联网作为新时代意识形态工作的主阵地、最前沿，其管理和运用已经成为意识形态工作的重中之重。要通过加强互联网内容建设，做大做强网上正面宣传，改进创新网上正面引导，培育积极健康、向上向善的网络文化；通过建立网络综合治理体系，依法依规加强管网治网，推动形成风清气正的网络生态。

第五，落实意识形态工作责任制。建立意识形态工作责任制，是加强党对意识形态工作领导的重大举措。坚持党管宣传、党管意识形态、党管媒体，切实抓好意识形态工作责任制落实；加强阵地建设和管理，认真贯彻主管主办和属地管理原则，使各类意识形态阵地始终成为传播先进思想文化的坚强阵地；注意区分政治原则问题、思想认识问题、学术观点问题，既不能把一般学术观点和思想认识问题政治化，也不能把政治原则问题当作一般学术观点和思想认识问题来对待；站稳政治立场，增强责任担当，旗帜鲜明地反对和抵制各种错误观点。

三、坚持走中国特色社会主义文化发展道路

发展中国特色社会主义文化，就是以马克思主义为指导，坚守中华文化立场，立足当代中国现实，结合当今时代条件，发展面向现代化、面向世界、面向未来的，民族的科学的大众的社会主义文化，推动社会主义精神文明和物质文明协调发展。

（一）中国特色社会主义文化建设的基本任务和根本目标

中国特色社会主义文化建设渗透于整个社会主义建设之中，体现在经济、政治、文化、社会生活的各个方面。中国特色社会主义文化建设的根本目标，是适应社会主义现代化建设的需要，培育有理想、有道德、有文化、有纪律的社会主义公民，提高整个中华民族的思想道德素质和科学文化素质。

1. 中国特色社会主义文化建设的基本任务

中国特色社会主义文化建设或社会主义精神文明建设的基本任务包括两大方面，一

是思想道德建设，二是教育科学文化建设，二者统一于中国特色社会主义文化建设的实践。

第一，思想道德建设要解决的是整个民族的精神支柱和精神动力问题。其主要内容包括马克思主义的世界观和科学理论，共产主义的理想、信念和道德，同社会主义公有制相适应的主人翁思想和集体主义思想，同社会主义的政治制度相适应的权利、义务观念和组织、纪律观念，为人民服务的献身精神和共产主义的劳动态度，社会主义、爱国主义和国际主义，等等。社会主义思想道德集中体现着精神文明建设的性质和方向，对社会政治经济的发展具有巨大的能动作用。在改革开放和现代化建设的整个过程中，思想道德建设的基本任务是：坚持爱国主义、集体主义、社会主义教育，加强社会公德、职业道德、家庭美德建设，引导人们树立建设中国特色社会主义的共同理想和正确的世界观、人生观、价值观。建设中国特色社会主义，最终目的是实现共产主义，应当在全社会认真提倡社会主义、共产主义思想道德。同时，要把先进性要求同广泛性要求结合起来，鼓励支持一切有利于解放和发展社会主义社会生产力的思想道德，一切有利于国家统一、民族团结、社会进步的思想道德，一切有利于追求真善美、抵制假恶丑、弘扬正气的思想道德，一切有利于履行公民权利与义务、用诚实劳动争取美好生活的思想道德，团结和引导亿万人民积极向上，不断提高全民族的思想道德水平。

第二，教育科学文化建设要解决的是整个民族的科学文化素质和现代化建设的智力支持问题。其主要内容包括教育、科学、文学艺术、新闻出版、广播电视、卫生体育、图书馆等各项文化事业的发展和人民群众知识水平的提高，还包括健康、愉快、生动活泼、丰富多彩的群众性娱乐活动。加强教育科学文化建设，发展文学艺术、新闻出版、哲学社会科学等文化事业，满足人民群众日益增长的精神文化需求，对于提高民族素质、促进经济发展和社会全面进步具有重要作用。改革开放和社会主义现代化建设的伟大实践，为文化建设注入了新的活力，同时，迫切要求文化事业有一个大的提高和发展。只有深深根植于人民群众的历史创造活动，继承和发扬民族优秀文化和革命文化传统，积极吸收世界文化优秀成果，社会主义的教育科学文化事业才能健康发展、日益繁荣。

第三，思想道德建设和教育科学文化建设是社会主义精神文明建设的两个方面，二者是紧密联系、相辅相成、互相渗透、互相促进的。思想道德建设决定精神文明建设的性质和方向，为教育科学文化建设提供精神动力和思想保证，这是社会主义精神文明建设最显著的特征。思想道德建设不仅决定了精神文明的性质，决定了教育科学文化的发展方向，而且关系到社会主义物质文明的建设，关系到党风和社会风气的优化，关系到我们是否坚持四项基本原则这一立国之本。教育科学文化建设是社会主义精神文明建设的基础，是思想道德建设的重要条件。教育科学文化建设的发展为人们提高思想道德水平创造了条件，没有一定的教育科学文化知识的积累，是不能很好地学习和掌握马克思主义的科学理论，树立辩证唯物主义和历史唯物主义的世界观的。一般而言，愚昧、落后、野蛮往往与无知直接相关，而教育科学文化事业的发展有利于人们正确认识自我、认识社会、认识人生，提高人们的思想道德水平。教育科学文化的发展不仅是物质文明的重要条件，也为思想道德水平的提高提供了知识前提，是不可忽视的重要条件。社会主义精神文明建设的两个方面具有不同的内容、特点，但二者密切相连、不可分割。在理论和实践中把二者割裂开来的做法是错误的，也是有害的。

2. 中国特色社会主义文化建设的根本目标

历史唯物主义认为，人是社会一切活动的主体，社会活动的成就大小，除受到社会环境、历史条件等客观因素的制约外，主要取决于人在其中所起的作用，而人的素质是其中极为重要的条件。人的素质是历史的产物，又给历史以巨大的影响。社会生产力的发展，为人的素质提供客观物质基础，促进了人的素质的提高；社会生产力的发展也离不开人的发展，人的素质的提高又对生产力的发展具有重要作用。社会主义制度的确立，为人的素质的全面提高提供了比以往任何时代更大的现实可能性。在社会主义制度下，人民的根本利益是一致的，人和人之间在以公有制为主体的生产关系的基础上建立了新型的人际关系。这不仅有利于社会生产力的发展，而且有利于全体公民素质的改善，进而使整个社会的面貌发生深刻的变化。就处于社会主义初级阶段的中国来说，只有当全国各族人民的素质都得到很大的提高，我们才有可能真正摆脱落后局面，赶上甚至超过世界经济发达国家，而培育"四有"新人则是提高全民族素质的关键所在。

"四有"目标是一个完整的概念，具有丰富的内涵。理想、道德、文化、纪律，它们之间既相互区别，又相互联系。有理想，包括不同的层次，共产主义理想是最高理想，每个共产党员都应该具有这种崇高的理想，而对广大的普通群众则没有这种要求。现阶段我国各族人民的共同理想，就是建设中国特色社会主义，把我国建设成为富强民主文明和谐美丽的社会主义现代化强国。有道德，是指每个公民都要遵守社会主义道德的基本要求，并在工作、学习、生活以及人与人的关系等各个方面体现出来。有纪律，就是要遵纪守法，这是一个社会主义新人所必备的重要素质。有理想、有道德、有纪律之间有着内在的一致性，而有纪律又是实现理想和讲究道德的保证。理想、道德、纪律，都是属于精神状态的问题，是社会主义新人区别于其他人的关键所在。有文化，指的是具有现代科学文化知识，它是社会主义新人的基本素质。人只有在有文化的前提下，才可能通晓社会发展规律，确立正确的世界观和掌握科学的方法论，并自觉地按照社会主义道德规范自己的行动，从而成为全面发展的人。提高人民的科学文化素质，与加强理想、道德、纪律的教育一样，是不可忽视的。社会主义精神文明建设根本任务的实现，不仅要靠思想义教战线的干部群众，也要靠其他战线的干部群众共同努力。它是全党全军和全国各族人民共同的任务。

（二）中国特色社会主义文化建设的基本方针

中国共产党在领导社会主义文化建设的实践中积累了宝贵的经验，不断深化对文化发展规律的认识，形成了指导文化建设的一系列重要方针。

1. 以马克思主义为指导，坚持为社会主义服务、为人民服务的方向

中国特色社会主义文化建设必须坚持以马克思主义为指导。江泽民指出："坚持马克思列宁主义、毛泽东思想的指导地位，是我们立党立国的根本，也是社会主义文化建设的根本，决定着我国文化事业的性质和方向。只有这样，我们的文化建设才能沿着正确的道路健康发展，抵制和消除一切落后的腐朽的思想文化影响，不断创造出先进的健康的社会主义崭新文化，培养出适应社会主义现代化建设需要的有理想、有道德、有文化、有纪律的新人。”①

中国特色社会主义文化建设必须坚持为社会主义服务的方向。这是由我国社会主义初级阶段的主要矛盾和根本任务所决定的。改革开放以来，随着主要矛盾和党的工作重点的转变，文化为社会主义现代化服务成为时代的要求。邓小平指出：“实现四个现代化，是今后一个相当长的时期内全国人民压倒一切的中心任务，是决定祖国命运的千秋大业。”②“对实现四个现代化是有利还是有害，应当成为衡量一切工作的最根本的是非标准。”③ 文化建设要服务于社会主义现代化建设这一中心任务，坚持为社会主义服务的方向，就必须坚持以科学的理论武装人、以正确的舆论引导人、以高尚的精神塑造人、以优秀的作品鼓舞人，不断增强中国特色社会主义文化的吸引力和感召力。

中国特色社会主义文化建设必须坚持为人民服务的方向。人民是社会物质财富的创造者，也是精神财富的创造者。一切进步文化，都源于人民、为了人民、属于人民。一切进步的文化工作者，都存在于同人民群众的血肉联系之中。人民创造历史的活动，是文化建设的丰厚土壤和源头活水。社会主义文化必须坚持为人民服务，充分体现人民的利益和愿望，满足人民不同层次的、多方面的、丰富的、健康的精神需要，激发人民建设社会主义的积极性。我国广大的文化工作者一定要牢固树立人民群众是历史创造者的历史唯物主义观点，培养和增进对人民群众的感情，坚持以最广大人民为服务对象和表现主体，关心群众疾苦，体察人民愿望，把握群众要求，通过形式多样的艺术创造，为人民放歌，为人民抒情，为人民呼吁。同时，要深入改革开放和现代化建设第一线，深入企业、乡村、社区、军营、校园生活最前沿，不断创作出让人民满意的优秀作品，满足人民群众多层次、多样化、多方面的精神文化需求。

2. 坚持百花齐放、百家争鸣的方针

百花齐放、百家争鸣，是指艺术上的不同形式和不同风格可以自由发展，科学上不同的学派可以自由争论。这是促进艺术发展、科学进步，繁荣社会主义文化的方针。新中国成立后，毛泽东根据我国迅速发展社会主义文化的要求，在 1951 年和 1953 年分别为戏曲领域和历史领域提出了“百花齐放，推陈出新”和“百家争鸣”的口号。1956 年，毛泽东进一步把这两个口号概括为“百花齐放、百家争鸣”，并作为繁荣我国科学文化事业的方针提出来。邓小平指出：“我们要永远坚持百花齐放、百家争鸣的方针。”④“我们坚持‘双百’方针和‘三不主义’，不继续提文艺从属于政治这样的口号”⑤，“写什么和怎样写，只能由文艺家在艺术实践中去探索和逐步求得解决。在这方面，不要横加干涉”⑥。“双百”方针同四项基本原则是统一的而不是对立的。在坚持四项基本原则的基础上，提倡不同学术观点、艺术流派的争鸣和切磋，提倡健康的、说理的批评与反批评，

---

① 江泽民．江泽民文选：第 1 卷．北京：人民出版社，2006：158－159.

② 邓小平．邓小平文选：第 2 卷．2 版．北京：人民出版社，1994：208－209.

③ 同②209.

④ 同②256.

⑤ 同②255.

⑥ 同②213.

防止用行政的力量去强制推行一种风格、一种学派，禁止另一种风格、另一种学派。坚持弘扬主旋律，提倡多样化，并使二者统一起来。努力创作出更多更好的既反映时代精神，又为人民群众所喜闻乐见的优秀作品，促进社会主义文化的大发展大繁荣。

3. 继承和发扬优秀民族文化传统，吸收、借鉴和利用人类文明的共同成果

在中华新文化的建设中，毛泽东总结我国文化建设的历史经验，提出要批判地吸收古今中外的一切文化成果等一系列重要思想。这些思想后来被明确概括为“古为今用、洋为中用”的方针。任何国家和民族在走向现代化的历程中，都面临着既要保留自己的文化传统，又要吸收外来文化营养的问题。建设中国特色社会主义文化，一方面要继承中华民族的优秀传统文化，推动中华优秀传统文化创造性转化、创新性发展，并使之在新的历史条件下发扬光大；另一方面，又要博采众长，积极借鉴和吸收人类文明的共同成果。对于中国传统文化要取其精华、去其糟粕，并结合时代的特点加以发展，推陈出新，使它不断发扬光大。建设中国特色社会主义文化，离不开吸收、借鉴和利用人类文明的共同成果。文化上的对外开放和交流是中国特色社会主义文化建设的重要条件。要坚持以我为主、为我所用的原则，开展多种形式的对外文化交流，博采世界各国文化之长，广泛地吸取营养来发展自己，并向世界展示中国文化的建设成就。学习和借鉴外来文化一定要防止不加区别的照搬照抄。正如邓小平所指出的：“属于文化领域的东西，一定要用马克思主义对它们的思想内容和表现方法进行分析、鉴别和批判。”① “我们要有计划、有选择地引进资本主义国家的先进技术和其他对我们有益的东西，但是我们决不学习和引进资本主义制度，决不学习和引进各种丑恶颓废的东西。”②

4. 坚持贴近实际、贴近生活、贴近群众的方针

社会主义文艺是人民的文艺，必须坚持以人民为中心的创作导向，在深入生活、扎根人民中进行无愧于时代的文艺创造。中国特色社会主义的伟大实践，是文化发展与创新的丰富土壤和不竭源泉。只有坚持贴近实际、贴近生活、贴近群众，文化建设才能回答和解决现实问题、反映生活本质、满足群众的文化需求。贯彻“三贴近”的方针，就要立足我国社会主义初级阶段的国情，深入改革开放和现代化建设的实践，不断推动文化观念、内容、形式、体制机制和传播手段的创新，增强文化发展活力；尊重人民群众的主体地位和首创精神，准确把握广大人民群众精神文化需求发展变化的特点，积极探索新形势下服务人民群众的有效途径。

5. 坚持一手抓繁荣，一手抓管理

繁荣是文化建设的永恒主题，管理是文化繁荣的有力保障，二者紧密联系、相互促进。文化重在建设，要把文化建设作为一个长期推进的过程，通过坚持不懈的努力，推动社会主义文化大发展大繁荣，兴起社会主义文化建设新高潮。坚持科学管理、依法管理，综合运用法律、行政、经济、行业自律等手段，推进文化领域管理工作的法治化、规范化、制度化建设。树立新的文化发展观，积极推进文化体制改革，解放和发展文化生产力，提高国家文化软实力，不断增强我国文化的国际竞争力。

---

① 邓小平．邓小平文选：第3卷．北京：人民出版社，1993：44.

② 邓小平．邓小平文选：第2卷．2版．北京：人民出版社，1994：168.

（三）深化文化体制改革与提高国家文化实力

建设社会主义文化强国，关键是深化文化体制改革，增强全民族文化创造活力。通过文化体制改革，解放和发展文化生产力，发扬学术民主、艺术民主，为人民提供广阔文化舞台，让一切文化创造源泉充分涌流，开创全民族文化创造活力持续迸发、社会文化生活更加丰富多彩、人民基本文化权益得到更好保障、人民思想道德素质和科学文化素质全面提高、中华文化国际影响力不断增强的新局面。推动文化事业和文化产业发展，满足人民过上美好生活的新期待，必须提供丰富的精神食粮。

1. 繁荣发展文化事业和文化产业

繁荣发展文化事业和文化产业，需要深化文化体制改革。文化制度是指一国通过宪法和法律规范社会文化生活，调整以社会意识形态为核心的各种文化生活的基本原则和规则的总和。文化体制是文化制度在文化发展各领域的具体体现，一般包括机构设置、隶属关系、管理权限和工作规则等方面的体系、制度、方法、形式等。中国特色社会主义文化制度和体制涉及的内容十分广泛，主要包括加强思想道德建设、繁荣发展文化事业和文化产业、加强思想文化战线人才培养等方面的制度和体制。在新的历史起点上深化文化体制改革、推动社会主义文化大发展大繁荣，关系实现全面建成社会主义现代化强国、实现第二个百年奋斗目标，关系到坚持和发展中国特色社会主义，关系到以中国式现代化推进中华民族伟大复兴。

让人民享有丰富健康的文化生活，是衡量人们生活质量的重要标志。改革开放以来，我国文化建设取得了历史性重大成就，为坚持和发展中国特色社会主义提供了强大精神力量。同时，我国文化领域正在发生广泛而深刻的变革，人民群众对精神文化生活提出了新的更高要求，推进文化体制改革、促进文化大发展大繁荣，既面临着难得的机遇，也面临着不少新的矛盾和问题。这些问题，总体而言表现为，我国文化发展同经济社会发展和人民日益增长的精神文化需求还不完全适应。

深化文化体制改革，必须根据新形势下社会主义文化建设的特点和规律，科学界定文化单位的性质和功能，准确把握推动文化科学发展这条主线，着力破解文化发展难题，转变文化发展方式，加快文化体制机制改革创新，完善文化管理体制，应加快构建把社会效益放在首位、社会效益和经济效益相统一的体制机制。

繁荣发展文化事业和文化产业。必须坚持以人民为中心的创作导向，推出更多增强人民精神力量的优秀作品，培育造就大批德艺双馨的文学艺术家和规模宏大的文化文艺人才队伍。坚持把社会效益放在首位、社会效益和经济效益相统一，深化文化体制改革，完善文化经济政策。实施国家文化数字化战略，健全现代公共文化服务体系，创新实施文化惠民工程。健全现代文化产业体系和市场体系，实施重大文化产业项目带动战略。

2. 提高国家文化实力

文化实力主要是指一个国家或地区基于文化而具有的凝聚力、生命力、创新力和传播力，以及由此而产生的感召力和影响力。文化实力和竞争力是国家富强、民族振兴的重要标志。

当今世界，综合国力的竞争，越来越表现为经济实力、国防实力和民族凝聚力的竞争，而民族凝聚力和创造力的重要源泉就是文化。由于文化实力是综合国力的重要组成部分，文化在综合国力竞争中的地位和作用更加凸显，比其他力量的影响更具渗透性、持久性、广泛性。从一定意义上说，只有拥有强大的文化软实力，才能占据文化发展的制高点，在激烈的国际竞争中赢得主动。

一个国家的文化实力，取决于这个国家国民的精神状态、意志品质和内在向心力、凝聚力、创造力。改革开放以来，随着中国文化的改革发展，全民族思想道德素质和科学文化素质显著提高，文化走出去的步伐加快，多层次、宽领域对外文化交流格局逐步形成，中华文化影响力不断扩大，国家文化实力显著增强。我国是有着悠久历史和灿烂文明的文化大国，但丰富的文化资源还没有转化为较强的文化实力。中国文化国际影响力与经济、政治国际影响力还不相称，文化产品输出国角色与物质产品输出国地位还不匹配，维护国家文化安全的任务更加艰巨。因此，必须切实提高国家的文化实力。

提高文化实力，必须推进文化传承、借鉴与创新。首先，必须继承中华优秀传统文化。建设优秀传统文化传承体系，加强对优秀传统文化思想价值的挖掘和阐发，加强文化遗产的保护，发挥国民教育在文化传承创新中的基础性作用和各类文化载体的重要作用，使优秀传统文化成为新时代鼓舞人民前进的精神力量。其次，必须推动哲学社会科学的繁荣发展。巩固马克思主义理论学科，实施哲学社会科学创新工程，建设具有中国特色、中国风格、中国气派的哲学社会科学，使之更好地发挥认识世界、传承文明、创新理论、资政育人、服务社会的功能。再次，必须以积极的态度对待外来文化。坚持以我为主、为我所用，学习借鉴一切有利于加强中国社会主义文化建设的有益经验、一切有利于丰富中国人民文化生活的积极成果、一切有利于发展中国文化事业和文化产业的经营管理理念与机制，在博采众长中不断赋予中华文化强大的生机。最后，必须大力推进文化创新。把创新精神贯彻文化创作生产全过程，适应时代和实践发展要求，积极运用高新科技成果，大力推进文化内容形式、体制机制、方法手段创新，不断创造新的文化样式，催生新的文化业态，实现题材、品种、风格和载体的极大丰富，努力创作生产更多思想性艺术性观赏性相统一、经得起历史和人民检验的优秀精神文化产品。

3. 增强中华文明传播力影响力

实施中华文化走出去战略，是增强中华文化国际影响力、提高国家文化实力和国际竞争力的重要途径，也是全面建设社会主义现代化强国的必然要求。

进入 21 世纪以来，通过大力实施中华文化走出去战略，我国的对外宣传和对外文化交流水平不断提高，更好地向世界展示了中国改革开放的崭新形象和中国人民的精神风貌，提升了国家文化实力，为中国发展营造了更加有利的国际舆论和文化环境。二十大强调，增强中华文明传播力影响力，必须坚守中华文化立场，提炼展示中华文明的精神标识和文化精髓，加快构建中国话语和中国叙事体系，加强国际传播能力建设，形成同我国综合国力和国际地位相匹配的国际话语权，深化文明交流互鉴。

推动中华文化走向世界，要开展多渠道多形式多层次的对外文化交流，广泛参与世界文明对话，促进文化相互借鉴，增强中华文化在世界上的感召力和影响力，共同维护文化多样性；创新对外宣传方式方法，增强国际话语权，增进国际社会对中国基本国情、价值观念、发展道路、内外政策的了解和认识，展现中国文明、民主、开放、进步的形象；坚持政府主导、企业主体、市场运作、社会参与，深入实施文化走出去工程，完善支持文化产品和服务走出去的政策措施，不断开拓国际文化市场，扩大对外文化交流，提高文化开放水平。加强中外人文交流，要以我为主、兼收并蓄，推进国际传播能力建设，讲好中国故事，展现真实、立体、全面的中国，提高国家文化软实力。

第七章

中国特色社会主义社会建设

随着我国改革开放和社会主义现代化建设的深入发展，中国共产党创造性地提出了构建社会主义和谐社会的重大战略思想，并将中国特色社会主义战略布局从经济建设、政治建设、文化建设“三位一体”拓展到经济建设、政治建设、文化建设、社会建设“四位一体”，再到经济建设、政治建设、文化建设、社会建设和生态文明建设“五位一体”总体布局。以“民主法治、公平正义、诚信友爱、充满活力、安定有序、人与自然和谐相处”为总要求，以“共同建设、共同享有”为原则，以保障和改善民生为重点，以创新社会治理为途径，致力于解决好人民最关心、最直接、最现实的利益问题，不断推进中国特色社会主义社会建设，反映了中国共产党对共产党执政规律、社会主义建设规律、人类社会发展规律认识的进一步深化，为实现全面建设社会主义现代化国家的奋斗目标，不断开创中国特色社会主义事业新局面提供了重要的理论和实践支撑。

一、构建社会主义和谐社会理论的提出及其依据

“社会”的概念有广义和狭义之分，广义的社会是指处于特定区域和时期，享有共同文化并以物质生产活动为基础的人类生活的共同体。狭义的社会则是指由于共同利益和社会活动而互相联系起来的人群和团体。“社会建设”在不同语境下也有不同的含义。通常所说的构建社会主义和谐社会，是指包括了经济、政治、文化的“大社会”。而社会主义经济建设、政治建设、文化建设和社会建设中的“社会”，则是相对而言的“小社会”。

构建社会主义和谐社会的提出并非偶然，它是中国共产党把马克思主义基本原理与中国社会主义现代化建设实际相结合，进行理论创新和实践创新的结果，这一理论的形成有着深刻的理论与实践、历史与现实基础。正如恩格斯所指出的那样：“每一个时代的理论思维，包括我们这个时代的理论思维，都是一种历史的产物，它在不同的时代具有完全不同的形式，同时具有完全不同的内容。”①

（一）构建社会主义和谐社会的理论依据

构建社会主义和谐社会理论的提出有其深厚的理论资源和理论背景，社会主义思想

① 马克思，恩格斯．马克思恩格斯选集：第3卷．3版．北京：人民出版社，2012：873.

先驱们对未来社会的美好的追求，特别是马克思、列宁、毛泽东等关于未来社会发展的理论和方法，是其提出的理论依据。

实现和谐的社会状态是人类的美好理想，也是社会主义思想先驱们对未来社会的美好的追求，1803 年，法国空想社会主义者傅立叶写了《全世界和谐》一书。他预言，不合理不公正的社会制度，将被新的“和谐制度”或“和谐社会”所代替。1842 年，德国空想社会主义者魏特林在《和谐与自由的保证》一书里，把资本主义称为“病态社会”，把社会主义直接称为“和谐与自由的社会”，并指出新社会的“和谐”不是“个人和谐”，而是“全体和谐”，马克思曾经称赞这本书是工人阶级“史无前例的光辉灿烂的处女作”。马克思、恩格斯在《共产党宣言》中对傅立叶等空想社会主义者的著作和主张给予了肯定，明确提出“提倡社会和谐”是“它们关于未来社会的积极的主张”。不仅如此，马克思还把“和谐社会”提到了科学理论的高度。马克思、恩格斯所构想的共产主义社会就是和谐社会的最高境界，实现“人的自由全面发展”是对和谐社会的最经典的诠释。马克思在他的《1844 年经济学哲学手稿》，以及他与恩格斯合著的《德意志意识形态》《共产党宣言》等著作中，一再提倡社会和谐。在人与社会的关系上，马克思指出：“正像社会本身生产作为人的人一样，社会也是由人生产的。”[①] 他认为，人是社会的人，社会是人的社会。换句话说，人应当融入社会，社会应当融入人，这才是高度和谐。“和谐”作为一种社会状态，在马克思、恩格斯那里是包括社会主义发展阶段在内的共产主义社会本质的一种概括。马克思、恩格斯认为共产主义社会是以每个人的全面而自由发展为基本原则的，“代替那存在着阶级和阶级对立的资产阶级旧社会的，将是这样一个联合体，在那里，每个人的自由发展是一切人的自由发展的条件”。人的全面发展，必须要求人、自然、社会之间的内在和谐，要求人们在政治、经济、文化等方面协调发展。马克思把共产主义定义为人和自然之间、人和人之间的矛盾的真正解决。恩格斯在《政治经济学批判大纲》中也把共产主义称为“人类同自然的和解以及人类本身的和解”。按照马克思、恩格斯的设想，未来社会将在打碎旧的国家机器消灭所有制的基础上，消除阶级之间、城乡之间、脑力劳动与体力劳动之间的对立和差别，极大地调动全体劳动者的积极性，使社会物质财富极大丰富、人民精神境界极大提高，实现各尽所能、各取所需，实现每个人自由全面的发展，在人与人、人与社会、人与自然之间都形成和谐的关系。列宁在领导苏联进行社会主义建设的过程中，对于建设社会主义社会也提出了一系列重要思想，这些科学设想为构建社会主义和谐社会指明了前进的方向。

20 世纪 50 年代中期，在我国即将开始全面建设社会主义之初，毛泽东就提出要通过正确处理我国社会经济、政治、国防、外交等方面的十大关系，把国内外一切积极因素调动起来，为社会主义事业服务的基本方针；提出要客观认识中国的国情，从我国有六亿人口出发，“统筹兼顾，适当安排”，团结一切可以团结的人，为建设社会主义社会这个伟大的事业服务的重要思想；特别是提出应该区分两类不同性质的社会矛盾，正确处理人民内部矛盾，造成“又有集中又有民主，又有纪律又有自由，又有统一意志、又

① 马克思 . 1844 年经济学哲学手稿 . 北京：人民出版社，2000：83.

有个人心情舒畅、生动活泼，那样一种政治局面”[①] 的目标。这是一种人与人、人与社会和谐的既有民主又有集中的局面，实现这样一种社会状态，“以利于社会主义革命和社会主义建设，较易于克服困难，较快地建设我国的现代工业和现代农业，党和国家较为巩固，较为能够经受风险”[②]。然而，1957 年后党在指导思想上发生的“左”的错误，使这些正确的思想没有很好地贯彻下去，造成党在社会主义建设道路的探索中发生曲折。

十一届三中全会以后，党深刻总结新中国成立以来正反两方面的经验，果断地把党和国家的工作重点转移到社会主义现代化建设上来，坚定不移地实行改革开放，开辟了中国特色社会主义建设的新道路。针对改革开放中出现的新问题，邓小平强调发展是硬道理，但又同时指出：“中国的问题，压倒一切的是需要稳定。没有稳定的环境，什么都搞不成，已经取得的成果也会失掉。”[③] 邓小平明确提出，社会主义的本质是解放生产力，发展生产力，消灭剥削，消除两极分化，实现共同富裕。邓小平强调，要“两手抓、两手都要硬”，把物质文明和精神文明都搞好，推进经济和社会的可持续发展，这实际上就是要建设一个公平、正义、民主、团结、统一、和谐的社会主义社会。在此基础上，江泽民强调“改革、发展、稳定”的关系是总揽全局的首要的基本关系，应当协调好三者之间的关系。同时指出，发展是党执政兴国的第一要务，要坚持用发展的办法解决前进中的问题；社会主义社会是以经济建设为重点的全面发展、全面进步的社会，要促进社会主义物质文明、精神文明、政治文明协调发展，促进人的全面发展；处理好社会主义现代化建设中的一系列重大关系，实现经济和社会的可持续发展等。

（二）构建社会主义和谐社会的文化底蕴

构建社会主义和谐社会不仅与马克思所设想的未来高级的和谐社会的目标一致，而且也与中华民族文化追求中崇尚和谐的基本精神一脉相承。自古以来，中华民族就崇尚为政仁和、为人谦和、民风纯和、家庭和睦，“和”是中国传统文化的精华，也是中国古代重要的社会、政治理念。

我国历史上有着丰富的有关和谐的观念和对和谐社会状态的憧憬。孔子提出了“君子和而不同，小人同而不和”的重要命题；孔子的学生有子提出了“和为贵”的思想；墨子提出了“兼相爱”“爱无差等”的理想社会方案；孟子描绘了“老吾老以及人之老，幼吾幼以及人之幼”的社会状态；《礼记·礼运》中描绘了“大道之行也，天下为公。选贤与能，讲信修睦，故人不独亲其亲，不独子其子，使老有所终，壮有所用，幼有所长，矜寡孤独废疾者皆有所养”这样一种理想社会；太平天国农民运动的领袖洪秀全提出要建立“务使天下共享”“有田同耕，有饭同食，有衣同穿，有钱同使，无处不均匀，无人不保暖也”的社会。同时，我国传统文化思想中的和谐又不是无原则的、排除矛盾、消弭差异的和谐，而是有原则的、整体的、动态的和谐。北宋思想家张载指出：“太和所谓道，中涵浮沈、升降、动静、相感之性，是生絪缊、相荡、胜负、屈伸之始。”（《张载

① 邓小平．邓小平文选：第1卷．2版．北京：人民出版社，1994：306.

② 中共中央文献编辑委员会．毛泽东著作选读：下册．北京：人民出版社，1986：887.

③ 邓小平．邓小平文选：第3卷．北京：人民出版社，1993：284.

集·正蒙·太和篇》）道是中国传统哲学的最高范畴，是最佳的整体和谐状态。但这种和谐不是排除矛盾、消弭差异的和谐，而是存在着浮沉、升降、动静、絪缊、相荡、胜负、屈伸等对立面的相互作用、相互消长、相互转化的和谐。因此，这种和谐是整体的、动态的和谐，推动着事物的变化发展，推动着社会历史进步。

中国古代丰富的关于社会和谐的美好设想，虽然带有不同时代和提出者阶级地位的烙印，在存在阶级压迫和阶级剥削的旧制度下根本无法实现，但在一定程度上仍反映了广大人民群众对美好生活的向往，也是我们今天构建和谐社会可资利用的思想文化资源。当然，古代文化和哲学思想中的这种和谐观念在一定意义上是对古代社会原始和谐状态的反映，而我们今天要建设的社会主义初级阶段的和谐社会，既不同于原始的平均主义的社会和谐、专制集权式的奴隶的和封建的社会和谐，也不同于未来共产主义社会的和谐，而是社会主义的和谐社会，是要在社会主义初级阶段实现人与人、人与自然、人与社会在动态中的和谐发展，创造一个充满生机和创造活力的社会。和谐作为社会主义的一个属性，应该是体现社会主义本质的社会。其一，它是一个能够不断地解放生产力，发展生产力，使人民过上富裕幸福生活的社会；其二，它是一个消灭了剥削，消除了两极分化，人们能够共同占有生产资料、平等相处、民主协商、自由发展的社会；其三，它是一个人民群众通过自己的辛勤劳动最终走上共同富裕的社会。当然，这要经过一个相当长的历史阶段才会逐步实现。

中国共产党关于构建社会主义和谐社会的思想，既是对中国传统社会和谐思想的继承，也是在新的历史条件下对祖国优秀传统文化和哲学思想的发展与超越，因而成为构建更高级的社会和谐状态的文化底蕴。

（三）构建社会主义和谐社会的历史依据

在社会主义建设的实践中，党对社会和谐问题的认识和探索不是一帆风顺的，其中有经验也有教训，这就为构建社会主义和谐社会提供了历史的依据。

苏联作为第一个建设社会主义的国家，由于缺乏历史经验，曾把阶级对抗和社会矛盾完全混同起来，认为在社会主义社会已经消灭了阶级对抗，也就不存在社会矛盾了，整个社会只有统一、团结、和谐、一致，而看不到社会存在的利益差别、矛盾、冲突、对抗，这种观点是苏联社会长期不和谐的重要历史原因。

中国共产党在领导人民彻底完成民主革命的任务、巩固新生的人民民主政权、恢复和发展国民经济、建立了社会主义制度以后，迅速开始全面的社会主义建设，并取得了伟大的成就，人民生活水平得到了明显提高，整个社会处于比较和谐及良性运行状态。中国共产党一方面肯定当时出现的团结稳定局面，另一方面又指出这个社会仍存在矛盾和冲突，1956 年，毛泽东在《论十大关系》中曾描述过，地方和地方之间、中央和地方之间、政府和企业之间都有矛盾。这个时期，我们建立了高度集中的计划经济体制，经济主体和利益主体的矛盾和对立受到严格限制，尽管这种社会控制方式也带来了社会发展、经济增长，但是增长的代价十分巨大。1957 年以后，我们对和谐社会的追求又陷入了另一个误区，即片面地强调社会的矛盾和斗争，发动了政治运动，尤其是“文化大革命”。这不但使社会发展出现经济与政治关系严重失调，背离了以经济建设为中心的发展任务，而且使社会和谐受到严重破坏。这种不和谐的状况直到十一届三中全会之后才得到根本解决。

社会主义建设的历史经验表明，社会和谐并不是没有矛盾和冲突的社会。社会和谐概念的提出，其前提正是承认一个社会有不同的阶层、不同的价值观存在，不同的利益要求需要调整。承认多样、差别和不同，就意味着承认矛盾、冲突，甚至对抗。而要“和谐”，就要解决矛盾、冲突甚至对抗的问题。构建社会主义和谐社会并不是要构建一个没有矛盾的社会，一个社会不可能没有矛盾、没有冲突，相反，社会组织形式的多样化，社会利益主体的多元化必然造成社会矛盾的复杂化，这些矛盾有时甚至非常尖锐。关键是执政党和政府要正视差别与矛盾的存在，既不夸大，也不缩小。处理和解决矛盾的方式与途径也不能简单化，希求用严格的计划经济体制以及政府权威的“严密”安排，抑或阶级斗争的方式都无法真正实现构建和谐社会的理想。只有合理运用经济的、政治的、文化的、法律的等多种手段化解矛盾、解决冲突，将“不同”统一于社会主义伟大旗帜之下，坚持社会主义道路，维护广大人民的根本利益，激发社会主义的创造活力，促进社会发展，才能实现社会的动态和谐。

（四）构建社会主义和谐社会的现实依据

构建社会主义和谐社会是社会主义现代化建设的题中应有之义。社会和谐是中国特色社会主义的本质属性，是国家富强、民族振兴、人民幸福的重要保证。构建社会主义和谐社会是中国共产党带领人民把中国特色社会主义伟大事业推向前进的必然选择。

社会主义之所以能够构建和谐社会，归根到底是由社会主义的本质要求和基本制度决定的。社会主义的本质，是解放生产力，发展生产力，消灭剥削，消除两极分化，最终达到共同富裕，能够有效地满足人们和社会日益增长的物质文化需要，不断提高全体人民的物质文化水平；公有制为主体、多种所有制经济共同发展，能够保证社会成员共同占有生产资料，进行公平的社会财富分配；人民当家作主，能够保证人民群众公正、平等地行使民主政治权利，使国家政权为人民服务；以建设社会主义核心价值体系为引领的文化大发展大繁荣，能够提供丰富多样的民族的、科学的、大众的精神产品，使全体人民拥有共同的理想信念和道德情操。总之，社会主义的基本制度体系为社会主义和谐社会的构建奠定了雄厚的、不可或缺的物质文明、政治文明和精神文明的基础。

构建社会主义和谐社会，反映了建设富强民主文明和谐美丽的社会主义现代化国家的内在要求，体现了全党全国各族人民的共同愿望，是当代中国经济社会发展的现实需要。经过改革开放 40 多年的持续快速发展，我国已经胜利实现了现代化建设“三步走”战略的前两步战略目标，并正在向第三步战略目标阔步前进。我国社会主义市场经济导向的改革以及随之而来的快速经济增长虽然已经解决了很多社会问题，但也使我国社会进入了一个非常复杂、不确定因素增多的时期。这一时期，经济发展带动社会结构、生活方式、行为方式和价值观念等各方面发生变化，原有的较为统一的社会价值、规范产生了冲突，社会结构的各个部分、各个领域，社会体系的各个层次的变动都出现了不协调性，形成很多影响社会和谐稳定的问题。比如：社会发展滞后于经济发展，社会事业，特别是教育、卫生等事关全体人民福利的社会事业发展滞后，不能满足城乡人民的需要，直接影响到社会公平和正义的实现；经济发展不平衡、城乡发展不平衡、地区发展不平衡的矛盾更加突出，缩小发展差距和促进经济社会协调发展任务艰巨；人与自然关系失衡，这不仅表现为长期以来人口与土地关系的矛盾制约着经济的发展，还表现为经济增长仍是以粗放式、高投入、高消耗为主，经济发展与资源短缺的矛盾日趋尖锐，可持续发展面临较大压力。同时，由于体制创新进入攻坚阶段，深化改革，扩大开放，进一步触及深层矛盾和问题；劳动者就业结构和方式不断变化，人员流动性大大提高，社会组织和管理面临新问题；人民群众的民主法治意识不断增强，政治参与的积极性不断提高，对发展社会主义民主政治和落实依法治国基本方略提出了新要求；各种思想文化相互激荡，人们受各种思想观念影响的渠道明显增多、程度明显加深，人们思想活动的独立性、选择性、多变性、差异性明显增强；社会上存在的消极腐败现象以及各类严重犯罪活动等也给社会稳定与和谐带来了严重影响。这些问题如果处理不好，就会严重影响社会和谐稳定和全面建成社会主义现代化强国的大局。中国共产党要带领人民抓住机遇、应对挑战，把中国特色社会主义伟大事业推向前进，就必须坚持以经济建设为中心，把推进社会建设摆在更加突出的地位。

（五）构建社会主义和谐社会的国际背景

传统发展观向科学发展观的转变，是构建社会主义和谐社会战略思想提出的时代背景。第二次世界大战后，世界各国均致力于战后重建，在这样的大背景下，大多数国家都建立了以经济增长为核心的社会发展观，人类也确实创造了前所未有的经济增长奇迹。但是，传统发展观是以控制自然资源、争夺自然资源为中心，社会和自然不和谐、自然和社会都付出了代价的发展观。世纪之交，传统发展观引发了生态恶化、能源短缺、人口剧增、两极分化严重、社会动乱频繁等一系列突出问题，社会发展面临严峻的挑战。随着世界范围内社会问题的日益凸显，人们开始探索经济发展与社会进步之间的内在联系。20 世纪 60 年代以后，各国相继开始摒弃“有增长，无发展”的传统发展观，逐步建立了注重经济、社会全面发展的可持续发展观。新的发展观强调以人为本，人与自然双赢、人与社会双赢，二者关系协调和谐等观点。联合国发布《人类环境宣言》，提出人类发展指数，一些国家（如一些北欧国家）提出了社会和谐的理念。

当代世界各国对传统发展观的质疑、批判和反省，使人们对科学发展的探索成为一种势在必行的潮流和趋向。中国共产党一直积极探索、谋求实现经济社会的可持续发展，突出提出社会和谐或和谐社会的目标和任务，这表明党对科学发展观的探索已经取得实质上的突破。我国提出构建和谐社会，努力使我国的人口进入和谐状态，这无疑具有世界意义。中国共产党关于构建和谐社会的思想一问世，就在国外引起了强烈反响。更重要的是，我国从社会主义初级阶段的国情出发，探求构建社会主义和谐社会的内在机理和实现途径，不仅将对丰富和发展马克思主义社会建设理论做出新贡献，而且将对当代人类追求美好社会理想做出新贡献。

十六大是明确提出构建和谐社会的一个起点，十六大提出，党在 21 世纪头 20 年要全面建设小康社会，就是要达到经济更加发展、民主更加健全、科教更加进步、文化更加繁荣、社会更加和谐、人民生活更加殷实。要“努力形成全体人民各尽所能、各得其所而又和谐相处的局面”[①]。十六届四中全会进一步提出了构建社会主义和谐社会的任务，强调形成全体人民各尽其能、各得其所而又和谐相处的社会是巩固执政党的社会基础、实现执政党的历史任务的必然要求，并明确了构建社会主义和谐社会的主要内容。这表明，随着我国经济社会不断发展，中国特色社会主义的总体布局更加明确地由社会主义经济建设、政治建设、文化建设“三位一体”发展为经济建设、政治建设、文化建设、社会建设“四位一体”，再到社会主义经济建设、政治建设、文化建设、社会建设、生态文明建设“五位一体”。这种新的执政理念既是对中国特色社会主义建设理论的丰富和发展，也符合“人的自由全面发展”这一马克思主义最高命题的逻辑要求，是对马克思主义发展观的继承和创新，是对共产党执政规律、社会主义建设规律、人类社会发展规律认识的深化。

二、社会主义和谐社会的内涵及其基本特征

社会和谐是社会主义的本质属性和重要特征。马克思主义认为，人是社会的主体。自人类诞生之日起，人类就必须在互相依赖协作中从事各种活动，这种互相依赖协作的总和就是社会。社会是人类活动的产物，人们活动的结果。人们的活动不仅形成了不断变化的社会关系，也形成了客观的社会结构。准确认识社会主义和谐社会的内涵和特征，不仅关系到党对社会主义发展规律、对和谐社会建设基本要求的认识和把握，也关系到全面建设社会主义现代化国家的全局。

（一）社会主义和谐社会的内涵

我们所要构建的社会主义和谐社会，不同于封建式的“田园牧歌”，也不同于空想社会主义的“乌托邦”，更不同于现代资本主义式的“福利社会”，它是中国共产党领导人民在社会主义经济、政治、文化和社会建设协调发展的基础上构建的人与人、人与社会、人与自然整体和谐的社会。

第一，社会主义和谐社会是人与人之间关系和谐发展的社会。这种和谐，既包括个人与个人之间、群体与群体之间的关系，也包括个人与群体之间的关系。人的一切行为皆根源于利益，人与人的关系说到底是利益关系。马克思曾说过，“人们奋斗所争取的一切，都同他们的利益有关”[②]。恩格斯也指出：“每一既定社会的经济关系首先表现为利益。”[③] 这不仅指经济活动，甚至还包括政治活动和思想活动。因为，“‘思想’一旦离开‘利益’，就一定会使自己出丑”[④]。在人们对自己利益追求的过程中，由于各方面原因，利益占有的多少是不同的，不同阶层的利益有所差别也是正常的。但是，问题在于：人

① 中共中央文献研究室．十六大以来重要文献选编：上．北京：中央文献出版社，2005：12.

② 马克思，恩格斯．马克思恩格斯全集：第1卷．北京：人民出版社，1956：82.

③ 马克思，恩格斯．马克思恩格斯选集：第3卷．3版．北京：人民出版社，2012：258.

④ 马克思，恩格斯．马克思恩格斯全集：第2卷．北京：人民出版社，1957：103.

们所获得的利益与自己在社会财富创造中的贡献是否对应？如果不能对应而产生了利益矛盾，社会能不能及时地加以协调？因此，从一定意义上说，人与人之间关系的和谐发展，并不是人与人之间没有矛盾和冲突，而是指人们之间没有根本的利益冲突，能够各尽其能地劳动、各得其所地生活。同样，社会主义和谐社会所包含的人与人之间的利益关系，也不在于人们之间有没有利益矛盾，而在于如何认识和解决这些矛盾。由于社会经济成分、组织形式、就业方式、利益关系和分配方式的日益多样化，人们之间利益的差别表现也多种多样。构建社会主义和谐社会，不仅要能够包容不同利益主体的存在，而且要能够通过建设民主法治、公平正义、诚信友爱的社会来化解不同利益主体的复杂多样的矛盾以至冲突，妥善协调和正确处理人们之间的各种利益关系。

第二，社会主义和谐社会是人与社会之间关系和谐发展的社会。就人与社会的关系而言，归根到底，人是社会的主体。各种社会关系是人在社会实践过程中发生和建立起来的。但是，社会关系一旦被建立起来并被固定化、制度化，就会制约和影响人的存在。因此，人的发展与社会的发展总是相互作用、相互制约的，而人和社会的和谐发展也就成为人们追求的理想与目标。现代社会的社会关系是多种多样、错综复杂的，特别是我国正处于社会转型期，各种社会要素不断分化和重组，社会关系更为复杂和多样化，如城乡之间、区域结构之间、社会阶层之间、代与代之间的关系等都直接关系到社会的安全运行。虽然在现阶段，人与社会的关系基本上是协调的，但是，矛盾、摩擦甚至冲突也是客观存在的。对这些矛盾如果不及时加以协调和化解，任其尖锐和激化，就有可能导致社会动荡。构建社会主义和谐社会，就要切实维护社会公平和正义，建立健全同构建社会主义和谐社会相适应的体制和机制，使城乡之间、区域之间以及各社会阶层之间和谐相处，使人们共享改革发展的成果，把收入差距控制在社会可以承受的范围之内，使全体社会成员在共同利益的基础上实现劳动合作和利益共享。

第三，社会主义和谐社会是人与自然之间关系和谐发展的社会。从人与自然的关系来看，和谐发展表现为人们在合理利用自然资源过程中创造出更多的社会财富，即社会生产力的提高。社会生产力的不断提高不仅是人们生活水平得以不断改善的基础，而且是和谐社会形成和不断发展的基础。发展中的和谐才是真正的和谐。没有发展，人们的生活就难以得到保障和改善，在财富极度匮乏的社会中必然潜伏着许多不稳定的因素，难以形成和谐社会。正像在贫瘠的土地上长不出好的庄稼一样，在贫穷的基础上也不可能构建社会主义和谐社会。当然，我们所追求的不是高消耗、高污染、粗放型的旧式增长，而是高效、低耗、环保、集约型的发展，即人们在利用自然资源发展的过程中，不仅要维护人类自身的利益，而且要维护自然界的平衡，使人类社会系统与自然生态系统和谐相处、协调发展。

（二）社会主义和谐社会的基本特征

和谐社会是对人类社会发展理想状态的一种描绘。就其一般特征而言，和谐社会必须体现人与自然、人与社会、人与人之间关系的和谐统一与协调发展，为此必然要求生产力和生产关系、经济基础和上层建筑之间统一与协调。2005 年 2 月，胡锦涛在中央党校省部级主要领导干部提高建设社会主义和谐社会能力专题研讨班上发表的重要讲话指出，我们所要建设的社会主义和谐社会，应该是民主法治、公平正义、诚信友爱、充满活力、安定有序、人与自然和谐相处的社会。这一简明概括，既指明了构建社会主义和谐社会的总体目标，也揭示了社会主义和谐社会的基本特征。

民主法治，就是社会主义民主得到充分发扬，依法治国基本方略得到切实落实，各方面积极因素得到广泛调动；公平正义，就是社会各方面的利益关系得到妥善协调，人民内部矛盾和其他社会矛盾得到正确处理，社会公平和正义得到切实维护和实现；诚信友爱，就是全社会互帮互助、诚实守信，全体人民平等友爱、融洽相处；充满活力，就是能够使一切有利于社会进步的创造愿望得到尊重，创造活动得到支持，创造才能得到发挥，创造成果得到肯定；安定有序，就是社会组织机制健全，社会管理完善，社会秩序良好，人民群众安居乐业，社会保持安定团结；人与自然和谐相处，就是在社会生产发展、人民生活富裕的同时，保持生态环境良好。

胡锦涛对社会主义和谐社会“六大基本特征”的界定，是根据新世纪新阶段我国经济和社会发展出现的新情况、新特点做出的科学概括，也是对马克思主义社会主义社会建设理论的丰富和发展。社会主义和谐社会的上述六个方面是相互联系、相互作用的。这六个方面既包括社会关系的和谐，也包括人与自然关系的和谐，体现了民主与法治的统一、公平与效率的统一、活力与秩序的统一、科学与人文的统一、人与自然的统一。这六个方面，内容十分丰富，既是社会主义和谐社会的基本特征，也是我们构建社会主义和谐社会的总体要求。

准确把握社会主义和谐社会的科学内涵和基本特征，必须正确认识社会和谐与和谐社会、构建社会主义和谐社会与全面建设社会主义现代化国家，以及社会建设同经济建设、政治建设、文化建设的关系等问题。

第一，必须正确认识社会和谐与和谐社会的关系，认清我们所要构建的和谐社会是社会主义性质的和谐社会。社会和谐作为一种社会机制、和谐社会作为一种理想的社会形态，既可以体现在不同的社会形态中，也可以体现在同一种社会形态的不同发展阶段上。我们所要构建的和谐社会，既不同于原始的平均主义的社会和谐、专制集权式的奴隶的和封建的社会和谐，也不同于未来共产主义社会的和谐，而是社会主义的和谐，是要在社会主义初级阶段实现人与人、人与社会、人与自然在动态中的和谐发展。构建社会主义和谐社会既是中国共产党的一个治国理想，也是一种治国的方略、治国的机制，同时还是一种治国的结果，是目标与过程的统一。

第二，必须正确认识构建社会主义和谐社会与全面建设社会主义现代化国家的关系。构建社会主义和谐社会同全面建设社会主义现代化国家，都属于建设中国特色社会主义这个大范畴，二者既有区别又有联系，既相互包含又相辅相成。构建社会主义和谐社会是贯穿中国特色社会主义事业全过程的长期历史任务，也是全面建成社会主义现代化强国、实现中华民族伟大复兴的重要目标和任务。

第三，必须正确认识社会建设同经济建设、政治建设、文化建设、生态文明建设，以及构建社会主义和谐社会同建设社会主义物质文明、政治文明、精神文明的关系。在社会主义初级阶段，我们要通过发展社会主义社会的生产力、建设社会主义物质文明，为和谐社会建设提供牢固的物质基础；通过发展社会主义民主政治、建设社会主义政治文明，为和谐社会建设提供有力的政治保障；通过发展社会主义先进文化、建设社会主义核心价值体系，为和谐社会建设提供强大的智力支持和精神支撑；通过大力保护生态环境，建设社会主义生态文明，为和谐社会建设提供生态环境保证，又要通过和谐社会的建设来为经济建设、政治建设、文化建设、生态建设创造有利的社会条件。建设社会主义物质文明、政治文明、精神文明、生态文明与构建社会主义和谐社会是一个有机的整体，统一于中国特色社会主义的伟大实践。

（三）构建社会主义和谐社会的重大意义

构建社会主义和谐社会，既是中国共产党提出的一个新的重大战略思想，又是我国社会主义现代化建设的一项重大战略任务。这一重大战略思想，反映了建设富强民主文明和谐美丽的社会主义现代化强国的内在要求，体现了全党全国各族人民的共同愿望，是对“什么是社会主义、怎样建设社会主义”这一基本理论问题的又一次升华，是对马克思主义社会建设理论的丰富和发展。认真贯彻这一重大战略思想，对于全面落实科学发展观，促进我国经济社会协调发展和全面进步，实现全面建设社会主义现代化国家的奋斗目标，具有十分重要的理论意义和现实意义。

1. 构建社会主义和谐社会战略思想的提出具有重要的理论意义

首先，构建社会主义和谐社会，是对人类社会发展规律认识的深化，丰富和发展了马克思主义社会主义社会建设的理论。实现社会和谐，建设美好社会，始终是人类孜孜以求的社会理想，但只有在马克思、恩格斯创立了唯物史观，揭示了社会的本质、发展动力和发展规律以后，这一人类社会的理想形态才有了实现的可能。马克思、恩格斯创立的唯物史观揭示了社会的本质、发展动力和发展规律，使人类社会和谐的理想变成了科学。马克思主义认为，未来理想社会是社会生产力高度发达和人的精神生活高度发展的社会，是每个人自由而全面发展的社会，是人与人和谐相处、人与自然和谐共生的社会。这就是说，社会和谐是科学社会主义的题中应有之义。中国共产党提出构建社会主义和谐社会，就是从社会主义初级阶段的实际出发，把马克思主义的社会建设理论与中国社会主义现代化建设的实际相结合，逐步将其变为我国社会发展的现实目标和具体措施。党把社会和谐明确地概括为中国特色社会主义的本质属性，既阐明了和谐社会的目标体系，又提出了实现这些目标的基本途径和原则，丰富和发展了马克思主义社会主义社会建设理论，深化了对人类社会发展规律的认识。

其次，构建社会主义和谐社会，是对中国社会主义建设规律认识的深化，丰富和发展了中国特色社会主义理论。促进社会和谐，是社会主义的本质要求，也是社会主义健康发展的重要历史经验。中国特色社会主义是一个全面发展、全面进步的社会。党的十二大明确提出了“三步走”的现代化建设战略部署，并且提出了包括经济富强、政治民主、精神文明在内的“三位一体”的现代化建设总体格局。十五大围绕社会主义现代化建设的总目标，在党的基本理论、基本路线的基础上，制定了建设中国特色社会主义经济、政治、文化的基本纲领，从而使“三位一体”的现代化建设格局更加明晰而深入。新世纪新阶段，面对错综复杂的国际形势和不断变化的国内格局，党顺应历史发展和时代变化的要求，正式提出了构建社会主义和谐社会的重要命题，使人们对社会主义现代化建设总体布局的认识，由经济建设、政治建设、文化建设的“三位一体”发展为经济建设、政治建设、文化建设、社会建设“四位一体”，再发展为经济建设、政治建设、文化建设、社会建设和生态文明建设“五位一体”。这种变化，不是简单的数字增加，而是认识上的重大飞跃。它深化了党对我国社会主义现代化建设整体战略布局的认识，进一步丰富发展了中国特色社会主义的理论体系。

最后，构建社会主义和谐社会，是对共产党执政规律认识的深化，进一步升华了党的执政理念，体现了党执政的本质要求。中国共产党作为一个掌握全国政权并长期执政的党，只有认真研究和掌握执政的规律，不断完善执政方略，提高执政能力，才能有效地推进中国特色社会主义事业。十六届四中全会把“使党始终成为立党为公、执政为民的执政党”作为提高党的执政能力建设的总体目标之一，要求坚持权为民所用、情为民所系、利为民所谋，实现好、维护好、发展好最广大人民的根本利益，保证人民群众共享改革发展的成果。提出构建社会主义和谐社会，正是立党为公、执政为民这一本质的内在要求。这就是说，只有通过构建社会主义和谐社会，广泛调动各方面的积极性，妥善协调各方面的利益关系，切实维护和实现社会公平正义，全体人民能够平等友爱、融洽相处，人与自然的关系处于和谐状态，党执政为民的目的和要求才能够得到更加充分的体现。明确提出构建社会主义和谐社会，反映了党对执政规律、执政方略的新认识，标志着党对执政规律的探索达到了一个新的高度。

2. 构建社会主义和谐社会战略思想的提出具有重要的实践意义

首先，构建社会主义和谐社会，有利于抓住和用好重要战略机遇期，实现全面建设社会主义现代化国家的目标。改革开放以来，中国发生了翻天覆地的变化，所取得的成就举世瞩目。但是，我国经济社会发展也面临着许多必须认真解决的新情况新问题：由于资源能源紧缺的压力加大，人与自然之间的矛盾越来越突出；由于发展不平衡，城乡矛盾、区域之间的矛盾、经济发展与社会发展的矛盾更加突出；由于人民群众的物质文化需要不断提高并更趋多样化，社会利益关系更趋复杂，人与人之间的和谐遇到新的挑战；由于劳动者就业结构和方式不断变化，人员流动性大大提高，社会组织和管理面临新问题，人与社会的矛盾更加突出；等等。解决这些矛盾和问题，是实现全面建设社会主义现代化国家的目标的重要前提，也是构建社会主义和谐社会的重要基础。党关于构建社会主义和谐社会的总体部署，为我们认识和解决经济社会发展中出现的各种矛盾和问题，推进全面建设社会主义现代化国家指明了方向和路径。

其次，构建社会主义和谐社会，有利于我们准确把握复杂多变的国际形势，有力应对来自国际环境的各种挑战和风险。新世纪新阶段，和平与发展仍是时代的主题，但国际形势继续处于深刻复杂的变化之中。世界格局处于向多极化过渡的重要时期，经济全球化趋势不断深入发展，科技进步突飞猛进，国际产业升级和转移速度加快，各国注重经济发展和国际经济技术合作，区域经济一体化进程加速。从总体上看，这些因素给我国的改革发展带来了难得机遇和有利条件。同时，也必须清醒地看到，当今世界仍很不安宁，各种矛盾错综复杂，影响和平与发展的不稳定不确定因素依然存在。提出构建社会主义和谐社会，有利于我们在复杂多变的国际形势下，应对来自外部的各种挑战和风险，把国内的事情办好，始终保持国家统一、民族团结、社会稳定的局面。

最后，构建社会主义和谐社会，有利于巩固党执政的社会基础，实现党执政的历史任务。构建社会主义和谐社会，是中国共产党坚持立党为公、执政为民的必然要求，也是党实现好、维护好、发展好最广大人民的根本利益的重要体现，是党实现执政的历史任务的重要条件。构建社会主义和谐社会，把全党全国人民的思想和力量统一起来、凝聚起来，就可以进一步增强党的阶级基础和群众基础，巩固和扩大党执政的社会基础，从而使党更好地实现推进现代化建设、完成祖国统一、维护世界和平与促进共同发展这三大历史任务。

三、中国特色社会主义社会建设的基本内容和战略举措

构建社会主义和谐社会，既要从“大社会”着眼，把和谐社会建设落实到整个社会主义现代化时期经济、政治、文化和社会建设在内的党和国家全部工作之中；又要从“小社会”着手，推动社会建设与经济建设、政治建设、文化建设和生态文明建设协调发展。

（一）中国特色社会主义社会建设的基本内容

当代中国的社会建设，是在中国特色社会主义社会建设理论指导下进行的。这一理论的内涵十分丰富，除前述构建社会主义和谐社会总的战略思想以外，还包括以下主要内容：

一是深化社会体制改革的思想。改革、发展、稳定是关系社会主义现代化建设全局的三个重要方面。深化社会体制改革，必须坚持在社会稳定中推进社会改革和发展，又通过改革和发展促进社会稳定。这就要坚持统筹兼顾、综合配套、协调推进，努力实现社会体制改革与经济体制改革、政治体制改革、文化体制改革相协调，形成共同推进改革的整体合力。针对我国社会利益关系呈现的利益主体趋于多样化、利益差距有所扩大、利益冲突有所增强等新特点，高度重视统筹协调各种利益关系；通过健全诉求表达机制、利益协调机制、矛盾调处机制、权益保障机制，加强制度建设，妥善处理各种利益矛盾。

二是实现和维护社会公平正义的思想。实现和维护社会公平正义，是马克思主义的基本立场和基本观点，是社会主义制度的本质要求。在我国，虽然社会主义制度的建立为实现真正意义上的公平正义创造了根本条件，但并不意味着有了社会主义基本制度，公平正义就会自然实现，实现公平正义还需要各方面的具体制度来保障。社会公平正义，就是社会各方面的利益关系得到妥善协调，人民内部矛盾和其他社会矛盾得到正确处理，人民的合法权益得到切实维护和实现。在经济发展的基础上，不断促进社会公平正义，必须逐步建立以权利公平、机会公平、规则公平、分配公平为主要内容的社会公平保障体系，从法律上、制度上、政策上努力营造公平的社会环境，从收入分配、利益调节、社会保障、公民权利保障、政府施政、执法司法等方面采取落实公平的切实措施，推动社会向公平正义的方向发展。

三是保障和改善民生的思想。社会主义事业是代表最广大人民的事业，必须始终坚

持以人为本，始终站在最广大人民的立场上，最大限度地激发全社会的创造活力，努力使全体人民学有所教、劳有所得、病有所医、老有所养、住有所居，推动建设和谐社会。保障和改善民生是社会建设的价值追求，是社会建设的根本目的，又是社会建设的紧迫任务。社会建设以最广大人民群众的根本利益为目的。我国正处于历史发展的重要战略机遇期，又是社会矛盾凸显期。在社会建设取得重大进步和巨大成就的同时，社会发展中不平衡、不协调、不可持续的问题依然存在，社会建设仍然面临诸多问题。当前人民群众最关心、最急切需要解决的问题是：社会保障水平总体不高，还没有实现城乡完全统筹；教育发展不均衡，教育资源分配不合理；就业的结构性矛盾突出，社会就业压力仍然较大；收入分配差距拉大，利益矛盾加剧；等等。这些问题如果得不到切实处理和解决，将会严重影响社会和谐稳定与全面建设社会主义现代化国家目标的实现。

四是促进城乡协调发展的思想。中国特色社会主义社会建设要正确认识与妥善处理工业和农业、城市和农村、城镇居民和农民的关系。当前，促进城乡协调发展，仍然面临着二元经济结构所造成的城乡差距问题，特别是城乡教育、医疗卫生、就业、社会保障等差距，是民生问题存在的一个重要因素。逐步解决城乡二元结构矛盾，努力实现城乡共同繁荣。不断深化对社会主义社会建设规律的认识，认真解决传统发展理念上注重经济建设、忽视社会建设，使社会建设相对滞后，以及社会建设的政策机制与社会主义市场经济的要求还不相符合等问题。在社会主义现代化进程中，促进城乡共同繁荣和共同发展。

五是兼顾不同阶层利益的思想。在中国，知识分子是工人阶级中掌握科学文化知识较多的一部分，是先进生产力的开拓者；包括知识分子在内的工人阶级以及广大农民，始终是推动中国先进生产力和社会全面进步的根本力量；在社会变革中出现的民营科技企业的创业人员和技术人员、受聘于外资企业的管理技术人员、个体户、私营企业主、中介组织的从业人员、自由职业人员等，都是中国特色社会主义事业的建设者。在经济社会发展过程中，利益主体的分化，导致利益需求呈现多样化的特点，不同社会成员收入差距逐步拉大，经济利益矛盾突出。当前利益关系出现的新特点，既反映了改革开放以来广大人民群众在生活水平不断提高的基础上对自身利益的进一步追求，也使得协调兼顾各方面利益的难度增大。这就要统筹兼顾社会各阶层群众的利益，充分发挥社会各阶层在推动经济社会发展中的作用。

（二）中国特色社会主义社会建设的目标和任务

按照党的十六大确立的全面建设小康社会的宏伟目标，根据构建社会主义和谐社会的总要求，十六届六中全会提出的到 2020 年构建社会主义和谐社会的目标和主要任务是：社会主义民主法制更加完善，依法治国基本方略得到全面落实，人民的权益得到切实尊重和保障；城乡、区域发展差距扩大的趋势逐步扭转，合理有序的收入分配格局基本形成，家庭财产普遍增加，人民过上更加富足的生活；社会就业比较充分，覆盖城乡居民的社会保障体系基本建立；基本公共服务体系更加完备，政府管理和服务水平有较大提高；全民族的思想道德素质、科学文化素质和健康素质明显提高，良好道德风尚、和谐人际关系进一步形成；全社会创造活力显著增强，创新型国家基本建成；社会管理体系更加完善，社会秩序良好；资源利用效率显著提高，生态环境明显好转；实现全面建设惠及十几亿人口的更高水平的小康社会的目标，努力形成全体人民各尽其能、各得其所而又和谐相处的局面。这九条目标和主要任务分别反映了民主法治、公平正义、诚信友爱、充满活力、安定有序、人与自然和谐相处总要求的各个方面，充实和丰富了全面建设小康社会的内容。十七大在提出夺取全面建设小康社会奋斗目标的新要求时，将上述几个方面的目标和任务进一步概括为："现代国民教育体系更加完善，终身教育体系基本形成，全民受教育程度和创新人才培养水平明显提高。社会就业更加充分。覆盖城乡居民的社会保障体系基本建立，人人享有基本生活保障。合理有序的收入分配格局基本形成，中等收入者占多数，绝对贫困现象基本消除。人人享有基本医疗卫生服务。社会管理体系更加健全。"十八大指出，加强社会建设，必须以保障和改善民生为重点。同时强调，提高人民物质文化生活水平，是改革开放和社会主义现代化建设的根本目的。要多谋民生之利，多解民生之忧，解决好人民最关心最直接最现实的利益问题。十九大进一步强调，带领人民创造美好生活，是我们党始终不渝的奋斗目标，必须始终把人民利益摆在至高无上的地位，让改革发展成果更多更公平惠及全体人民，朝着实现全体人民共同富裕不断迈进。二十大将推动社会建设提升到党领导人民打江山、守江山的高度加以认识，深刻指出"江山就是人民，人民就是江山。中国共产党领导人民打江山、守江山，守的是人民的心"①。强调为民造福是立党为公、执政为民的本质要求。必须坚持在发展中保障和改善民生，鼓励共同奋斗创造美好生活，不断实现人民对美好生活的向往。

（三）中国特色社会主义社会建设的根本前提和基本原则

中国特色社会主义社会建设，必须以坚持和完善中国特色社会主义制度为根本前提；在经济上坚持公有制为主体、多种所有制经济共同发展，按劳分配为主体、多种分配方式并存，社会主义市场经济体制等社会主义基本经济制度；在政治上坚持中国共产党的领导和人民当家作主的社会主义民主政治制度；在思想文化上巩固马克思主义在意识形态领域的指导地位、巩固全国各族人民团结奋斗的思想政治基础；并通过推进社会建设制度的改革和建设，建立起与国家经济、政治、文化等相对应的社会领域的具体制度。在当代中国，离开中国特色社会主义制度这一根本前提，就谈不上推动和谐社会建设。

社会建设制度是指与国家经济、政治、文化等相对应的社会领域的制度，具有制约、协调、预测、整合等多重功能。中国特色社会主义社会建设在实践中形成了教育制度、劳动就业制度、基本医疗卫生制度、社会保障制度、社会管理制度等一系列制度和体制，为推进社会建设、实现构建社会主义和谐社会总体目标提供了制度保障。一是教育制度。教育制度是为规范各类教育机构与组织体系及其运行而制定的各种规则和原则的总和，具有传播先进文化、推进社会主义民主政治建设、促进经济科学发展、培养人才、推动

① 习近平．高举中国特色社会主义伟大旗帜 为全面建设社会主义现代化国家而团结奋斗：在中国共产党第二十次全国代表大会上的报告．北京：人民出版社，2022：46.

自主创新等功能。二是劳动就业制度。劳动就业制度是为调整劳动和就业社会关系而制定的各种规则和原则的总和，具有个体自由保护、个体价值实现和社会安全保障等功能，对于维护社会稳定、促进社会和谐具有重要作用。三是基本医疗卫生制度。基本医疗卫生制度是为规范医疗卫生行为而制定的规则和原则的总和。我国基本医疗卫生制度的目标是人人享有基本医疗卫生服务。基本医疗卫生制度必须遵循公益性、公平性和可及性原则。四是社会保障制度。社会保障制度是为保障全体社会成员的基本生存与生活需要而制定的有关社会福利、社会保险、社会救助、社会优抚和社会安置等一系列规则和原则的总称。社会保障制度对保障公民基本生活需要、增进全体社会成员的物质和文化福利、促进社会和谐稳定，具有重要作用。五是社会管理制度。社会管理制度是为维护人民群众权益，促进社会公平正义、保持社会良好秩序而制定的各种规则和原则的总和。社会管理创新是社会管理的重要课题，要尽快建立健全与发展与中国特色社会主义经济、政治、文化、社会要求相适应的新型社会管理体系，形成社会管理和服务的合力。

构建社会主义和谐社会，必须坚持以马克思列宁主义、毛泽东思想和中国特色社会主义理论为指导，坚持党的基本路线、基本纲领、基本经验，推动社会建设与经济建设、政治建设、文化建设、生态文明建设协调发展。这就明确了构建社会主义和谐社会的指导思想。在坚持这一总的指导思想的前提下，必须遵循以下基本原则：

一是必须坚持以人为本。始终把最广大人民的根本利益作为党和国家一切工作的根本标准，实现好、维护好、发展好最广大人民的根本利益，不断满足人民日益增长的美好生活需要，做到发展为了人民、发展依靠人民、发展成果由人民共享，促进人的全面发展。这是构建社会主义和谐社会的根本出发点和落脚点。

二是必须坚持科学发展。切实抓好发展这个党执政兴国的第一要务，统筹城乡发展，统筹区域发展，统筹经济社会发展，统筹人与自然和谐发展，统筹国内发展和对外开放，转变增长方式，提高发展质量，推进节约发展、清洁发展、安全发展，实现经济社会全面协调可持续发展。这是构建社会主义和谐社会的基本要求。

三是必须坚持改革开放。坚持社会主义市场经济的改革方向，适应社会发展要求，推进经济体制、政治体制、文化体制、社会体制和生态文明体制的改革和创新，进一步扩大对外开放，提高改革决策的科学性、改革措施的协调性，建立健全充满活力、富有效率、更加开放的体制机制。这是构建社会主义和谐社会的主要动力。

四是必须坚持民主法治。加强社会主义民主政治建设，发展社会主义民主，实施依法治国基本方略，建设社会主义法治国家，树立社会主义法治理念，增强全社会法律意识，推进国家经济、政治、文化、社会生活制度化、规范化、法治化，逐步形成社会公平保障体系，促进社会公平正义。这是构建社会主义和谐社会的重要保证。

五是必须坚持在党的领导下全社会共同建设。坚持科学执政、民主执政、依法执政，发挥党的领导核心作用，维护人民群众的主体地位，团结一切可以团结的力量，调动一切积极因素，形成促进和谐人人有责、和谐社会人人共享的生动局面。这是构建社会主义和谐社会的领导核心和依靠力量。

上述五条原则，构成了一个有机的整体，从不同角度体现了构建社会主义和谐社会的根本要求，回答了社会主义和谐社会为谁建、靠谁建、怎样建等问题，较好地体现了构建社会主义和谐社会的指导思想。

（四）新时代中国特色社会主义社会建设的重大举措

以保障和改善民生为重点，不断推动和谐社会建设，是中国特色社会主义社会建设的重要内容，也是党的十七大以来推动和谐社会建设的重大举措。十七大指出，社会建设与人民幸福安康息息相关。必须在经济发展的基础上，更加注重社会建设。以改善民生为重点的社会建设涉及面广，内涵丰富，其基本要求是：着力保障和改善民生，推进社会体制改革，扩大公共服务，完善社会管理，促进社会公平正义，努力使全体人民学有所教、劳有所得、病有所医、老有所养、住有所居，推动建设和谐社会。十八大强调，加强社会建设，是社会和谐稳定的重要保证。必须从维护最广大人民根本利益的高度，加快健全基本公共服务体系，加强和创新社会管理，推动社会主义和谐社会建设。十九大进一步指出，保障和改善民生要抓住人民最关心最直接最现实的利益问题，既尽力而为，又量力而行，一件事情接着一件事情办，一年接着一年干。二十大强调，要紧紧抓住人民最关心最直接最现实的利益问题，坚持尽力而为、量力而行，“着力解决好人民群众急难愁盼问题，健全基本公共服务体系，提高公共服务水平，增强均衡性和可及性，扎实推进共同富裕”①。

第一，完善分配制度。分配制度是促进共同富裕的基础性制度。坚持按劳分配为主体、多种分配方式并存，构建初次分配、再分配、第三次分配协调配套的制度体系；努力提高居民收入在国民收入分配中的比重，提高劳动报酬在初次分配中的比重；坚持多劳多得，鼓励勤劳致富，促进机会公平；完善按要素分配政策制度，探索多种渠道增加中低收入群众要素收入，多渠道增加城乡居民财产性收入；加大税收、社会保障、转移支付等的调节力度；完善个人所得税制度，保护合法收入，调节过高收入，取缔非法收入。

第二，实施就业优先战略。就业是最基本的民生。强化就业优先政策，推动实现更高质量的就业，要着重健全就业公共服务体系，完善重点群体就业支持体系，加强困难群体就业兜底帮扶；统筹城乡就业政策体系，消除影响平等就业的不合理限制和就业歧视；健全终身职业技能培训制度，推动解决结构性就业矛盾；完善促进创业带动就业的保障制度；健全劳动法律法规，完善劳动者权益保障制度。

第三，健全社会保障体系。社会保障体系是人民生活的安全网和社会运行的稳定器。健全覆盖全民、统筹城乡、公平统一、安全规范、可持续的多层次社会保障体系；完善基本养老保险全国统筹制度；实施渐进式延迟法定退休年龄；扩大社会保险覆盖面；促进多层次医疗保障有序衔接，完善大病保险和医疗救助制度；加快完善全国统一的社会保险公共服务平台；健全社保基金保值增值和安全监管体系；健全分层分类的社会救助体系；坚持男女平等基本国策；完善残疾人社会保障制度和关爱服务体系；坚持房子是用来住的、不是用来炒的定位。

① 习近平．高举中国特色社会主义伟大旗帜 为全面建设社会主义现代化国家而团结奋斗：在中国共产党第二十次全国代表大会上的报告．北京：人民出版社，2022：46.

第四，推进健康中国建设。人民健康是民族昌盛和国家强盛的重要标志。把保障人民健康放在优先发展的战略位置，完善人民健康促进政策。优化人口发展战略，建立生育支持政策体系；实施积极应对人口老龄化国家战略，推动实现全体老年人享有基本养老服务；深化医药卫生体制改革，促进医保、医疗、医药协同发展和治理；促进优质医疗资源扩容和区域均衡布局；深化以公益性为导向的公立医院改革；发展壮大医疗卫生队伍；创新医防协同、医防融合机制，健全公共卫生体系，加强重大疫情防控救治体系和应急能力建设；深入开展健康中国行动和爱国卫生运动，倡导文明健康生活方式。

构建社会主义和谐社会，要靠全社会共同建设。我们要紧紧依靠人民，调动一切积极因素，努力形成社会和谐人人有责、和谐社会人人共享的生动局面。中国特色社会主义社会建设，是一项复杂而艰巨的系统工程，不可能一蹴而就，需要全党、全社会长期坚持不懈的努力。

第八章

中国特色社会主义生态文明建设

生态文明作为人类文明发展的新形态，也是中国特色社会主义建设的新要求。生态环境问题是当代中国发展面临的重大问题，也是世界发展面临的共同问题。“保护生态环境就是保护生产力，改善生态环境就是发展生产力。良好的生态环境是最公平的公共产品，是最普惠的民生福祉。”① 党的十八大以来，以习近平同志为核心的党中央把生态文明建设摆在全局工作的突出位置，牢固树立和践行绿水青山就是金山银山的理念，以前所未有的力度抓生态文明建设，推动生态环境保护发生历史性、转折性、全局性变化。新时代新征程，要深入贯彻落实习近平生态文明思想，全面推进美丽中国建设，实现中华民族永续发展。

一、中国共产党对生态文明的认识及其理论建构

生态是指生物之间以及生物与非生物之间的相互关系和存在状态。生态文明是指人类在认识自然和改造自然的过程中，实现人与自然和谐共生、可持续发展的社会和自然状态。建设生态文明是对传统文明形态特别是对工业文明形态进行深刻反思的认识成果，也是在发展物质文明过程中保护和改善生态环境的实践成果。建设生态文明不是否定工业文明，而是强调工业文明必须实现人与自然的和谐，使人们在享有物质文明成果的同时，又能保持和享有良好的生态文明成果。

（一）中国共产党对生态问题的认识与生态文明概念的提出

中国共产党在领导人民建立、坚持和发展中国特色社会主义的过程中，创造性地运用马克思主义关于人与自然关系的理论，批判继承古今中外关于人与自然和谐的思想资源，从中国的实际出发，就生态文明建设的目标、任务、路径及意义等问题不断进行探索，逐渐形成了生态文明建设理论的基本框架，丰富和发展了中国特色社会主义建设的理论。

中国共产党对生态问题的认识经历了一个过程。新中国成立后，毛泽东相继提出了

① 习近平．习近平著作选读：第1卷．北京：人民出版社，2023：113.

一系列有益生态环保的重要思想，构成了中国共产党生态文明思想的雏形。为了有效地治理水灾水患，毛泽东发出了“一定要把淮河修好”“要把黄河的事情办好”“一定要根治海河”等号召，并为此做出了一系列批示。为了植树造林、绿化祖国，他要求“基本上消灭荒地荒山，在一切宅旁、村旁、路旁、水旁，以及荒地上荒山上，即在一切可能的地方，均要按规格种起树来，实行绿化”①。为了解决人口过多造成的土地、粮食等问题，毛泽东曾明确表示：“赞成有计划的生育”②。在二届全国人大二次会议上通过的、由毛泽东主持制定的《一九五六年到一九六七年全国农业发展纲要（修正草案）》明确规定：除了少数民族的地区以外，在一切人口稠密的地方，提倡有计划地生育子女，使家庭避免过重的生活负担，使子女受到较好的教育，并且得到充分就业的机会。为了在全党和全体人民中形成良好的风气，毛泽东大力倡导厉行节约、反对浪费的方针，在党员干部中逐步形成了艰苦朴素、清正廉洁的党风政风，在全体人民中形成了艰苦创业、勤俭节约的社会风尚。毛泽东还明确认识到应该加强对自然的认识，强调“如果对自然界没有认识，或者认识不清楚，就会碰钉子，自然界就会处罚我们，会抵抗”③。

改革伊始，中国共产党就从经济发展的角度明确提出了要重视生态平衡问题，认识到资源是人类活动的一项基本要求，也是人类物质文明的先决条件，合理地开发和利用资源是今后相当长时间需要认真解决的问题。1982 年 11 月，邓小平为全军植树造林总结经验表彰先进大会题词：“植树造林，绿化祖国，造福后代。”同年 12 月，又在对林业部关于开展全民义务植树运动情况报告的批语中指出：“这件事，要坚持二十年，一年比一年好，一年比一年扎实。为了保证实效，应有切实可行的检查和奖惩制度。”④ 此后，他在讲到发展战略问题时，又曾明确提出要重视“自然环境保护”的思想，表达了他对生态环境问题的重视。鉴于中国过去在经济发展过程中，由于片面追求经济增长速度，造成自然环境和生态环境恶化的教训，党的十二大提出要“坚决控制人口增长、坚决保护各种农业资源、保持生态平衡”。党的十三大又进一步把人口控制、环境保护及生态平衡作为关系经济和社会发展全局的重要问题，并提出“在推进经济建设的同时，要大力保护和合理利用各种自然资源，努力开展对环境污染的综合治理，加强生态环境的保护，把经济效益、社会效益和环境效益很好地结合起来”等要求。这就表明，中国共产党已经认识到了人口、资源、环境对经济发展的影响。

进入 20 世纪 90 年代，中国共产党和中国政府逐步认识到可持续发展的极端重要性，开始把生态环境问题提到经济和社会发展重大战略的高度加以认识。中国作为一个发展中的社会主义国家，虽然经济建设取得了重大成就，但人口众多、自然资源短缺、经济基础和技术能力非常薄弱仍是一个基本现实。由于过去在发展理论和战略选择上受到传统发展观的影响，长期以来只关注经济增长的数量方面，强调速度，忽视效益，社会发展与经济发展不协调，忽视经济发展与人口、资源、环境的协调发展，造成人口基数过大、增长过快，资源浪费、环境污染严重等问题。因此，实施可持续发展战略对于中国

---

① 中共中央文献研究室．毛泽东文集：第 6 卷．北京：人民出版社，1999：509.
② 中共中央文献研究室．毛泽东年谱（1949—1976）：第 3 卷．北京：中央文献出版社，2013：291.
③ 中共中央文献研究室．毛泽东文集：第 8 卷．北京：人民出版社，1999：72.
④ 邓小平．邓小平文选：第 3 卷．北京：人民出版社，1993：21.

具有更为深远的意义。1995 年，十四届五中全会正式把实现可持续发展作为一个重大战略。1997 年党的十五大重申：我国是人口众多、资源相对不足的国家，在现代化建设中必须实施可持续发展战略。

新世纪新阶段，中国共产党对生态环境发展战略的认识经历了从经济发展战略的重要组成部分，到社会发展战略的重要组成部分，再到中国特色社会主义“五位一体”总体布局之一的认识过程，实现了对生态环境问题认识的重大转变。党的十六大在规划全面建设小康社会的目标时，提出可持续发展能力不断增强，生态环境得到改善，资源利用效率显著提高，促进人与自然的和谐，推动整个社会走上生产发展、生活富裕、生态良好的文明发展道路。这就把对生态文明建设的认识提升到了一个新的境界。党的十七大正式提出了“生态文明”的概念，并把它确定为实现全面建设小康社会奋斗目标的新的更高要求之一。强调指出，坚持节约资源和保护环境的基本国策，关系人民群众切身利益和中华民族生存发展。必须把建设资源节约型、环境友好型社会放在工业化、现代化发展战略的突出位置，落实到每个单位、每个家庭；基本形成节约能源资源和保护生态环境的产业结构、增长方式、消费模式；使生态环境质量得到明显改善，生态文明观念在全社会牢固树立。党的十八大把生态文明建设纳入中国特色社会主义事业总体布局，使生态文明建设的战略地位更加明确。同时，围绕“生态文明”、“社会主义生态文明”及“生态文明建设”等范畴，形成了“生态文化”“循环经济”“绿色经济”“生态经济”“低碳经济”等相互联系的重要概念。

中国特色社会主义进入新时代，党对生态文明的认识得到整体性的升华。党的十八大强调，建设生态文明，是关系人民福祉、关乎民族未来的长远大计。面对资源约束趋紧、环境污染严重、生态系统退化的严峻形势，必须树立尊重自然、顺应自然、保护自然的生态文明理念，把生态文明建设放在突出地位，融入经济建设、政治建设、文化建设、社会建设各方面和全过程，努力建设美丽中国，实现中华民族永续发展。十八届三中全会通过的《中共中央关于全面深化改革若干重大问题的决定》，又结合全面深化改革的需要，把生态文明制度提到重要地位。全会强调指出，建设生态文明，必须建立系统完整的生态文明制度体系，实行最严格的源头保护制度、损害赔偿制度、责任追究制度，完善环境治理和生态修复制度，用制度保护生态环境。党的十九大强调，建设生态文明是中华民族永续发展的千年大计。坚持人与自然和谐共生，实行最严格的生态环境保护制度，形成绿色发展方式和生活方式，坚定走生产发展、生活富裕、生态良好的文明发展道路。党的二十大强调，大自然是人类赖以生存发展的基本条件。尊重自然、顺应自然、保护自然，是全面建设社会主义现代化国家的内在要求。

（二）中国特色社会主义生态文明的理论建构

中国特色社会主义生态文明建设，是以生态文明为核心概念、通过一系列重要思想观点和战略举措建构起来的理论体系。习近平生态文明思想关于坚持党对生态文明建设的全面领导、坚持生态兴则文明兴、坚持人与自然和谐共生、坚持绿水青山就是金山银山、坚持良好生态环境是最普惠的民生福祉、坚持绿色发展是发展观的深刻革命、坚持统筹山水林田湖草沙系统治理、坚持用最严格制度最严密法治保护生态环境、坚持把建设美丽中国转化为全体人民自觉行动、坚持共谋全球生态文明建设之路等“十个坚持”，集中展示了这一理论体系的基本内容。该理论体系的显著特征表现为：在价值观念上，它凸显了人类作为大自然有机组成部分的地位，要求人类以平等的态度对待自然，抛弃传统的“征服自然”的观念，树立“人与自然协调发展”的新观念；在实践途径上，它倡导人类在尊重自然规律的前提下利用、保护和发展自然，选择既满足自身需要又不损害自然环境的生活方式；在社会关系上，它要求实现人与自然、人与社会的和谐，实现代际、群体之间的环境公平与正义，并强调要促进人与自然和谐持续发展。生态文明建设理论是中国特色社会主义理论的重要组成部分，其主要内容包括：

第一，建设生态文明的思想。建设生态文明是人类文明发展的必然结果，也是人类文明进一步发展的必然要求。自然界是包括人类在内的一切生物的摇篮，是人类赖以生存和发展的基本条件。建设中国特色社会主义，不仅要进行经济建设、政治建设、文化建设、社会建设，而且要进行生态文明建设；不仅要实现生产发展、生活富裕，而且要实现生态良好。“一定要更加自觉地珍爱自然，更加积极地保护生态，努力走向社会主义生态文明新时代。”① 中国特色社会主义生态文明将是自人类社会诞生以来相继创造的原始文明、农业文明和工业文明之后的一种人类文明的新形态。这种新形态文明建设的重要性不仅表现在它与经济建设、政治建设、文化建设和社会建设处于同等重要的战略地位，而且突出体现在它还要“融入经济建设、政治建设、文化建设、社会建设各方面和全过程”②。中国共产党提出生态文明的发展理念，是对人类以往文明形态的一种超越。近代以来几百年工业文明的发展，为人类社会创造了巨大的物质财富，大大提升了人们认识自然和改造自然的能力，使人类在很多时候改变了在自然面前束手无策的被动局面。然而，在传统工业文明理念的引导下，人类对自然的索取和挑战已经达到了无以复加的地步。频繁多发的严重自然灾害和全球性的生态危机，是自然对以往工业文明的报复。它向人类社会昭示：地球再也经不起以往发展模式的破坏，传统工业文明已经走到尽头。

第二，统筹人与自然和谐发展的思想。人与自然是生命共同体，人类只有遵循自然规律才能有效防止在开发利用自然上走弯路，人类对大自然的伤害最终会伤及人类自身，这是无法抗拒的规律。在推进中国特色社会主义建设中，必须统筹好促进经济发展与保护自然的关系，实现人与自然的和谐发展。生态文明是人与自然和谐发展的文明。目前人类所面临的生态环境问题，说到底是由于人们在传统发展观的指导下，片面追求人类自身需要的满足而没有充分考虑到生存空间环境的承载能力、没有统筹协调好人类与自然环境及资源之间的关系，进而导致的人与自然关系紧张乃至恶化的局面，是以人类为中心发展模式的必然结果。生态文明的本质，就是认定生态环境是人类一切社会经济发展的基础，所有的发展都要从这个基础的承载能力出发，不顾生态基础承载能力的盲目发展，最终只能是得不偿失。建设生态文明所要解决的正是这种因为过多地强调人而忽视自然的发展理念所导致的一系列问题。正确认识人类在自然界中的地位，统筹协调好

① 胡锦涛．坚定不移沿着中国特色社会主义道路前进 为全面建成小康社会而奋斗：在中国共产党第十八次全国代表大会上的报告．北京：人民出版社，2012：41.

② 同①39.

人类与自然环境之间的关系，科学认识和正确运用自然规律，合理利用自然资源，保护和优化生态环境，实现人与自然和谐相处，是人类充分认识自身和自然界发展客观规律的体现，也是构建社会主义和谐社会的一项重大任务，是共产主义者为了达到自己的最终奋斗目标——实现人的自由全面发展而必然要做出的努力。

第三，实施可持续发展战略的思想。可持续发展的概念，是在传统发展模式严重制约经济发展和社会进步的背景下产生的。第二次世界大战结束以后，世界大多数国家都确立了以经济增长为核心的社会发展观，即传统的经济增长发展观。这种发展观以国民生产总值或国民收入的数量增长为目标。然而，一味追求经济增长造成了资源和能源的大量消耗与浪费，带来了严重的环境污染，危及人类自身的安全与健康。严峻的社会现实使人们从对传统工业化和经济增长成就的陶醉中惊醒，一种新的综合发展观开始形成。1989 年，第十五届联合国环境署理事会通过了《关于可持续发展的声明》，其核心思想是：健康的经济发展应当建立在生态可持续、社会公正和人们参与以及自身发展决策的基础上，其目标是既要使人类的各种需要得到满足，又要保护资源和生态环境，并不对后代人的生存和发展构成威胁。中国作为一个发展中的社会主义国家，经济建设取得了重大成绩，但人口众多、自然资源短缺、经济基础和技术能力非常薄弱是一个基本现实。特别是由于受到传统发展观的影响，我国长期以来只重视经济增长的数量方面，强调速度，忽视经济效益，忽视产品结构和产品质量；社会发展与经济发展不协调；忽视经济发展与人口、资源、环境的协调发展，造成人口基数过大、增长过快，资源浪费、环境污染严重等问题。因此，实施可持续发展战略，对于我们这样一个发展中国家来说，有着更为深远的意义。实施可持续发展战略，要求我们必须坚持：经济社会发展要有长远的战略眼光，既要考虑当前经济社会发展的需要，又要考虑子孙后代的发展需要；既要遵循经济规律，又要遵循自然规律；既要讲究经济社会效益，又要讲究生态环境效益，坚决防止急功近利的短期行为，实现经济社会的永续发展。

第四，建设资源节约型、环境友好型社会的思想。建设资源节约型、环境友好型社会，是深入贯彻落实科学发展观，促进社会和谐的内在要求。发展的根本目的是不断满足人民群众各方面的需求，提高人民的生活质量和水平，促进人的全面发展。社会和谐包括人与人、人与社会、人与自然的和谐。如果片面追求经济发展，导致经济发展与能源资源矛盾尖锐，导致生态严重破坏，人们的生活环境恶化和生活质量下降，就背离了科学发展观的要求；如果对自然过度索取，对生态环境污染破坏，必然导致人与自然的紧张，反过来将破坏人与人、人与社会的和谐。建设资源节约型、环境友好型社会，从根本上说，是由我国的基本国情决定的。我国是人口众多、发展相对落后的发展中国家，人均资源紧缺、环境承载力较弱。改革开放以来，我国经济社会发展取得了举世瞩目的成就，环境保护工作也在不断得到加强。但由于经济增长基本还是建立在高消耗、高污染的传统发展模式上，出现了比较严重的环境污染和生态破坏，发达国家上百年工业化过程中分阶段出现的环境问题在中国集中出现，环境与发展的矛盾日益突出。这就决定了必须把节约资源和保护环境作为我国的一项基本国策，处理好经济建设、人口增长与资源利用、生态环境保护的关系，坚决禁止掠夺自然、破坏自然的做法，坚决摒弃先污染后治理、先破坏后恢复的做法。同时，要加快转变经济发展方式，把节能减排作为促进科学发展的重要抓手，加快形成节约能源资源和保护生态环境的产业结构、增长方式、消费模式，努力建设环境友好型社会。

第五，走文明发展道路的思想。任何社会的发展，不论人们是否自觉地认识到，实际上都是生产、生活和生态统一的有机整体。生产发展是社会文明发展的基础环节，离开生产发展，社会进步就会失去前提，生活富裕也不可能实现；生活富裕是社会发展的重要载体，只有不断提高整个社会的物质和精神生活水平，使社会财富得到合理分配，使社会成员共享发展成果，人类文明才能不断进步；生态良好是发展之应有回报，只有遵循经济规律和自然规律，合理利用自然资源，保护和优化生态环境，实现人与自然和谐相处，人类文明才能得到永续发展。改革开放以来，我国经济发展成就显著，但由于我国经济增长过度依赖资源消耗的传统发展模式，一些地方的发展甚至以牺牲环境为代价，因而造成了比较严重的环境污染和破坏。特别是随着我国工业化、信息化、城镇化、市场化、国际化深入发展和人口的不断增加，能源、水资源、土地、矿产等资源不足的问题越来越突出。坚持文明发展道路，是应对资源环境问题、实现可持续发展的必然要求，是关系中华民族生存和长远发展的根本大计。走文明发展道路，就是要把文明发展的理念贯彻到社会生产、生活和生态各个领域，依靠科技进步，探索代价小、效益好、排放低、可持续的新路子。也就是在经济社会发展过程中，要坚持把推进生产发展、实现生活富裕、保持生态良好有机统一起来，坚持以生产发展为基础，以生活富裕为目的，以生态良好为条件，走生产发展、生活富裕、生态良好的文明发展道路，努力实现社会经济系统和自然生态系统的良性循环，实现社会进步和人的全面发展。

二、中国特色社会主义生态文明建设的目标任务和基本要求

中国特色社会主义生态文明建设的目标任务和基本要求，从根本上来说，就是要坚持走生产发展、生活富裕、生态良好的文明发展道路，促进经济社会发展与人口资源环境相协调，建设以资源环境承载力为基础、以自然规律为准则、以可持续发展为目标的资源节约型、环境友好型社会。

（一）生态文明建设的基本目标和任务

十七大提出了到2020年生态文明建设的目标：基本形成节约能源资源和保护生态环境的产业结构、增长方式、消费模式；循环经济形成较大规模，可再生能源比重显著上升；主要污染物排放得到有效控制，生态环境质量明显改善；生态文明观念在全社会牢固树立。十八大进一步明确表述了这一目标：资源节约型、环境友好型社会建设取得重大进展；主体功能区布局基本形成，资源循环利用体系初步建立；单位国内生产总值能源消耗和二氧化碳排放大幅下降，主要污染物排放总量显著减少；森林覆盖率提高，生态系统稳定性增强，人居环境明显改善。并将这一目标高度概括为：建设美丽中国，实现绿色发展、循环发展、低碳发展。十九大指出，要坚定走生产发展、生活富裕、生态良好的文明发展道路，建设美丽中国，为人民创造良好生产生活环境，为全球生态安全

做出贡献，并强调“我们要建设的现代化是人与自然和谐共生的现代化，既要创造更多物质财富和精神财富以满足人民日益增长的美好生活需要，也要提供更多优质生态产品以满足人民日益增长的优美生态环境需要”①。二十大进一步指出，推进美丽中国建设，坚持山水林田湖草沙一体化保护和系统治理，统筹产业结构调整、污染治理、生态保护、应对气候变化，协同推进降碳、减污、扩绿、增长，推进生态优先、节约集约、绿色低碳发展。

第一，促进经济社会发展与人口资源环境相协调。这是建设中国特色社会主义生态文明的重要目标和任务，也是解决生态环境问题的必然要求。中国人口众多，又处于经济社会高速发展时期，尽管从总量上看中国是世界上资源比较丰富的国家之一，但按人均水平来看中国又是一个资源十分稀缺的国家，未来发展面临着巨大的资源压力。历史的和现实的因素综合在一起，构成了中国资源环境的基本国情。发达国家上百年工业化过程中分阶段出现的各种资源环境问题在当代中国集中出现，成为制约中国经济社会发展的突出问题，主要有：耕地总量和人均占有量不断减少，部分重要矿产资源保障能力不足，石油、铁矿石等进口量和对外依存度迅速提高；一些地方粗放利用和破坏浪费土地、矿产资源的现象还比较突出；主要污染物排放总量大，环境隐患增加；水资源供需矛盾尖锐，饮水安全问题突出，相当一部分城市水源污染严重；环境噪声扰民问题突出；核与辐射安全隐患不容忽视；等等。这些问题造成了巨大的经济损失，影响了正常的生产、生活秩序，影响了群众的身心健康，一些与环境污染相关的疾病的死亡率或患病率持续上升。人口多是中国的一个基本国情，经过长期努力，中国在控制人口方面取得了巨大成绩。人口整体素质还不高，受过高等教育的人口比例明显低于发达国家，对经济社会发展构成了很大的压力；人口的地域分布不平衡、人口的年龄结构不平衡、人口老龄化的趋势加快等问题日益凸显。协调好经济发展与人口的关系，实现人口长期均衡发展，是贯彻控制人口数量、提高人口质量基本国策的要求。经济发展的根本目的是不断提高人民的生活水平和质量，实现经济社会的永续发展。资源环境与以人为本、关注民生问题直接相关联，资源的使用是否具有可持续性、环境的保护是否能够为人民提供良好的生产生活条件，都关系到人民群众的切实利益，关系到人民群众的生活质量和幸福指数。经济发展不能只顾眼前的经济增长速度，或者只顾局部利益而牺牲长远利益和全局利益。当经济发展与节约资源和保护环境发生矛盾与冲突时，必须把节约资源、保护环境放在优先考虑的位置，实现经济发展指导思想上的根本性转变。实现节约资源、保护环境的基本要求，就要科学认识和正确运用自然规律，学会按照自然规律办事，更加科学地利用自然为人们的生活和经济社会发展服务。因此，要加大节能环保投入，发展环保产业，开发和推广节约、替代、循环利用和治理污染的先进适用技术，发展清洁能源和可再生能源；坚决禁止掠夺自然、破坏自然的做法；坚持保护优先、开发有序，进行合理的功能区划；坚持预防为主、综合治理，采取更加有效的措施，努力解决影响经济社会发展特别是严重危害人民健康的突出问题；加强建设项目规划的环境影响评价，

① 习近平．决胜全面建成小康社会 夺取新时代中国特色社会主义伟大胜利：在中国共产党第十九次全国代表大会上的报告．北京：人民出版社，2017：50.

坚决防止产生新的污染；加快制定和完善环境保护的法律法规和标准，提高环境监管执法能力，建立健全生态补偿机制，增强公众保护生态环境的自觉意识，在全社会形成爱护生态环境、保护生态环境的良好风尚。

第二，建设资源节约型、环境友好型社会。这是解决生态环境问题，实现文明发展的必然选择，也是其主要目标。资源节约型社会，是指以能源资源高效率利用的方式进行生产、以节约的方式进行消费的社会体系。它不仅体现了经济发展方式的转变，更是一种全新的发展模式。它要求在生产、流通、消费的各个领域，在经济社会发展的各个方面，以节约使用能源资源和提高能源资源利用效率为核心，以节能、节水、节材、节地、资源综合利用为重点，以尽可能少的资源消耗，获得尽可能大的经济和社会效益，从而保障经济社会的可持续发展。环境友好型社会，是人与自然和谐发展的社会，通过人与自然的和谐来促进人与人、人与社会的和谐。具体来说，它是一种以人与自然和谐相处为目标，以环境承载能力为基础，以遵循自然规律为核心，以绿色科技为动力，倡导环境文化和生态文明，追求经济、社会、环境协调发展的社会体系。建设资源节约型、环境友好型社会，是根据中国国情和可持续发展要求做出的正确选择。建设资源节约型、环境友好型社会的基本途径：一是实施可持续发展战略。把经济的发展、生活水平的提高和实现可持续发展有机统一起来，正确处理经济建设、人口增长与资源利用、生态环境保护的关系，坚决禁止掠夺自然、破坏自然的做法，坚决摒弃先破坏后治理、边治理边破坏的做法，实行最严厉的环境保护措施。二是推动节能减排。通过加大节能环保投入，发展环保产业，开发和推广节约、替代、循环利用和治理污染的先进适用技术，发展清洁能源和可再生能源。努力解决影响经济社会发展特别是严重危害人民健康的突出问题，重点抓好水污染防治、城乡饮用水源安全保障、城市大气污染治理、土壤污染治理等。改善城乡人居环境，促进生态修复。三是发展循环经济。以提高资源产出效率为目标，加快资源循环利用产业发展，推进生产、流通、消费各环节循环经济发展。加强矿产资源综合利用，鼓励产业废弃物循环利用，推进资源再生利用产业化。开发应用源头减量、循环利用、再制造、零排放和产业链接技术，推广发展循环经济的典型模式。四是加强宣传教育。推进生态文明建设需要得到全社会的广泛关注、共同参与和大力支持。通过加强宣传、教育和培训，大力弘扬人与自然和谐相处的价值观，增强公众保护生态环境的自觉意识，牢固树立生态文明与可持续发展理念，提倡从我做起，使生态文明建设成为每个家庭和每个公民的自觉行动。五是完善体制机制。节约资源、保护环境不仅要解决发展观念的认识问题，还必须在实践中形成促进可持续发展的体制机制。通过进一步完善有利于节约能源资源和保护生态环境的法律与政策，建设科学合理的能源资源利用体系，在宏观规划、制定政策、经费投入上体现节约资源和保护环境的明确导向，为可持续发展提供强有力的制度保障和政策支持。

第三，积极应对全球生态环境和气候问题。全球生态环境，特别是气候问题，关系全人类的生存和发展，越来越成为国际经济政治发展的一个重大问题，也必然影响到各国生态文明建设目标任务的确定。在全球环境和气候问题上，发达国家欠下了许多历史债务，发展中国家也遇到了严峻的现实挑战。在全球生态环境特别是气候问题上，发达国家与发展中国家形成尖锐对立。发展中国家认为，全球气候变化主要是发达国家自工业革命以来温室气体排放的累积效应所致，必须追溯历史责任并在此基础上进行减排分配；发达国家则强调主要发展中国家必须明确承担大幅减排的义务，以此来分解发达国家的负担。发达国家的主张是不公正的。这一主张无视发达国家对全球气候变化的历史责任，无视发展中国家的发展阶段和经济技术承受能力，其用意是加大发展中国家的发展成本，延缓或遏制发展中国家的发展，以图巩固和保持发达国家在经济技术上包括环保技术上的优势。这种行为理所当然地遭到大多数发展中国家的抵制。解决全球环境和气候问题必须加强全球合作。环境问题具有公共性、后发性和不可逆性，一旦产生环境危害，往往很难控制，最终将危及全球所有国家。保护环境是全人类面临的共同使命。世界各国都应认识到解决全球环境和气候问题的必要性和紧迫性。坚持"共同但有区别的责任"这一国际上公认的解决全球气候问题的基本准则，在环境利益和责任特别是历史责任和现实责任分配方面做出安排。世界各国都应根据自身发展水平，承担共同但有区别的责任；应本着对人类、对未来高度负责的态度，尊重历史，立足当前，着眼长远，务实合作，在世界范围内促进可持续发展。中国始终是解决全球环境问题、应对全球气候变化十分重要的建设性力量。中国作为发展中的社会主义国家，在全球环境和气候问题上始终承担着自己应负的责任。中国政府积极实施可持续发展战略，积极建设资源节约型、环境友好型社会，实现经济发展与人口、资源、环境相协调，走生产发展、生活富裕、生态良好的文明发展道路，为保护全球环境和控制全球气候变化做出了积极贡献。

（二）推进生态文明建设的基本原则

大力推进生态文明建设，必须坚持社会主义的基本方向，立足当代中国的基本国情，尊重生态文明建设的自身规律。

第一，生态文明建设必须坚持社会主义方向。社会主义制度是更好地推进生态文明建设的制度保障。马克思主义认为，社会主义制度的建立，是彻底解决人与自然之间矛盾和冲突的根本前提。科学社会主义的基本原理，是马克思、恩格斯在深刻揭露资本主义的罪恶与腐朽、矛盾与缺陷的基础上形成的，它内含着马克思、恩格斯对人类以往文明的深刻反思。在社会主义社会，人们的利益从根本上来说是一致的，所以不会发生由于人们利益的分化和冲突而从根本上阻碍生态文明建设进程的情况。马克思曾经指出，"共产主义，作为完成了的自然主义＝人道主义，而作为完成了的人道主义＝自然主义，它是人和自然界之间、人和人之间的矛盾的真正解决"①。尽管社会主义还只是共产主义的初级阶段，但是在决定社会性质的最主要的基本特征方面，社会主义和共产主义之间并没有本质的区别。生态文明建设所要求的基本前提，只有在社会主义制度下依靠人民民主专政的国家政权和强大的社会主义性质的经济才能提供和保障；而社会主义的继续发展，也迫切要求大力推进生态文明建设，以保障人与自然和谐相处和共生共荣。社会主义制度在中国的确立，是近代以来中国历史发展的必然。历史已经并将继续证明，只有社会主义才能救中国，只有中国特色社会主义才能发展

① 马克思．1844年经济学哲学手稿．北京：人民出版社，2000：81.

中国。生态文明与社会主义是内在统一的，推进生态文明建设与发展中国特色社会主义紧密结合、相互推动、相得益彰。推进生态文明建设的最终目的就是更好地建设和发展中国特色社会主义。

第二，生态文明建设必须立足中国的基本国情。生态文明建设是依据当代中国经济、政治、文化和社会发展的客观形势提出来的一个重大任务。推进生态文明建设，必须坚持从中国仍处于并将长期处于社会主义初级阶段的基本国情出发，用生态文明的新理念指导改革、发展和建设的实际，进而谋求人与自然、人与人、人与社会之间矛盾问题的根本解决。尽管生态问题没有国界，生态危机所带来的危害已影响到全世界，生态问题毫无疑问地应该是全人类共同的问题，但各个民族国家在考虑问题和制定政策时都必然首先从本国和本民族的利益出发，着眼本国的实际，采取有利于自己发展的政策和举措，即使如生态危机这样对整个人类生存和发展具有明显危害的问题也不能例外。在推进生态文明建设的过程中，我们既要考虑全人类的共同利益，更要考虑中华民族自身的利益，脱离中国的实际情况开展生态文明建设，不仅不利于我们正确地认识和从根本上解决生态环境的恶化问题，也不利于解决因生态环境问题而引起的社会矛盾，只会白白消耗得来不易的经济建设成果，削弱自身的持续发展能力。这就要求我们，既要充分认识到大力推进生态文明建设的重要性，又要保持清醒和理智的头脑，在“共同但有区别的责任”的原则下同国际社会一道为解决全球性生态问题做出自己力所能及的贡献。

第三，生态文明建设必须尊重生态文明的发展规律。马克思主义认为，人与动物的最大区别就是人具有主观能动性，这是人的最可贵之处。但是，人的这种主观能动性并不是可以随意发挥的，它必须以充分认识和尊重自然界与社会发展的客观规律为前提。人必须尊重自然、顺应自然，才能最终实现与自然界的和谐。如果违背了自然和社会发展的客观规律，那就必然会受到客观规律的惩罚。尊重生态文明发展的规律，就要认真总结人类与自然关系的历史经验，汲取以往人类文明发展的积极成果。马克思指出：“人们自己创造自己的历史，但是他们并不是随心所欲地创造，并不是在他们自己选定的条件下创造，而是在直接碰到的、既定的、从过去承继下来的条件下创造。”① 生态文明作为继原始文明、农业文明和工业文明之后的一种新的文明形态，不可能完全脱离原有的文明基础，必然要求我们正确对待人类以往的文明成果，遵循文明发展的客观规律。我们在推进生态文明建设的过程中，必须对以往出现的文明形态采取正确的态度，历史地、全面地看待其成果和问题，具体问题具体分析，既要敢于抛弃其错误的东西，又要善于吸收其积极的成果。防止从根本上违背生态文明建设自身规律的各种片面性的思想和行为。

第四，生态文明建设必须融入经济、政治、文化、社会建设各方面和全过程。把生态文明建设放在突出地位，融入经济建设、政治建设、文化建设、社会建设各方面和全过程，既体现了我国社会主义现代化建设战略布局演进的新要求，也充分体现了生态文明建设的实质。大力推进生态文明建设，不仅首先要做好资源和环境等方面的工作，而

---

① 马克思，恩格斯．马克思恩格斯选集：第 1 卷．3 版．北京：人民出版社，2012：669.

且必然要涉及生产方式和生活方式的根本性变革，进而使生态文明的理念、原则和目标融入与贯穿到社会主义现代化建设的各个领域，使之在人与自然的和谐发展中发挥更大的作用。把生态文明建设融入经济建设，就要建立以循环经济为核心的生态经济体系，积极发展生态农业、生态工业和现代服务业，努力倡导绿色消费，走出一条科技先导型、资源节约型、生产清洁型、生态保护型的经济发展路子；把生态文明建设融入政治建设，就要大力推进政治体制改革，不断扩大人民民主，推进依法治国，建设法治国家和法治政府，推进生态法治建设，使生态立法、执法和司法更加有利于生态文明建设，使人权得到切实尊重和保障；把生态文明建设融入文化建设，就要大力发展生态文化产业和事业，发展生态哲学、生态伦理学、生态经济学、生态法学等学科，不断提高全社会的生态意识、生态观念、生态思维和生态生产能力；把生态文明建设融入社会建设，就要坚持以人为本的发展理念，坚持执政为民，重视增加居民收入和改善民生，努力实现发展成果由人民共享，努力缩小收入差距和实现社会公平，积极反对腐败，建设一个人民安居乐业、社会民主公正、政府清正廉洁、国家繁荣兴旺的和谐盛世。

（三）推进社会主义生态文明建设的总体要求和重要举措

推进社会主义生态文明建设，必须坚持节约优先、保护优先、自然恢复为主的方针，形成节约资源和保护环境的空间格局、产业结构、生产方式、生活方式，还自然以宁静、和谐、美丽。

1. 加快发展方式绿色转型

绿色是永续发展的必要条件。实现绿色发展，必须牢固树立绿色发展理念，将“推进绿色发展”作为生态文明建设的重大举措，把推动经济社会发展绿色化、低碳化作为实现高质量发展的关键环节。加快推动产业结构、能源结构、交通运输结构等调整优化；实施全面节约战略；完善支持绿色发展的财税、金融、投资、价格政策和标准体系；发展绿色低碳产业，推动形成绿色低碳的生产方式和生活方式。

2. 深入推进环境污染防治

建设美丽中国，要着力解决当前仍然还十分突出的环境问题，坚持精准治污、科学治污、依法治污，持续深入打好蓝天、碧水、净土保卫战。加强污染物协同控制，基本消除重污染天气；统筹水资源、水环境、水生态治理，推动重要江河湖库生态保护治理；加强土壤污染源头防控，开展新污染物治理；提升环境基础设施建设水平，推进城乡人居环境整治；健全现代环境治理体系；严密防控环境风险；深入推进中央生态环境保护督察。

3. 提升生态系统多样性、稳定性、持续性

建设美丽中国，为人民群众提供更多的优质生态产品，不断满足人民日益增长的美好生活需要，要以国家重点生态功能区、生态保护红线、自然保护地等为重点，加快实施重要生态系统保护和修复重大工程。推进以国家公园为主体的自然保护地体系建设；实施生物多样性保护重大工程；科学开展大规模国土绿化行动；深化集体林权制度改革；推行草原森林河流湖泊湿地休养生息；建立生态产品价值实现机制，完善生态保护补偿制度；加强生物安全管理。

4. 积极稳妥推进碳达峰、碳中和

保护生态环境，必须坚持依靠制度。制度是维护生态文明的重要保障，带有根本性、全局性、稳定性和长期性。实现碳达峰、碳中和是一场广泛而深刻的经济社会系统性变革。立足我国能源资源禀赋，坚持先立后破，有计划分步骤实施碳达峰行动。完善能源消耗总量和强度调控，逐步转向碳排放总量和强度“双控”制度；推动能源清洁低碳高效利用，推进工业、建筑、交通等领域清洁低碳转型；深入推进能源革命，加快规划建设新型能源体系，确保能源安全；完善碳排放统计核算制度，健全碳排放权市场交易制度；提升生态系统碳汇能力；积极参与应对气候变化全球治理。

建设中国特色社会主义生态文明，努力形成人人关心、人人珍惜、人人保护生态环境的良好氛围，保证人人不仅享有基本的政治、经济和发展权利，而且享有平等的环境权利，保障人人有权获得良好的生活环境、有权不遭受污染的危害、有权参与对影响环境行为的监督和管理。

三、生态文明建设理论提出的重大理论和实践意义

中国特色社会主义生态文明建设理论是对马克思主义关于生态环境思想的继承和发展，是中国特色社会主义理论的重要组成部分。大力推进社会主义生态文明建设，对于建设美丽中国，实现全面建设社会主义现代化国家的伟大目标，实现中华民族伟大复兴的中国梦具有十分重要的理论和实践意义。

（一）生态文明建设的理论价值和意义

生态文明建设理论，是中国特色社会主义理论的重要组成部分，丰富和发展了马克思主义人与自然关系的思想。马克思认为，自然界是人类物质生产实践活动的内在要素，任何经济社会形态的存在与发展，都必须以自然界为基础，自然界和劳动共同创造了财富。作为人类认识和改造的对象，自然界是“劳动本身的要素”①，自然资源和劳动力一起，共同构成了形成财富的两个最原始的要素。马克思指出：“人直接地是自然存在物。”②“人靠自然界生活。这就是说，自然界是人为了不致死亡而必须与之处于持续不断的交互作用过程的、人的身体。所谓人的肉体生活和精神生活同自然界相联系，不外是说自然界同自身相联系，因为人是自然界的一部分。”③ 恩格斯也指出，“人本身是自然界的产物，是在自己所处的环境中并且和这个环境一起发展起来的”④；“我们每走一步都要记住：我们决不像征服者统治异族人那样支配自然界，决不像站在自然界之外的人似的去支配自然界——相反，我们连同我们的肉、血和头脑都是属于自然界和存在于自然界

---

① 马克思，恩格斯．马克思恩格斯全集：第42卷．北京：人民出版社，1979：114.

② 马克思，恩格斯．马克思恩格斯全集：第3卷．2版．北京：人民出版社，2002：324.

③ 马克思，恩格斯．马克思恩格斯选集：第1卷．3版．北京：人民出版社，2012：55-56.

④ 马克思，恩格斯．马克思恩格斯选集：第3卷．3版．北京：人民出版社，2012：410.

之中的”①。这就是说，人与自然的关系问题，是人们在生产和生活实践中面临的首要问题，也是马克思、恩格斯生态思想的主题。一方面，自然界是人类生活的物质基础和人类实践活动的对象，人类要想持续生存与发展，就必须改造自然界，从事生产活动；另一方面，正是在改造自然界的生产和生活实践中，人才使自己的类本质得到确认。马克思、恩格斯强调，人们在认识自然的过程中要兼顾主观和客观两个尺度，如果只从主观尺度出发而忽略了客观尺度，就会形成人类中心主义，导致资本主义式的掠夺性的开发，引起生态环境的恶化。因此，人们对客观世界的改造只能建立在尊重自然和自然规律的基础上。那种凭借自己的主观意志一味以自己为中心而不考虑自然环境的承载能力的行为最终必然会受到自然界的无情惩罚。作为一个相互依赖、相互作用的有机整体，人与自然只有和谐相处，才能实现持续发展，共生共荣。

中国特色社会主义生态文明建设理论，极大地丰富和发展了马克思主义关于人与自然有机统一的重要思想。同时，也弘扬了中国古代的生态哲学思想。在中国古代，人们习惯于将人与自然的关系称作天人关系，所谓的“天人合一”，说的就是人与自然和谐相处，实现人与自然合而为一、融为一体的理想状态。中国古代的很多思想家也都认为人是自然界的一部分。深入理解和掌握中国特色社会主义生态文明建设理论，对于坚持马克思主义的生态文明思想，抛弃传统的人与自然关系的旧观念，树立“人与自然协调发展”的新观念，无疑具有重要的理论价值和意义。

（二）生态文明建设的实践价值和意义

将“大力推进生态文明建设”作为中国特色社会主义整体战略布局的重要组成部分单独提出并加以阐述，表明中国共产党对社会主义建设规律和人类社会发展规律的认识已经达到了一个新的高度，它适应了我国社会主义现代化进程的客观需要，是基于中华民族长远发展的正确战略选择，因而具有极为重要的实践意义。

1. 大力推进生态文明建设，是人类社会发展的一种趋势，也是中国应对生态环境挑战、实现科学发展的战略选择

建设生态文明是国际社会共同关心的普遍问题，是人类社会发展的一种必然趋势。近年来，西方发达国家出现的生态社会主义和生态学马克思主义等社会思潮集中反映了这种关注。生态社会主义认为，人类只有一个赖以生存和发展的世界，而如今的生态危机是属于全球化的没有国界的全球性危机，保护生态环境是全人类共同的责任和使命，也是全人类的共同利益所在，世界各国人民应该携起手来，同舟共济，共同治理全球生态环境问题，造福自身及子孙后代。生态学马克思主义则认为导致当今全球性生态危机的原因是多方面的，但主要是由于资本主义生产方式的产生和发展，指出人类走出生态危机的根本出路就是建立“稳态”的社会主义经济模式，主张应当立足实际，重新研究生态学与马克思主义的关系问题。上述思潮都不同程度地将维护生态环境、创造人与自然和谐相处的局面作为自己的奋斗目标。适应世界各国保护环境、维护生态、追求人与自然和谐共处的潮流，反思自己在发展中产生的问题，实现科学发展、和谐发展，也就

① 马克思，恩格斯．马克思恩格斯选集：第3卷．3版．北京：人民出版社，2012：998.

成为中国共产党提出生态文明建设战略思想的国际背景。

建设生态文明，对于我国应对日益严峻的资源和生态环境问题，更加具有直接的现实意义。中国拥有世界上约18%的人口，而在能源以及其他重要战略资源储备总量方面却只占世界储备总量相当小的份额，长期以来我们追求经济发展的高速度但又没有处理好人口、资源与环境的协调问题，并且经济发展方式粗放，导致我国现在资源短缺、污染严重、生态环境恶化。一方面，发展中大国和人均资源短缺已经成为我国社会发展中的突出矛盾。我国石油的对外依存度、重要矿产资源的对外依存度都在快速上升，城市缺水严重，耕地也已逼近18亿亩红线。另一方面，我国单位产品资源能源消耗量却比西方发达国家高出许多，这无疑加大了我国在资源和环境方面面临的压力。生态环境直接影响到人们的身体健康和生活质量，不断恶化的生态环境如大气污染、水污染、水土流失现象严重等必然会激起人民群众的不满，引发社会问题，从而影响到我国社会主义现代化建设的大局。破解在发展中产生的诸多难题，需要新的发展理念和新的发展战略。科学发展观的提出，使党对中国特色社会主义发展战略布局的认识更加全面和深入，生态文明建设思想的提出成为一种必然。党的十八大以来，以习近平同志为核心的党中央从中华民族永续发展的高度出发，深刻把握生态文明建设在新时代中国特色社会主义事业中的重要地位和战略意义，大力推动生态文明理论创新、实践创新、制度创新，创造性提出一系列富有中国特色、体现时代精神、引领人类文明发展进步的新理念新思想新战略，形成了习近平生态文明思想，高高举起了新时代生态文明建设的思想旗帜，为新时代我国生态文明建设提供了根本遵循和行动指南。建设生态文明有利于克服资源短缺、环境污染和生态破坏造成的矛盾，实现节约发展、清洁发展、安全发展；有利于在保护自然与生态的基础上为经济社会可持续发展创造良好条件，为人民群众的生产生活创造良好环境。同时，经过改革开放40多年的发展，我国经济总量稳居世界第二位，人均国内生产总值从39 800元增加到81 000元。谷物总产量稳居世界首位，14亿多人的粮食安全、能源安全得到有效保障。城镇化率提高11.6个百分点，达到64.7%。制造业规模、外汇储备稳居世界第一①。这又为党和国家深入贯彻实施生态文明建设战略奠定了必要的物质和技术基础。

2. 大力推进生态文明建设，对于全面建设社会主义现代化国家具有极为重要的战略意义

我们所要努力建设的社会主义现代化国家，应该是经济、政治、文化、社会和生态协调发展的社会，应该是不同社会阶层和不同地区的所有社会成员的生活水平与生活质量有整体性提升、不同阶层不同地域的社会成员的收入水平差距日渐缩小的社会，应该是以人为本思想全面贯彻、人的素质全面提高、实现人的全面发展的社会，应该是注重实现经济发展与人口、资源、环境相协调的能够可持续发展的社会。我们正在进行的中国特色社会主义建设是由经济建设、政治建设、文化建设、社会建设和生态文明建设等方面共同组成的一个整体，以往我们比较注重经济建设、关注物质文明的实现和满足是对的，但对其他方面的建设，尤其是对生态文明的建设未能给予足够的重视。一个时期

---

① 习近平．高举中国特色社会主义伟大旗帜 为全面建设社会主义现代化国家而团结奋斗：在中国共产党第二十次全国代表大会上的报告．北京：人民出版社，2022：8.

以来，在事实上形成的唯经济增长、唯 GDP 论的导向下，生态环境恶化、生态文明建设滞后日益突出。如果我们不能尽快地加强生态文明建设，社会主义现代化建设中其他方面的建设势必受到影响，甚至最终关系到全面建设社会主义现代化国家目标的实现。因此，大力推进生态文明建设，对我们实现全面建设社会主义现代化国家目标、实现中华民族伟大复兴具有重要意义。

3. 大力推进生态文明建设，对于建设美丽中国、实现中华民族永续发展具有深远的价值和意义

建设生态文明，是关系中华民族生存和发展的根本大计。建设中国特色社会主义生态文明，从根本上来说就是要坚持走生产发展、生活富裕、生态良好的文明发展道路，促进经济社会发展与人口资源环境相协调，建设以资源环境承载力为基础、以自然规律为准则、以可持续发展为目标的资源节约型、环境友好型社会。

所谓美丽中国，既是人与自然和谐相处、共生共荣的中国，也是人与人及其社会融洽相处、和谐发展的中国。生态文明建设功在当代、利在千秋。以往在工业文明理念指导下产生的问题，不能再用传统工业文明的思路去加以解决，必须转变发展思路。以生态文明建设为契机，大力发展生态技术，放弃传统工业生产“资源—产品—废弃物”的先污染、后治理的发展方式，采取“资源—产品—再生资源”边发展边治理的新思路，必将促进生产与生态的良性循环，有利于在新的基础上实现人与自然的和谐相处、经济与社会的持续发展。传统工业文明的发展方式不仅导致自然界对人的报复，造成了人与自然关系的紧张，如造成自然不再给人类新鲜的空气、洁净的用水和没有公害的食品，而且引发了人与人、人与社会关系的紧张，资本主义制度还加剧了工业文明发展方式所造成的贫富分化和诚信缺失。

站在中华民族永续发展的高度，坚持绿水青山就是金山银山的理念，推进生态文明建设和生态环境保护，建设人与自然和谐共生的现代化；实现到 21 世纪中叶建成美丽中国的战略目标，建立健全系统完整的生态文明制度体系，推进生态环境治理体系和治理能力现代化，谱写新时代社会主义生态文明建设新篇章；共谋全球生态文明建设之路，致力于推动共建地球生命共同体，积极参与全球环境治理，成为全球生态文明建设的重要参与者、贡献者、引领者，都需要我们坚持以习近平生态文明思想为根本遵循和行动指南，把创新、协调、绿色、开放、共享的新发展理念落到实处。

第九章

中国特色社会主义国防、国家统一和国际战略

国家安全是民族复兴的根基，社会稳定是国家强盛的前提。坚持走中国特色强军之路，建设与我国国际地位相称、与国家安全和发展利益相适应的巩固国防和强大军队，是我国社会主义现代化建设的战略任务；实现中华民族伟大复兴，是全体中国人民共同的梦想，坚持“一国两制”，推进祖国统一，是中国特色社会主义的重要组成部分；中国的发展离不开良好的国际环境，中国将始终不渝地走和平发展道路，坚定不移致力于维护世界和平、促进共同发展、推动构建人类命运共同体。

一、中国特色社会主义国防和军队建设

国防和军队建设关系国家安危和发展全局，富国和强军是发展中国特色社会主义、实现中华民族伟大复兴的两大基石。早在20世纪50年代，毛泽东在设计社会主义现代化建设总体布局时，已经把国防现代化作为社会主义现代化总体布局的重要组成部分，提出要实现工业、农业、国防和科学技术四个现代化。改革开放以来，党在领导人民推进社会主义经济、政治、文化、社会和生态文明建设的同时，高度重视并大力加强国防和军队建设，继承和发展了毛泽东军事思想。邓小平不仅是我国改革开放和社会主义现代化建设的总设计师，也是新时期军队和国防现代化建设的总设计师。以邓小平、江泽民、胡锦涛等同志为主要代表的中国共产党人关于新时期军队和国防建设的思想，是对毛泽东军事思想的继承和发展。“如期实现建军一百年奋斗目标，加快把人民军队建成世界一流军队，是全面建设社会主义现代化国家的战略要求。”[①] 十八大以来，以习近平同志为主要代表的中国共产党人在新时代坚持和发展中国特色社会主义历史进程中，着眼实现中华民族伟大复兴的中国梦，紧紧围绕新时代建设一支什么样的强大人民军队、怎样建设强大人民军队，深入进行理论探索和实践创造，创立了习近平强军思想，开拓了中国特色强军之路，把当代中国马克思主义军事力量和军事实践发展推向新境界。

① 习近平．高举中国特色社会主义伟大旗帜 为全面建设社会主义现代化国家而团结奋斗：在中国共产党第二十次全国代表大会上的报告．北京：人民出版社，2022：55.

（一）国防建设指导思想的转变与国防建设的理论创新

国防建设理论，是指对国防建设的环境、任务、目标、途径等重大问题的基本认识和基本观点，它规定了国防建设的方向和原则，是国防建设各项工作的基本依据。正确分析和把握国际局势的现状及其发展趋势，对战争与和平问题做出科学分析，是制定国防建设指导思想、形成国防建设理论体系的前提。

20 世纪 50 年代，中国共产党深刻分析战后国际形势，认为尽管国际上存在着帝国主义阵营的战争威胁，但制止战争的和平力量发展很快，新的世界大战短期内打不起来。毛泽东在七届三中全会上的书面报告中明确指出："帝国主义阵营的战争威胁依然存在，第三次世界大战的可能性依然存在。但是，制止战争危险，使第三次世界大战避免爆发的斗争力量发展得很快，全世界大多数人民的觉悟程度正在提高。只要全世界共产党能够继续团结一切可能的和平民主力量，并使之获得更大的发展，新的世界战争是能够制止的。"[①] 20 世纪 60 年代初，由于国际形势和我国周边安全形势紧张，特别是美苏称霸，互为对手，党对战争与和平问题的看法逐步发生变化。1964 年 10 月，毛泽东在一项批示中提出，我们的国防建设必须立足于战争，从准备早打、大打、打核战争出发，积极备战。此后，"早打、大打、打核战争"成为我国国防建设的战略指导思想，国防工业大搞"山、散、洞"，军队长期处于临战状态，严重地影响了国防和军队的长远建设。

从 20 世纪 70 年代后期开始，邓小平实事求是地分析国际形势，对战争与和平问题进行了新的探讨。1977 年 12 月，邓小平在中央军委全体会议上讲话首先提出"我们有可能争取多一点时间不打仗"的观点。1980 年 3 月，他又指出"冷静地判断国际形势，多争取一点时间不打仗还是可能的"[②]。这种认识改变了曾一度认为世界大战不可避免，而且迫在眉睫的看法。1985 年，中央军委根据邓小平的建议做出了国防建设指导思想实行战略性转变的决策，即把国防建设从过去立足于"早打、大打、打核战争"的临战状态，转到和平建设的轨道上来，充分利用今后一个较长时期内大仗打不起来的和平环境，在服从国家经济建设大局的前提下，处理好国防建设与经济建设的关系，有计划有步骤地加强以现代化为中心的根本建设，增强我军在现代战争条件下的自卫能力。

邓小平关于我国国防建设指导思想实行战略转变的基本依据是国际形势的变化和国家建设重点的转移。从国际形势和时代特征来看，邓小平运用政治和经济相统一的观点，认真分析了世界格局，认为国际形势趋于缓和，和平与发展成为当代世界的两大战略问题。尽管战争的危险性依然存在，但世界大战不再是迫在眉睫和不可避免的了，争取较长时期的世界和平是可能的。同时，随着人类文明的不断进步，运用和平方式解决国际争端已成为人类文明进步的总要求，战争不再是解决冲突和争端的唯一手段。从国内形势和工作大局来看，党和国家的工作重心已经从过去长期"以阶级斗争为纲"转移到经济建设上来，经济建设成为社会主义现代化建设总体布局的中心，这也要求国防建设的指导思想必须进行相应的调整。如果国防建设的指导思想仍然处在临战状态，经济建设

---

① 中共中央文献研究室．建国以来毛泽东文稿：第 2 册．北京：中央文献出版社，2023：293.

② 邓小平．邓小平文选：第 2 卷．2 版．北京：人民出版社，1994：285.

就不可能不受干扰，经济建设的中心地位就很难保证。国防建设指导思想的战略性转变，是一个划时代的战略性转变，是为保证经济建设这个大局地位不动摇、加速国防现代化建设而采取的重大措施，是一个最优选择。围绕这一巨大变化，党在国防建设以及国防建设与经济建设关系等问题上，先后提出了国防建设要服从和服务于国家经济建设大局、要随着经济的发展而努力加强国防建设、要统筹经济建设和国防建设等创新观点。强调把经济建设搞上去和建立强大的国防，这两大战略任务从根本上来说是统一的，但需要结合我国社会主义初级阶段国情的变化不断加以正确地认识、把握和处理。党的十九大指出，国防和军队建设正站在新的历史起点上。面对国家安全环境的深刻变化，面对强国强军的时代要求，必须全面贯彻新时代党的强军思想，贯彻新形势下军事战略方针，建设强大的现代化军队，构建中国特色现代作战体系，担当起党和人民赋予的新时代使命任务，力争到2035年基本实现国防和军队现代化，到21世纪中叶把人民军队全面建成世界一流军队。党的二十大指出，如期实现建军一百年奋斗目标，加快把人民军队建成世界一流军队，是全面建设社会主义现代化国家的战略要求。必须贯彻新时代党的强军思想，贯彻新时代军事战略方针，坚持党对人民军队的绝对领导，坚持政治建军、改革强军、科技强军、人才强军、依法治军，坚持边斗争、边备战、边建设，坚持机械化信息化智能化融合发展，加快军事理论现代化、军队组织形态现代化、军事人员现代化、武器装备现代化，提高捍卫国家主权、安全、发展利益战略能力，有效履行新时代人民军队使命任务。

第一，坚持以经济建设为中心，保持经济的持续发展，大大增强国家的经济实力，是解决包括国防现代化在内的所有问题的基础，也是我们提高国际竞争力，顶住霸权主义和强权政治的压力，维护国家独立和主权的关键所在。邓小平指出："现在需要的是全国党政军民一心一意地服从国家建设这个大局，照顾这个大局。这个问题，我们军队有自己的责任，不能妨碍这个大局，要紧密地配合这个大局，而且要在这个大局下面行动。"① 江泽民、胡锦涛也曾指出，国防建设和军队建设必须以国家经济建设为依托，坚持以经济建设为中心，服从国家经济建设大局。习近平强调，要把握好国家经济社会发展对国防和军队建设的新要求，把国防和军队建设融入国家经济社会发展体系，为经济社会建设贡献力量。

第二，在集中力量进行经济建设的同时，努力加强国防建设，使国防建设在国家财力增加的基础上不断有所发展。国防现代化是我国社会主义现代化事业的重要组成部分，国防建设和军事斗争准备，必须能够确保国家的利益与安全。如果不随着经济的发展而努力加强国防建设，提高军队武器装备的现代化水平，一旦发生战争，我们就可能陷于被动，就难以有效地维护国家安全。"在国家的综合实力中，经济实力是最基础的力量，但如果不随着经济的发展及时把一部分经济实力转化为军事实力，不形成与经济实力相协调和与国防建设需要相符合的不断壮大的军事实力，我们就不能有力地保证国家安全。这一点，对于我们这样一个幅员辽阔的社会主义大国来说，始终是十分重要和千万要加以注意的。"②

---

① 邓小平．邓小平文选：第3卷．北京：人民出版社，1993：99.

② 江泽民．江泽民文选：第2卷．北京：人民出版社，2006：465.

第三，建立国防建设和经济建设互相促进、协调发展的机制。江泽民提出，要站在战略的高度，把国防和军队的现代化建设筹划好，全面贯彻国防建设与经济建设两头兼顾、协调发展的方针。胡锦涛强调，要统筹经济建设和国防建设，在全面建设小康社会过程中实现富国和强军的统一，就要根据科学发展观的要求，从国家发展的总体战略出发，合理确定国防和军队建设布局，通过推进国家经济社会发展，为国防和军队现代化建设提供更充裕的物质和技术条件；通过加强国防和军队现代化建设，为国家发展提供更加坚强的安全保障和战略支持，使富国与强军相互促进、共同发展，使国防和军队现代化进程与国家现代化进程相一致。习近平指出，要统筹经济建设和国防建设，建立全要素、多领域、高效益的军民深度融合发展格局，推进国防和军队建设同全面建设社会主义现代化国家、实现中华民族伟大复兴进程相一致，使两者协调发展、平衡发展、兼容发展。

（二）人民军队建设理论的创新

人民解放军是中国共产党领导的人民军队。南昌起义、秋收起义、广州起义是党独立领导革命战争和创建人民军队的伟大开端。经过土地革命战争、抗日战争和解放战争，人民军队在中国共产党的领导下，走过了光辉的道路，为新民主主义革命的胜利和新中国的建立、为保卫社会主义革命和社会主义建设做出了不朽的贡献。中国人民解放军是执行革命政治任务的武装集团，是人民民主专政的坚强柱石，是捍卫社会主义祖国的钢铁长城，是建设中国特色社会主义的特殊重要力量。改革开放以来，为了使军队更好地担负起保卫国家领土、领空、领海主权和海洋权益，维护祖国统一和安全的神圣使命，邓小平明确提出必须把我军建设成为一支强大的现代化、正规化的革命军队，并将其作为我军建设的根本任务和总目标。江泽民提出了“政治合格、军事过硬、作风优良、纪律严明、保障有力”的总要求。胡锦涛着重指出，军队的革命化、现代化、正规化建设是统一的整体，必须全面加强、协调推进。同时提出：中国人民解放军要为党巩固执政地位提供重要力量保证，为维护国家发展的重要战略机遇期提供坚强安全保障，为维护国家利益提供有力战略支撑，为维护世界和平与促进共同发展发挥重要作用。“三个提供、一个发挥”这一概括是对人民军队历史使命的新的科学定位。习近平指出，建设一支听党指挥、能打胜仗、作风优良的人民军队，是党在新形势下的强军目标。听党指挥是灵魂，决定军队建设的政治方向；能打胜仗是核心，反映军队的根本职能和军队建设的根本指向；作风优良是保证，关系军队的性质、宗旨、本色。全军要准确把握这一强军目标，用以统领军队建设、改革和军事斗争准备，努力把国防和军队建设提高到一个新水平。党的二十大指出，必须贯彻新时代党的强军思想，贯彻新时代军事战略方针，坚持党对人民军队的绝对领导，坚持政治建军、改革强军、科技强军、人才强军、依法治军，坚持边斗争、边备战、边建设，坚持机械化信息化智能化融合发展，加快军事理论现代化、军队组织形态现代化、军事人员现代化、武器装备现代化，提高捍卫国家主权、安全、发展利益战略能力，有效履行新时代人民军队使命任务。改革开放以来人民军队建设的理论创新，集中表现在对上述建军原则和要求的系统阐述上。

第一，建设一支具有中国特色的现代化、正规化的革命军队，必须把革命化建设放在首位。革命化体现了我军现代化的性质，是区别于其他军队的根本标志。人民解放军是中国共产党的军队、人民的军队、社会主义国家的军队。弘扬我军优良传统，传承红色基因，永葆人民军队的性质、本色和作风，使我军始终成为党绝对领导下的人民军队，是革命化建设的重大任务，是革命化建设的核心，是搞好军事训练、后勤保障乃至整个军队现代化建设的重要基础。把革命化放在全军各项建设的首位，首先必须坚持党对军队的绝对领导。这是我军建设的根本原则。在党和军队的关系问题上，党历来坚持党指挥枪的原则，强调军队要听党的话，今天仍然是这样。坚持党对军队的绝对领导，是我军根本的建军原则和特有的政治优势，是确保党从思想上、政治上、组织上牢牢掌握部队的关键，是我军永远不变的军魂。坚持党对军队的绝对领导，必须全面贯彻党领导人民军队的一系列根本原则和制度，确立新时代党的强军思想在国防和军队建设中的指导地位；必须坚持用习近平强军思想武装全军，深入进行军队历史使命、理想信念、战斗精神和社会主义核心价值体系教育，大力弘扬听党指挥、服务人民、英勇善战的优良传统；必须着力加强军队党的建设，加强干部队伍和领导班子建设，努力培养有灵魂、有本事、有血性、有品德的新时代革命军人；必须保持坚定正确的政治方向，坚持深入进行党的基本理论、基本路线、基本方略的教育，坚决维护、认真贯彻、模范执行党的路线、方针、政策；必须坚持人民军队的根本宗旨，进一步加强军政军民团结，巩固和发展军政军民关系；必须充分尊重广大官兵的主体地位和创造精神，巩固和发展人民军队团结、友爱、和谐、纯洁的内部关系。在改革开放和发展社会主义市场经济的条件下，军队要更加重视加强和改进思想政治工作，在精神文明建设方面走在全社会的前列。

第二，建设一支具有中国特色的现代化、正规化的革命军队，必须以现代化建设为中心。现代化是军队建设的中心，是军队战斗力水平的最直接的反映。军队的现代化建设包括武器装备、军事人才、后勤保障、体制编制和军事理论的现代化等基本内容。武器装备的现代化，是军队现代化的物质基础和主要标志，现代科学技术的飞跃发展和广泛应用，引起了武器装备的巨大变革，我们一定要坚持少而精、质量第一的方针，努力发展国防科研事业，使科研走在国防工业的前面，有重点、有计划地发展武器装备，搞真正顶用的东西；搞现代化建设，决定性的因素是培养和造就具有坚定的共产主义理想和信念、掌握现代军事科学知识和技能的人，在不打仗的条件下，军队主要是靠教育训练提高战斗力，要把教育训练提高到战略地位，加强军事人才培养体系建设，建设创新型人民军队；军队现代化、正规化建设的发展，对后勤工作的要求越来越高，后勤工作的任务越来越重，后勤工作也出现了许多新情况、新问题，要有适应新时代的一系列制度和解决办法，精打细算，把钱真正用到提高战斗力上；要实行精兵政策，把重点放在改善武器装备和提高人的素质上，并进行科学的编组，使人和武器装备更好地结合起来，在精兵、合成、高效等方面有较大进步；现代军事科学理论，是军队现代化建设的先导，加强军事科学理论研究已成为提高军队战斗力的重要途径。科学技术特别是以信息技术为主要标志的高新技术的迅猛发展及其在军事领域的广泛应用，深刻改变了战斗力要素的内涵，从而深刻改变着战斗力生成模式。军队建设现代化，要坚持科技强军，树立科技是核心战斗力的思想，推进重大技术创新、自主创新，按照建设信息化军队、打赢信息化战争的战略目标，加快机械化和信息化复合发展，积极开展信息化条件下军事训练，提高基于网络信息体系的联合作战能力、全域作战能力，全面建设现代后勤，加紧培养大批高素质新型军事人才，切实转变战斗力生成模式。

第三，建设一支具有中国特色的现代化、正规化的革命军队，必须进行正规化建设。从严治军是古今中外治军之道的精要所在，依法治军是现代军队建设的一般规律。中国人民解放军作为无产阶级的新型人民军队，无论是战争年代还是和平时期，都以纪律严明著称于世。毛泽东在新中国成立之初就明确提出军队要实行统一的指挥、统一的制度、统一的编制、统一的纪律、统一的训练，加强组织性、计划性、准确性和纪律性。进入改革开放和社会主义现代化建设新时期，邓小平强调治军要严、要讲法制，并把正规化纳入军队建设的总目标，赋予从严治军全局性的意义。江泽民总结汲取我军建设的历史经验和正规化建设的新鲜经验，紧紧扭住从严治军不放松，提出了一系列重要思想和举措，并以法规形式确立了"坚持从严治军、依法治军"的方针。胡锦涛指出，要坚持以推动国防和军队建设科学发展为主题，以加快转变战斗力生成模式为主线，全面加强军队革命化现代化正规化建设；要加大依法治军、从严治军力度，推动正规化建设向更高水平发展。新时代，习近平进一步强调，要坚持全面从严治军，推动治军方式根本性转变，提高国防和军队建设法治化水平。依法治军、从严治军是军事领域贯彻党依法治国方略的必然要求。坚持依法治军，有法可依是前提，为此必须完善军事法规，加强科学管理，通过广泛深入的法治教育，使广大官兵遵纪守法的自觉性和依法办事的能力得到提高；坚持从严治军，就是要严明军队的政治纪律、组织纪律、军事纪律和群众纪律，基本要求是一切行动听指挥，坚决执行命令，做到令行禁止，保持军队高度的集中统一；坚持科技强军，就是要不断提高军队科学管理水平，这也是军队建设中一项基础性的工作，是加强部队质量建设，提高战斗力的重大举措。

总之，建设现代化、正规化的革命军队，必须适应世界军事发展新趋势和我国发展新要求，积极推进中国特色军事变革，推进军事理论、军事技术、军事组织、军事管理的创新，调整改革军队体制编制和政策制度，逐步形成一整套既有中国特色又符合现代军队建设规律的科学的组织模式、制度安排和运作方式。

（三）军事战略方针的创新

中国共产党领导下的革命战争，长时期地处在敌强我弱的条件下，处于战略防御的地位。毛泽东在领导中国革命战争的过程中，以马克思列宁主义基本原理为指导，科学地阐述了积极防御的思想，并使之成为中国革命战争取得胜利的战略方针。毛泽东认为，在中国革命战争中，进攻与防守是既互相对立、互相排斥，又互相联系、互相依存的。防御以进攻为自己存在的前提，进攻也总以防御为自己存在的前提。毛泽东指出："防御战本来容易陷入被动地位，防御战大不如进攻战之能够充分地发挥主动权。然而防御战是能够在被动的形式中具有主动的内容的，是能够由形式上的被动阶段转入形式上内容上的主动阶段的。"① 这也就是说，防御和进攻在一定的条件下可以相互转化。实行积极防御而不是消极防御，就能够实现由防御向进攻的转化。积极防御的战略方针，是中国

① 毛泽东．毛泽东选集：第1卷．2版．北京，人民出版社，1991：223.

革命战争总的战略方针，在不同的历史时期具有不同的内容。新中国成立后，我们的军事战略方针也一直是积极防御。新的历史时期，邓小平强调，我们的战略方针是积极防御，以国家利益为最高准则来处理问题。我们是社会主义国家，永远不称霸，永远不去侵略别国。我们加强军队和国防现代化建设，完全是为了防御。党对积极防御战略方针的继承和发展，主要表现是战略方针的适用范围更宽广了、内容更丰富了。积极防御战略方针不仅是指导军队作战的方针，而且是党和国家用以指导整个反侵略战争过程的总的战略方针，是我们进行国防建设，包括战争准备、武装力量建设、军事理论研究的基本依据。随着现代军事技术和战争形态的革命性变化，未来战争很可能将是信息技术条件下的局部战争。要把军事斗争准备的基点由应对一般条件下的局部战争转到打赢现代信息技术条件下的局部战争上来，这一方针明确了新形势下我军军事斗争准备的目标和任务，抓住了我军建设的主要矛盾，是对积极防御战略方针的重大发展。

第一，实行积极防御的战略方针，从根本上讲，是由我们社会主义国家的性质所决定的。我国是社会主义国家，无论过去、现在还是将来，都不谋求世界或地区范围内的霸权，不参加任何军事集团，不进行任何形式的军备竞赛，更不会发动战争去侵略别的国家。我们加强国防和军队现代化，完全是为了防御。我国实行积极防御的战略方针不是权宜之计，而是根本性的国策，即使将来我们的国防实力大大增强了，我们的方针也还是积极防御。习近平指出："中国奉行积极防御的军事战略方针，不会动辄以武力相威胁，也不会动不动到别人家门口炫耀武力。到处炫耀武力不是有力量的表现，也吓唬不了谁。"[①] 我们不同任何国家或国家集团结盟，不参加任何军事集团；反对任何形式的霸权主义、强权政治和侵略扩张行为；主张通过协商和平解决国与国之间的分歧和争端，反对诉诸武力或以武力相威胁。我国国防政策的基本目标是巩固国防，抵御外敌入侵，捍卫国家领土、领空、领海主权和海洋权益，维护国家统一和安全。正是从这种社会主义的立场出发，我国从来就把反对霸权和实行防御性战略看作自己在安全保障方面唯一正确的战略选择。

第二，实行积极防御的战略方针，是保卫社会主义现代化建设的需要。在当前和今后相当长的时期内，我国社会主义现代化建设仍将在复杂多变的国际环境中进行，必须把人民解放军建设成为强大的现代化、正规化的革命军队，不断增强国防实力，为改革开放和现代化建设提供坚强有力的安全保障。这决定了我们的防御不能是被动挨打的"消极防御"，而应该是"积极防御"，也就是说，坚持"人不犯我，我不犯人；人若犯我，我必犯人"的自卫立场和战略上后发制人的原则。在任何情况下我们都不对别的国家进行侵略和扩张，但是我们将采取坚决而积极的军事行动保护自己，保卫国家安全和利益不受侵犯。为此，就必须在积极防御战略方针的指导下，加强战争准备，牢固树立随时准备打仗的思想，扎实做好各战略方向军事斗争准备，统筹推进传统安全领域和新型安全领域军事斗争准备，在为我国现代化建设争取尽可能多的和平时间和有利的国际环境的同时，加强运用军事力量来捍卫国家主权、安全和领土完整。

第三，实行积极防御的战略方针，是打赢高技术条件下局部战争的要求。随着世界

---

① 习近平．在庆祝中国共产党成立95周年大会上的讲话．人民日报，2016-07-02（2）．

形势的发展和高科技的发展，高技术局部战争应运而生，成为现代战争的基本形态。在这种情况下，对我国安全构成重大威胁的未来战争，不可避免地将是高技术局部战争。据此，必须把军事斗争准备的基点，放在打赢可能发生的高技术局部战争上。坚持积极防御的军事战略方针，把战争准备的基点放在打赢高技术条件下的局部战争上，从根本上讲，就是要坚持人民战争的战略思想。在现代高科技条件下，人民战争仍然是我们克敌制胜的法宝。习近平明确指出，不论形势如何发展，人民战争这个法宝永远不能丢，要把握新的时代条件下人民战争的新特点新要求，创新内容和方法，充分发挥人民战争的整体威力。人民战争思想的基本精神是在战争问题上实行彻底的群众路线，坚决依靠、充分发动和广泛组织人民群众参加或支援战争，把战争的胜利建立在人民群众力量的基点上。这一基本精神深刻地揭示和反映了革命的正义战争的内在本质与规律性，对革命的正义战争必然具有稳定的和长期的指导作用，而这种指导作用从本质上是不会随着科学技术条件的变化而变化的。在现代技术特别是高技术条件下的防卫作战，武器装备固然具有很重要的作用，但决定战争胜负的关键因素，归根到底是人，而不是武器。人民军队最深厚的力量源泉在于最广大的人民群众。无论武器装备如何发展，战争形式如何变化，人民战争始终是我们克敌制胜的法宝。

中国特色社会主义国防和军队建设理论，是马克思主义中国化的重要理论成果，它回答了在新的历史条件下怎样建设国防、怎样认识和处理国防建设和经济建设的关系，建设什么样的军队、怎样建设军队，以及怎样应对未来可能发生的战争等问题，是推进国防和军队建设的重要指导思想。它丰富和发展了马克思列宁主义、毛泽东军事思想，为我国的国防和军队建设提供了重要的指导思想。改革开放 40 多年来，在不断丰富与创新的中国特色社会主义国防和军队建设理论的指导下，我军实现了军事战略指导思想上的历史性转变，走上了一条中国特色的现代化国防和军队建设健康发展的道路。新时代，要适应世界新军事革命发展趋势和国家安全需求，同国家现代化进程相一致，全面推进军事理论现代化、军队组织形态现代化、军事人员现代化、武器装备现代化，确保基本实现机械化，信息化建设取得重大进展，力争到 2035 年基本实现国防和军队现代化，到 21 世纪中叶把人民军队全面建成世界一流军队。

二、中国特色社会主义国家统一战略

“一个国家，两种制度”的科学构想，是邓小平为和平解决台湾、香港和澳门问题，实现祖国完全统一而提出的一项具有远见卓识的战略决策和方针，是中国特色社会主义的重要组成部分。这一科学构想，既体现了实现祖国统一、维护国家主权的原则性，又充分考虑了台湾、香港、澳门的历史和现实，体现了高度的灵活性，具有重大的理论和现实意义。香港、澳门回归祖国以来，“一国两制”实践取得举世公认的成功。新时代，继续推进祖国统一进程，必须坚持和完善“一国两制”。

（一）“一国两制”科学构想的形成和发展

“一国两制”的科学构想，最早是为解决台湾问题而提出来的。台湾自古以来就是中国领土不可分割的一部分。在近三百多年间，曾三次被迫与大陆分离，又三次归于统一。第二次世界大战结束以后，台湾回到了祖国的怀抱。中华人民共和国成立后不久，即在大陆范围内实现了完全统一，而台湾则被从大陆退守而又得到美国支持的国民党残余势力盘踞，造成了与祖国大陆的长期隔绝状态。与此同时，由于种种原因，中国政府当时对香港和澳门采取了“长期打算，充分利用”的方针。“一国两制”科学构想的提出，经历了一个不断探索的历史过程。从 20 世纪 50 年代中期到 60 年代初，毛泽东、周恩来等人对解决祖国统一问题的探索，为邓小平提出“一国两制”科学构想奠定了重要的基础。

1.“和平解放台湾”的设想

中华人民共和国成立后不久，我们就在大陆范围内实现了完全统一。但是，由于近代以来清朝腐败的封建统治集团与帝国主义列强签订的不平等条约等历史原因，香港、澳门仍分别处于英国和葡萄牙的殖民统治之下。台湾则被从大陆退守的国民党残余势力盘踞，在美国的支持下同新中国实行军事对峙，人为地造成了台湾与祖国大陆的隔绝状态。

早在 20 世纪 50 年代中期，毛泽东、周恩来就提出“第三次国共合作，和平解放台湾”的构想，明确指出“中国人民解放台湾有两种可能的方式，即战争的方式和和平的方式；中国人民愿意在可能的条件下，争取用和平的方式解放台湾”①。1955 年 4 月，周恩来在万隆会议期间阐明中国政府对台湾的立场时指出，为了实现中国人民解放台湾的正义要求，中国人民有权用一切方法解放台湾，包括和平解放的方法②。同年 5 月，周恩来在一届全国人大二次会议上明确指出：“中国人民解放台湾有两种可能的方式，即战争的方式和和平的方式，中国人民愿意在可能的条件下，争取用和平的方式解放台湾。”③这是中国共产党和中国政府第一次公开表示愿意以和平方式解决台湾问题。

1956 年 4 月，毛泽东提出和为贵、爱国一家、爱国不分先后、相见以诚等主张。1958 年 10 月，毛泽东表示，台湾如果回归祖国，照他们（指蒋介石等）自己的方式生活，可以搞他的一套。1960 年 5 月，毛泽东又强调指出，台湾宁可放在蒋氏父子手里，不可落到美国人手中；对蒋介石我们可以等待，解放台湾的任务不一定要我们这一代完成，可以留交下一代人去办；现在要蒋过来也有困难，逐步地创造些条件，一旦时机成熟就好办了。

1963 年，周恩来将党提出的一系列和平解决台湾问题的思想、政策和主张概括为“一纲四目”，并通过张治中致陈诚的信转达给台湾当局。“一纲”是：“只要台湾归回祖国，其他一切问题悉尊重总裁（指蒋介石）与兄意见妥善处理。”“四目”包括：“台湾归回祖国后，除外交必须统一于中央外，所有军政大权人事安排等悉由总裁与兄全权处理；所有军政及建设费用，不足之数，悉由中央拨付；台湾之社会改革，可以从缓，必俟条件成熟，并尊重总裁与兄意见协商决定，然后进行；双方互约不派人进行破坏对方团结之事。”④

---

① 周恩来．周恩来选集：下卷．北京：人民出版社，1984：200.

② 中共中央文献研究室．周恩来年谱（1949—1976）：上卷．北京：中央文献出版社，1997：475.

③ 国务院台湾事务办公室研究局．台湾问题文献资料选编．北京：人民出版社，1994：82.

④ 逄先知，金冲及．毛泽东传（1949—1976）：上．北京：中央文献出版社，2003：881.

与此同时，对香港、澳门问题的解决也有所考虑。中国政府曾一再声明，不承认强占港澳地区的不平等条约，将在适当时机对港澳地区恢复行使主权。虽然由于历史条件的限制，毛泽东、周恩来等人的这些设想当时未能实现，但却具有重要的启示意义，它实际上成为后来邓小平提出“和平统一、一国两制”科学构想的思想来源和理论准备。

2. “一个国家，两种制度”的科学构想

党的十一届三中全会后，由于重新确立了实事求是的思想路线，实现了工作重心的转移，社会主义现代化建设全面展开，这在客观上要求有一个长期稳定的和平环境。而紧接着中美两国在美国同台湾“断交、废约、撤军”的原则下正式建交。中美关系的正常化，又为“一国两制”构想的产生、形成和发展提供了广阔的现实背景。

早在 1978 年 11 月，邓小平在会见缅甸总统吴奈温时就提出，在解决台湾问题时，“台湾的某些制度可以不动，美日在台湾的投资可以不动，那边的生活方式可以不动。但是要统一”①。这里的三个“不动”，核心是制度问题。1979 年元旦，在中美建交的同时，全国人大常委会发表《告台湾同胞书》，指出：台湾当局一贯坚持一个中国的立场，反对台湾独立。这就是我们共同的立场，合作的基础。希望台湾当局以民族利益为重，对实现祖国统一的事业做出宝贵的贡献。并表示在解决台湾问题时，将尊重台湾现状和台湾各界人士的意见，采取合情合理的政策和办法，不使台湾人民蒙受损失。同时，《告台湾同胞书》还就结束海峡两岸间的军事对峙状态，实现“三通”（通商、通航、通邮）提出了具体的建议和措施。《告台湾同胞书》体现了中国共产党和中国政府对两岸统一的大政方针、基本立场和基本态度。随后，邓小平在访问美国时又强调指出：“我们不再用‘解放台湾’这个提法了。只要台湾回归祖国，我们将尊重那里的现实和现行的制度。”由此公开表达了“一国两制”的最初设想。

1981 年 9 月 30 日，全国人大常委会委员长叶剑英向新华社记者发表谈话，代表中央政府提出了解决台湾问题、实现祖国统一的九条方针，建议举行国共两党对等谈判，实现第三次合作，共同完成祖国统一大业；提出国家实现统一后，台湾可作为特别行政区，享有高度的自治权，并可保留军队，中央政府不干预台湾地方事务；明确肯定国家实现统一后，台湾现行社会、经济制度不变，生活方式不变，同外国的经济、文化关系不变，私人财产、房屋、土地、企业所有权、合法继承权和外国投资不受侵犯。这些主张实际上已经将“一国两制”构想具体化了。正如邓小平所说，上述政策“虽然没有概括为‘一国两制’，但实际上就是这个意思”②。

1983 年 6 月，邓小平在会见美国新泽西州西东大学杨力宇教授时，系统地提出大陆和台湾和平统一的设想，即“祖国统一后，台湾特别行政区可以有自己的独立性，可以实行同大陆不同的制度。司法独立，终审权不须到北京。台湾还可以有自己的军队，只是不能构成对大陆的威胁。大陆不派人驻台，不仅军队不去，行政人员也不去。台湾的党、政、军等系统，都由台湾自己来管。中央政府还要给台湾留出名额”③。1984 年 2

① 中共中央文献研究室．邓小平关于建设有中国特色社会主义的论述专题摘编．北京：中央文献出版社，1992：304．

② 邓小平．邓小平文选：第 3 卷．北京：人民出版社，1993：102．

③ 同②30．

月，邓小平在会见美国一所大学的代表团时进一步指出，“统一后，台湾仍搞它的资本主义，大陆搞社会主义，但是是一个统一的中国。一个中国，两种制度”①，并申明这种方式同样适用于香港。这是对“一国两制”的最初概括。正是在上述基础上，1984 年 6 月，邓小平在同香港工商界访京团和知名人士谈话时，正式提出并全面阐述了“一个国家，两种制度”的科学构想。

“一国两制”不是从主观愿望出发而凭空臆造的产物，而是有其理论和现实依据的科学构想。它的提出、发展和完善，充满了马克思主义的辩证唯物主义和历史唯物主义的基本精神，体现了中国共产党实事求是的思想路线。

首先，“一国两制”构想充分体现了实事求是的思想路线。邓小平认为，实现“一个国家，两种制度”的构想是我们从中国自己的情况出发考虑的。中国大陆和港、澳、台有着不同的历史和现实情况。从港、澳、台方面看，由于历史的原因，那些地区实行的是资本主义制度。经过长期的发展，那些地区的生产水平、人均收入都高于大陆。港、澳、台人民渴望民族的统一，但不愿意改变本地区现行的社会制度和生活方式。从祖国大陆方面看，在全国上下大力推进改革开放和社会主义现代化的今天，保存港、澳、台地区的资本主义制度也有利于大陆的经济发展。以上这些情况，决定了我们必须实事求是地寻找解决港、澳、台问题，实现祖国统一的现实途径。“一国两制”构想就是在这种情况下提出来的。

其次，“一国两制”构想体现了和平共处的原则。和平共处原则最先是列宁提出来的。十月革命后，列宁为了巩固和发展第一个社会主义国家，提出不同社会制度国家可以和平共处的思想。列宁这一思想后来成为社会主义国家处理与其他不同社会制度国家关系的一个指导方针。邓小平认为，处理国与国之间关系，和平共处五项原则是最好的方式。其他方式，如“大家庭”方式、“集团政治”方式、“势力范围”方式，都会带来矛盾，激化国际局势。用“一个国家，两种制度”的办法来解决中国的统一问题，这也是一种和平共处，是一国内部两种不同社会制度之间的和平共处。实行“一国两制”，大陆搞社会主义，港、澳、台实行资本主义，两种制度在统一的中华人民共和国内并存与和平共处，这是和平共处原则在祖国统一问题上的创造性运用和发展。

最后，“一国两制”构想充分体现了爱国主义的基本精神。在保持现行社会制度的基础上实现祖国和平统一，是包括港、澳、台同胞在内的全体中国人民的共同心愿，也符合国家和民族的根本利益。“一国两制”构想正视和达观地对待大陆与港、澳、台现行的政治制度、意识形态等方面的差异，以统一祖国、振兴中华为最终目的。这充分体现了爱国主义精神。在“一国两制”之下，无论是实行社会主义制度的大陆，还是实行资本主义制度的台湾、香港和澳门，都要以整个民族利益为重，热爱祖国，维护整个国家的独立和统一。在一个主权国家内的两种制度，不应处于互相对立、互相敌视的状态，而应互相支持、互相合作，共同促进民族和国家的繁荣富强。这样，爱国主义就自然成为维系生活在两种社会制度下的全体中国人民的团结、巩固和发展国家统一、振兴中华的共同政治基础。

---

① 邓小平．邓小平文选：第 3 卷．北京：人民出版社，1993：49.

3. “和平统一、一国两制”的方针

1987 年 11 月，台湾当局开放台湾居民赴大陆探亲，海峡两岸同胞近 38 年的隔绝状态终于被打破。1988 年 1 月，蒋经国去世，李登辉继任台湾当局领导人，对台湾政治体制做出结构性大调整，推动所谓“本土化”、“台湾化”和“脱中国化”，推行“两个中国”的分裂政策，使“台独”势力膨胀，“台独”思潮蔓延。

进入 20 世纪 90 年代以后，一方面，海峡两岸关系发展出现了良好的势头。两岸人员往来以及科技、教育、文化、体育等各个领域的交流进一步加强，两岸经济往来更加密切。1992 年，大陆的海峡两岸关系协会与台湾的海峡交流基金会达成各自以口头方式表述“海峡两岸均坚持一个中国原则”的“九二共识”，在此基础上开启了两岸事务性商谈。另一方面，台湾当局领导人拒不接受一个中国的原则，插手台湾事务的外国势力和“台独”势力仍在继续从事分裂祖国的活动。两岸关系跌宕起伏，经历着复杂的发展变化。

在这种情况下，以江泽民同志为核心的党的第三代中央领导集体一再重申，我们坚定不移地按照“和平统一、一国两制”的方针，积极促进祖国统一。中国共产党愿意同中国国民党尽早接触，以便创造条件，就正式结束两岸敌对状态、逐步实现和平统一进行谈判。1995 年 1 月 30 日，江泽民在中共中央台湾工作办公室、国务院台湾事务办公室等单位举行的新春茶话会上发表了《为促进祖国统一大业的完成而继续奋斗》的重要讲话，就推动祖国和平统一进程提出了著名的八项主张：坚持一个中国的原则，是实现和平统一的基础和前提；对于台湾同外国发展民间性经济、文化关系，我们不持异议；进行海峡两岸和平统一谈判，是我们的一贯主张；努力实现和平统一，中国人不打中国人；大力发展两岸经济交流与合作，以利于两岸经济共同繁荣，造福整个中华民族；中华各族儿女共同创造的灿烂文化，始终是维系全体中国人的精神纽带，也是实现和平统一的一个重要基础；两千一百万台湾同胞，不论是台湾省籍还是其他省籍，都是中国人，都是骨肉同胞、手足兄弟；我们欢迎台湾当局的领导人以适当身份前来访问，我们也愿意接受台湾方面的邀请，前往台湾。八项主张表明了党解决台湾问题的决心和诚意，体现了对台方针政策的一贯性、连续性，指明了发展两岸关系的方向，是完成祖国统一大业的纲领性文件。

十六大重申坚持“和平统一、一国两制”的基本方针和现阶段发展两岸关系、推进祖国和平统一进程的八项主张，强调“坚持一个中国原则，是发展两岸关系和实现和平统一的基础”，坚决反对任何旨在制造“台湾独立”“两个中国”“一中一台”的言行，呼吁“在一个中国原则的基础上，暂时搁置某些政治争议，尽早恢复两岸对话和谈判”，宣示了全党和全国人民完成祖国统一大业的坚定决心。2005 年 3 月，胡锦涛在参加全国政协十届三次会议民革、台盟、台联界委员联组会时，就海峡两岸关系提出了新形势下发展两岸关系的“四点意见”，即坚持一个中国原则决不动摇，争取和平统一的努力决不放弃，贯彻寄希望于台湾人民的方针决不改变，反对“台独”分裂活动绝不妥协。这“四点意见”是一个整体，其中，一个中国原则是前提和基础。

十八大充分肯定了香港、澳门回归以来，“一国两制”实践取得的成功，强调中央政府对香港、澳门实行的各项方针政策，根本宗旨是维护国家主权、安全、发展利益，保持香港、澳门长期繁荣稳定。全面准确贯彻“一国两制”、“港人治港”、“澳人治澳”、高度自治的方针，必须把坚持一国原则和尊重两制差异、维护中央权力和保障特别行政区高度自治权、发挥祖国内地坚强后盾作用和提高港澳自身竞争力有机结合起来，任何时候都不能偏废。同时指出，解决台湾问题、实现祖国完全统一，是不可阻挡的历史进程。和平统一最符合包括台湾同胞在内的中华民族的根本利益。实现和平统一首先要确保两岸关系和平发展，坚持“和平统一、一国两制”的方针。十九大进一步指出，保持香港、澳门长期繁荣稳定，必须全面准确贯彻“一国两制”、“港人治港”、“澳人治澳”、高度自治的方针，严格依照宪法和基本法办事，完善与基本法实施相关的制度和机制。同时指出，解决台湾问题、实现祖国完全统一，是全体中华儿女共同愿望，是中华民族根本利益所在，强调要有坚定的意志、充分的信心、足够的能力挫败任何形式的“台独”分裂图谋，绝不允许任何人、任何组织、任何政党、在任何时候、以任何形式、把任何一块中国领土从中国分裂出去。二十大强调，解决台湾问题、实现祖国完全统一，是党矢志不渝的历史任务，是实现中华民族伟大复兴的必然要求，必须坚持贯彻新时代党解决台湾问题的总体方略，牢牢把握两岸关系主导权和主动权，坚定不移推进祖国统一大业。

（二）“一国两制”科学构想的基本内容

“一国两制”是一个全新的概念。这一新的概念，具有十分简明而又深刻的科学内涵。概括起来就是：在统一的国家之内，国家主体实行社会主义制度，个别地区依法实行资本主义制度。也就是说，在统一的中华人民共和国内，大陆实行社会主义制度，香港、澳门、台湾保持原有的资本主义制度长期不变。

第一，坚持一个中国。这是“一国两制”最鲜明、最基本的特征。它体现了我们国家和民族的最高利益，是发展两岸关系和实现祖国和平统一的政治前提及根本保证。世界上只有一个中国，中国的主权和领土完整是不容侵犯的。在国际上代表全中国人民的唯一合法政府，只能是中华人民共和国政府。“一国”是指只有一个中国，即中华人民共和国，不是什么“两个中国”或“一中一台”。“一国”的国家体制是单一制，而非复合制，更不是“一个主权，两个治权”“多体制”“联邦制”“奥运会式”等。“一国”是指在统一的中华人民共和国内，一个最高权力机关，即中华人民共和国全国人民代表大会；一个中央政府，即中华人民共和国国务院；一部宪法，即《中华人民共和国宪法》。这是原则性的、不能动摇的。祖国统一后，香港、澳门、台湾作为中华人民共和国不可分割的组成部分，可以根据宪法和法律的规定，建立特别行政区，可以享有其他省、市、自治区没有的某些权利，这是灵活性。但是，决不能把这种特别行政区作为一个“政治实体”，搞所谓“完全自治”，不能损害统一的国家利益。尽管至今两岸仍未统一，但大陆和台湾同属一个中国的事实从未改变。坚持一个中国原则，没有回旋余地，更不能妥协退让。一个中国集中体现了国家主权的不可分割性和中华民族的统一性，这是“一国两制”构想的政治基础和核心，体现一个中国原则的“九二共识”，明确界定了两岸关系的根本性质，是确保两岸关系和平发展的关键。承认“九二共识”的历史事实，认同两岸同属一个中国，两岸双方就能开展对话，协商解决两岸同胞关心的问题，台湾任何政党和团体同大陆交往也不会存在障碍。

第二，两种制度并存。在统一的中华人民共和国内，大陆实行社会主义制度，香港、澳门、台湾实行资本主义制度。邓小平指出："'一国两制'也要讲两个方面。一方面，社会主义国家里允许一些特殊地区搞资本主义，不是搞一段时间，而是搞几十年、成百年。另一方面，也要确定整个国家的主体是社会主义。否则怎么能说是'两制'呢？那就变成'一制'了。"[①] 按照"一国两制"实现祖国统一后，港、澳、台实行"三个不变"，即现行社会、经济制度不变，生活方式不变，同外国的文化、经济关系不变；"六个不受侵犯"，即私人财产、房屋、土地、企业所有权、合法继承权和外国投资不受侵犯。此外，台湾问题和港澳问题不同，港澳问题是恢复行使主权问题，需要同外国谈判加以解决，而台湾问题则是内政问题，是中国人自己的事情。解决台湾问题比解决港澳问题条件更宽。在统一的中华人民共和国里，占全国总人口的绝大多数、占全国土地面积绝大部分的大陆地区，坚定不移地实行社会主义制度；台湾、香港、澳门作为这个统一国家不可缺少和不可分割的组成部分，实行资本主义制度。大陆的社会主义与港、澳、台的资本主义两种社会制度长期共存、互相竞赛，共同促进中华民族的繁荣昌盛。

第三，主体必须是社会主义。用"一国两制"实现统一后，中国究竟是一个什么性质的国家？邓小平做了明确的回答："中国的主体必须是社会主义。"就是说，在一个统一的中华人民共和国里，大陆地区是这个国家的主体，坚定不移地实行社会主义制度；台湾、香港及澳门是这个统一国家不可分割的组成部分，实行资本主义制度。实行"一国两制"，必须首先确认国家的主体是社会主义，这是一个基本前提。在此前提下，港、澳、台地区实行资本主义。

第四，港、澳、台地区实行高度自治。按照"一国两制"构想实现祖国统一后，香港、澳门、台湾享有不同于中国其他省、市、自治区的高度自治权。除外交事务和防务由中央政府管理外，香港、澳门特别行政区拥有行政管理权、立法权、独立的司法权和终审权；特别行政区依法自行制定经济、贸易、金融货币、教育、科技和文化等方面的政策，继续同各国各地区及有关国际组织保持和发展经济文化关系；特别行政区保持财政独立，实行独立的税收制度，中央政府不征税；特别行政区人民的各项合法权利和自由、外国在这里的经贸活动和投资利益等，都依法受到保护。台湾还可以保留自己的军队，中央政府不派军队到台湾去，也不派其他人员驻台，台湾人民可以充分行使选择社会制度和生活方式的权利，更加广泛、直接地参与管理国家大事。

第五，针对台湾问题，尽最大努力争取和平统一，但不承诺放弃使用武力。中国作为一个主权国家，可以采取自己认为必要的一切手段来维护本国主权和领土的完整。邓小平指出："我们坚持谋求用和平的方式解决台湾问题，但是始终没有放弃非和平方式的可能性，我们不能作这样的承诺。"[②]"不能排除使用武力，我们要记住这一点，我们的下一代要记住这一点。这是一种战略考虑。"[③] 江泽民、胡锦涛也反复强调，我们主张用和平方式实现祖国统一，同时不能做出放弃使用武力的承诺。和平统一，有利于台湾和祖

① 邓小平．邓小平文选：第3卷．北京：人民出版社，1993：219.

② 同①86－87.

③ 同①87.

国大陆的共同发展，有利于统一后的长期繁荣稳定，也有利于维护亚太地区的和平与稳定。不承诺放弃使用武力，不是针对台湾同胞的，而是针对外国势力干涉中国统一和“台独”分裂势力搞“台湾独立”图谋的。习近平指出，“台独”分裂势力及其活动损害国家主权和领土完整，企图挑起两岸民众和社会对立、割断两岸同胞精神纽带，是两岸关系和平发展的最大障碍，是台海和平稳定的最大威胁，必须坚决反对。

“一国两制”构想自问世以来，已经在国际、国内产生了强烈反响，得到了广泛赞同。“一国两制”已经取得举世公认的成功，具有强大的生命力。无论遇到什么样的困难和挑战，我们对“一国两制”的信心和决心都不会动摇。

（三）“一国两制”科学构想的重大意义

邓小平指出：“我们的社会主义制度是有中国特色的社会主义制度，这个特色，很重要的一个内容就是对香港、澳门、台湾问题的处理，就是‘一国两制’。这是个新事物。这个新事物不是美国提出来的，不是日本提出来的，不是欧洲提出来的，也不是苏联提出来的，而是中国提出来的，这就叫做中国特色。”① 习近平认为，“一国两制”是中国的一个伟大创举，是中国为国际社会解决类似问题提供的一个新思路新方案，是中华民族为世界和平与发展做出的新贡献，凝结了海纳百川、有容乃大的中国智慧。“一国两制”的战略构想，是马克思主义基本原理同中国新的历史时期具体实际相结合的产物，是社会主义发展史上的伟大创举，是对马克思列宁主义、毛泽东思想的创造性运用和发展。这一战略构想，不但为我国和平统一祖国开辟了正确的道路、提供了最佳的方略，而且为当今时代历史条件下解决国际争端，促进世界和平与发展，提供了新经验、新途径，具有十分重大的理论意义和实践意义。

1. “和平统一、一国两制”战略构想的理论意义

用“和平统一、一国两制”的方式实现祖国统一，是中国共产党从本国实际出发，创造性地运用马克思主义基本原理提出的一个科学构想，其理论意义主要表现在以下三个方面：

第一，“一国两制”构想丰富和发展了马克思主义的国家学说。“一国两制”作为一种关于国家总体结构的新构想，是中国共产党人在新的实践中对马克思主义国家学说的丰富和发展。“和平统一、一国两制”构想是对马克思主义国家学说的重大发展。社会主义国家应该采取什么样的国家政权组织形式？马克思设想应该采取共和国的形式。列宁在实践中创造了苏维埃制度，作为实行无产阶级专政的形式。毛泽东在我国建立了人民民主专政的国家政权，形成了人民代表大会制度和单一制的国家结构形式。“一国两制”则是一个全新的构想。在传统的单一制国家结构形式里，政治制度是单一的，如我国的人民民主专政；国家机构形式是单一的，地方政府都是在中央政府的统一领导下，按照统一的法律、法规和政令施政。按照“一国两制”的构想，在我国这样一个主权统一的国家内存在着两种社会制度，就使国家的行政区划结构既有普通的行政单位（省）、民族自治区、中央直辖市，又有新创设的特别行政区。同时，与国家总体结构内存在不同种

---

① 邓小平．邓小平文选：第3卷．北京：人民出版社，1993：218.

类的行政区这一情况相对应，还有不同行政区的具体权限、具体职能、具体作用等的区别。在我国社会主义国家总体结构运行机制的全局要求下，发挥其各自的具体机制功能和具体属位的作用，从而使整个国家凭借国家总体机制与各行政区属位功能的配合，协调而稳健地发展。这对于像我们这样一个在地理位置、生产力发展水平、社会各方面发展速度等方面非常复杂和参差不齐的国家来说，是很有意义的。

第二，"一国两制"构想丰富和发展了和平共处的原则。和平共处是社会主义国家用以处理不同社会制度国家之间相互关系的一个基本原则。这一基本原则是列宁根据俄国十月革命后世界上出现第一个社会主义国家和资本主义国家两种社会制度并存的情况，以及根据当时俄国存在和发展的实际需要而首次提出来的。20 世纪 50 年代初期，随着世界上出现了一系列的社会主义国家，在不同社会制度国家之间需要更新更大的原则规范来制约调节相互之间的关系，中国共产党审时度势提出了和平共处五项原则，为我国作为新的社会主义国家的全面的对外政策奠定了基础，使和平共处原则和思想展现出前所未有的国际意义。"一个国家，两种制度"的创造性战略构想，把和平共处原则由处理不同社会制度国家相互关系的领域，引向处理一个主权国家内的不同制度的地区之间的关系这样一个更新的领域。这就为和平共处思想增添了新的内涵。

第三，"一国两制"构想丰富和发展了统一战线的理论与策略，是对中国共产党的统一战线理论的更为广泛的运用和发展。一方面，它具体体现了党的统一战线由过去的以革命阶级、革命民众的大联合和以革命为旗帜的革命统一战线，转变为今天的以民族大团结、国家大统一和以爱国主义为旗帜的爱国统一战线这样总体性质上的跃升。另一方面，它大大扩展了我国新时期爱国统一战线的对象和范围，体现了促成中华民族伟大复兴所依靠的爱国力量的壮大、发展和在新基础上的更为广泛的力量组合。实行"一国两制"的根本目的，乃是实现祖国的和平统一。在爱国统一战线中，既包括了大陆这一主体部分社会主义制度下的全体工人、农民和其他社会主义劳动者，也包括了资本主义制度下的香港、澳门、台湾以及海外侨胞中全体拥护祖国统一的爱国者，体现了中华民族为实现祖国和平统一、实现民族伟大复兴的一切爱国力量的广泛组合。2018 年 3 月，第十三届全国人民代表大会第一次会议通过《中华人民共和国宪法修正案》，将"包括全体社会主义劳动者、社会主义事业的建设者、拥护社会主义的爱国者和拥护祖国统一的爱国者的广泛的爱国统一战线"修改为"包括全体社会主义劳动者、社会主义事业的建设者、拥护社会主义的爱国者、拥护祖国统一和致力于中华民族伟大复兴的爱国者的广泛的爱国统一战线"。

2. "和平统一、一国两制"战略构想的实践意义

"一国两制"战略构想的实践意义不仅表现在它为解决中国复杂的国家统一问题提供了最佳选择、找到了有效的途径，而且表现在它为和平解决国际上复杂的历史遗留问题提供了良好范例。

首先，"一国两制"构想开辟了用和平方式统一祖国的新途径。它有助于保持港、澳、台地区的稳定和繁荣，对各方都有利。通过"一国两制"实现国家统一，不仅能促进港、澳、台的繁荣，而且对促进内地的现代化建设极为有利。香港和澳门的回归及近年来台海两岸和平发展的实践已经证明并将继续证明："一国两制"是迄今为止实现祖国统一的最合理、最现实的途径，不但能尽快地促进祖国的和平统一，而且能够在统一后保证国家的长治久安。

其次，“一国两制”构想为解决国际争端和世界遗留问题开辟了新的途径。当今的世界并不平静，各种矛盾和冲突此起彼伏、连绵不断。和平问题仍是当今世界所面临的一个重大问题。“一国两制”构想的提出和实践，为世界各国提供了国家间解决历史遗留问题的一个成功范例。用“一国两制”的方针解决国家间、民族间的争端，可以消除许多“热点”“爆发点”，稳定世界局势。“一国两制”构想之所以会受到世界舆论的普遍欢迎赞赏，主要是因为“一国两制”这种和平解决矛盾的方针深得人心，符合世界上绝大多数爱好和平的人们的利益。我国政府用“一国两制”科学构想圆满地解决了香港和澳门问题，拓宽了人们的眼界，使人们看到了一种比较理想的选择。只要各当事国或有关方面能以维护世界和平、振兴各国经济为重，采取“一国两制”式的和平商讨方针，就能找到消除战争、缓和局势、解决争端、促进世界和平的新途径。

习近平指出，我们要按照宪法和基本法办事，支持香港、澳门发展经济、改善民生，确保“一国两制”实践不动摇、不走样、不变形。坚持“九二共识”共同政治基础，推动两岸经济社会融合发展，促进两岸同胞心灵契合，为两岸关系和平发展、实现祖国完全统一而不懈努力。

三、中国特色社会主义外交与国际战略

建设中国特色社会主义，需要一个稳定的国内环境，也需要一个和平的国际环境。制定正确的外交战略，是争取和维护世界和平、创造良好的国际环境的重要条件与保证。改革开放以来，中国共产党在领导全党、全国人民进行改革开放和社会主义现代化建设的伟大实践中，根据对国际形势的深入观察和冷静思考，提出了一系列关于国际形势和我国外交战略的科学论断，形成了内容丰富而又具有鲜明特征的社会主义国家外交与国际战略，构成了中国特色社会主义的重要组成部分。新时代，以习近平同志为核心的党中央统筹国际国内两个大局、统筹发展安全两件大事，坚持独立自主的和平外交政策，坚定不移走和平发展道路，坚定不移维护世界和平、促进共同发展，推动构建以合作共赢为核心的新型国际关系，打造人类命运共同体，大力推进外交理论和实践创新，开启了中国特色大国外交新征程。

（一）中国特色社会主义外交与国际战略的形成发展

任何思想的形成都有赖于一定的现实条件，中国特色社会主义外交与国际战略的形成，也是与国际形势发展变化的客观现实及党对时代特征的准确判断密切相关的。离开这些背景条件，我们就很难把握中国特色社会主义外交与国际战略的精神实质。

1. 战后国际形势的变化与时代特征的新判断

19 世纪末 20 世纪初，资本主义发展到帝国主义阶段。帝国主义垄断的经济实质，决定了帝国主义国家之间的矛盾不可调和；帝国主义国家政治经济发展不平衡，决定了

它们之间会因争夺市场、原料产地和投资场所而进行战争；帝国主义战争为无产阶级革命创造了有利的条件和时机，使得处于帝国主义体系薄弱环节上的国家有可能通过无产阶级革命，率先实现社会主义。列宁据此认为世界进入了帝国主义和无产阶级革命的时代，战争与革命成为时代的基本特征。第二次世界大战以前的世界历史证实了列宁的论断。正是在此期间，某些帝国主义国家发动了人类历史上迄今为止最大的两次世界战争。同时，战争也引发了无产阶级革命在世界较大范围发生，并导致一批社会主义国家先后成立。然而，第二次世界大战以后，特别是 20 世纪 70 年代末以来，国际形势发生了许多重大的变化，形成了有利于维护世界和平、促进人类发展的总趋势。第二次世界大战结束以后，特别是 20 世纪 60 年代末以来，世界上虽然发生了许多局部战争和地区冲突，包括帝国主义国家挑起和发动的侵略战争，可以说战争连绵不断，但是，帝国主义国家之间的战争并没有发生，帝国主义国家内部，尤其是发达资本主义国家内部并没有发生无产阶级的革命。长期的相对和平是战后世界发展的实际状况，构成了 20 世纪末期世界发展的趋势。维护世界和平，成为世界各国人民共同关心的重大问题，要求一切国家为维护世界和平做出努力，要求采用和平的方式解决国际争端。与此同时，战后世界经济发展突飞猛进，人类的物质文明和精神文明都达到了前所未有的水平。世界各国，无论是资本主义国家还是社会主义国家，无论是发达国家还是发展中国家，都普遍地将经济发展作为自己的基本国策，经济因素在整个当代国际关系中占据了极其重要的地位。任何国家要发展，都必须把本国的经济发展同世界经济的发展联系起来。和平与发展已成为当今时代的基本特征，成为具有世界意义的潮流。

党的十一届三中全会以后，邓小平根据他对国际局势发展变化的冷静观察和辩证分析，改变了过去党曾一度过分强调战争危险、强调革命，而对和平因素估计不足的看法，做出了关于战争与和平问题的新判断，即“在较长时间内不发生大规模的世界战争是有可能的，维护世界和平是有希望的”①。“现在国际形势看来会有个比较长时间的和平环境，即不爆发第三次世界大战的环境。”② 正是基于对战争与和平问题的这种新判断，邓小平在 1984 年 5 月会见巴西总统菲格雷多时第一次提出了和平与发展是当代世界的两大问题的重要观点。他指出，“现在世界上问题很多，有两个比较突出。一是和平问题。现在有核武器，一旦发生战争，核武器就会给人类带来巨大的损失”，“二是南北问题。这个问题在目前十分突出。发达国家越来越富，相对的是发展中国家越来越穷。南北问题不解决，就会对世界经济的发展带来障碍”③。同年 10 月，邓小平在会见缅甸总统吴山友时，进一步强调了和平问题与南北问题在世界各种问题中的地位。他指出：“还有其他许多问题，但都不像这两个问题关系全局，带有全球性、战略性的意义。”④ 1985 年 3 月，邓小平在会见日本客人时再次指出：“现在世界上真正大的问题，带全球性的战略问题，一个是和平问题，一个是经济问题或者说发展问题。和平问题是东西问题，发展问题是

① 邓小平．邓小平文选：第 3 卷．北京：人民出版社，1993：127.
② 同①270.
③ 同①56.
④ 同①96.

南北问题。概括起来，就是东西南北四个字。南北问题是核心问题。”① 由此更为准确地将南北问题的实质归结为发展问题，并对和平与发展这两大问题的关系做出了正确的判断，从而科学地概括出了“和平和发展是当代世界的两大问题”这一著名论断。

1987年，党的十三大根据邓小平的上述思想，明确提出“和平和发展两大主题”的重要结论。1997年，党的十五大进一步提出“和平与发展是当今时代的主题”的观点。党的十六大、十七大、十八大都重申了这一观点。党的十九大指出，世界正处于大发展大变革大调整时期。一方面，世界多极化、经济全球化、社会信息化、文化多样化深入发展，全球治理体系和国际秩序变革加速推进，各国相互联系和依存日益加深，国际力量对比更趋平衡，和平发展大势不可逆转；另一方面，世界面临的不稳定性不确定性突出，世界经济增长动能不足，贫富分化日益严重，地区热点问题此起彼伏，恐怖主义、网络安全、重大传染性疾病、气候变化等非传统安全威胁持续蔓延，人类面临许多共同挑战。党的二十大进一步强调，当前，世界之变、时代之变、历史之变正以前所未有的方式展开。一方面，和平、发展、合作、共赢的历史潮流不可阻挡，人心所向、大势所趋决定了人类前途终归光明。另一方面，恃强凌弱、巧取豪夺、零和博弈等霸权霸道霸凌行径危害深重，和平赤字、发展赤字、安全赤字、治理赤字加重，人类社会面临前所未有的挑战。世界又一次站在历史的十字路口，何去何从取决于各国人民的抉择。

和平与发展是一个具有丰富内涵的科学判断。首先，和平与发展是世界各国人民的共同要求，是当今世界发展的基本趋向。和平问题，主要是维护世界和平，防止新的世界大战和其他战争的问题；发展问题，主要是指经济上的繁荣与进步。邓小平认为，在和平与发展两大问题中，核心问题是发展问题。他强调：“应当把发展问题提到全人类的高度来认识，要从这个高度去观察问题和解决问题。只有这样，才会明了发展问题既是发展中国家自己的责任，也是发达国家的责任。”② 其次，和平与发展揭示了当今世界的主要矛盾和根本任务。邓小平将世界和平与发展两大问题归纳为“东西南北”四个字，是对当代世界主要矛盾的科学揭示。东西矛盾、南北矛盾、西西矛盾，都是围绕着和平与发展这两大问题展开的。在全球问题中，除了和平与发展问题之外，还有许多其他问题，如战后世界人口急剧增长、资源开发盲目无度、生态环境日趋恶化等，但这些问题的最终解决，也都要取决于和平与发展这两大问题的解决。虽然，和平与发展已成为世界各国人民的共同要求，是当今世界发展的基本趋向，但是影响世界和平与发展的不确定因素依然存在，世界和平与发展这两大问题还没有得到根本解决，人类实现普遍和平、共同发展的理想还任重道远。最后，和平与发展两大问题相辅相成，密不可分。一方面，世界和平是促进各国共同发展的前提条件，没有和平就没有发展。另一方面，和平也离不开发展。发展问题不解决，和平问题的解决就会受到严重影响。

2. 中国特色社会主义外交与国际战略的形成

新中国成立前夕，毛泽东即将独立自主原则这一中国革命取得成功的基本经验运用到外交领域，阐明了新中国外交的独立自主的基本立场。毛泽东指出：“中国必须独立，

---

① 邓小平．邓小平文选：第3卷．北京：人民出版社，1993：105.

② 同①282.

中国必须解放，中国的事情必须由中国人民自己作主张，自己来处理，不容许任何帝国主义国家再有一丝一毫的干涉。”[①] 毛泽东还提出了“另起炉灶”“打扫干净屋子再请客”“一边倒”的基本方针，明确表示了不承袭国民党政府同各国建立的旧的外交关系，而要在新的基础上另行建立新的外交关系的基本立场，并提出我们愿意在平等、互利、互相尊重主权和领土完整的原则的基础上同一切国家建立外交关系。毛泽东的这些思想，对于确立不同于旧中国的崭新的外交政策的基本原则和具体政策提供了战略指导，而且作为新中国外交的基本原则载入了 1949 年 9 月通过的具有临时宪法作用的《中国人民政治协商会议共同纲领》之中。正如周恩来所指出的：“我们对外交问题有一个基本的立场，即中华民族独立的立场，独立自主、自力更生的立场。”[②]“如果不是坚决贯彻独立自主的立场，就会成为卫星国，仰帝国主义的鼻息，就会成为从属国家。因此，在坚持独立自主上不能放松。”[③]

新中国成立后，面对帝国主义的经济封锁、政治孤立和战争威胁，毛泽东从新中国的根本利益出发，把争取世界局势的缓和，创造一个较长时期的和平的环境，确定为新中国对外工作的首要任务和战略目标。为了实现这一目标，我国迅速与苏联和欧亚各人民民主国家建立了外交关系，还十分重视发展与新兴民族独立国家，尤其是邻近的民族独立国家的友好关系。1953 年 12 月，周恩来在中国和印度两国就中国西藏地方的关系问题谈判中，在毛泽东关于“平等、互利、互相尊重主权和领土完整”的思想基础上，首次完整地提出了著名的和平共处五项原则，并在 20 世纪 50 年代中期以后的频繁出访中，将和平共处五项原则逐步推向世界，使之逐渐为越来越多的国家所认可，成为指导国际关系的普遍原则。

从 20 世纪 50 年代末开始，面对动荡的国际形势，特别是来自美苏两个超级大国的压力，毛泽东提出了坚持独立自主的原则立场，反对霸权主义，维护中国的民族尊严和利益，维护中国社会主义事业的利益，维护世界和平、民族解放和社会主义事业的利益的思想；还提出了继续加强同亚、非、拉被压迫民族国家的团结与合作，中国是亚、非、拉各国人民的后方，中国有义务帮助他们的思想。在这一思想指导下，确定了我国对第三世界国家的基本政策和行动纲领。

进入 20 世纪 70 年代以后，国际局势出现了美苏两个超级大国激烈争夺且美国处于劣势，日本、西欧、第三世界等多种力量迅速发展，世界格局由两极向多极发展，美国采取主动行动谋求改善对华关系的新情况。面对这些巨大的变化，毛泽东、周恩来审时度势，适应新形势发展变化的需要，及时对我国外交工作做出了富有远见和胆略的重大决策，实行从日本到欧洲一直到美国的“一条线”的对外政策，采取灵活机动的措施，创造良机，使中国的外交工作获得了很大发展。20 世纪 70 年代前期，毛泽东根据世界政治力量对比的重大变化，逐渐形成了关于“三个世界”划分的战略思想。

作为中国改革开放和现代化建设的总设计师，邓小平的外交战略思想，在十一届三

---

① 中华人民共和国外交部，中共中央文献研究室．毛泽东外交文选．北京：中央文献出版社，1994：90.

② 周恩来．周恩来选集：上卷．北京：人民出版社，1980：321.

③ 中华人民共和国外交部，中共中央文献研究室．周恩来外交文选．北京：中央文献出版社，1990：405.

中全会以后中国对外关系的理论和实践中，得到了全面的丰富和发展。邓小平相继提出了一系列崭新的外交战略思想，创造性地发展了毛泽东思想关于外交战略的理论。比如：提出"和平和发展是当代世界的两大问题"，应把争取世界和平作为我们外交活动的主要目标，坚持独立自主的和平外交政策；指出和平共处五项原则是解决和处理国家间矛盾与问题的最好方式，要在和平共处五项原则的基础上建立国际政治经济新秩序；强调应在独立自主、完全平等、互相尊重、互不干涉内部事务四项原则的基础上处理同各国共产党和其他政党的关系；等等。正是在这些思想的指导下，中国与世界上许多国家恢复和建立了外交关系，创造了对我国现代化建设十分有利的国际环境。

3. 中国特色社会主义外交与国际战略的丰富和发展

20 世纪 80 年代末 90 年代初，苏联解体、东欧剧变，标志着存在 40 多年的两极格局的终结，国际形势发生了战后最为深刻的变化。世界多极化和经济全球化的趋势成为当今国际形势最显著的特征。所谓世界多极化，就是指在一定时期内对国际关系有重大影响的多个国家和国家集团互相作用而形成的世界格局的一种发展趋势，是对主要政治力量在全球实力分布状态的一种集中反映。早在 1990 年 3 月，当苏联动荡但尚未解体的时候，邓小平就曾指出："美苏垄断一切的情况正在变化。世界格局将来是三极也好，四极也好，五极也好，苏联总还是多极中的一个，不管它怎么削弱，甚至有几个加盟共和国退出去。所谓多极，中国算一极。"① 这一论述，既做出了新的格局尚未形成的判断，又指出了世界格局多极化的发展趋势。所谓经济全球化，就是指随着社会生产力的不断发展，世界各国、各地区经济，包括生产、流通和消费等领域相互联系、相互依赖、相互渗透，以前那些由于民族、国家、地域等因素所造成的阻碍日益减少，世界经济愈来愈成为一个不可分割的全球范围的有机整体的过程。经济全球化是当代世界经济的重要特征之一，也是世界经济发展的趋势。随着两极格局的瓦解，经济全球化趋势也更为凸显。

冷战结束后，面对世界多极化和经济全球化的趋势以及高科技迅速发展所带来的复杂多变的国际局势，以江泽民同志为主要代表的中国共产党人提出：要正确把握世界多极化和经济全球化的发展趋势，维护世界和平，促进共同发展；始终不渝地奉行独立自主的和平外交政策；反对霸权主义和强权政治，维护国家的独立、主权和尊严；在和平共处五项原则的基础上建立国际政治经济新秩序；进一步加强同发展中国家的团结与合作；努力发展大国间长期稳定的友好合作关系；尊重世界多样性，本着互相尊重、求同存异的精神处理国际事务，促进国际关系民主化。这些重要思想丰富和发展了邓小平的外交与国际战略思想。这一时期，我国外交工作经过坚持不懈的努力，通过对话、协商和谈判，解决或缓和了与其他国家之间长期存在的一些分歧和争端，为稳定国际关系大局、维护地区和世界和平做出了重大贡献。

进入新世纪新阶段，以胡锦涛同志为主要代表的中国共产党人主动顺应维护世界和平、促进共同发展的时代潮流，积极应对世界多极化、经济全球化和科技进步的发展趋势，始终坚持独立自主的和平外交政策，继续按照和平共处五项原则和其他公认的国际关系准则，与世界所有国家发展友好互利合作，为推动建设持久和平、共同繁荣的和谐

① 邓小平．邓小平文选：第 3 卷．北京：人民出版社，1993：353.

世界做出新的贡献。党的十八大强调，在国际关系中要弘扬平等互信、包容互鉴、合作共赢的精神，共同维护国际公平正义。重申中国将始终不渝走和平发展道路，坚定奉行独立自主的和平外交政策；将始终不渝奉行互利共赢的开放战略，通过深化合作促进世界经济强劲、可持续、平衡增长；坚持在和平共处五项原则基础上全面发展同各国的友好合作。

党的十八大以来，以习近平同志为核心的党中央洞察国际大势，把握时代脉搏，在保持对外大政方针稳定性和连续性的基础上，积极推进外交理论和实践创新，提出了坚持走和平发展道路、积极发展全球伙伴关系、积极参与全球治理体系改革和建设、构建人类命运共同体等重要外交和国际战略思想。党的二十大强调指出，当前，世界之变、时代之变、历史之变正以前所未有的方式展开。世界又一次站在历史的十字路口，何去何从取决于各国人民的抉择。中国始终坚持维护世界和平、促进共同发展的外交政策宗旨，致力于推动构建人类命运共同体；坚定奉行独立自主的和平外交政策，始终根据事情本身的是非曲直决定自己的立场和政策，维护国际关系基本准则，维护国际公平正义；坚持在和平共处五项原则基础上同各国发展友好合作，推动构建新型国际关系；坚持对外开放的基本国策，坚定奉行互利共赢的开放战略；积极参与全球治理体系改革和建设，践行共商共建共享的全球治理观，坚持真正的多边主义，推进国际关系民主化，推动全球治理朝着更加公正合理的方向发展。强调构建人类命运共同体是世界各国人民前途所在，呼吁世界各国弘扬和平、发展、公平、正义、民主、自由的全人类共同价值。

独立自主的和平外交政策与国际战略的形成和发展，充分体现了中国人民热爱和平的真诚愿望和不懈追求，向全世界表明了中国始终不渝坚持独立自主和平外交、推动世界和平发展的庄严承诺，展现了中国共产党人的世界眼光、宽广胸怀、战略思维和外交能力，提高了中国在国际社会中的地位，为不断开创我国外交工作的新局面、切实发挥我国在国际上的重要作用奠定了基础。

（二）中国特色社会主义外交与国际战略的主要内容

中国特色社会主义外交与国际战略的内容十分丰富，既包括为维护国家主权、安全、发展利益所应该采取的外交政策和国际战略，也包括在新的国际环境下对自己发展道路的战略选择，还包括中国共产党和中国政府对推动和平发展的基本态度。

1. 坚持独立自主的和平外交政策

中国共产党一贯坚持独立自主的原则立场，并使之随着国际形势的变化和我国外交实践的发展得到不断完善，形成完整的思想。改革开放以来，邓小平根据他对国际形势的最新判断，果断地调整了我国的对外政策，改变了一个时期以来奉行的反对苏联霸权主义的“一条线”战略，更加明确地提出了独立自主的和平外交政策。邓小平明确指出：“我们奉行独立自主的正确的外交路线和对外政策，高举反对霸权主义、维护世界和平的旗帜，坚定地站在和平力量一边，谁搞霸权就反对谁，谁搞战争就反对谁。所以，中国的发展是和平力量的发展，是制约战争力量的发展。”① “中国的对外政策是独立自主的，

① 邓小平．邓小平文选：第3卷．北京：人民出版社，1993：128.

是真正的不结盟。”[①] 概括邓小平的上述思想，可以说，维护我国的独立和主权，促进世界的和平与发展，是中国外交政策的基本目标。新时代，中国将继续坚定奉行独立自主的和平外交政策，尊重各国人民自主选择发展道路的权利，维护国际公平正义，反对把自己的意志强加于人，反对干涉别国内政，反对以强凌弱。中国共产党将在独立自主、完全平等、互相尊重、互不干涉内部事务原则的基础上，同各国各地区政党和政治组织发展交流合作，促进国家关系发展。

实现中国外交战略的基本目标，首先要坚持独立自主。独立自主就是要由本国人民决定自己国家的事情，因此它是和反对霸权主义联系在一起的。只有维护我国的独立自主，才能始终保持国家在世界上的分量。独立自主原则要求我们：一是要不信邪、不怕压、不怕威胁，把国家的主权和安全放在第一位。针对西方国家对我国施加的种种压力，邓小平坚定指出：“任何外国不要指望中国做他们的附庸，不要指望中国会吞下损害我国利益的苦果。”[②] 这充分表现了中国共产党维护国家独立自主的决心。二是政策自立，即从国家利益出发来决定取舍，而绝不是看别人的脸色行事。正如邓小平所说：“我们不能坐到别人的车子上去。”[③] 中国既不打别人的牌，也不允许别人打中国牌。我们不参加任何集团，同谁都来往，同谁都交朋友。三是永远不称霸。这是我国的社会主义性质所要求的。我们是第三世界国家，我们将永远站在第三世界一边。将来发展富强起来，也永远不欺负别人。

实现中国外交战略的基本目标，必须始终坚持互相尊重主权和领土完整、互不侵犯、互不干涉内政、平等互利、和平共处的五项原则，在此基础上同所有国家发展友好合作关系。它是以主权国家一律平等为根本出发点，对国际关系中首先是双边关系中必须遵循的基本原则进行的高度概括。和平共处五项原则是一个有机统一、不可分割的整体。其中，互相尊重主权和领土完整是先决条件与基础，是和平共处五项原则的核心。和平共处五项原则包含了处理国家之间的政治、经济等各方面关系的原则。邓小平指出：“处理国与国之间的关系，和平共处五项原则是最好的方式。其他方式，如‘大家庭’方式，‘集团政治’方式，‘势力范围’方式，都会带来矛盾，激化国际局势。总结国际关系的实践，最具有强大生命力的就是和平共处五项原则。”[④] 这就很好地说明了坚持和平共处五项原则的重要性。在这里，重要的一点，就是不能让社会制度和意识形态的差异成为发展国家关系的障碍。这方面我们曾有过深刻的教训。因此，邓小平还曾意味深长地强调：“考虑国与国之间的关系主要应该从国家自身的战略利益出发。着眼于自身长远的战略利益，同时也尊重对方的利益，而不去计较历史的恩怨，不去计较社会制度和意识形态的差别，并且国家不分大小强弱都相互尊重，平等相待。这样，什么问题都可以妥善解决。”[⑤]

实现中国外交战略的基本目标，必须进一步明确中国共产党发展同其他各国政党关

① 邓小平．邓小平文选：第3卷．北京：人民出版社，1993：57.
② 同①3.
③ 同①156.
④ 同①96.
⑤ 同①330.

系的基本原则。如何正确处理中国共产党与各国共产党和其他政党的关系，是国际共产主义运动中的一个重大问题，也是国际政治活动中的一个重大问题。在这个问题上，中国共产党在过去几十年中，既有成功的经验，也有一定的教训。在新的历史时期，以邓小平同志为主要代表的中国共产党人，通过总结历史经验，确定了独立自主、完全平等、互相尊重、互不干涉内部事务的四项原则。在四项原则中，最重要的是独立自主的原则。这和对外交往中首先要维护国家独立自主的意义是相同的。毫无疑问，中国共产党发展同其他国家政党之间的关系，是社会主义现代化建设和改革开放的需要，但发展关系不能丢掉独立自主的原则，丢了它，发展关系就失去了意义。

改革开放以来的我国对外交往的实践充分证明，坚持独立自主的原则立场，不仅符合中国人民的根本利益，有利于维护国家的主权和安全，有利于广交朋友，防止受制于人，有回旋余地，在世界上庄重地为我国树立了一个爱好和平、制约战争的形象，增强了中国在国际舞台上的地位和作用，而且有利于推动世界多极化的发展趋势，保持世界战略力量的平衡，促进世界和平与发展，也为我国改革开放和社会主义现代化建设的顺利进行创造了良好的国际环境。

2. 坚定不移地走和平发展道路

实现和平发展，是中国人民的真诚愿望和不懈追求。坚持走和平发展道路，是改革开放以来中国共产党和中国政府根据国内外形势的变化做出的重大战略抉择。邓小平曾明确地指出：我们主张和平的社会主义。胡锦涛提出了中国走和平发展道路的要求，强调中国要高举和平、发展、合作的旗帜，坚持和平发展的道路，争取和平稳定的国际环境来发展自己，又以自己的发展来促进世界的和平与进步。2005 年 12 月，国务院新闻办发表《中国的和平发展道路》白皮书，系统阐述了中国的和平发展道路的内涵：一是争取和平的国际环境发展自己，又以自身的发展促进世界和平；二是依靠自身力量和改革创新实现发展，同时坚持对外开放；三是顺应经济全球化发展趋势，努力实现与各国的互利共赢和共同发展；四是坚持和平、发展、合作，与各国共同致力于建设持久和平与共同繁荣的和谐世界。走和平发展道路的实质就是通过维护世界和平来发展自己，又通过自身的发展来促进世界和平。

一个国家选择什么样的道路实现发展，是各种因素综合作用的结果。习近平指出："中国坚定不移走和平发展道路，既通过维护世界和平发展自己，又通过自身发展维护世界和平。走和平发展道路，是中国对国际社会关注中国发展走向的回应，更是中国人民对实现自身发展目标的自信和自觉。这种自信和自觉，来源于中华文明的深厚渊源，来源于对实现中国发展目标条件的认知，来源于对世界发展大势的把握。"① 中国坚持走和平发展道路，是中国共产党和中国政府对时代大势的宏观驾驭及对历史和现实的准确把握，凝结着中华民族的优秀品格和自强精神。走和平发展的道路，是在我国国内发展战略和国际战略基础上对中国总体国家战略的高度概括，它是一条既符合中国国情又适应时代特征、既同经济全球化相联系又独立自主地建设中国特色社会主义、既抓住世界和平的机遇来发展自己又以自身的发展去促进世界和平的发展之路。

---

① 习近平．在德国科尔伯基金会的演讲．人民日报，2014-03-30（2）．

首先，走和平发展道路，是社会主义制度的必然要求，是基于中国自身根本利益的选择。社会主义制度决定了中国的发展不能靠对外侵略和掠夺，而只能选择和平发展的道路。邓小平曾指出：“我们搞的是有中国特色的社会主义，是不断发展社会生产力的社会主义，是主张和平的社会主义。”[①] 这就是说，中国要发展，必须坚持社会主义的基本制度和原则。我们实行对外开放，但主要是依靠自己的力量，不靠扩张，不靠损害他国利益来谋求自身的发展。中国发展的根本目的是为人民谋福祉，提高人民的物质文化生活水平，而不是争霸世界；发展不仅要造福中国人民，还要造福世界人民。同时，中国是一个拥有 14 亿多人口、面临众多难题的最大的发展中国家。中国要实现现代化、实现全体人民的共同富裕，需要一代又一代人的努力奋斗。在这一历史进程中，我们需要稳定的国内环境，也需要和平的国际环境。坚持走和平发展道路，是中国实现国家富强、人民幸福的必由之路，符合中国人民和世界人民的根本利益。中国的发展不会妨碍任何人，也不会威胁任何人，只会有利于世界的和平、稳定、繁荣。社会主义中国现在要走和平发展道路，将来强大了也要走和平发展道路。

其次，走和平发展道路，是基于中国历史文化传统的必然选择。坚持走和平发展道路，是对几千年来中华民族热爱和平的文化传统的继承和发扬。在世界历史上，中华民族关于“和”的思想生发得最早、内涵最为丰富、影响也最为深远。中华民族是热爱和平的民族，中华文化是一种和平的文化。渴望和平、追求和谐，始终是中国人民的精神特征。新中国成立以来，中国共产党始终坚持在和平共处五项原则的基础上发展同世界各国的友好关系，成为维护世界和平的坚定力量。我们始终坚持把中国人民的利益同世界各国人民的共同利益结合起来，坚信中国的发展有利于世界和平力量的增长。

最后，走和平发展道路，是基于当今世界发展潮流的必然选择。任何国家要实现自己的发展目标，都必须顺应世界发展大趋势。当今世界，求和平、促发展、谋合作是各国人民的共同心愿，也是不可阻挡的时代潮流。中国长期奉行独立自主的和平外交政策，其宗旨就是维护世界和平、促进共同发展。改革开放以来，中国根据国际形势发展变化的趋势，多次公开阐明：中国过去不称霸，现在不称霸，将来强大了也不称霸。中国的发展不会对任何人构成威胁，只会给世界带来更多的发展机遇和更为广阔的市场。中国将始终不渝地高举和平、发展、合作的旗帜，坚定不移地走和平发展道路，同世界各国人民一道，共同推进人类和平与发展的崇高事业。

3. 推动构建人类命运共同体

早在 20 世纪 80 年代末 90 年代初，针对当时的国际形势，邓小平就指出，“世界上现在有两件事情要同时做，一个是建立国际政治新秩序，一个是建立国际经济新秩序”[②]；中国“在国际问题上无所作为不可能，还是要有所作为。作什么？我看要积极推动建立国际政治经济新秩序”[③]。这就为我们规定了在国际领域中的基本任务。邓小平强调，我们所主张的国际政治新秩序，就是要改变由一两个超级大国主宰世界的局面，结束霸权

① 邓小平．邓小平文选：第 3 卷．北京：人民出版社，1993：328.

② 同①282.

③ 同①363.

主义和强权政治，促进国家之间平等、友好的关系；我们所主张的国际经济新秩序，就是要改变发达国家和发展中国家之间实际上不平等的经济关系，通过对话逐步建立起平等互利合作的关系，同时加强第三世界国家之间的合作与交流。建立国际关系新秩序最主要的原则，应该是不干涉别国的内政、不干涉别国的社会制度。邓小平深刻指出："现在出现的新的霸权主义、强权政治，是不能长久维持的。少数国家垄断一切，这种形式过去多少年没有解决任何问题，今后也不能解决任何问题。"① 世界各国都有自己的利益，相互之间发生一些矛盾是免不了的。但是，只要坚持以和平共处五项原则为基础，通过协商来和平解决国与国之间的政治和经济争端，国际新秩序就是能够建立的。中国将一如既往地为此而努力。

推动构建人类命运共同体是与以毛泽东、邓小平、江泽民、胡锦涛等同志为主要代表的中国共产党人的国际战略思想一脉相承的，是对中国长期奉行的独立自主的和平外交政策的升华和发展。它坚持了和平共处五项原则，发展了中国一贯主张建立公正、合理国际新秩序的观点，融合了中国积极倡导的互信、互利、平等、协作的新安全观，涵盖了近年来中国提出的互利、共赢、可持续的新发展观和尊重多样性、相互包容的新文明观。党的十八大以来，习近平以卓越的政治家和战略家的宏大视野和战略思维，高瞻远瞩地提出构建人类命运共同体的重要思想。这是习近平新时代中国特色社会主义思想的重要组成部分，是当代中国对世界的重要思想和理论贡献，已经成为中国引领时代潮流和人类文明进步方向的鲜明旗帜。构建人类命运共同体思想，是一个系统科学完整、内涵极为丰富、意义重大深远的思想体系。其核心就是"建设持久和平、普遍安全、共同繁荣、开放包容、清洁美丽的世界"②。具体而言，主要体现在以下五个方面：

第一，在政治上，坚持相互尊重、平等协商，坚决摒弃冷战思维和强权政治，走对话而不对抗、结伴而不结盟的国与国交往新路。建设一个持久和平的世界，根本要义在于国家之间要构建平等相待、互商互谅的伙伴关系。大国往往是决定战争与和平的关键因素，也对地区和世界和平与发展负有更大的责任。大国要尊重彼此核心利益和重大关切，管控矛盾分歧，努力构建不冲突不对抗、相互尊重、合作共赢的新型关系。大国对小国要平等相待，不搞唯我独尊、恃强凌弱的霸道。国家间出现矛盾和分歧，要通过平等协商处理，以最大的诚意和耐心，坚持对话解决分歧。只有各国都走和平发展道路，各国才能共同发展，国与国才能和平相处。

第二，在安全上，坚持以对话解决争端、以协商化解分歧，统筹应对传统和非传统安全威胁，反对一切形式的恐怖主义。在国际安全形势动荡复杂，传统安全威胁和非传统安全威胁相互交织，安全问题的内涵和外延都在进一步拓展，同时人类越来越利益交融、安危与共的新形势下，冷战思维、军事同盟、追求自身绝对安全那一套已经行不通了，各方应树立共同、综合、合作、可持续的新安全观。国家不论大小、强弱、贫富以及历史文化传统、社会制度存在多大差异，都要尊重和照顾其合理安全关切。要恪守尊

① 邓小平．邓小平文选：第3卷．北京：人民出版社，1993：360．

② 习近平．决胜全面建成小康社会 夺取新时代中国特色社会主义伟大胜利：在中国共产党第十九次全国代表大会上的报告．北京：人民出版社，2017：58－59．

重主权、独立和领土完整、互不干涉内政等国际关系基本准则，统筹维护传统和非传统安全。

第三，在经济上，坚持同舟共济，促进贸易和投资自由化便利化，推动经济全球化朝着更加开放、包容、普惠、平衡、共赢的方向发展。人类命运共同体追求的是共同发展，发展归根到底要靠本国自身的努力。各国要根据自身禀赋特点，制定适合本国国情的发展战略，共同维护国际和平，创造良好的外部制度环境，加强全球经济治理，健全发展协调机制。各国特别是主要经济体要加强宏观经济政策协调，维护世界贸易组织规则，支持开放、透明、包容、非歧视性的多边贸易体制，推动建设开放型世界经济。各国要优化发展伙伴关系，最大限度解决南北之间和地区内部发展失衡问题，让发展成果更多惠及全体人民，为世界经济全面可持续增长提供新动力。

第四，在文化上，坚持尊重世界文明多样性，以文明交流超越文明隔阂、文明互鉴超越文明冲突、文明共存超越文明优越。人类文明多样性是世界的基本特征，也是人类进步的源泉，多样带来交流，交流孕育融合，融合产生进步。不同文明凝聚着不同民族的智慧和贡献，没有高低之别，更无优劣之分。文明差异不应该成为世界冲突的根源，而应该成为人类文明进步的动力。要促进和而不同、兼收并蓄的文明交流对话，在竞争比较中取长补短，在交流互鉴中共同发展，使文明交流互鉴成为增进各国人民友谊的桥梁、推动人类社会进步的动力、维护世界和平的纽带。

第五，在生态上，坚持环境友好，合作应对气候变化，保护好人类赖以生存的地球家园。人类可以利用自然、改造自然，但归根结底是自然的一部分，必须呵护自然，不能凌驾于自然之上。建设生态文明关乎人类未来，要解决好工业文明带来的矛盾，以人与自然和谐相处为目标，实现世界的可持续发展和人的全面发展，坚持走绿色、低碳、循环、可持续发展之路，构筑尊崇自然、绿色发展的全球生态体系。

尤其应该指出的是，“一带一路”倡议，作为习近平深刻思考人类前途命运及中国和世界发展大势所提出的宏伟构想和中国方案，成为推动构建人类命运共同体的重要实践平台，受到国际社会的普遍欢迎。共建“一带一路”，秉持共商共建共享原则，坚持开放、绿色、廉洁理念，符合国际社会的根本利益，彰显了人类社会的共同理想和美好追求，是国际合作以及全球治理新模式的积极探索，将为世界和平发展增添新的正能量。

（三）中国特色社会主义外交与国际战略的重大意义

中国特色社会主义外交与国际战略的形成具有重大的理论和实践意义。在理论上，它继承和发展了列宁、毛泽东关于社会主义国家外交与国际战略的思想，在实践上为我国的外交工作提供了正确的指南，在这一重要思想的指导下，我国的外交工作取得了一系列重大成就。

1. 社会主义国家外交理论的创新和发展

中国特色社会主义外交与国际战略适应时代特点和我国国情，突破了社会主义国家传统的外交理论，为社会主义国家外交理论增添了新的内容，开辟了新的思路。

第一，科学认识和把握当今时代特征，为确定我国外交政策提供了重要的基础。中国共产党基于对当代国际形势的深入观察和了解，正确把握了世界发展的大趋势，改变了原来认为战争的危险已经迫近的看法，提出和平与发展是当代的两大问题的重要观点，为党准确把握当今时代特征、实现国际战略转变奠定了基础；提出争取较长时间的和平是可能的重要判断，为我国充分利用和平的国际环境来发展自己、迅速增强综合国力提供了现实的可能。正是在这些正确思想的指导下，我国政府确定了更加务实、灵活的外交政策，在国际事务中争取了主动、发挥了更大的作用。

第二，把维护国家的主权和安全放在首位，确立了国家利益高于一切的现实主义的外交战略原则。中国共产党把实事求是的思想路线贯彻到外交领域，明确提出外交领域不以社会制度划界，也不进行意识形态的争论，而把维护国家主权和安全、维护国家根本利益放在首位等重要思想。强调任何国家，无论其国家的社会制度怎样、意识形态如何，我们都要同它们“用和平共处五项原则作为指导国际关系的准则”[①]，建立国际新秩序，从容地发展关系，即不以社会制度和意识形态的异同为标准确定国家关系的亲疏，而应以国家根本利益为重来处理对外关系，面对现实，在国际交往中趋利避害，为世界和平与发展做贡献。从这一点来讲，中国特色社会主义的外交与国际战略思想，极大地突破了以往社会主义外交理论中以社会制度和意识形态划界的传统观念，把爱国主义与国际主义有机地统一于社会主义国家的外交实践。

第三，提出了一系列现实、灵活的政策和策略，为社会主义国家外交理论宝库增添了新的内容。由于复杂的历史原因，我国有台湾问题，有与一些国家的领土争端问题，还有与其他国家共产党之间意识形态的分歧和争论问题。如何处理这些问题呢？中国共产党采取了非常现实和灵活的态度，本着以国家根本利益为重的原则，制定了一系列灵活的策略。比如，提出用“和平统一、一国两制”的办法解决台湾问题，用“搁置争议、共同开发”政策来解决部分领土争端问题，用“结束过去、开辟未来”来解决意识形态的争论问题，并相继提出在和平共处五项原则基础上建立国际新秩序、在国际关系中弘扬民主和睦协作共赢精神、推动构建人类命运共同体以及共建“一带一路”倡议等新的主张。这一系列现实、灵活的政策和策略，为解决国际关系中的一些难题和死结提供了新的思路。这是实施和平共处五项原则、促进世界和平与发展的新思路，是对和平解决国际领土争端、稳定世界局势的一大贡献。这些新的思路，为我国社会主义现代化建设事业创造了有利的周边环境，开辟了国际合作的新领域，同时也在理论上丰富和发展了社会主义国家外交与国际战略的理论。新时代，中国外交坚持以习近平新时代中国特色社会主义思想特别是习近平外交思想为指引，以实现中华民族伟大复兴为使命，以维护世界和平、促进共同发展为宗旨，坚持自信自立、开放包容、公道正义、合作共赢的方针原则，推动构建人类命运共同体，为人类发展进步事业不断做出新贡献。

2. 我国外交工作的科学指南

中国特色社会主义外交与国际战略在我国外交工作中已经和正在发挥着重大的指导作用。在这一思想的正确指导下，我国的对外关系得到明显的改善，取得许多重大进展。

第一，我国同周边一些国家的关系得到了很大改善和发展。过去一个时期，中印关系曾相当紧张，经过多年的努力，现已大为改善，实现了两国关系的正常化；苏联解体

① 邓小平．邓小平文选：第3卷．北京：人民出版社，1993：283．

后，我国同原各加盟共和国恢复和建立了外交关系，进行经济、文化等方面的友好合作；中国与蒙古、老挝等国家之间的关系均得到恢复和正常发展；同新加坡、韩国建立了正式的外交关系，同印度尼西亚恢复了中断近23年的外交关系。我国同尼泊尔等国的关系，也在原来的基础上有了许多新的发展。不仅如此，我国还加强了与上海合作组织成员、亚洲相互协作与信任措施会议成员之间的关系。我国同周边国家睦邻友好关系的发展，为我们集中精力进行现代化建设提供了安定的周边环境。

第二，我国同发达国家之间的关系有了明显的改善和发展。我国以是否有利于世界和平、有利于中国现代化建设作为处理同发达国家关系的新基点，因此，我国同西方许多发达国家之间在各方面的合作不断加强，从而使我们从这些发达国家那里获得了一些有益的科学技术、先进的管理经验、先进的知识和人才，以及大量资金。由于我们坚定不移地奉行独立自主的和平外交政策，坚持原则性与灵活性相结合的策略原则，我国与西方发达国家之间的关系实现了改善和发展。

第三，中国作为联合国安理会常任理事国之一，积极参与联合国和地区性组织的多边外交活动。我国政府积极参加并推动签署《全面禁止核试验条约》的进程。尤其重要的是，中国坚定地同广大发展中国家站在一起，坚持原则、伸张正义、维护和平、促进发展，共同为实现《联合国宪章》的宗旨、贯彻《联合国宪章》的原则进行了不懈的努力，取得了可喜的成果。在一些重大国际问题的处理上，中国发挥着越来越重要的作用。新时代，中国全面推进中国特色大国外交，形成全方位、多层次、立体化的外交布局，为我国发展营造了良好的外部条件。我国国际影响力、感召力、塑造力进一步提高，为世界和平与发展做出新的重大贡献。

第四，中国共产党改善与发展了同其他国家政党的关系。在处理党际关系四项原则的指导下，中国共产党在世界各国共产党的范围内，改善和加强了同一些党已有的友好关系，恢复了同一些党已经中断的关系，还同一些党建立了新的关系。此外，中国共产党还同一些发达国家的社会党、社会民主党、工党等建立了关系，同发展中国家的民族主义政党也建立了不同形式的联系，进行了广泛的接触。

总之，正是由于我们坚定不移地贯彻中国特色社会主义外交与国际战略，坚持独立自主的和平外交政策，积极开展各项外交工作，广泛加强同各国的交流合作，在国际事务中发挥重要建设性作用，我们才为社会主义现代化建设赢得了宝贵的时间、创造了有利的外部条件，进而为全面推进中国特色社会主义事业提供了良好的国际环境。

第十章

中国特色社会主义的实践主体

人民群众是中国特色社会主义事业发展的力量源泉，中国共产党是中国特色社会主义事业的领导核心。建设中国特色社会主义，必须紧紧依靠广大人民群众、依靠由人民子弟组织起来的人民军队、依靠各族人民的大团结、依靠最广泛的爱国统一战线，充分发挥广大人民群众的历史主动精神。建设中国特色社会主义，全面推进强国建设和民族复兴，关键在于坚持和加强党的领导，把巩固党的执政地位、提高党的执政能力与加强党的先进性纯洁性建设紧密结合起来。党在中国革命、建设、改革中的领导地位，是由党的性质和阶级基础所决定的，是在长期实践中逐步形成的，是历史和人民的选择。人民群众的历史主动精神与党的领导，从整体上反映了中国特色社会主义实践主体的意志和要求，为中国特色社会主义从理论向实践的转化提供了基本条件。

一、中国特色社会主义的依靠力量

社会主义建设事业是千百万群众的事业，没有亿万群众的充分发动、参与和创造性的实践，是不会取得成功的。中国特色社会主义道路的开辟与拓展、理论的形成与发展、制度的确立与完善、文化的传承与创新，归根到底都是根据最广大人民群众的根本利益和愿望，总结、概括人民群众的实践创造而得来的。只有坚定相信和依靠人民群众，调动人民群众的积极性、创造性，才能不断推进中国特色社会主义事业的发展。

（一）中国特色社会主义依靠力量理论的形成发展

人民群众是历史的创造者，是党领导革命、建设和改革的主体力量。无论是革命、建设还是改革，都必须依靠广大人民群众的力量才能完成。新民主主义革命时期，以毛泽东同志为主要代表的中国共产党人把马克思主义关于人民群众的基本观点运用于中国革命的具体实践，紧紧依靠广大人民群众进行革命斗争，并在党内形成了一切为了群众、一切依靠群众、从群众中来、到群众中去的领导方法和工作方法，培育了密切联系群众的优良传统和作风。改革开放以来，中国共产党坚持和发扬了群众路线的优良传统，继续坚定不移地贯彻党的群众路线，密切了党和人民群众的血肉联系。中国特色社会主义依靠力量理论是坚持和发扬党的群众路线的具体体现。

1. 中国特色社会主义依靠力量提出的理论依据

中国共产党是中国工人阶级的先锋队，是中国各族人民利益的忠实代表。全心全意为人民服务、同人民群众密切联系，是共产党区别于其他政党的显著标志。党的这一性质和任务，决定了群众路线是党在一切工作中实行正确的思想、政治、组织路线的根本工作路线，是中国共产党的优良传统和政治优势。党在改革开放以来创立的中国特色社会主义的理论和路线是正确的，是符合最广大人民的利益和要求的，只有依靠人民群众，调动最广大人民群众的积极性和创造性，才能实现建设中国特色社会主义的伟大目标。

首先，群众路线是中国共产党的根本政治路线。党的政治路线，是党在一定历史时期为完成一定的政治任务而确定的总路线、总政策。它是无产阶级和广大劳动人民利益的集中体现。党的一切正确的政治路线都是通过群众路线产生，并通过群众路线而实现的。党在制定自己的纲领、路线、方针和政策时，是以最大多数人民群众的最大利益为最高准则的。广大人民群众的社会实践，为党的正确领导提供了最丰富、最生动的客观条件和实践基础。毛泽东、邓小平等领导人都曾反复强调，中国共产党人必须学会马克思列宁主义的领导艺术，善于把党的政策变成群众的自觉行动，让群众知道自己的利益、自己的任务和党的纲领、路线、方针、政策，并在群众斗争的实践中，使党的纲领、路线、方针和政策受到检验，得到丰富和发展。党的政治路线在不同历史时期具有不同的内容，但从制定到贯彻实行，都经历了从群众中来、到群众中去的过程，它的根本点是党的群众路线。

其次，群众路线是中国共产党的根本组织路线。党的组织路线是为政治路线服务的，是实现政治路线的根本保证。党的组织路线是根据政治路线的要求规定的关于组织工作的根本方法和准则，它以贯彻民主集中制的组织原则为核心，反映了党的领导者与被领导者、党的上级组织与下级组织、党员个人与党的整体、党的中央和各级组织与党员群众之间的正确关系，因而也就反映了党内的群众路线。中国共产党的一切组织和一切工作，都是密切地与群众相结合、坚持党的群众路线的。

最后，群众路线是中国共产党的基本领导方法。毛泽东指出："在我党的一切实际工作中，凡属正确的领导，必须是从群众中来，到群众中去。这就是说，将群众的意见（分散的无系统的意见）集中起来（经过研究，化为集中的系统的意见），又到群众中去作宣传解释，化为群众的意见，使群众坚持下去，见之于行动，并在群众行动中考验这些意见是否正确。然后再从群众中集中起来，再到群众中坚持下去。如此无限循环，一次比一次地更正确、更生动、更丰富。"① "从群众中集中起来又到群众中坚持下去，以形成正确的领导意见，这是基本的领导方法。"② 毛泽东的这些论述，科学地总结了党领导群众的经验，完整地提出和阐明了群众路线的领导方法和工作方法。

从群众中来、到群众中去的领导方法和工作方法，是马克思主义认识论基本原理在实际工作中的具体运用和生动体现。从群众中来的过程，也就是"从感性认识而能动地发展到理性认识"的过程；到群众中去的过程，也就是"从理性认识而能动地指导革命

---

① 毛泽东．毛泽东选集：第3卷．2版．北京：人民出版社，1991：899.

② 同①900.

实践”的过程。从群众中来、到群众中去的无限循环，也就是实践、认识、再实践、再认识的无穷往复。我们说群众路线的基本方法是科学的领导方法，不仅因为它是以承认人民群众是历史的创造者为根本前提的，坚持了一切为了群众、一切依靠群众的根本立场，更重要的还在于，它是建立在辩证唯物主义认识论的基础上，正确地解决了主观和客观、认识和实践、领导和群众之间的辩证关系，是实现革命和建设中主观和客观相一致、理论和实践相统一、领导和群众相结合的重要保证。

总之，“一切为了群众，一切依靠群众”，“从群众中来，到群众中去”，时刻保持与群众的密切联系，是中国共产党把马克思主义关于人民群众是历史创造者的原理系统运用于党的全部活动中形成的根本路线，也是中国共产党的优良传统作风。新的历史时期，中国共产党人正是在坚持群众路线的基础上，创造性地提出了中国特色社会主义依靠力量的理论，丰富和发展了马克思主义关于人民群众创造历史的基本原理。正如习近平所指出的：“群众路线是我们党的生命线和根本工作路线。”“我们党来自人民、植根人民、服务人民，党的根基在人民、血脉在人民、力量在人民。失去了人民拥护和支持，党的事业和工作就无从谈起。”①

2. 中国特色社会主义依靠力量理论提出的实践依据

中国共产党领导的广大人民群众，是我国劳动者的主体，也是社会发展实践的主体。社会发展首先应该考虑大多数人，考虑作为社会财富主要创造者的广大人民群众。在社会主义初级阶段，通过改革开放大力发展社会生产力，使我国尽快摆脱贫穷落后的面貌，成为一个富强民主文明和谐美丽的社会主义现代化强国，既是社会主义发展的本质要求，也是广大人民群众的迫切愿望。邓小平认为，改革开放和社会主义现代化建设的任务极其艰巨复杂，“党只有紧紧地依靠群众，密切地联系群众，随时听取群众的呼声，了解群众的情绪，代表群众的利益，才能形成强大的力量，顺利地完成自己的各项任务”②。江泽民指出：“必须始终把体现人民群众的意志和利益作为我们一切工作的出发点和归宿，始终把依靠人民群众的智慧和力量作为我们推进事业的根本工作路线。”③ 胡锦涛指出：“相信谁、依靠谁、为了谁，是否始终站在最广大人民的立场上，是区分唯物史观和唯心史观的分水岭，也是判断马克思主义政党的试金石。”④ 习近平强调：“实现党的十八大确定的奋斗目标和中国梦，必须紧紧依靠人民，充分调动最广大人民的积极性、主动性、创造性。”⑤ 把充分反映和代表广大人民群众的根本利益与广泛调动广大人民群众的积极性和创造性紧密结合起来，把群众作为我们力量的源泉，把群众路线和群众观点作为我们的传家宝，这种鲜明的人民性，正是中国特色社会主义理论的显著特征，也是这一理论能够赢得广大人民群众拥护和支持、在广大人民群众心中扎根的真正原因所在。

首先，建设中国特色社会主义，反映了广大人民群众最根本的利益，与党的性质、

① 中共中央文献研究室．十八大以来重要文献选编：上．北京：中央文献出版社，2014：309.
② 邓小平．邓小平文选：第2卷．2版．北京：人民出版社，1994：342.
③ 江泽民．江泽民文选：第3卷．北京：人民出版社，2006：271.
④ 中共中央文献研究室．十六大以来重要文献选编：上．北京：中央文献出版社，2005：369.
⑤ 同①.

宗旨和指导思想是一致的。中国共产党是中国工人阶级的先锋队，同时又是中国人民和中华民族的先锋队的性质，决定了党必须把全心全意为人民服务作为自己的唯一宗旨。党除了代表、维护工人阶级和最广大人民群众的利益，没有自己的特殊利益，为人民谋利益是党的全部活动的出发点和归宿。建设中国特色社会主义的理论和路线，符合中国最广大人民群众的利益和要求，是以现阶段我国人民的最根本的利益为出发点和归宿的。邓小平认为，不在发展生产力的基础上提高人民生活水平，就不符合社会主义的本质要求。由此出发，他还把是否有助于人民的富裕幸福、是否有利于提高人民的生活水平作为衡量各项工作是非得失的根本标准，把解决人民的温饱问题和教育、就业问题作为改革开放的出发点和基本依据。他把在经济上发展社会主义生产力、逐步改善人民群众的生活，政治上发扬人民民主、保证全体人民真正享有包括通过各种有效形式管理国家在内的各项公民权利，思想文化上建设社会主义精神文明三项任务联系在一起，作为党和国家当前与今后一个时期社会主义建设的任务和奋斗目标。这样，就使党的全心全意为人民服务的宗旨在建设中国特色社会主义伟大事业中得到了最充分的体现。

其次，建设中国特色社会主义，必须充分依靠广大人民群众，调动广大人民群众的积极性和创造性。建设中国特色社会主义是一项与人民群众利益紧密相关的事业，只有得到最广大人民群众的广泛参与才有可能获得成功。这样，就必须调动群众的积极性。邓小平认为，这些年来搞改革的一条经验，就是要调动基层和工人、农民、知识分子的积极性。习近平指出："在前进道路上，我们要始终坚持人民主体地位，充分调动工人阶级和广大劳动群众的积极性、主动性、创造性。"[①] 调动积极性的方法：一是发展生产力，提高人民生活水平，这是调动人民积极性的"最中心的环节"；二是进行政治体制改革，下放权力，使农民真正享有生产经营的自主权，使工人、知识分子参与管理，实现管理民主化。群众的积极性真正调动起来了，党的路线、方针、政策才能真正贯彻下去、坚持下去，社会主义现代化建设才真正有希望。

3. 中国特色社会主义依靠力量理论的形成发展

所谓中国特色社会主义事业依靠力量理论，是指党在社会主义建设新时期，依靠哪些阶级、阶层、社会群体和个人，如何调动一切积极因素建设社会主义现代化国家的理论。改革开放和社会主义现代化建设的全部活动与整个进程，都必须全心全意依靠工人阶级，依靠广大农民，这是毫无疑问的。关键是怎么看待知识分子和其他社会阶层。早在十一届三中全会以前，邓小平就在全国科学大会上的讲话中，重申知识分子绝大多数已经是工人阶级和劳动人民自己的知识分子，因此也可以说，已经是工人阶级自己的一部分，把知识分子明确作为社会主义事业依靠力量，进而改变党在过去长期对知识分子实行"团结、教育、改造"的方针，采取了"政治上充分信任，工作上放手使用，生活上关心照顾"的新政策，这就完成了对知识分子问题上长期存在的"左"的错误的拨乱反正，大大壮大了社会主义建设的依靠力量。1979 年，邓小平在全国政协五届二次会议上指出，我国资本家阶级的绝大多数人，已经成为社会主义社会中自食其力的劳动者，

① 习近平．在庆祝"五一"国际劳动节暨表彰全国劳动模范和先进工作者大会上的讲话．人民日报，2015-04-29（2）．

我国各民主党派"已经成为各自所联系的一部分社会主义劳动者和一部分拥护社会主义的爱国者的政治联盟"，从而打破了在阶级关系方面的另一禁区，即对原工商业者、民主党派和爱国侨胞的政策问题。从邓小平在十二大强调指出"我们党提出的各项重大任务，没有一项不是依靠广大人民的艰苦努力来完成的"①，到江泽民在十四大对邓小平关于社会主义建设事业依靠力量理论做出精辟概括，即必须依靠广大工人、农民、知识分子，必须依靠各民族人民的团结，必须依靠全体社会主义劳动者、拥护社会主义的爱国者和拥护祖国统一的爱国者的最广泛的统一战线，中国特色社会主义依靠力量理论，伴随着改革开放和社会主义现代化建设的全面展开和深入发展而逐渐形成。

进入21世纪，江泽民提出"三个代表"重要思想，进一步指出，建设中国特色社会主义，是我国各族人民实现自己利益、创造美好生活的共同事业，是亿万人民群众广泛参与的创造性事业。我们全部工作的出发点和落脚点，就是不断实现好维护好发展好最广大人民的根本利益。党的一切工作，必须以最广大人民的根本利益为最高标准，任何时候都必须坚持尊重社会发展规律与尊重人民历史主体地位的一致性，坚持为崇高理想奋斗与为最广大人民谋利益的一致性，坚持完成党的各项工作与实现人民利益的一致性。胡锦涛提出科学发展观，强调必须坚持以人为本，尊重人民主体地位，发挥人民首创精神，保障人民各项权益，走共同富裕道路，促进人的全面发展，做到发展为了人民、发展依靠人民、发展成果由人民共享。新时代，以习近平同志为核心的党中央把增进人民福祉、促进人的全面发展作为一切工作的出发点和落脚点，把满足人民对美好生活的向往作为奋斗目标，坚持以人民为中心的发展思想，依靠人民群众来实现中华民族伟大复兴的中国梦。中国特色社会主义依靠力量理论在实践中不断得到丰富和发展。

（二）中国特色社会主义依靠力量理论的基本内容

社会主义依靠力量理论是中国特色社会主义理论的一个重要组成部分。建设中国特色社会主义，必须紧紧依靠广大工人、农民和知识分子，依靠各族人民的团结，依靠最广泛的爱国统一战线。上述"三个依靠"的思想，揭示了社会主义依靠力量理论的基本内涵。

1. 中国特色社会主义必须依靠广大工人、农民和知识分子

工人、农民和知识分子是我国社会主义劳动者的主体，是建设社会主义的基本力量。进行社会主义现代化建设，必须充分调动我国广大工人、农民和知识分子的积极性，把他们作为主要的依靠力量。

第一，工人阶级是国家的领导阶级，是建设和改革最基本的动力。工人阶级是社会化大生产的产物，它同先进的生产力和社会化大生产相联系，没有私人占有的生产资料，最富有组织性和纪律性，是最先进、最有前途的阶级。改革开放以来，随着中国特色社会主义事业的逐步发展，我国工人阶级队伍发生了很大的变化，呈现出许多新的特点：一是队伍迅速壮大。新增加的工人，有很多是来源于进城就业的农民。"农民工"已成为我国产业工人的重要组成部分，正在成为工业化、城镇化、现代化的重要推动力量。二

① 邓小平．邓小平文选：第3卷．北京：人民出版社，1993：4.

是素质明显提高。由于知识分子作为工人阶级的一部分在其中的比重不断增长，也大大增强了工人阶级的科学文化素质。三是内部结构发生重大变化。工人所依存的经济组织的所有制形式日益多样化，在各类非公有制经济组织中就业的职工已占全部职工的一半左右。四是岗位流动加快。职工对单位的依赖性大为减弱，自主性大为增强。五是收入差距有所拉大。具体表现为不同地区、行业、所有制单位职工收入的增长幅度不一，不同群众之间的收入差距有所扩大。这些变化没有改变我国工人阶级的历史地位和作用。在新的历史时期，工人阶级仍然是社会主义现代化的主要建设者、社会财富的主要创造者、先进生产力的代表者，工人阶级地位不容动摇。实行改革开放，解放和发展生产力，使生产关系更加适应生产力的发展；进行社会主义现代化建设，实现中华民族伟大复兴的中国梦，符合工人阶级的根本利益，能够充分调动广大工人群众的积极性并激发他们的工作热情。广大工人阶级在改革开放和社会主义现代化建设中发挥了主力军的作用。不论时代怎样变迁，不论社会怎样变化，我们党全心全意依靠工人阶级的根本方针都不能忘记、不能淡化，我国工人阶级的地位和作用都不容动摇、不容忽视。

第二，农民是现代化建设和改革中人数最多的依靠力量。农民历来占我国人口的大多数，是工人阶级的天然盟友和可靠的同盟军。中国革命和建设的实践证明，巩固的工农联盟是党的事业取得胜利的前提条件和重要保证。改革开放以来，我国农村发生了历史性变化。在党的领导下，强烈要求改变贫困落后状态的广大农民，表现出可贵的创业革新精神，充分发挥了自己的主动性、创造性，创造出家庭联产承包责任制这种新的生产经营方式，实现了农业由自给、半自给的自然经济向商品经济的转变，由单一的农业经济向多种经营的综合型经济的转变，取得了巨大的成就，并为现代化建设和城市改革奠定了物质基础，提供了宝贵的经验。随着改革开放的进行，农民阶级出现了前所未有的变化。首先，从事农业生产的人口大大减少，将近一半的城镇新增就业人口来自农村，滞留在农村的农民，也有一部分逐步地向第二、三产业转移；其次，传统的农民正向知识型农民转变，走上了科技农业、生态农业、市场农业的农业现代化道路；再次，农民在进行农业生产的同时从事着其他行业，单一从事农业生产的传统农民基本上已不存在；最后，合作经济中的农民个人和家庭已经拥有了大量的生产资料。中国共产党正是在上述基础上同广大农民群众建立了具有新的时代特点的紧密联系。农民是农业农村发展的主体，党把农业、农民和农村问题提到国家发展大局的高度加以认识，这就为解决坚定地依靠广大农民群众这一关系改革开放和社会主义现代化建设事业大局的问题奠定了重要基础。

第三，知识分子是工人阶级的一部分。科学技术是第一生产力，经济的发展、社会的进步都离不开科学技术，而科学技术的发展主要是依靠广大的知识分子。在当代中国，知识分子作为工人阶级中掌握科学文化知识较多的主要从事脑力劳动的一部分，是先进生产力的开拓者和发展教育科学文化事业的基本力量，在社会主义现代化建设中具有不可替代的作用，承担着重大的社会责任。能否正确对待知识分子、充分发挥知识分子的作用，关系到中国特色社会主义事业的兴衰成败。中国共产党十分重视知识分子在建设和改革中的地位与作用。正确认识科学技术是生产力，正确认识为社会主义服务的脑力劳动者是劳动人民的一部分，是实现四个现代化，大大发展生产力的“两个前提”。依靠知识分子推动科技进步，已成为推进社会主义现代化建设事业的关键性因素和不可缺少的前提条件。改革开放以来，我国知识分子队伍出现了一些新的变化。一是社会地位逐步提高，影响逐步扩大。知识分子的聪明才智在社会生活的各个领域得到了充分的发挥。二是分布广泛，具有较强的个人诉求。三是职业重叠，流动性大。市场配置资源的规则使知识分子流动性加强，对单位的依附性减弱。知识分子较早地由“单位人”变成“社会人”。四是视野宽阔，独立性强，在社会总人口中的比例不断攀升，学历层次不断提高，人数不断增长。这些变化，从总体上没有改变我国知识分子爱国和政治敏锐性强的特点，没有改变其在社会主义建设中的重要地位和作用。

第四，新的社会阶层是中国特色社会主义事业的建设者。改革开放以来，我国社会关系最受关注的变化，就是出现了民营科技企业的创业人员和技术人员、受聘于外资企业的管理技术人员、个体户、私营企业主、中介组织的从业人员、自由职业人员等新的社会阶层。社会阶层构成的这种新变化，是改革开放以来中国社会结构转型的一个重要内容，它根源于中国社会生产方式的新发展。生产力的发展和经济结构的调整使得原有的就业结构发生了很大的变化，社会的劳动分工越来越细，第一产业在国民经济总产值中的比重逐步下降，第二、三产业在国民经济总产值中的比重不断上升，大批被分流出来的职工和农民纷纷转移到新的工作岗位中去，出现了民营科技企业的创业人员和技术人员、中介组织的从业人员、自由职业人员等社会阶层；单一的公有制经济向公有制为主体、多种所有制经济共同发展的所有制结构的转变，使原来在公有制经济单位的从业人员转而从事非公有制经济工作，产生了个体户、私营企业主、受聘于外资企业的管理技术人员等社会阶层。新的社会阶层都是中国特色社会主义事业的建设者。他们是在党和国家改革开放政策的允许下出现的，是在社会主义公有制和社会主义上层建筑主导国家政治经济生活的总的条件下存在与发展的，他们中的大多数人是从工人、农民、知识分子和干部队伍中分化出来的。在党的路线方针政策的指引下，这些新的社会阶层中的广大人员，通过诚实劳动与合法经营，为发展社会主义社会的生产力和其他事业做出了贡献，也应当成为社会主义事业的依靠力量。

2. 中国特色社会主义必须依靠各族人民的团结

我国是统一的多民族的社会主义国家。民族平等、民族团结和各民族的共同繁荣，是关系到国家命运的一个重大问题。建设中国特色社会主义，必须依靠各民族人民的团结，充分发挥各民族人民的积极性和创造性。加强和巩固全国各族人民的团结，不断推进少数民族和民族地区的经济社会发展，是我国社会主义现代化建设的一个重要目标，也是增强中华民族凝聚力、实现中华民族伟大复兴的必然要求。中国特色社会主义是我国各族人民的共同事业，只有全国各族人民坚持不懈地团结奋斗，中国特色社会主义事业才能不断取得新的成就。我国各民族团结进步是中华民族的生命所在、力量所在、希望所在，只有 56 个民族拧成一股绳，中华民族才能拥有强大的民族凝聚力。我国各族人民的大团结具有深厚的历史渊源和广泛的现实基础。全国各族人民的大团结，过去、现在、将来都是我们能够经受住各种困难和风险的考验、不断胜利前进的重要保证。

依靠各民族人民的团结，必须高度重视解决民族问题，巩固和发展社会主义的民族关系。所谓民族问题，是指民族关系中存在的矛盾和问题。在剥削制度下，民族问题包括两个方面：一方面是民族压迫、民族剥削以及由此引起的民族不平等和民族斗争，另一方面是指各民族在经济、文化、教育、风俗习惯、语言文字等方面的差别和事实上的不平等。民族问题不等于阶级问题，但在剥削制度下，民族问题又是和阶级问题联系在一起的。民族压迫实质上是阶级压迫，民族斗争实质上是阶级斗争。因为民族内部是划分阶级的。新中国成立以后，我国各族人民经过民主改革和社会主义改造，走上了社会主义道路，并结成了平等、团结、互助的新型民族关系，历史上的民族压迫和民族剥削已被消灭。但是，我国社会主义社会仍将长期存在着民族问题。由于我国还处在社会主义初级阶段，历史上形成和遗留下来的各民族在经济、文化等方面事实上的不平等，还没有也不可能在短期内消除，各族人民在物质文化生活方面还存在着差别。当然，我国社会主义制度下的民族问题同剥削制度下的民族问题在性质上是不同的，已经不是阶级矛盾和阶级斗争问题，而是各民族人民内部的矛盾，是各族人民在根本利益一致基础上的矛盾。正确处理和解决社会主义时期的民族矛盾，是巩固和加强各民族的团结、实现各民族共同繁荣、建设中国特色社会主义的重要条件和保证。

中国共产党在中国革命、建设和改革的各个历史时期，始终坚持马克思列宁主义的民族观，坚持从我国民族问题的实际出发，不断加强马克思主义民族理论研究和建设，不断推进马克思主义民族理论的中国化，走出了一条适合中国国情、具有中国特色的解决民族问题的正确道路，形成了一系列关于民族问题的基本理论和政策。以毛泽东同志为核心的党的第一代中央领导集体，确立了以民族平等、民族团结、民族区域自治、各民族共同繁荣为核心的民族理论和民族政策，引导我国各民族走上社会主义道路，实现了中华民族发展史上最广泛最深刻的社会变革，开创了中国特色解决民族问题的正确道路。以邓小平同志为核心的党的第二代中央领导集体，重新确立了我国民族工作的正确方向，把民族工作重心转向为经济建设服务，巩固和发展社会主义新型民族关系，开辟了历史新时期我国各民族蓬勃发展的崭新局面，推动我国民族团结进步事业在改革开放进程中迈出了崭新步伐。习近平同志强调，民族团结是各族人民的生命线。要高举各民族大团结的旗帜，在各民族中牢固树立国家意识、公民意识、中华民族共同体意识，最大限度团结依靠各族群众，使每个民族、每个公民都为实现中华民族伟大复兴的中国梦贡献力量，共享祖国繁荣发展的成果。这就要在各族群众中牢固树立正确的祖国观、民族观，弘扬社会主义核心价值体系和社会主义核心价值观，增强各族群众对伟大祖国的认同、对中华民族的认同、对中华文化的认同、对中国特色社会主义道路的认同。党的二十大强调指出，要以铸牢中华民族共同体意识为主线，坚定不移走中国特色解决民族问题的正确道路，坚持和完善民族区域自治制度，加强和改进党的民族工作，全面推进民族团结进步事业。

第一，坚持民族平等。民族平等是马克思主义解决民族问题的基本原则和根本政策。中国共产党和中国政府历来主张，各民族不论人口多少、经济社会发展程度高低、风俗习惯和宗教信仰异同，都是中华民族的一部分，具有同等的地位，在国家和社会生活的一切方面，依法享有相同的权利，履行相同的义务，反对任何形式的民族压迫和民族歧视，并把这一主张用法律的形式确定下来。新中国成立之初，中国人民政治协商会议通过的具有临时宪法作用的《中国人民政治协商会议共同纲领》中就规定：中华人民共和国境内各民族一律平等。1954 年，新中国颁布的第一部宪法规定，各民族一律平等，禁止对任何民族的歧视和压迫，并对实现各民族在政治、经济、文化上的平等权利做了进一步的规定。改革开放以来，中国共产党在坚持这一原则的基础上不断地加以完善，现行宪法规定："中华人民共和国各民族一律平等。国家保障各少数民族的合法的权利和利益，维护和发展各民族的平等团结互助和谐关系。禁止对任何民族的歧视和压迫，禁止破坏民族团结和制造民族分裂的行为。"在中国，任何煽动民族仇视和歧视、破坏民族平等团结的言行都是违法的。经过 70 多年的不懈努力，中国已经形成了一个具有中国特色的保证民族平等的法律规范体系，各民族的平等权利依法得到保障。

第二，维护民族团结。民族团结是中国处理民族问题的根本原则，是维护国家统一、实现各民族共同发展的根本保证。没有各民族的团结，就没有社会主义祖国的统一、稳定和繁荣。毛泽东指出，"帝国主义过去敢于欺负中国的原因之一，是中国各民族不团结"①。因此，只有经过各阶级各民族的大团结，才能战胜敌人，完成民族和民主革命的任务。针对我国民族关系的历史和现状，毛泽东强调，汉族和少数民族的关系一定要搞好。他把民族团结作为各民族必须共同遵守的一条普遍原则，他在《关于正确处理人民内部矛盾的问题》中论及言论行为的是非标准时，第一条就是"有利于团结全国各族人民，而不是分裂人民"。1954 年宪法及以后修订的宪法都明确规定：禁止破坏各民族团结的行为。维护民族团结，成为我们党的民族理论政策最基本的内容之一。在中国，民族团结包括汉族和少数民族之间的团结、各少数民族之间的团结，以及同一少数民族内部成员之间的团结。多年来，国家采取各种措施，努力消除一切不利于民族团结的因素，坚决反对一切民族分裂活动，坚定不移地维护民族团结，努力实现各民族共同团结奋斗、共同繁荣发展的目标。

第三，促进各民族共同发展繁荣。实现各民族的共同发展繁荣，是社会主义事业的本质要求，也是党的民族政策的基本出发点和归宿。新中国成立前，民族地区经济发展十分缓慢，几乎没有现代工业，一些地区仍采用着"刀耕火种"的原始农业生产方式，交通、邮电和通信事业更处于十分落后的状态。新中国成立后，国家根据民族地区的实际情况，制定和采取了一系列特殊的政策和措施，帮助、扶持民族地区发展经济，并动员和组织发达地区支援民族地区。《中华人民共和国民族区域自治法》中关于上级国家机关帮助民族自治地方发展的义务的规定有 13 条。国家在制定国民经济和社会发展计划时，有计划、有意识地在民族地区安排一些重点工程，调整民族地区单一的经济结构，发展多种产业，提高综合经济实力。特别是随着近年来中国改革开放的不断深入发展，国家加大了对民族地区的投资力度，加快了民族地区对外开放的步伐，使民族地区的经济发展呈现新的活力。

第四，实行民族区域自治。民族区域自治作为中国特色解决民族问题的正确道路的重要内容和制度保障，主要是指：在国家的统一领导下，在民族地方实行区域自治，设立自治机关，行使自治权，使自治地方的人民当家作主，管理本自治地方的事务。1949 年 9 月召开的中国人民政治协商会议，把我国实行单一制下的民族区域自治作为一项基本国策确定了下来。民族区域自治的确立和实施，为实现民族平等和民族团结提供了制

① 中共中央文献研究室．毛泽东文集：第 6 卷．北京：人民出版社，1999：211.

度与法律的保障，也为构建党的民族理论政策体系奠定了坚实的基础。

第五，保护和发展少数民族文化。中国各少数民族在长期的历史发展中，都形成了本民族独具特色和风格各异的文化。中华人民共和国成立后，中国共产党和中国政府始终把保护与发展少数民族文化作为民族政策的重要内容，并采取了各种切实有效的政策措施，包括：国家尊重少数民族风俗习惯，少数民族享有保持或改革本民族风俗习惯的权利；在社会生活的各方面，政府对少数民族保持或改革本民族风俗习惯的权利加以保护；有计划地组织对各少数民族的文化遗产进行抢救、发掘和整理；大力培养少数民族文艺人才，发展少数民族文艺事业；保护和发展少数民族传统医药；等等。

新中国 70 多年的历史证明，巩固和发展民族团结进步事业，必须坚持中国特色社会主义道路不动摇，坚持党的民族政策不动摇，坚持共同团结奋斗、共同繁荣发展不动摇，坚持维护祖国统一不动摇。这“四个不动摇”归结到一点就是：必须坚持一切从我国民族问题实际出发，坚定不移走中国特色解决民族问题的正确道路。

3. 中国特色社会主义必须依靠最广泛的爱国统一战线

统一战线是无产阶级及其政党在不同的历史时期，为实现一定的战略目标，团结本阶级各个阶层和政治派别，并同其他阶级、阶层、政党以及一切可能团结的力量，在共同利益基础上结成的联盟。十一届三中全会以后，党坚持和发展了毛泽东关于统一战线的思想，根据国内阶级关系的根本性变化和党的工作重心的战略转移，创造性地提出并发展了爱国统一战线的理论。

第一，改革开放以来，爱国统一战线仍然是一个重要法宝。进入新时期，邓小平根据我国阶级关系的变化和工作重点的转移，明确指出：“统一战线仍然是一个重要法宝，不是可以削弱，而是应该加强，不是可以缩小，而是应该扩大。”① 江泽民针对发展社会主义市场经济的新形势和我国社会阶层结构的新变化，强调：“统一战线作为党的一个重要法宝，绝不能丢掉；作为党的一个政治优势，绝不能削弱；作为党的一项长期方针，绝不能动摇。”② 胡锦涛根据改革开放进入攻坚阶段和全面建设小康社会的新要求，进一步指出：“统一战线是我们党夺取革命、建设、改革事业胜利的重要法宝，是我们党执政兴国的重要法宝，是实现祖国完全统一和中华民族伟大复兴的重要法宝。”③ 进入新时代，习近平强调，“统一战线是党的事业取得胜利的重要法宝，必须长期坚持。要高举爱国主义、社会主义旗帜，牢牢把握大团结大联合的主题，坚持一致性和多样性统一，找到最大公约数，画出最大同心圆”④。党领导的爱国统一战线的实质，就是要在一个共同的目标之下，实现全国各民族、各党派、各阶层、各方面人民最广泛的团结。改革开放 40 多年来，爱国统一战线在建设中国特色社会主义的事业中，在完成祖国统一大业、反对霸权主义、维护世界和平中发挥了重要作用。人民政协作为爱国统一战线的组织形式，既是共产党领导下实现多党合作的社会主义民主制度的组织形式，也是党与非党联盟长期

---

① 邓小平．邓小平文选：第 2 卷．2 版．北京：人民出版社，1994：203.

② 江泽民．江泽民文选：第 3 卷．北京：人民出版社，2006：143.

③ 中共中央文献研究室．十六大以来重要文献选编：下．北京：中央文献出版社，2008：566.

④ 习近平．决胜全面建成小康社会 夺取新时代中国特色社会主义伟大胜利：在中国共产党第十九次全国代表大会上的报告．北京：人民出版社，2017：39－40.

合作的组织形式。中国共产党坚持“长期共存、互相监督、肝胆相照、荣辱与共”的方针，进一步发展和完善人民政协，使其政治协商、民主监督的职能进一步经常化和制度化，使其在建设中国特色社会主义事业中发挥了更大的作用。

第二，改革开放以来，爱国统一战线的性质和任务。在新的历史条件下，伴随着阶级关系和中心任务的变化，爱国统一战线的性质和内容也发生了重大变化。爱国统一战线已经发展为由中国共产党领导的，有各民主党派和各人民团体参加的，包括全体社会主义劳动者、社会主义事业的建设者、拥护社会主义的爱国者、拥护祖国统一和致力于中华民族伟大复兴的爱国者的广泛的战线。也就是说，爱国统一战线已经由过去的“四个阶级”的联盟发展成为“四者”的政治联盟。“全体社会主义劳动者”，首先是指工人、农民和知识分子，同时也包括一切依靠诚实劳动和合法经营而致富的人们；“拥护社会主义的爱国者”，包括一切拥护中国共产党领导，坚持社会主义道路的各党派、社团、无党派人士、宗教界人士、海外侨界人士等；“拥护祖国统一和致力于中华民族伟大复兴的爱国者”，主要是指港、澳、台同胞，海外侨胞，以及一切拥护祖国统一、认同一个中国原则的人们。这就是说，统一战线包括了两个范围的联盟：一个是在大陆范围内，以爱国主义和社会主义为政治基础的，团结全体劳动者、建设者和爱国者的联盟，这是统一战线的主体和基础；另一个是在大陆范围以外，以爱国、拥护祖国统一和致力于中华民族伟大复兴为政治基础的，团结台湾同胞、港澳同胞和海外侨胞的联盟，这是统一战线的重要组成部分。这两个方面互相结合，互相促进，构成了一个整体，体现了统一战线空前的广泛性。统一战线性质的根本变化，使统一战线的任务也发生了深刻变化。统一战线工作的根本任务就是争取人心、凝聚力量，为实现党和国家的宏伟目标而团结奋斗。具体地说，新时期爱国统一战线基本任务就是：高举爱国主义、社会主义旗帜，团结一切可以团结的力量，调动一切积极因素，坚定不移地贯彻执行党在社会主义初级阶段的基本路线，为促进社会主义经济、政治、文化、社会和生态文明建设服务，为促进香港、澳门长期繁荣稳定和推动包括台湾回归在内的祖国完全统一服务，为实现中华民族伟大复兴、维护世界和平、促进共同发展服务。

第三，巩固和发展爱国统一战线的基本政策。政党关系、民族关系、宗教关系、阶层关系和海内外同胞关系，是政治领域和社会领域中涉及党和国家工作全局的重大关系，也是爱国统一战线需要全面把握和正确处理的重大关系。正确认识并采取正确的政策处理这些关系，事关中国特色社会主义建设的全局，事关党和国家的兴旺发达与长治久安。正确认识与处理中国共产党和民主党派的关系，巩固和发展中国共产党领导的多党合作的政治格局，实现政党关系长期和谐，根本在于坚持走中国特色社会主义政治发展道路，关键在于坚持与完善中国共产党领导的多党合作和政治协商制度。正确认识与处理各民族特别是汉族和少数民族的关系，促进各民族共同团结奋斗、共同繁荣发展，使各民族相互学习、相互帮助。不断巩固和发展平等、团结、互助、和谐的社会主义民族关系，关键是要牢牢把握各民族共同团结奋斗、共同繁荣发展的主题，全面贯彻党的民族政策，切实保障少数民族的合法权益。正确认识与处理信教群众和不信教群众、信仰不同宗教群众之间的关系，推动实现宗教与社会和谐相处，各宗教和谐相处，信教群众和不信教群众、信仰不同宗教群众和谐相处，关键是要全面正确地贯彻党的宗教信仰自由政策，积极引导宗教与社会主义社会相适应。正确认识与处理社会各阶层的关系，推动和实现全社会和谐相处、共同发展，最重要的是要尊重新的社会阶层人士的劳动创造和创业精神，肯定他们为发展生产、解决就业、提供税收、增强国力做出的贡献，同时关注他们的利益诉求，扩大他们有序的政治参与，维护他们的合法权益。正确认识与处理大陆同胞与港澳同胞、台湾同胞、海外侨胞的关系，在爱国主义旗帜下加强海内外中华儿女的大团结，最重要的是要继续坚持“和平统一、一国两制”的基本方针，坚决反对和遏制任何形式的“台独”分裂活动，认真贯彻党的港、澳、台政策和侨务政策，努力维护港澳同胞、台湾同胞、海外侨胞和归侨侨眷的根本利益。

“人心是最大的政治，统一战线是凝聚人心、汇聚力量的强大法宝。”① 新时代，要把不同政党、不同民族、不同信仰、不同阶层和生活在不同社会制度下的各方面人士团结、凝聚起来，离不开共同的政治基础和政治原则。一是始终高举中国特色社会主义伟大旗帜，引导爱国统一战线广大成员在中国共产党领导下坚定不移地致力于实现社会主义现代化和中华民族伟大复兴。二是始终坚持围绕中心、服务大局。增进团结、凝聚力量，其根本目的是推动中国特色社会主义事业的蓬勃发展，使统战工作获得强大的物质基础和精神动力。三是始终坚持以人民为中心的发展思想，贯彻新发展理念。四是始终坚持发扬社会主义民主，保证广大爱国统一战线成员享有宪法、法律赋予的各项权利；同时，在爱国统一战线内部，要努力营造民主的空气和氛围，实现互相监督和批评。习近平强调，做好新形势下统战工作，必须掌握规律、坚持原则、讲究方法，最根本的是要坚持党的领导，实行的政策、采取的措施都要有利于坚持和巩固党的领导地位和执政地位。

（三）中国特色社会主义依靠力量理论提出的重大意义

作为中国特色社会主义理论的一个重要组成部分，中国特色社会主义依靠力量理论的提出，无论是在理论上还是在实践上，都具有重要的意义。

第一，中国特色社会主义依靠力量理论是对马克思主义群众观点的继承和发展。马克思主义从人类历史进步和无产阶级解放的立场，揭示了人民群众是历史的创造者，是推动历史发展的决定力量的真理。毛泽东强调指出：“人民，只有人民，才是创造世界历史的动力。”② 人民群众是社会进步中最活跃、最革命的因素——生产力的主体部分，是物质财富和精神财富的直接的、主要的创造者，他们的根本利益与社会发展的客观规律具有内在的一致性。建设中国特色社会主义，代表了中国社会主义历史发展的正确方向，符合广大人民群众的根本利益，能够最大限度地调动广大人民群众的积极性和创造性。社会主义依靠力量的理论，不仅是以马克思主义关于人民群众是历史的创造者的观点为理论基础的，而且是在新的历史条件下对马克思主义群众观点的继承和发展。

第二，中国特色社会主义依靠力量理论是对群众路线的进一步丰富和发展。中国特色社会主义依靠力量理论与群众路线有着一脉相承的关系。十一届六中全会通过的《关

① 习近平．高举中国特色社会主义伟大旗帜 为全面建设社会主义现代化国家而团结奋斗：在中国共产党第二十次全国代表大会上的报告．北京：人民出版社，2022：39.

② 毛泽东．毛泽东选集：第3卷．2版．北京：人民出版社，1991：1031.

于建国以来党的若干历史问题的决议》，把“毛泽东思想的活的灵魂”概括为“实事求是，群众路线，独立自主”三个基本方面。改革开放以来，党对群众路线不仅予以高度重视，而且对其要旨也有着深刻的理解和把握。“一切为了人民，一切依靠人民”的思想，具体表现在党领导改革开放、建设中国特色社会主义的伟大实践中。社会主义依靠力量理论的提出，不仅充分说明了中国特色社会主义是与中国最广大人民群众的利益密切相关的事业，而且充分说明了广大人民群众在建设中国特色社会主义历史进程中的重要作用。把以工人、农民、知识分子为主体的人民群众作为共产党领导的社会主义建设事业的依靠力量，不仅是对党的群众路线的光荣传统在新的历史时期的继承和发扬，而且是对群众路线基本内容的进一步丰富和发展。

第三，中国特色社会主义依靠力量理论揭示了中国特色社会主义事业不断发展的力量源泉。建设中国特色社会主义是一项艰巨而伟大的事业，这项事业能否顺利发展，直接关系到党和国家的兴衰成败，关系到21世纪中华民族的历史命运。这就要求作为执政党的中国共产党在新的历史时期必须回答要依靠谁去完成这项事业的问题。只有从战略的高度解决了“依靠谁、团结谁”的问题，党领导的中国特色社会主义事业才能找到根本的动力。我们坚信，只要中国共产党始终坚定地相信人民、紧紧地依靠人民，在治国理政的过程中充分体现和代表人民的利益，坚持发展为了人民、发展依靠人民、发展成果由人民共享，不断使人民群众得到更多的实惠，使全体人民朝着共同富裕的方向稳步前进，建设中国特色社会主义的伟大事业就一定能够顺利完成。

二、中国特色社会主义的领导核心

社会主义社会是在改革中不断前进的社会，中国共产党作为社会主义事业的领导核心应该是在改革中不断创新的党。改革开放以来，党坚持把中国特色社会主义伟大事业同党的建设新的伟大工程贯通起来，以改革创新精神全面推进党的建设，形成了内容丰富的党的建设理论，从加强党的执政地位与提高党的执政能力两个方面的统一上，确立了党在整个建设中国特色社会主义事业中的“解决一切问题的关键”地位。

（一）党的领导是中国特色社会主义的根本保证

党的领导是中国特色社会主义事业取得成功的根本保证。中国特色社会主义进入新时代，党要团结带领人民进行伟大斗争、建设伟大工程、推进伟大事业、实现伟大梦想，必须毫不动摇坚持和完善党的领导。

1. 中国共产党的性质和基础

《中国共产党章程》规定：“中国共产党是中国工人阶级的先锋队，同时是中国人民和中华民族的先锋队，是中国特色社会主义事业的领导核心，代表中国先进生产力的发展要求，代表中国先进文化的前进方向，代表中国最广大人民的根本利益。党的最高理想和最终目标是实现共产主义。”党章以极其精练的语言明确概括了党的性质、党的阶级基础和群众基础、党的领导地位和加强党的建设的基本要求。

“党是中国工人阶级的先锋队”，是对党的阶级性的规定。任何政党都有其阶级基础，代表一定阶级的意志和利益，是阶级的组织者和领导者，中国共产党也不例外。中国共产党自成立之日起，就是中国工人阶级的政党，是中国工人阶级的先锋队。

第一，中国共产党是以中国工人阶级为其阶级基础的。中国工人阶级是在19世纪中叶以后，伴随着外国资本主义的侵略和中国民族资产阶级的发展而逐步成长起来的。中国工人阶级除了具有世界一般工人阶级的基本优点之外，还有自己特殊的优点。中国工人阶级深受帝国主义、资产阶级、封建势力的三重压迫，在革命斗争中比任何别的阶级都坚决和彻底；中国的工人阶级高度集中，有利于无产阶级的组织和团结，便于形成强大的战斗力量；中国工人阶级多数来自破产的农民，与广大农民有着天然的联系，便于结成强大的工农联盟。中国工人阶级是现代中国最进步的阶级，是中国革命、建设和改革的领导力量。中国共产党是适应中国工人阶级斗争的需要，在马克思列宁主义与中国工人运动相结合的基础上建立起来的。党集中体现了工人阶级的特点和优秀品质。

第二，中国共产党是由工人阶级中的先进分子所组成的。中国共产党坚持党的阶级性和先进性的统一，严格按照共产党员的标准发展党员，集合了一大批工人阶级中具有共产主义觉悟的先进分子，成为中国工人阶级的先锋队。中国共产党由工人阶级先进分子所组成，但这并不意味着其他阶级出身的人不能入党，更不能说吸收这些人当中符合入党条件的人加入党组织就会改变党的工人阶级先锋队性质。判断一个政党的性质，主要是看它的理论和纲领及其实践究竟代表哪个阶级的利益。中国共产党的理论和纲领及其实践是代表工人阶级利益的，也是代表最广大人民的根本利益的。

第三，中国共产党以马克思主义为理论基础和行动指南，代表了中国社会发展的正确方向。政党都是以一定的思想理论为指导而产生的，又都是在一定的思想理论指导下进行活动的。中国共产党高度重视在思想上建党，坚持用马克思主义理论教育和武装全体党员，不仅要求党员在组织上入党，而且要求党员必须首先在思想上入党，指导他们为实现党的纲领和任务而不断奋斗。中国共产党坚持以马克思列宁主义、毛泽东思想、邓小平理论、“三个代表”重要思想、科学发展观、习近平新时代中国特色社会主义思想为自己的行动指南，以及在此基础上所制定的维护工人阶级利益的路线、纲领和对正确路线、纲领坚持不渝的实践，充分表明了其工人阶级先锋队性质。

党“是中国工人阶级的先锋队，同时也是中国人民和中华民族的先锋队”。这是对党的群众基础的规定。中国共产党是中国工人阶级的先锋队，同时也是中国人民和中华民族的先锋队，这是因为：

第一，中国工人阶级同中国人民和中华民族的根本利益是一致的。中国共产党自诞生起，就同时担负着中国工人阶级和中华民族的双重历史使命，并把中国工人阶级的历史使命和中华民族的历史命运紧密地联系在一起。中国工人阶级的利益，同中国人民和中华民族的利益始终紧密地联系在一起。中国共产党为工人阶级的利益而奋斗，同时也就是为全体中国人民和整个中华民族的利益而奋斗。早在1935年召开的瓦窑堡会议就明确指出，中国共产党是中国无产阶级的先锋队，同时又是全民族的先锋队。党成立100多年来，之所以能够领导广大人民群众取得革命、建设和改革的一个又一个伟大胜利，最根本的原因就是，中国共产党不仅代表了工人阶级的利益，同时还代表了中国人民和中华民族的根本利益。

第二，中国共产党的执政使命要求党必须是中国人民和中华民族的先锋队。中国共产党执政的实质就是领导人民当家作主，运用人民赋予的权力来为人民服务。这就要求党在任何时候，都要自觉地站在中国人民和中华民族的根本立场上，掌握好、运用好人民赋予的权力；维护好、实现好、发展好中国最广大人民的根本利益以及集中体现这种根本利益的国家利益。党如果不作为中国人民和中华民族的先锋队去自觉实现这个要求，就会有丧失执政地位的危险。同时，党是作为全体中国人民和整个中华民族的忠实代表长期执政，除了国家宪法所明确的敌对势力和犯罪分子以外，所有属于人民范畴的社会成员都是党执政的社会群众基础，党都要主动与之保持紧密的联系。

第三，实现中华民族的伟大复兴，要求党必须是中国人民和中华民族的先锋队。坚持中国特色社会主义道路，实现中华民族的伟大复兴，把我国建设成为富强民主文明和谐美丽的社会主义现代化强国，是一项伟大而艰巨的事业。党要真正担负起这一崇高的历史使命，就要自觉成为中国人民和中华民族的先锋队，坚持把马克思主义的基本原理同当代中国实际和时代特征相结合，不断开拓民族振兴的新思路；同时，以工人阶级先锋队的政治胆识和胸襟，批判继承中华优秀文化传统，积极吸收和借鉴包括发达资本主义国家在内所创造的一切人类文明成果，高举中国特色社会主义伟大旗帜，把整个民族的力量空前凝聚起来，最大限度地调动和发挥一切积极因素，把全国各个阶层优秀分子积极吸纳到党内来。中国共产党只有成为中国人民和中华民族的先锋队，才能够使自己真正成为中华民族赖以振兴的中流砥柱。

中国共产党作为中国工人阶级的先锋队与作为中国人民和中华民族的先锋队，二者相互依存，相互补益，内在统一于党的先进性。前者主要是指党的阶级性质和阶级基础，是从阶级性的角度规定和支撑党的先进性的；后者主要是从党的代表性的角度体现和拓展党的先进性的。党在任何时候任何情况下，都要自觉坚持二者的统一。一方面，保持党的工人阶级先锋队性质，增强党的阶级基础；另一方面，适应时代发展变化的需要，扩大党的群众基础。

党是中国特色社会主义的领导核心，是对党的领导地位的确认。中国共产党的执政地位是经过长期艰巨的革命斗争逐步确立的。没有共产党，就没有社会主义的新中国，这一科学判断，集中反映了党的执政地位是近现代中国历史发展的必然，是人民的选择。党“代表中国先进生产力的发展要求，代表中国先进文化的前进方向，代表中国最广大人民的根本利益”，是对党的建设基本要求的高度概括；“党的最高理想和最终目标是实现共产主义”，则是对党的理想和信念的高度概括，集中体现了党的领导是中国特色社会主义的最本质的特征和最根本的保证。

2. 党的领导是中国特色社会主义最本质的特征

早在新民主主义革命时期，毛泽东就反复说明了，中国人民要革命，要建立一个以社会主义为前途的新中国，就必须在中国建立和建设一个马克思主义的无产阶级政党。1939 年 12 月，他在《中国革命和中国共产党》一文中，在分析了近代中国社会性质、特点和中国革命基本问题的基础上，明确指出，“领导中国民主主义革命和中国社会主义革命这样两个伟大的革命到达彻底的完成，除了中国共产党之外，是没有任何一个别的政党（不论是资产阶级的政党或小资产阶级的政党）能够担负的。而中国共产党则从自己建党的一天起，就把这样的两重任务放在自己的双肩之上了”①。1945 年 4 月，在党的七大的政治报告中，毛泽东进一步指出：“三次革命的经验，尤其是抗日战争的经验，给了我们和中国人民这样一种信心：没有中国共产党的努力，没有中国共产党人做中国人民的中流砥柱，中国的独立和解放是不可能的，中国的工业化和农业近代化也是不可能的。”② 在这里，实际上已经有了党是中国革命和社会主义事业领导核心的思想。

中华人民共和国成立后，党进入了领导人民进行社会主义革命和社会主义建设的阶段。党的地位发生了历史性变化，成为领导全国政权的执政党。为了确保中国共产党对于新生的国家政权的领导，确立党在社会主义建设中的领导地位，毛泽东在 1954 年 9 月召开的第一届全国人民代表大会第一次会议的开幕词中，在提出我们的总任务是为建设一个伟大的社会主义国家而奋斗的同时，又提出了“领导我们事业的核心力量是中国共产党。指导我们思想的理论基础是马克思列宁主义”③ 的重要论断。此后，他又多次强调，中国共产党是全中国人民的领导核心，没有这样一个核心，社会主义事业就不能胜利。

十一届三中全会之后不久，邓小平就针对当时出现的否定党的领导地位的错误倾向，明确指出：“在中国，在五四运动以来的六十年中，除了中国共产党，根本不存在另外一个像列宁所说的联系广大劳动群众的党。没有中国共产党，就没有社会主义的新中国。”④ 离开了中国共产党，别的政治力量不可能组织社会主义的经济、政治、军事和文化，不可能组织四个现代化。他强调：“没有党的领导，就没有一条正确的政治路线；没有党的领导，就没有安定团结的政治局面；没有党的领导，艰苦创业的精神就提倡不起来；没有党的领导，真正又红又专、特别是有专业知识和专业能力的队伍也建立不起来。”⑤ 他还指出，我们党也犯过严重错误，但是错误总还是由我们党自己纠正的，不是别的力量来纠正的，“中国由共产党领导，中国的社会主义现代化建设事业由共产党领导，这个原则是不能动摇的；动摇了中国就要倒退到分裂和混乱，就不可能实现现代化”⑥。党的十二大根据邓小平的论述把中国共产党“是中国社会主义事业的领导核心”这一概括写入了党章。随着社会主义现代化事业的发展，党又相继提出：使党成为领导全国各族人民建设中国特色社会主义的坚强核心，确保党始终成为中国特色社会主义事业的坚强领导核心等重要观点。十九大将“明确中国特色社会主义最本质的特征是中国共产党领导，中国特色社会主义制度的最大优势是中国共产党领导，党是最高政治领导力量”，作为习近平新时代中国特色社会主义思想的最重要内容，并将坚持党对一切工作的领导作为新时代坚持和发展中国特色社会主义基本方略的第一条，强调“党政军民学，东西南北中，党是领导一切的。必须增强政治意识、大局意识、核心意识、看齐意识，自觉维护党中

---

① 毛泽东．毛泽东选集：第 2 卷．2 版．北京：人民出版社，1991：652.

② 毛泽东．毛泽东选集：第 3 卷．2 版．北京：人民出版社，1991：1097－1098.

③ 中共中央文献研究室．毛泽东文集：第 6 卷．北京：人民出版社，1999：350.

④ 邓小平．邓小平文选：第 2 卷．2 版．北京：人民出版社，1994：170.

⑤ 同④266.

⑥ 同④267－268.

央权威和集中统一领导，自觉在思想上政治上行动上同党中央保持高度一致，完善坚持党的领导的体制机制”[①]。二十大进一步指出，中国共产党作为世界上最大的马克思主义执政党，必须时刻保持解决大党独有难题的清醒和坚定，深入推进新时代党的建设新的伟大工程，以党的自我革命引领社会革命。

历史和现实反复证明，在中国能够团结和带领全国各族人民实现上述宏伟目标的政治力量，只有中国共产党。

第一，只有中国共产党才能领导全国各族人民，坚持中国社会主义现代化建设的正确方向。摆脱国家贫穷落后的面貌，实现现代化和民族复兴，是中国人民的百年追求和梦想。鸦片战争以来的历史表明，中国的现代化建设企图走资本主义道路是根本行不通的。邓小平曾经强调指出：我们要实现工业、农业、国防和科技现代化，但在四个现代化前面有“社会主义”四个字，叫“社会主义四个现代化”，只有坚持中国共产党的领导，走中国特色社会主义道路，才能保证现代化建设事业的正确方向，才能制定和执行正确的路线方针政策，保证现代化建设事业不断取得进步，最终实现中华民族的伟大复兴。

第二，只有中国共产党才能领导全国各族人民维护国家统一，加强各民族团结，促进社会和谐稳定。毛泽东曾明确指出，国家的统一、人民的团结、国内各民族的团结，是我们的事业必定要胜利的基本保证。没有国家的统一、各民族的团结和社会的稳定，就没有国家的繁荣富强和人民的安居乐业。维护国家统一、各民族的团结和社会稳定，历来是中国各族人民最关切的事。新世纪新阶段，中国共产党作为中国各族人民根本利益的忠实代表，以科学理论为指导，凭借其丰富的执政经验和驾驭全局的能力，努力构建社会主义和谐社会，维护了国家统一，加强了民族团结，促进了社会和谐稳定。

第三，只有中国共产党才能正确处理各种复杂的社会矛盾，协调各方面的利益关系，调动一切积极因素，同心同德进行社会主义现代化建设。社会主义初级阶段坚持公有制为主体、多种所有制经济共同发展，按劳分配为主体、多种分配方式并存，必然带来各种利益主体之间的矛盾。随着全面改革开放的深入和社会主义市场经济的发展，各种利益关系将更加复杂多变。面临着各种复杂的社会矛盾，作为中国特色社会主义领导核心的中国共产党，既能总揽全局，妥善协调各方面的利益矛盾冲突，又能审时度势地展望未来，正确调整和协调各方面的利益关系，最大限度地调动一切积极因素，集中一切资源、力量和智慧，解决关系国计民生的重大问题，保证经济社会的可持续发展，推动中国特色社会主义事业向前顺利发展。

第四，只有中国共产党才能领导全国各族人民应对复杂的国际环境的挑战。当前，世界正处于大发展大变革大调整时期，世界多极化、经济全球化、社会信息化、文化多样化深入发展，全球治理体系和国际秩序变革加速推进，各国相互联系和依存日益加深，国际力量对比更趋平衡，和平发展大势不可逆转。同时，世界面临的不稳定性不确定性突出，世界经济增长动能不足，贫富分化日益严重，地区热点问题此起彼伏，恐怖主义、

① 习近平．决胜全面建成小康社会 夺取新时代中国特色社会主义伟大胜利：在中国共产党第十九次全国代表大会上的报告．北京：人民出版社，2017：20.

网络安全、重大传染性疾病、气候变化等非传统安全威胁持续蔓延，人类面临许多共同挑战。世界充满希望，也充满挑战。在极其复杂的国际局势下，只有中国共产党才具备驾驭各种复杂矛盾的能力，以坚强的政治核心把全国各族人民紧密团结起来，正确应对复杂的国际环境的挑战，坚持走独立自主的和平发展道路，并为推动人类命运共同体建设做出中国贡献。

3. 坚持党的领导必须改革和完善党的领导

在新的历史条件下，面对复杂多变的国际国内环境，必须坚持和加强中国共产党对社会主义现代化建设事业的领导。而为了坚持党的领导，又必须努力完善党的领导。坚持和完善党的领导是一个问题的两个方面，具有内在的必然联系。

第一，完善党的领导，是党从容应对复杂的国际形势的需要。虽然和平与发展仍是当今时代的基本特征，但局部战争和武装冲突此起彼伏，恐怖主义等非传统安全威胁明显上升，世界并不太平。经济全球化趋势深入发展，科技进步突飞猛进，区域经济一体化进程加快。我们面临西方发达国家在国际竞争中经济科技上占优势的压力的同时，还面临着境内外敌对势力对我国政治、思想、文化等方面的渗透和攻击。这就要求党必须冷静观察和科学分析国际形势的发展变化，准确把握和自觉运用国际社会发展变化的规律，坚持独立自主的和平外交政策，更好地维护和拓展我国的国家利益。

第二，完善党的领导，是党应对国内社会经济关系新变化、不断提高驾驭市场经济能力的需要。随着改革开放的不断深入，我国社会的经济结构、组织形式、就业结构、社会结构的变化加快，经济社会发展不断呈现出新的趋势和特点。我国经济已由高速增长阶段转向高质量发展阶段，正处在转变发展方式、优化经济结构、转换增长动力的攻关期，建设现代化经济体系是跨越关口的迫切要求和我国发展的战略目标。实现第二个百年奋斗目标、实现中华民族伟大复兴的中国梦，不断提高人民生活水平，必须加强和完善党对经济工作的领导，认真贯彻以人民为中心的发展思想，坚定不移把发展作为党执政兴国的第一要务，坚持解放和发展社会生产力，坚持社会主义市场经济改革方向，推动我国经济持续健康发展。

第三，完善党的领导，是应对我国阶级阶层新变化，巩固党的执政基础的需要。政党以阶级和群众为基础，没有自己的阶级和群众基础，政党活动就没有社会和人民的支持。中国共产党是中国工人阶级的先锋队，同时也是中国人民和中华民族的先锋队。改革开放以来，中国社会阶级和阶层产生了新的变化，能否继续赢得工人阶级和广大人民群众的拥护和支持，直接关系到党的执政地位和执政基础是否稳固。因此，党必须巩固自己的阶级基础，不断扩大自己的群众基础。

第四，完善党的领导，是党应对人们价值观念、思想意识变化，守住社会主义意识形态阵地的需要。社会主义意识形态阵地能否守住，直接关系到社会主义建设的方向，关系到国家的前途和命运。改革开放以来，西方意识形态不断渗透到我国，意识形态领域的斗争非常激烈，从而形成多种价值观念和信仰体系并存的局面。同时，我国社会主义市场经济的发展也使人们的价值观念和思想意识产生了新的变化。所有这些，都对党能否坚守社会主义意识形态阵地提出了严峻挑战。党必须加强社会主义核心价值体系建设，用社会主义核心价值观引领多样化社会思潮，增强社会主义意识形态的吸引力和凝聚力。

第五，完善党的领导，是应对党自身状况发展变化的需要。中国共产党经过 100 多年的发展，已经成为拥有 9 900 多万党员，长期执掌全国政权的执政党。由于党员队伍状况发生了很大变化，面对领导全国人民进行社会主义现代化建设的艰巨任务，党内还有许多不相适应的地方。一些党员干部思想和能力还未适应新形势、新任务的需要，如思想观念和执政理念的不适应，领导方式和执政方式、领导体制和工作机制的不适应；一些党员干部队伍素质和能力方面的不适应；还有一些党员干部事业心和责任心不强、思想作风不端正、工作作风不扎实、脱离群众等问题比较突出；在一些地方和部门腐败现象还比较严重；等等。因此，巩固党的执政地位，必须加强党的自身建设，不断完善党的领导。

（二）新时期执政党建设理论的形成和发展

新中国成立以来，特别是改革开放以来，中国共产党围绕建设什么样的党、怎样建设党这一重大课题，不断总结和运用自身建设正反两方面经验，借鉴世界上一些执政党兴衰成败的经验教训，形成和发展了执政党建设的理论。中国共产党的执政党建设理论，坚持和发展了马克思主义关于无产阶级政党建设的思想，体现和深化了对共产党执政规律、社会主义建设规律、人类社会发展规律的认识，是加强和改进党的建设的重要指导思想，必须在实践中长期坚持和不断发展。

1. 新时期执政党建设理论的形成

加强党的建设，是中国革命胜利的一条基本经验。在新的历史时期，中国共产党作为执政党，肩负着历史的重任，经受着时代的考验，必须发扬优良传统，加强自身建设，不断提高领导水平。邓小平反复强调，要聚精会神地抓党的建设，“把我们党建设成为有战斗力的马克思主义政党，成为领导全国人民进行社会主义物质文明和精神文明建设的坚强核心”[①]。邓小平建设有中国特色社会主义的理论，包含着丰富的党的建设理论，为新时期加强执政党建设指明了方向。

第一，紧紧围绕党在新时期“一个中心、两个基本点”的基本路线进行党的建设。邓小平多次强调，新时期党的建设必须紧密联系党的基本路线来进行，否则，社会主义事业就不能前进，党的建设也不可能搞好。紧紧围绕党的基本路线的要求来建设党，一是要使广大党员和干部明确以经济建设为中心，大力发展生产力，这是党的基本路线的核心内容，党的建设工作不能离开这个中心，而应该通过加强和改善党的领导，提高党员的素质来保证这一中心任务的实现。二是要使广大党员和干部准确理解和全面掌握坚持四项基本原则和坚持改革开放这两个基本点及其相互关系，自觉反对任何一种企图把二者对立或割裂开来的错误倾向。三是要通过教育，使广大党员和干部警惕并正确地处理一定范围内存在的阶级斗争，发扬社会主义民主，加强社会主义法治，坚持人民民主专政，维护国家和社会的稳定，为社会主义建设和改革创造良好的环境。

第二，加强党的建设，始终把思想建设放在首位。加强党的思想建设，就是要用马

---

① 邓小平．邓小平文选：第 3 卷．北京：人民出版社，1993：39.

克思列宁主义、毛泽东思想武装全党，增强执行党的基本路线的自觉性和坚定性，树立共产主义理想，坚定社会主义信念，贯彻全心全意为人民服务的根本宗旨。注重加强思想理论建设是党加强自身建设的一贯原则。每当革命任务发生历史性转变时，党都把思想理论建设作为党的建设的首要任务来抓，强调用马克思主义理论统一全党，这是我们党的优良传统，也是一条成功的基本经验。党的建设要把思想建设放在首位，否则作为领导力量的党便会导致思想理论的创新不足，就难以把握正确的方向，更不可能制定出正确的方针和政策，也就难以成功地实现自己的领导责任。为此，要重视马克思主义的理论学习，以加强工作中的原则性、系统性、预见性和创造性，还要努力学习科学文化知识，提高广大党员干部的科学文化素质。

第三，加强党的组织建设，坚持和健全民主集中制，加强和改进党的基层组织建设，培养和选拔德才兼备的领导干部。民主集中制是在民主基础上的集中和在集中指导下的民主相结合，它是党的根本组织制度和领导制度，是马克思主义认识论和群众战线在党内生活和组织建设中的运用。坚持和健全民主集中制，必须充分发扬党内民主，切实保障各级党组织和党员的民主权利；必须坚持个人服从组织，少数服从多数，下级服从上级，全党服从中央的组织原则；必须加强党的团结，每个党员特别是领导干部都要服从大局，与党中央保持政治上的一致。党的基层组织是党的全部工作和战斗力的基础。党的路线、方针和政策要通过基层党组织来贯彻执行，所以，把基层党组织建设成为团结和带领群众进行改革和建设的战斗堡垒，对于加强党的组织建设具有十分重要的作用。干部队伍建设，历来是党的建设的一个极为重要的问题。干部队伍的素质对于党的路线的贯彻执行具有决定性的意义。邓小平强调，加强领导班子建设，培养和选拔德才兼备的各级领导干部，是保证党的路线的连续性和国家长治久安的根本大计。要按照“革命化、年轻化、知识化、专业化”的标准，选拔德才兼备的干部，使干部适应新形势、新任务的要求，经得起执政和改革开放的考验，为党的基本路线的贯彻执行提供重要的组织保证。

第四，加强党的作风建设，克服腐败现象。历史经验表明：得民心者，得天下；失民心者，失天下。党群关系的好坏，直接关系到党和国家的盛衰兴亡。邓小平在改革开放之初，就多次提醒全党，要反对干部队伍中的不正之风和特殊化，警惕各种腐败思想的侵袭。此后他又多次强调，端正党风是端正社会风气的关键，我们的国家越发展，越要抓艰苦创业，克服腐败现象。在 1992 年的南方谈话中，他更特别指出：“在整个改革开放过程中都要反对腐败。对干部和共产党员来说，廉政建设要作为大事来抓。”[①] 克服腐败现象，既要解决思想问题，也要解决制度问题。要制定各种相应的制度和条例，并组织专门的机构进行必要的监督检查，同时要注意提高党员和干部队伍的思想政治素质。腐败现象的产生，归根到底是党性不纯的表现，是党员、干部的世界观、人生观、价值观出现了问题。一个党员干部，如果丢掉了全心全意为人民服务的宗旨，不把自己看作人民的公仆，而把自己看作人民的主人，搞特殊化，就势必引起群众的强烈不满，损害党的威信，并使自己逐渐走上腐化堕落的道路，最终为党和人民所抛弃。党内发生腐败

① 邓小平．邓小平文选：第 3 卷．北京：人民出版社，1993：379.

现象又必然会削弱党的作用的发挥和党的力量的巩固。

第五，加强党的建设，一定要重视制度建设。这是邓小平在新时期提出的执政党建设的一个重要思想。他强调，在领导活动中起着主要作用的有人和制度这两个因素，人的因素是一个十分重要的方面，但是制度的因素更为重要。“制度好可以使坏人无法任意横行，制度不好可以使好人无法充分做好事，甚至会走向反面。即使像毛泽东同志这样伟大的人物，也受到一些不好的制度的严重影响，以至对党对国家对他个人都造成了很大的不幸。”“不是说个人没有责任，而是说领导制度、组织制度问题更带有根本性、全局性、稳定性和长期性。”① 邓小平分析了党在制度建设方面存在的问题，提出了加强制度建设的基本任务，即改革那些不好的和过时的制度，建立起包括领导制度、干部制度、党内生活制度、监督制度等科学的制度体系，强调要充分认识加强党的制度建设的重大意义，提高贯彻执行民主集中制原则及各项具体制度的自觉性，为把党建设成为一个具有健全制度的、充满生机和活力的党，做出自己的积极努力。

2. 新时期执政党建设理论的丰富和发展

20 世纪 80 年代末 90 年代初，国际上发生的一系列政权更迭、政党衰亡的重大事件，特别是苏共在执政多年以后丧失了执政地位并顷刻瓦解，把如何加强执政党建设这个问题突出地摆到了人们面前。

以江泽民同志为主要代表的中国共产党人，围绕建设什么样的党、怎样建设党的问题继续进行探索，取得了一系列重大的理论成果，丰富和发展了新时期执政党建设的理论。江泽民强调，在新的历史条件下加强党的建设，重点是要把握好党的历史方位，以改革的精神加强和改进党的建设，切实解决好提高党的领导水平和执政水平、提高拒腐防变和抵御风险能力这两大历史性课题。江泽民特别强调了要科学判断党的历史方位，准确地把握执政党建设主题的问题。他指出，党历经革命、建设和改革，已经从领导人民为夺取全国政权而奋斗的党，成为领导人民掌握全国政权并长期执政的党；已经从受到外部封锁和实行计划经济条件下领导国家建设的党，成为对外开放和发展社会主义市场经济条件下领导国家建设的党。这两大根本性的转变，揭示了党所处的历史方位，反映出执政党与领导革命的党、领导社会主义市场经济与领导计划经济的重大区别。江泽民还强调，要围绕党的政治路线加强党的建设，进一步明确执政党建设的方向和任务。总结党的历史经验，最根本的一条，就是党的建设必须按照党的政治路线来进行，围绕党的中心任务来展开，朝着党的建设总目标来加强，不断提高党的创造力、凝聚力、战斗力。在当代中国，党的建设围绕党的基本路线和中心任务来进行，最根本的就是要围绕发展这个党执政兴国的第一要务来进行。他要求各级党委和领导干部在实践中掌握新知识、积累新经验，不断提高科学判断形势的能力、驾驭市场经济的能力、应对复杂局面的能力、依法执政的能力、总揽全局的能力。江泽民还提出，要着眼全局，构建新时期执政党建设的总体布局；强调执政党建设是一个由思想、组织、作风和制度建设等构成的系统工程，必须着眼全局、统筹兼顾，使各方面建设相互配套、相互促进，这样才能从整体上提高党的建设工作水平。

---

① 邓小平．邓小平文选：第 2 卷．2 版．北京：人民出版社，1994：333.

新世纪新阶段，以胡锦涛同志为主要代表的中国共产党人科学分析世情、国情、党情发生的深刻变化，强调提高党的领导水平和执政水平、提高拒腐防变和抵御风险能力，加强党的执政能力建设和先进性建设，必须认真解决党所面临的长期、复杂、严峻的执政考验、改革开放考验、市场经济考验、外部环境考验，以及精神懈怠的危险、能力不足的危险、脱离群众的危险、消极腐败的危险。坚持以科学理论指导党的建设，以改革创新精神研究并解决党的建设面临的重大理论和实际问题，全面推进党的建设新的伟大工程，不断提高党的建设科学化水平。胡锦涛强调，在新的历史条件下提高党的建设科学化水平，必须坚持解放思想、实事求是、与时俱进，大力推进马克思主义中国化、时代化、大众化，提高全党思想政治水平；必须坚持五湖四海、任人唯贤，坚持德才兼备、以德为先用人标准，把各方面优秀人才集聚到党和国家事业中来；必须坚持以人为本、执政为民理念，牢固树立马克思主义群众观点、自觉贯彻党的群众路线，始终保持党同人民群众的血肉联系；必须坚持标本兼治、综合治理、惩防并举、注重预防的方针，深入开展党风廉政建设和反腐败斗争，始终保持马克思主义政党的先进性和纯洁性；必须坚持用制度管权管事管人，健全民主集中制，不断推进党的建设制度化、规范化、程序化。

新时期执政党建设的一系列新思想、新观点以及卓有成效的党建实践，极大地丰富和发展了毛泽东的党建学说，形成了具有相对完整体系的新时期执政党建设理论。在这一理论指导下，党的建设取得新的成就，有力地保证了中国特色社会主义事业的开创、坚持和发展。

（三）新时代全面推进党的建设新的伟大工程

十八大以来，以习近平同志为核心的党中央创新发展马克思主义党建学说，把全面从严治党纳入“四个全面”战略布局，坚定不移推进全面从严治党、依规治党，凝心聚力、直击积弊、扶正祛邪，党的建设开创新局面，党风政风呈现新气象。从严治党的实践，已经试出了人心向背，必须坚持不懈地抓下去，使管党治党真正从宽松软走向严紧硬。十九大对坚定不移全面从严治党，不断提高党的执政能力和领导水平提出了新的要求，强调伟大事业必须有坚强的党来领导，只要党把自身建设好、建设强，确保党始终同人民想在一起、干在一起，就一定能够引领承载着中国人民伟大梦想的航船破浪前进。

治国必先治党，治党务必从严。新时代，党中央为推进全面从严治党，先后提出与开展了党的群众路线教育实践活动、“三严三实”专题教育、“两学一做”学习教育、“不忘初心、牢记使命”主题教育、党史学习教育、学习贯彻习近平新时代中国特色社会主义思想主题教育、党纪学习教育等一系列集中教育活动。这些重大举措既是对中国共产党在 100 多年领导革命、建设和改革的伟大实践中不断积累的管党治党实践经验的薪火传承，也是党应对“四大考验”和“四大风险”，提高管党治党能力和水平，实现自我净化、自我完善、自我革新、自我提高基本目标的必然要求。

新时代，党要团结带领人民持续推进社会主义现代化、实现中华民族伟大复兴的历史重任，关键仍然在于进一步把党建设好。十九大指出，全面从严治党永远在路上。一个政党、一个政权，其前途命运取决于人心向背。人民群众反对什么、痛恨什么，我们就要坚决防范和纠正什么。全党要清醒认识到，我们党面临的执政环境是复杂的，影响党的先进性、弱化党的纯洁性的因素也是复杂的，党内存在的思想不纯、组织不纯、作风不纯等突出问题尚未得到根本解决。应该深刻认识党面临的“四大考验”和“四大风险”的尖锐性和严峻性，坚持问题导向，保持战略定力，推动全面从严治党向纵深发展。党的二十大强调，落实新时代党的建设总要求，健全全面从严治党体系，全面推进党的自我净化、自我完善、自我革新、自我提高，使我们党坚守初心使命，始终成为中国特色社会主义事业的坚强领导核心，就要在坚持和加强党中央集中统一领导，加强党的政治建设，提高各级党组织和党员干部政治判断力、政治领悟力、政治执行力，坚持科学执政、民主执政、依法执政，创新和改进领导方式，增强党内政治生活的政治性、时代性、原则性、战斗性，持续净化党内政治生态的基础上，从思想、政治、队伍、组织、纪律、反腐败等方面切实加强党的建设。

第一，坚持不懈用新时代中国特色社会主义思想凝心铸魂。用党的创新理论武装全党是党的思想建设的根本任务。全面加强党的思想建设，坚持用新时代中国特色社会主义思想统一思想、统一意志、统一行动，组织实施党的创新理论学习教育计划，建设马克思主义学习型政党；加强理想信念教育，引导全党牢记党的宗旨，解决好世界观、人生观、价值观这个总开关问题，自觉做共产主义远大理想和中国特色社会主义共同理想的坚定信仰者和忠实实践者；坚持学思用贯通、知信行统一，把新时代中国特色社会主义思想转化为坚定理想、锤炼党性和指导实践、推动工作的强大力量；坚持理论武装同常态化长效化开展党史学习教育相结合，引导党员、干部不断学史明理、学史增信、学史崇德、学史力行，传承红色基因，赓续红色血脉。

第二，完善党的自我革命制度规范体系。坚持制度治党、依规治党，以党章为根本，以民主集中制为核心，完善党内法规制度体系，增强党内法规权威性和执行力；健全党统一领导、全面覆盖、权威高效的监督体系，完善权力监督制约机制；推进政治监督具体化、精准化、常态化；发挥政治巡视利剑作用，加强巡视整改和成果运用；落实全面从严治党政治责任，用好问责利器。

第三，建设堪当民族复兴重任的高素质干部队伍。全面建设社会主义现代化国家，必须有一支政治过硬、适应新时代要求、具备领导现代化建设能力的干部队伍。坚持党管干部原则，把新时代好干部标准落到实处；树立选人用人正确导向，选拔忠诚干净担当的高素质专业化干部；坚持把政治标准放在首位，做深做实干部政治素质考察；加强实践锻炼、专业训练，注重在重大斗争中磨砺干部；加强干部斗争精神和斗争本领养成；完善干部考核评价体系，引导干部树立和践行正确政绩观；抓好后继有人这个根本大计，健全培养选拔优秀年轻干部常态化工作机制。

第四，增强党组织政治功能和组织功能。党的基层组织是确保党的路线方针政策和决策部署贯彻落实的基础，严密的组织体系是党的优势所在、力量所在。各级党组织要履行党章赋予的各项职责，把党的路线方针政策和党中央决策部署贯彻落实好，把各领域广大群众组织凝聚好；坚持大抓基层的鲜明导向，推进以党建引领基层治理；全面提高机关党建质量，推进事业单位党建工作；推进国有企业、金融企业在完善公司治理中加强党的领导，加强各类企业党建工作；加强新经济组织、新社会组织、新就业群体党的建设；加强和改进党员特别是流动党员的教育管理；落实党内民主制度，激励党员发挥先锋模范作用，保持党员队伍先进性和纯洁性。

第五，坚持以严的基调强化正风肃纪。持之以恒正风肃纪，不断厚植党执政的群众基础，关系执政党的生死存亡。加强作风建设，要弘扬党的光荣传统和优良作风，促进党员干部特别是领导干部带头深入调查研究，干实事、谋实招、求实效；锲而不舍落实中央八项规定精神，抓住"关键少数"以上率下，持续深化纠治"四风"；把握作风建设地区性、行业性、阶段性特点，抓住普遍发生、反复出现的问题深化整治，推进作风建设常态化长效化；全面加强党的纪律建设，督促领导干部特别是高级干部严于律己、严负其责、严管所辖；坚持党性党风党纪一起抓，从思想上固本培元，提高党性觉悟，增强拒腐防变能力。

第六，坚决打赢反腐败斗争攻坚战持久战。腐败是危害党的生命力和战斗力的最大毒瘤，反腐败是最彻底的自我革命。坚持不敢腐、不能腐、不想腐一体推进，同时发力、同向发力、综合发力；以零容忍态度反腐惩恶，更加有力遏制增量，更加有效清除存量，坚决查处政治问题和经济问题交织的腐败，坚决治理政商勾连破坏政治生态和经济发展环境问题；深化整治权力集中、资金密集、资源富集领域的腐败，惩治新型腐败和隐性腐败；深化反腐败国际合作，一体构建追逃防逃追赃机制；深化标本兼治，推进反腐败国家立法，加强新时代廉洁文化建设，不断取得更多制度性成果和更大治理效能。

第四版后记

本书是作者在对中国特色社会主义进行长期研究、发表诸多学术论文、出版个人相关学术著作、出版由作者任主编的本专业面向 21 世纪本科生教材及教育部推荐研究生教学用书的基础上，历经数年逐步完成的。

本书于 2012 年 3 月出版第一版；于 2015 年 6 月修订出版第二版；党的十九大召开后，为体现十九大精神，于 2019 年 1 月修订出版了第三版；党的二十大后，中国人民大学出版社领导和编辑提出修订出版本书第四版。本次修订以党的二十大精神特别是习近平新时代中国特色社会主义思想为主要依据，以马克思主义理论研究和建设工程硕士研究生思想政治理论课教学大纲《新时代中国特色社会主义理论与实践研究》为重要参考，同时注意吸收学界最新研究成果。全书由总论和十章组成，近 40 万字。第四版在保留第三版基本框架的基础上，既注意保持教材内容体系的完整性和稳定性，又注意教材内容的适当更新，以充分体现党的二十大精神，体现习近平新时代中国特色社会主义思想。本书作为一本研究生教材，力求符合研究生学习的自主性、创新性、规范性等特点，注重体现历史与现实、理论与实践、学术性与政治性的统一，希望它能够对硕士研究生及博士研究生学习和思考新时代中国特色社会主义有较大的帮助。

本书的出版，得到了中国人民大学出版社郭晓明编审、牛晋芳编审等的关心和帮助，在此一并表示感谢。撰写《中国特色社会主义理论与实践研究》这样一部政治性和学术性要求都很高并使之兼有通用教材功能的著作，是一项严肃而又艰巨的任务，本人虽为此做了很大努力，但由于能力和水平所限，书中难免有不尽如人意之处，恳请同行及读者指正。

田克勤

2024 年 3 月

图书在版编目（CIP）数据

中国特色社会主义理论与实践研究 / 田克勤著 . 4 版 . -- 北京：中国人民大学出版社，2024.7.

(普通高等学校硕士研究生马克思主义理论课教材).

ISBN 978-7-300-33109-6

Ⅰ. D610

中国国家版本馆 CIP 数据核字第 2024CP0353 号

普通高等学校硕士研究生马克思主义理论课教材

中国特色社会主义理论与实践研究（第四版）

田克勤　著

Zhongguo Tese Shehui Zhuyi Lilun yu Shijian Yanjiu

出版发行	中国人民大学出版社		
社　　址	北京中关村大街 31 号	邮政编码	100080
电　　话	010－62511242（总编室）		010－62511770（质管部）
	010－82501766（邮购部）		010－62514148（门市部）
	010－62515195（发行公司）		010－62515275（盗版举报）
网　　址	http://www.crup.com.cn		
经　　销	新华书店		
印　　刷	北京七色印务有限公司	版　　次	2012 年 3 月第 1 版
开　　本	787 mm×1092 mm　1/16		2024 年 7 月第 4 版
印　　张	17 插页 1	印　　次	2024 年 7 月第 1 次印刷
字　　数	386 000	定　　价	49.00 元

中国人民大学出版社　理工出版分社

教师教学服务说明

中国人民大学出版社理工出版分社以出版经典、高品质的统计学、数学、心理学、物理学、化学、计算机、电子信息、人工智能、环境科学与工程、生物工程、智能制造等领域的各层次教材为宗旨。

为了更好地为一线教师服务，理工出版分社着力建设了一批数字化、立体化的网络教学资源。教师可以通过以下方式获得免费下载教学资源的权限：

★ 在中国人民大学出版社网站 www.crup.com.cn 进行注册，注册后进入“会员中心”，在左侧点击“我的教师认证”，填写相关信息，提交后等待审核。我们将在一个工作日内为您开通相关资源的下载权限。

★ 如您急需教学资源或需要其他帮助，请加入教师 QQ 群或在工作时间与我们联络。

中国人民大学出版社　理工出版分社

教师 QQ 群： 229223561(统计2组) 982483700(数据科学) 361267775(统计1组)
教师群仅限教师加入，入群请备注（学校＋姓名）

联系电话： 010-62511967，62511076

电子邮箱： lgcbfs@crup.com.cn

通讯地址： 北京市海淀区中关村大街 31 号中国人民大学出版社 802 室（100080）